D1665561

V&R

Ricarda Schmidt

Wenn mehrere Künste im Spiel sind

Intermedialität bei E.T.A. Hoffmann

Mit 32 Abbildungen

Vandenhoeck & Ruprecht

Bibliografische Information Der Deutschen Nationalbibliothek

Die Deutsche Nationalbibliothek verzeichnet diese Publikation in der
Deutschen Nationalbibliografie; detaillierte bibliografische Daten sind
im Internet über <http://dnb.d-nb.de> abrufbar.

ISBN 10: 3-525-20848-0
ISBN 13: 978-3-525-20848-9

Gesamtherstellung: ⊕ Hubert & Co, Göttingen

Inhalt

Für Chris Lyons
und im Andenken an Ingrid Schmidt
(1931-2005)

Danksagung

Dieses Buch ist das Resultat einer langjährigen Beschäftigung mit E. T. A. Hoffmann, die durch institutionelle Unterstützung und persönliche Anregungen und Hilfe vielerlei Art gefördert worden ist.

Ich danke dem Arts and Humanities Research Board (AHRB) für die Gewährung eines Forschungsstipendiums im Wintersemester 2003/4 für die Arbeit an diesem Projekt; dem German Department der Universität Manchester für die großzügige Bereitstellung von einem Research Fellowship und von zwei Freisemestern sowie für die finanzielle Unterstützung eines Forschungsaufenthalts in Berlin; ferner dem German Department der Universität Exeter für ein leichtes erstes Semester, das die Fertigstellung des Manuskripts ermöglichte. Der School of Modern Languages der University of Exeter danke ich für die Gewährung eines Druckkostenzuschusses.

Mein Dank gilt vor allem meinem Mann, Christopher Lyons, für die stets interessierte intellektuelle Begleitung (vor allem, was die musikalischen Kapitel dieses Buches anbelangt) und die großzügige emotionale Unterstützung und Ermutigung während des langen Arbeitsprozesses. Ihm ist dieses Buch gewidmet.

Ferner danke ich Werner Keil, Leonard Olschner und Allan Seago für musikalischen Rat sowie für Kritik und Anregungen zu dem Kapitel über *Ritter Gluck*. Manfred Engel und Nicholas Saul haben durch ihre eigene Arbeit im Bereich der Romantik, Diskussionen auf Tagungen sowie durch konstruktive Kommentare zu einzelnen Kapiteln meines Buches inspirierend gewirkt. Martin Durrell danke ich für Gespräche über Malerei und seine interessierte Anteilnahme am Wachsen des Projektes; Sheila Dickson für die Einführung in den Kreis der Romantikforscher, den Anstoß zu diesem Projekt durch die von ihr organisierte Tagung *Romantic Dreams* und für Kommentare zum *Brambilla*-Kapitel; Sheila Dickson, Manfred Engel, Nicholas Saul, Leonard Olschner, David Midgley, Christian Emden und Lesley Sharpe für weitere Einladungen zu Tagungen und Gastvorträgen, die mir Gelegenheit gaben, Aspekte meines Projektes vorzustellen und zu diskutieren; Martina Lauster für konstruktive Kommentare zu Teilen des Manuskripts; David Bell für Hilfe beim Auffinden eines Goethe-Zitats; Matthew Philpotts und Gert Vonhoff für Hilfe beim Scannen von Bildmaterial; Kenneth Richards und Laura Richards für Diskussionen über die *commedia dell'arte* und das Libretto des *Don Giovanni*; Magdalene Heuser für Hilfe bei der Materialbeschaffung und für großzügige Gastfreundschaft während meines

Forschungsaufenthaltes in Berlin; Bernhard Schemmel für Rat und Material aus der Staatsbibliothek Bamberg. All meinen Freundinnen und Freunden, vor allem aber meiner Mutter Ingrid Schmidt (der dieses Buch ebenfalls gewidmet ist), meinem Bruder Karlo Schmidt, und meiner Freundin Juliane Poweleit danke ich herzlich für ihre wärmende Nähe; David Blamires, Audrey Brasloff, Anne Brehany, Joyce Briggs, Elaine Clarke, Liselotte Glage, Debra Gosling, Maggie Jones, Rik Kavanagh, May Keighron, Sue Khweis, Martina Lauster, Lesley Sharpe, Sara Smart, Patrick Stevenson, Gert Vonhoff, Juliet Wigmore und vor allem und ganz besonders herzlich Jean Plunkett danke ich für ihre geduldige moralische und tatkräftige Unterstützung in Sachen NHS; Dorothy Hall für musikalisches Verwöhnen; Liselotte Glage für organisatorische Hilfe und Leyla Ercan für unermüdliche Hilfe beim Korrekturlesen und der Erstellung der Druckvorlage. Vandenhoeck & Ruprecht danke ich für die sorgfältige Lektorierung des Buches.

Danken möchte ich auch den hilfsbereiten Bibliothekaren in der Staatsbibliothek Bamberg, der Staatsbibliothek Berlin, der University Library in Cambridge und der John Rylands Library in Manchester sowie den Eigentümern der Gemälde und Stiche, auf die ich Bezug nehme, für die Erlaubnis, sie in diesem Band reproduzieren zu dürfen.

Einleitung

E. T. A. Hoffmann war, wie selbst literarische Laien wissen, nicht nur Schriftsteller, sondern neben seiner juristischen Brotarbeit auch noch Musiker und
Zeichner. Warum sollte angesichts dieser bekannten multimedialen Begabung
Hoffmanns, die, wie ebenfalls bekannt ist, in vielerlei Form in seiner Prosa
ihren Niederschlag fand, ein neues Buch von Interesse sein, das in seinem
literarischen Werk Beziehungen zu den Medien Musik und Kunst untersucht?
Denn es gibt ja bereits nicht nur unzählige Untersuchungen zu Hoffmanns
literarischer Darstellung von bestimmten Werken und Künstlern aus den Bereichen Musik und Kunst sowie von fiktiven Künstlerfiguren in Einzeltexten,[1]
sondern auch weiterreichende Untersuchungen zu Hoffmanns prinzipieller
Affinität zum Gesamtwerk bestimmter Musiker oder Maler, wie sie sich in
verschiedenen Werken Hoffmanns kundtut.[2] Allen voran wird Hoffmanns Bezug auf Callots bildnerische Darstellungsweise im allgemeinen thematisiert, auf
die er selbst durch den Titel seiner Sammlung der *Fantasiestücke in Callot's
Manier* so deutlich hinwies. Schnitzler und Bomhoff haben dem bekannten
Fokus auf Hoffmanns Affinität zu Callot eine Untersuchung der Affinität
Hoffmanns zu Salvator Rosa hinzugefügt.

Darüber hinaus ist Hoffmanns Verständnis von Musik und Kunst hinsichtlich seiner impliziten philosophischen Prämissen und der daraus abzuleitenden
Konsequenzen für Hoffmanns literaturhistorische Verortung[3] oder hinsichtlich

---

1 Vgl. Collini über *Die Fermate*; Dieterles wichtige, vom Einzelfall her verallgemeinernde, Unter-
suchung zum narrativen Umgang mit Gemälden (speziell von Callot in *Brambilla* und Hummel in *Die
Fermate*); Felzmann, Die Sängerin Elisabeth Röckel, über *Don Juan*; Galli über *Signor Formica*;
Hausdörfer über die Funktion des fiktiven Künstlers; H. Kaiser über *Don Juan*; Karoli, *Ritter Gluck*;
Klier, Kunstsehen, über *Doge und Dogaresse*; Klier, *Kunstsehen – Literarische Konstruktion und
Reflexion von Gemälden*; Klüglich über *Don Juan*; Mahr über *Ritter Gluck*; Manheimer über Callot
und Hoffmann in *Brambilla*; Margotton über *Don Juan*; Meier über *Don Juan*; Hans von Müller, Zwei
Exkurse zum *Ritter Gluck*; Neumann über *Ritter Gluck* und über *Doge und Dogaresse* in Anamorphose
sowie in Narration und Bildlichkeit; Oesterle über *Ritter Gluck*; Patzelt über *Don Juan*; Schaukal zu
Callot in *Brambilla*; Olaf Schmidt, »Die Wundernadel des Meisters«, zu Callot und *Brambilla*; Schönherr über *Das Sanktus*; Schweitzer zu *Die Fermate*; Steigerwald über *Die Jesuiterkirche in G.*; Wandel
über *Don Juan*; Wellbery über *Don Juan*; Wittkowsky über *Ritter Gluck, Don Juan, Rat Krespel*. Diese
Liste ist nicht vollständig, sondern reflektiert mein Interesse an bestimmten Texten.

2 Vgl. Bomhoffs Analyse zu Callot und Salvator Rosa; Lubkoll, Basso ostinato, zu Bach und Beethoven; Miller, Hoffmann und Spontini; Pikulik zu Callot und zur *commedia dell'arte*; Prawer zu
Callot; Reher zu Callot; Olaf Schmidt zu Callot; Schnitzler zu Salvator Rosa.

3 Vgl. Dobat zur romantikkritischen Musikvorstellung Hoffmanns; Haimberger, Die symbolische
Funktion des Akkords; Haustedt zur Reflexion der Kunst im Motiv der Verführung; Liebrand zur
Aporie des Kunstmythos; von Matt zum Autistischen in Hoffmanns Imaginationslehre; Miller, Hoff-
mann und die Musik; Moser zu einer poststrukturalistischen Leseweise von Hoffmanns Musikverständ-
nis; Müller-Sievers zu dem (Prämissen der Romantik in Frage stellenden) Phänomen der Verstimmung;
Rohr zur Theorie des musikalischen Dramas; Rüdiger zur Entstehung einer romantischen Musikan-

seiner strukturbildenden ästhetischen Funktion (das Musikalische oder Bildnerische in Hoffmanns Schreibweise, die Multiplizität der Deutungsmöglichkeiten seiner Texte) erforscht worden.[4] Ferner sind Aspekte der literarischen Darstellung musikalischer oder künstlerischer Konstellationen bei Hoffmann aus
ethnographischer, geschlechtsspezifischer, soziologischer oder epochenspezifi-
scher Perspektive behandelt worden.[5] Worin unterscheidet sich also mein Buch
von den oben skizzierten Ansätzen in der Analyse von Hoffmanns Intermedialität?

Meine Arbeit über E. T. A. Hoffmann erwuchs aus meiner Unzufriedenheit
mit einer zeitgenössischen literaturwissenschaftlichen Tendenz, die gerade in
der Hoffmann-Forschung besonders häufig praktiziert wird: nämlich die Literatur früherer Epochen als Antizipation heutiger Konzepte von Subjektivität und
Ästhetik zu lesen.[6] Dies sind im allgemeinen Konzepte, die Heterogenität,
Differenz und den Körper als positive Werte hervorheben. Einheit, Geschlossenheit, Idealismus und das Streben nach Transzendenz dagegen sind Begriffe
geworden, die dazu verwendet werden, Schriftsteller für *passé* zu erklären. Das
Nachweisen der Abwesenheit dieser Kategorien im Werk eines historischen
Schriftstellers dient im Umkehrschluß dann dazu, die literarische Qualität jenes
Schriftstellers zu proklamieren.

Der Versuch jedoch, Konzepte von Heterogenität und Differenz in der Literatur vergangener Epochen positiv verkörpert zu finden, führt oft zu einer Homogenisierung der Unterschiede zwischen historischen und heutigen Konzeptionen von Subjektivität und Ästhetik. Kritiker, die Begriffe wie »die Instabilität
der Signifikanten« und »Dialogismus« auf ihre Fahnen schreiben, versäumen
es oft zu analysieren, wie der Diskurs eines Schriftstellers mit anderen Diskursen seiner Zeit in einer dialogischen Beziehung verflochten ist, in der sich
Bedeutung konstituiert. Dies ist eine Bedeutung, die sich oft vom heutigen
Verständnis identischer oder ähnlicher Begriffe unterscheidet. Hoffmanns
literarischem Werk wird von vielen Interpreten und Interpretinnen eine Antizipation poststrukturalistischer und postmoderner Einsichten zugeschrieben, und

---

schauung; Olaf Schmidt, »Callots fantastisch karikierte Blätter«, zur Infragestellung der Autorfunktion;
Watts zu Musik als Medium des Metaphysischen; Wörtche zu den poetologischen Prinzipien in Hoffmanns Schriften über Musik.

4 Vgl. Liebrand zur Aporie des Kunstmythos; Lubkoll, Mythos Musik, zu poetischen Entwürfen es
Musikalischen; Pfotenhauer, Bild, Bildung, Einbildung, zur visuellen Phantasie in *Kater Murr*; Rotermund zur musikalischen und dichterischen Arabeske.

5 Vgl. Caduff zum Paar »Maler-Modell« und »Komponist-Sängerin«; Cercignani zur Verbindung
Italien-Musik; Cometa zur italienischen Kunst; Dobat zur Situierung Hoffmanns jenseits der Romantik;
Fetzer über Epigonentum in der Musik; Karoli, Ideal und Krise, über Künstlertum in der deutschen
Romantik; Lichtenhahn zur Idee des goldenen Zeitalters in der Musikanschauung Hoffmanns; Röder
über die Künstlerfiguren im Verhältnis zur weiblichen Muse; Scher, Temporality and Mediation: W.H.
Wackenroder and E. T. A. Hoffmann as Literary Historicists of Music; Scher, Hoffmann, Weber,
Wagner: The Birth of Romantic Opera from the Spirit of Literature?; K.L. Schneider, Künstlerliebe
und Philistertum; Schönherr über Probleme der ästhetischen Positionierung in der Moderne;

6 Vgl. meine Kritik an dieser Tendenz in meinen beiden Aufsätzen: Schmidt, E. T. A. Hoffmanns
Erzählung *Der Sandmann* – ein Beispiel für »écriture féminine«?; Schmidt, Narrative Strukturen
romantischer Subjektivität.

ihm wird eine Ablehnung romantischer Positionen zu Subjektivität und Ästhetik unterstellt. Meine Arbeit will solche weit verbreiteten Zuschreibungen am Beispiel der Analyse der intermedialen Konstellationen in Hoffmanns Werk in Frage stellen und argumentieren, daß sie den historischen Kontext, aus dem Hoffmanns Werk wuchs, nicht genügend in Rede stellen.

Ein Aspekt, anhand dessen man besonders anschaulich zeigen kann, daß das Verständnis der historischen Dialogizität eines literarischen Werkes eine wichtige Funktion hat, ist Intermedialität: die Überschneidung von Literatur und einem anderen Medium wie Musik oder darstellende Kunst. Denn wenn man die Bedeutung und die Implikationen von literarischen Referenzen auf musikalische oder künstlerische Sachverhalte nicht versteht, kann man den Sinn eines Textes verfehlen.

Intermedialität kann eine ganze Reihe verschiedener Formen annehmen, und seit Lessings *Laokoon* sind sowohl die besonderen Eigenschaften der verschiedenen Medien als auch der Versuch, ihre Grenzen durch intermediale Verschränkungen zu erweitern, immer neu reflektiert worden. Die Veröffentlichung der Beiträge zu dem 1988 stattgefundenen DFG-Symposium *Text und Bild, Bild und Text* listet in ihrem Anhang eine 33 Seiten lange Bibliographie zur Geschichte und Theorie von Text-Bild-Beziehungen auf.[7] Speziell dem Verhältnis von Text zu Bild in der Romantik widmet sich der von Gerhard Neumann und Günter Oesterle 1999 herausgegebene Band *Bild und Schrift in der Romantik* sowie der 2004 erschienene Aufsatz von Beate Allert. Einen systematischen Aufriß der Wort-Bild-Beziehungen hat Gottfried Willems gegeben,[8] der darüber hinaus auch ihre geschichtlichen Wandlungen reflektiert. Werner Wolf hat die möglichen Erscheinungsformen der Wort-Musik-Beziehungen systematisch dargestellt. Unter all den von Willems und Wolf umrissenen verschiedenen potentiellen Beziehungen von Wort zu Musik und Wort zu Bild untersuche ich nur einen ganz bestimmten Teilbereich: nämlich *nicht* diejenigen, in denen beide Medien gleichzeitig materiell präsent sind und eine neue Synthese eingehen, sondern diejenigen, in denen ein Medium materiell dominant ist. In der Terminologie von Werner Wolf handelt es sich dabei um indirekte oder verdeckte Intermedialität. Hier geht es um intermediale Formen, in denen im Medium der Literatur ein Bezug auf die anderen Medien gestaltet wird. Sie erwecken den Eindruck von Homogenität in materieller Hinsicht, doch haben die verdeckten Medien einen Einfluß auf die Bedeutungskonstitution im primären Medium, wie Wolf argumentiert: »in appearance, a work with covert intermediality uses one medium, the dominant medium, while in reality it may, to a greater or lesser extent, be modified by a second, non-dominant one, which makes its presence felt by some traces discernible in the signification of the work in question.«[9]

---

7 Vgl. Harms (Hg.), S. 475-508.
8 Vgl. Willems, S. 80-108.
9 Wolf, Musicalized Fiction and Intermediality, S. 44.

In diesem Teilbereich der Intermedialität wiederum geht es mir nicht um das Aufspüren eines Schöpfens aus gemeinsamen stofflichen Quellenbereichen oder die Untersuchung prinzipieller formaler gemeinschaftlicher Grundlagen, sondern vielmehr interessiert mich die konkrete Referenz auf historische Werke und deren Urheber. Im Zentrum meiner Untersuchung soll die Analyse der literarischen Thematisierung von Stoffen und Formen historischer Werke der Musik und der darstellenden Kunst stehen, aus der Schlußfolgerungen auf das poetologische Konzept Hoffmanns und auf seine literaturwissenschaftliche Periodisierung zu ziehen sind. Denn, wie Gottfried Willems sagt: »Wenn mehrere Künste im Spiel sind, kann es [...] gar nicht ausbleiben, daß der allgemeine Kunstbegriff in Erscheinung tritt, wie er in verschiedenen Künsten wirksam ist, und auf ihn kommt es letztlich an«.[10]

Darüber hinaus untersuche ich den diskursiven Kontext, in den der intermediale Bezug eingebettet ist, um zu verstehen, durch welche Instanzen der literarische Bezug auf ein anderes Medium vermittelt ist: mit anderen Worten versuche ich also, die Wechselwirkung zwischen Text und kulturellem Kontext zu erhellen, in der sich die Intention des Textes konstituiert. Für die Fokussierung des Zusammenhangs von Literatur und Kultur habe ich Anregungen von Foucault und der kulturwissenschaftlichen Wende in der Literaturwissenschaft bekommen, ohne mich aber in der vorliegenden Untersuchung diesen methodologischen Ansätzen zu verschreiben.

Eine Reihe von Aspekten der Foucaultschen Diskursanalyse hat meine Arbeit inspiriert: das Interesse an Diskontinuitäten; an Deplazierungen und Transformationen von Begriffen; an den Transformationen von Grundlagen, statt an dauernden Grundlagen; an dem Infragestellen von vertrauten Einheiten;[11] die Tendenz, zwar interdiskursive Konfigurationen zu erkennen, aber nicht »das Gesicht einer Kultur in seiner Totalität zu beschreiben« wollen.[12]

Im Gegensatz zu Foucault jedoch töte ich den Autor nicht,[13] und ich lösche nicht systematisch alle gegebenen Einheiten.[14] Ich betrachte also ganze Texte und Werke von identifizierbaren Autoren, Musikern, Künstlern und Kritikern, die sich aufeinander beziehen, statt aus einem anonymen Feld von Aussagen aus unverbundenen Bereichen »anonyme [.] Regeln«[15] ableiten zu wollen. Dieser Ansatz mag mir von manchen Seiten den Vorwurf eintragen, positivistisch zu sein. Als ich Studentin war, waren die meisten meiner Dozentinnen und Dozenten Marxisten, und sie verwendeten den Begriff »positivistisch« als Schimpfwort für bürgerliche Philosophie, die der marxistischen unterlegen sei. Vielleicht kann man nun, da der reale Sozialismus tot ist und auch der Marxismus als Theorie ernsthaft in Frage gestellt wird, den Wert des Positivismus neu

---

10 Willems, S. 134. Das titelgebende Zitat meines Buches habe ich dieser Bemerkung von Willems entliehen.
11 Vgl. Foucault, Archäologie des Wissens, S. 10-19.
12 Ebd., S. 226.
13 Vgl. ebd., S. 35 und 46.
14 Vgl. ebd., S. 43.
15 Ebd., S. 299.

durchdenken. Foucault jedenfalls akzeptierte die Bezeichnung für seine eigene Diskursanalyse – wenn auch mit ironischer Geste: »Wenn man an die Stelle der Suche nach den Totalitäten die Analyse der Seltenheit, an die Stelle des Themas der transzendentalen Begründung die Beschreibung der Verhältnisse der Äußerlichkeit, an die Stelle der Suche nach dem Ursprung die Analyse der Häufungen stellt, ist man ein Positivist, nun gut, ich bin ein glücklicher Positivist, ich bin sofort damit einverstanden.«[16] In der folgenden Analyse jedoch beabsichtige ich nicht, einem Foucaultschen Modell von Positivismus zu folgen. Vielmehr möchte ich einen funktionalen, strukturalistischen Ansatz (und als solchen würde ich die Herangehensweise von Foucault trotz seiner Zurückweisung dieser Position in *Archäologie des Wissens* bezeichnen) mit einem Ansatz verbinden, der Individualität und Intention einen Platz einräumt. Vielleicht kann eine solche Wiedereinführung des Subjektes als eine konstruktive Antwort auf das Dilemma der Foucaultschen Diskursanalyse gesehen werden, das Manfred Frank folgendermaßen beschreibt:

Die (wenn auch noch so undeutliche) Definition des Diskurses als eines singulären, systematisch unbeherrschbaren und multiplen Rede-Zusammenhangs tritt in extreme Spannung mit der Methode der Diskursanalytik als einer (nichthermeneutischen, sondern strengen) Wissenschaft. Diskurse könnten so, wie Foucault es selbst tut, nur beschrieben und analysiert werden, wenn sie nach Formationsprinzipien aufgebaut wären, die ihrer Definition widersprechen.[17]

Neben Foucault haben die Kulturwissenschaften mich inspiriert, die Verknüpfung zwischen Text und dem weiteren kulturellen Kontext zu analysieren. Aber im Gegensatz zu vielen Vertreterinnen und Vertretern der Kulturwissenschaft konzentriere ich mich bewußt auf konkrete Beziehungen, die Texte explizit mit anderen Medien evozieren, statt – wie der New Historicism – zu versuchen, Analogien zwischen literarischen Texten und dem gesamten kulturellen Kontext zu entdecken. Überdies wird hier Kultur *nicht* definiert »in Opposition zum Gegenstand konventioneller Historiographie« als eine »Geschichte von unten«.[18] Es geht auch *nicht* darum, im Anschluß an den New Historicism, Texte als »the signs of contingent social practices«[19] zu untersuchen, was in kulturwissenschaftlichen Textkonglomeraten von Literatur und esoterisch anmutenden anderen Diskursen resultiert – wie z. B. Shakespeares *Twelfth Night*, Bowling, Hermaphrodismus in Frankreich und medizinischen Beschreibungen von Genitalien[20] – und im Idealfall, wie Walter Haug schrieb, »Zeitskizzen voll von

---

16 Ebd., S. 182. Die deutsche Übersetzung ist an dieser Stelle syntaktisch so ungelenk, daß sie mißverständlich ist. Zum Vergleich sei hier die englische Übersetzung zitiert: »If, by substituting the analysis of rarity for the search for totalities, the descriptions of relations of exteriority for the theme of the transcendental foundation, the analysis of accumulations for the quest of the origin, one is a positivist, then I am quite happy to be one.« (Foucault, The Archaeology of Knowledge, S. 125).

17 Frank, Zum Diskursbegriff bei Foucault, S. 41.

18 Haug, Literaturwissenschaft als Kulturwissenschaft?, S. 78.

19 Greenblatt, Shakespearean Negotiations, S. 5.

20 Vgl. ebd., S. 66-93. Hier erläutert Greenblatt eine Metapher und darüber hinaus den Handlungsverlauf in *Twelfth Night* mit Gegebenheiten des Bowlingspiels; stellt Analogien her zwischen dem

anekdotischer Anschaulichkeit«[21] entstehen läßt. Weder wird in einem semiotischen Ansatz die Kultur einer bestimmten Epoche als Text behandelt,[22] noch
werden umgekehrt literarischen Texten Kulturphänomene im weiteren Sinne
wie Nahrung, Sex, Religion, Politik etc. abgelesen.[23] Von einer »Konvergenz
zwischen Ethnographie und Literaturwissenschaft«[24] wird in meinem Buch also
nicht die Rede sein. Nicht einmal das besonders von Hartmut Böhme und Klaus
R. Scherpe bemühte Schlagwort der »Medienkonkurrenz«[25] trifft auf mein
Forschungsobjekt zu, handelt es sich doch nicht um Konkurrenz, sondern um
den bewußten Versuch, Medien zu verschränken.

   In den letzten Jahren ist das Forschen nach konkreten Bezügen eines Textes
zu anderen Texten oder zu Diskursen anderer Medien in Verruf gekommen als
angeblich altmodische Einflußforschung, die über positivistische Faktenhuberei
nicht hinauskomme. Statt konkrete Bezüge eines Textes zu kulturellen Phäno-
menen zu erforschen, privilegiert der New Historicism z. B. allzu oft Analogie-
schlüsse. Ich plädiere dagegen dafür, von den Texten ausgehend, explizite
Bezüge auf spezifische kulturelle Phänomene und Diskurse über diese Phänomene zu erforschen, die in den Texten evoziert werden. Nach dem Muster von
Gérard Genettes *Palimpsestes* soll die Untersuchung der Art und Weise des
Bezuges zum ›Prätext‹ (d.h. hier zu Malerei und Musik) im Mittelpunkt stehen.
Nun untersucht Genette keine trans-textuellen Bezüge literarischer Texte auf
Malerei oder Musik, sondern Bezüge auf konkrete andere Texte. Ich berufe
mich auf ihn also weder als ein unmittelbares Vorbild für meine spezifische
Untersuchung, noch strebe ich eine Genette vergleichbare systematische Taxo-
nomie aller möglichen intermedialen Beziehungen an. Vielmehr will ich mit
dieser Genealogie nur signalisieren, daß ich hier *nicht* Intermedialität als einen
der Intertextualität vergleichbaren ideologischen Begriff mit automatisch positiver Wertung und revolutionärer Aura im Sinne Kristevas oder Barthes' ver-
wende,[26] sondern daß es mir mit diesem Begriff um die Bestimmung der Art
der konkreten Beziehung eines Textes auf ein vorangehendes Kunstwerk geht,
so wie Genette es in *Palimpsestes* auf rein literarischem Gebiet entfaltet hat.
Eine intermediale Beziehung ist meines Erachtens genausowenig wie eine
intertextuelle Beziehung an sich systemsprengend oder wertvoll. Vielmehr gilt
es, den Charakter dieser Beziehung und die Änderungen, die in der Transfor-

---

Stück und französischen Berichten von Transvestiten und Hermaphroditen; diskutiert Shakespeares
Geschlechterdiskurs als eine historisch kontingente Figur des zeitgenössischen medizinischen Diskurses zur Morphologie der Geschlechtsorgane.
   21 Haug, Literaturwissenschaft als Kulturwissenschaft?, S. 84.
   22 Vgl. Lenk, Kultur als Text, S. 116-128.
   23 Vgl. die Titel der von Stephen Greenblatt herausgegebenen Buchreihe *The New Historicism:
Studies in Cultural Poetics*, die vor dem Titelblatt von Greenblatts Shakespearean Negotiations aufge-
listet sind.
   24 Bachmann-Medick, Einleitung, S. 11.
   25 Böhme/Scherpe, Zur Einführung, S. 3.
   26 Vgl. Kristeva, Le mot, le dialogue et le roman; Barthes, S/Z. Vgl. auch meine Untersuchung des
Begriffs Intertextualität in meinem Aufsatz: Schmidt, Ein doppelter Kater?, S. 42-46, sowie in der im
theoretischen Teil etwas ausführlicheren englischen Fassung dieses Aufsatzes: Intertextuality: a Study
of the Concept and its Application, S. 9-34.

mation von einem zum anderen Medium stattgefunden haben, zu erkennen. Gottfried Willems hat betont, daß der Bezug des Wortes zum Sinnenschein und der Sprachcharakter des Bildes »allein in historischen Zusammenhängen sinnvoll gehandelt werden könne«,[27] mit anderen Worten, daß »die inneren Wort-Bild-Beziehungen geschichtlich sind«.[28] Dies gilt in verstärktem Maße, wenn es nicht nur um das implizite Verhältnis eines Mediums zum anderen geht, sondern, wie bei Hoffmann, um eine explizite Evokation eines anderen Mediums im Rahmen der Literatur, denn darin kommt eine historische Form von Erfahrung zum Ausdruck, die es gilt, in ihrer Besonderheit bewußt zu machen.

Anhand der Position, die im Medium der Literatur zu Exponaten der Medien Musik und Kunst eingenommen wird, ziehen Interpreten und Interpretinnen seit jeher Schlußfolgerungen über die Einstellung des Autors zur romantischen Ästhetik. Wenn jedoch diese Position aus ihrem diskursiven Kontext herausgelöst und ahistorisch mit zeitgenössischen Vorstellungen angereichert wird, die dann als diejenigen des Autors ausgegeben werden, führt das zu Verzerrungen der ästhetischen Koordinaten seiner Zeit. In der Behandlung von Intermedialität im Werk Hoffmanns will ich deshalb nicht nur die binäre Beziehung zwischen einem Text und einem darin evozierten Werk der Musik oder der darstellenden Kunst untersuchen, sondern auch die kritischen Diskurse in Literatur, Musik, Kunst und Philosophie, die die Wahrnehmung von Kunstwerken vermitteln, sowie – im Falle der Musik – die Aufführungspraktiken. Es gilt also zu analysieren, inwiefern ein literarischer Text seine Bedeutung innerhalb eines diskursiven Geflechts konstituiert. In gewisser Hinsicht läuft dies hinaus auf die Demonstration (wie Bachmann-Medick es formulierte) der »Überdetermination‹ von Literatur aufgrund ihrer Einbindung in umfassendere diskursive Zusammenhänge und Bedeutungsnetze, die sich der Kontrolle des Autors entziehen«.[29] Statt einen Autor nur als Produkt kultureller Codes zu verstehen, will ich zeigen, daß die kulturellen Diskurse über verschiedene Medien zwar die Koordinatenkreuze sind, an denen sich ein Autor orientiert, daß er sich aber selbst aktiv – und zwar bewußt und unbewußt – zu diesen Diskursen in Beziehung setzt. Durch kreative Verknüpfung diskursiver Zusammenhänge kann sehr wohl Neues entstehen, jedoch nicht ein Neues ohne die Spuren der Bedeutungsnetze, auf die es rekurriert. Meine Beschäftigung mit der Interferenz verschiedener kultureller Medien zielt darauf, durch sie neue Aufschlüsse über den literarhistorischen Stellenwert von Texten zu erlangen und so die »eigentümlich ostentative Literatur-Abgewandtheit«,[30] die Wilfried Barner als Charakteristikum von kulturwissenschaftlicher Literaturwissenschaft benannte, zu überwinden.

Meine Behandlung von Intermedialität bei E. T. A. Hoffmann strebt keine vollständige Untersuchung aller musikalischen und malerischen intermedialen

---

27 Willems, S. 69-70.
28 Ebd., S. 70.
29 Bachmann-Medick, Einleitung, S. 37.
30 Barner, S. 5.

Konstellationen in Hoffmanns Prosa an. Vielmehr soll an einigen ausgewählten Beispielen exemplarisch erarbeitet werden, wie die fiktionale Thematisierung einer historischen intermedialen Referenz in zeitgenössische Diskurse eingebettet ist und wie sich der Sinn der Erzählungen in dieser triangulären Beziehung konstituiert. Insofern die Erzählungen eine bestimmte Auffassung eines historischen Werkes im Medium der Fiktion artikulieren, manifestiert sich in ihnen zugleich auch Hoffmanns ästhetisches Selbstverständnis in seinen subtilen Modulationen auf höchst reflektierte Art und Weise. Von Hoffmanns vielfältigen intermedialen Referenzen musikalischer Natur habe ich, unter Vernachlässigung der primär musiktheoretischen Schriften und der bloßen Erwähnungen von historischen Komponisten im Erzählwerk, diejenigen ausgewählt, die sich besonders durch eine Fiktionalisierung des intermedialen Bezugspunktes auszeichnen und in denen die Referenz auf einen einzigen Komponisten oder ein einziges Werk den ganzen Text dominiert: Christoph Willibald Gluck und seine Reformopern in *Ritter Gluck* (in Kapitel 1) sowie Mozarts Oper *Don Giovanni* in *Don Juan* (in Kapitel 2). Beide Erzählungen sind ausführlich und kontrovers von der Forschung diskutiert worden, und die Positionen der Forschung werden von den Erkenntnissen meiner Intermedialitäts- und Diskursanalyse her kritisch überprüft.

Was die malerischen intermedialen Bezüge angeht, konzentriere ich mich auf drei verschiedene Arten von Intermedialität. In Kapitel 3 untersuche ich die Bedeutung von expliziten Vergleichen fiktionaler Figuren mit den evozierten bildlichen Darstellungen einer Reihe historischer Maler für die Sinnkonstitution in *Die Abenteuer der Sylvester-Nacht*. In Kapitel 4 interessieren mich spezifische literarische Thematisierungen eines Mentor-Verhältnisses zwischen zwei sehr verschiedenen historischen Malern und jeweils einem fiktionalen Novizen der Kunst. In beiden Kapiteln frage ich, welche ästhetischen Konzepte die Erzählungen auf diese Weise entwerfen. Dabei wird es von entscheidender Bedeutung sein, historische Diskurse über die evozierten Maler und über Probleme des Kunstschaffens, zu denen die Erzählungen sich in Beziehung setzen, in den Blick zu fassen.

Am augenfälligsten ist wohl die Tatsache, daß Hoffmann wiederholt durch zeitgenössische Gemälde inspiriert worden ist, zu dem dort dargestellten Augenblick eine zu ihm hin- und über ihn hinausführende Geschichte zu erfinden, so etwa in *Die Fermate*, *Doge und Dogaresse* und *Meister Martin der Küfner und seine Gesellen*. Diese ekphrastischen Gemäldeerzählungen haben in der Forschung viel Beachtung gefunden und Anlaß zu verschiedenen Theoretisierungen des Text-Bild-Verhältnisses bei Hoffmann gegeben.[31] Eine Sonderform der Ekphrasis stellt *Prinzessin Brambilla* dar, der eine Serie von 24 Radierungen des lothringischen Kupferstechers Jacques Callot zu Grunde liegt, von

---

31 Vgl. Dieterle, Erzählte Bilder; Liebrand, Aporie, S. 139-174; Klier, Kunstsehen. E. T. A. Hoffmanns literarisches Gemälde »Doge und Dogaresse«; Klier, Kunstsehen – Literarische Konstruktion und Reflexion von Gemälden; Neumann, Narration und Bildlichkeit; Olaf Schmidt, »Callots fantastisch karikierte Blätter«.

denen Hoffmann acht für das Handlungsgerüst der Erzählung auswählte. Dieses Beispiel wird in Kapitel 5 untersucht.

Alle diese Wort-Bild-Beziehungen kreisen um Fragen des Verhältnisses der Kunst zum Leben, der künstlerischen Inspiration, des Geheimnisses und der Gefährdung künstlerischer Produktivität. Das heißt, hier wird »Bedeutungsstiftung als Rekurs auf eine Erscheinung der Bildkunst angelegt«,[32] Bedeutungsstiftung und Veranschaulichung sind miteinander verschlungen. Hoffmanns durch komplexe ästhetische Strukturen vermittelte intermediale Bedeutungsstiftung zu erhellen, ist das Ziel dieser Arbeit.

Willems betont, daß die klassische Doktrin von der Autonomie der Kunst keineswegs »die völlige Unabhängigkeit von Wirklichkeit und Wahrheit« meine.[33] Vielmehr werde die Autonomie um des mimetischen Illusionismus willen postuliert, in dem alle Wirklichkeitsbezüge und Wahrheitsmomente liegen. Wo die Illusionierung gelinge, »bringt das Kunstwerk seinen Rezipienten/seine Rezipientin an und aus sich selbst vor das Allgemein-Menschliche, läßt sie ihn sich in allen seinen Kräften erleben – auch hier ist sie auf das Innigste mit einer Wirklichkeit und einer Wahrheit jenseits ihrer eigenen Formwelten verknüpft.«[34] Am Beispiel von Hoffmanns intermedialen Erzählungen will ich die Art dieser Verknüpfung von Form und Wirklichkeit im Kontext zeitgenössischer Diskurse und Praktiken ins Auge fassen.

---

32 Willems, S. 138.
33 Ebd., S. 292.
34 Ebd.

1. *Ritter Gluck* als E. T. A. Hoffmanns musikästhetisches Paradigma

In seiner Rezension von Beethovens *Fünfter Symphonie* schrieb E. T. A. Hoffmann 1810:

> Wenn von der Musik als einer selbständigen Kunst die Rede ist, sollte immer nur die Instrumental-Musik gemeint sein, welche, jede Hülfe, jede Beimischung einer andern Kunst verschmähend, das eigentümliche, nur in ihr zu erkennende Wesen der Kunst rein ausspricht. Sie ist die romantischte aller Künste, – fast möchte man sagen, allein *rein* romantisch. (H1, S. 532)[1]

Diese Sätze hat Carl Dahlhaus zu den »Gründungsurkunden der romantischen Musikästhetik«[2] deklariert, weil Hoffmann darin der bisher als ›leer‹ eingestuften Instrumentalmusik den höchsten Rang einräumte und damit, so Dahlhaus, einen Paradigmenwechsel im Musikbegriff der Epoche einleitete. Nach Dahlhaus läßt der romantische Musikbegriff die Ästhetik der Empfindsamkeit und die Ausdrucksästhetik hinter sich und stellt sich im Kontext des geschichtsphilosophischen Antagonismus' zwischen Antike und Moderne auf die Seite der Modernen. Hoffmanns Privilegierung der Instrumentalmusik in dieser Rezension identifiziert Dahlhaus mit der Idee von der absoluten Musik. Der Begriff ›absolute Musik‹ wurde zwar zuerst 1846 von Richard Wagner verwendet und dann 1854 von Eduard Hanslick programmatisch verfochten, geht aber laut Dahlhaus in seinem Gehalt auf die Frühromantik und auf Hoffmann zurück. Hoffmanns romantisches Konzept von »Musik als selbständiger Kunst« und der spätere Begriff der absoluten Musik scheinen beide eine Musik zu bezeichnen, die »begriffs-, objekt- und zwecklos ist,«[3] die also nicht etwa durch den Sinn von Worten wie in der Vokalmusik oder durch die programmatische Darstellung konkreter Affekte und Charaktere oder durch bestimmte Funktionen festgelegt ist. Von dem Konzept der absoluten Musik im 19. Jahrhundert ist es scheinbar nur ein kleiner Schritt zu dem modernen Konzept der künstlerischen Autonomie und dem postmodernen Konzept der Selbstreferentialität des musikalischen Systems im 20. Jahrhundert.

---

1 Hoffmann, Beethoven: 5. Sinfonie, in: Sämtliche Werke, Bd. 1, S. 532-552; hier S. 532. Seitenangaben zu Texten Hoffmanns in der Gesamtausgabe des Deutschen Klassiker Verlags erscheinen in Klammern im Text nach der Sigle H, gefolgt von der Bandnummer. Vgl. zu Hoffmanns Beethoven-Bild: Schnaus.

Dieses Kapitel ist eine überarbeitete Fassung meines im Jahre 2000 erschienenen Aufsatzes: Schmidt, Klassische, romantische und postmoderne musikästhetische Paradigmen.

2 Dahlhaus, Die Idee der absoluten Musik, S. 47.

3 Vgl. ebd., S. 13.

Dieser Schritt wird von vielen Literaturwissenschaftlern und Literaturwissenschaftlerinnen in der Interpretation von Hoffmanns erster musikalischer Erzählung, *Ritter Gluck*,[4] vollzogen. Vernachlässigt wird dabei jedoch eine wichtige Besonderheit von Hoffmanns Musikästhetik, die Dahlhaus als Inspirator der Behauptung von Hoffmanns musikalischer Modernität durchaus noch einräumt. Hoffmanns romantische Musikästhetik war »eine Metaphysik der Instrumentalmusik«,[5] nämlich eine Umdeutung des musikalisch Leeren und Verwirrenden ins Erhabene und Wunderbare,[6] und somit in ein grundlegend anderes Bezugssystem eingebettet als die Ästhetik der Moderne und Postmoderne.

Anhand einer Analyse von Hoffmanns Erzählung *Ritter Gluck* möchte ich einen Teil des Problems, was denn Hoffmanns literarisch dargestellte Musikästhetik ausmacht und welche Konsequenzen ein Verständnis seiner musikalischen Position für seine literaturgeschichtliche Periodisierung hat, untersuchen. Ich möchte erstens fragen, ob trotz des in Hoffmanns Beethoven-Rezension scheinbar implizierten Paradigmenwechsels von Vokalmusik zu Instrumentalmusik nicht doch auch die Gattung Oper als integrativer Bestandteil von Hoffmanns Musikästhetik zu gelten hat und welche Gemeinsamkeiten zwischen Hoffmanns Konzept von romantischer Instrumentalmusik und von romantischer Vokalmusik bestehen.

Zweitens möchte ich nach dem Verhältnis von klassischen und romantischen musikästhetischen Paradigmen in dieser Erzählung fragen. Dahlhaus rückt die »innere Einheit der Epoche in den Vordergrund«[7] und zwar sowohl aus der Perspektive der Vergangenheit, die die klassisch-romantische Musikästhetik »nur zum geringen Teil fortsetzt, als auch von der Zukunft, von der die Überlieferung eher destruiert als bewahrt wurde«,[8] d.h. aus der Perspektive der Moderne, die sich schroff von der Tradition abhebe. Hier jedoch sollen die von Dahlhaus herausgearbeiteten epochalen Gemeinsamkeiten durch die Diskussion von allmählichen Entwicklungen und Verschiebungen oder von zeitgleichen Divergenzen ergänzt werden. Ich möchte danach fragen, inwieweit sich Hoffmanns Erzählung als aktiv romantisierende Anverwandlung eines klassischen Komponisten lesen läßt, also als eine Verschiebung von Paradigmen.

Drittens frage ich danach, wie sich die musikästhetischen Paradigmen, die in der Erzählung zum Ausdruck kommen, zu postmodernen Paradigmen verhalten, die neuerdings auf Hoffmann angewendet werden.[9] Denn im Gegensatz zu

---

4 Hoffmann, Ritter Gluck, in: Sämtliche Werke, Bd. 2/1, S. 19-31.
5 Dahlhaus, Romantische Musikästhetik und Wiener Klassik, S. 177.
6 Vgl. Dahlhaus, Die Idee der absoluten Musik, S. 63-67. Vgl. auch Dahlhaus' Betonung des metaphysischen Aspekts der romantischen Musikästhetik sowie des Konzepts der absoluten Musik bis zu Hanslick in diesem Buch S. 22, 59, 64, 65, 68, 74, 85, 97.
7 Dahlhaus, Klassische und romantische Musikästhetik, S. 9.
8 Ebd., S. 14.
9 Vgl. zu der musikästhetischen Beanspruchung Hoffmanns für postmoderne Positionen die Dissertation von Dobat.

Dahlhaus' Einschätzung der klassisch-romantischen Musikästhetik als ein deutlich abgegrenzter und in der Gegenwart nicht fortgesetzter geschichtlicher Komplex wird ja entweder die literarische und musikalische Ästhetik der Romantik zunehmend als Beginn heutiger ästhetischer Konzepte beansprucht,[10] oder aber Hoffmann wird eine Kritik an romantischen ästhetischen Konzepten attestiert, die heutige ästhetische Positionen antizipiert.[11]

Bei meinem Versuch, Hoffmanns Musikästhetik in *Ritter Gluck* zu analysieren, sollen die Analyse des Verhältnisses zwischen evoziertem musikalischen Material und dessen literarischer Darstellung sowie die Vermittlung von Hoffmanns Reaktion auf das musikalische Material durch seine Vernetzung mit den musikalischen, literarischen und philosophischen Diskursen seiner Zeit im Mittelpunkt stehen. Von dieser Perspektive her soll auch ein neues Licht auf Fragen geworfen werden, die in der fachwissenschaftlichen Auseinandersetzung mit diesem Text bis heute umstritten sind, nämlich:

1) Ist die Figur des Ritter Gluck positiv oder negativ zu sehen? Handelt es sich also eher um einen Wahnsinnigen,[12] einen Geist,[13] einen Epigonen,[14] ein Phantasieprodukt des Erzählers,[15] die Verkörperung des Geistes Gluckscher Musik,[16] oder ist eine solche Aussage prinzipiell unmöglich?[17]

2) Worin besteht die Schuld, wegen der der Protagonist sich als verdammt betrachtet? Handelt es sich – so Justus Mahr – um die Schuld des Bewußtseins, die nach dem romantischen triadischen Geschichtsmodell die Ausstoßung aus dem Paradies bewirkte?[18] Hat der historische Gluck sich, wie Klaus-Dieter Dobat argumentiert, in seinen musikalischen Neuerungen häufig Effekthasche-

---

10 Vgl. Naumann, Musikalisches Ideen-Instrument, und Bohrer, Die Kritik der Romantik. Bohrer wertet die romantischen poetologischen Ausdrucksmittel der Selbstreflexion und des Phantastischen als Beginn der Moderne (vgl. z.B. S. 9-19).

11 Vgl. Dobat und Oesterle, Dissonanz und Effekt in der romantischen Kunst.

12 Vgl. Hans von Müller, Zwei Exkurse zum Ritter Gluck; Schöne, S. 122-135; Reuchlein, S. 245-256.

13 Vgl. Kanzog, Erzählstrategie, S. 56; Wittkowski, E. T. A. Hoffmanns musikalische Musikerdichtungen, S. 58 und 61.

14 Vgl. Muschg, S. 77; Fetzer, S. 317-330.

15 Vgl. Jochen Schmidt, S. 13-18.

16 Vgl. Spiegelberg, S. 7. Vgl. auch die Lesweise von Ritter Gluck als »Eröffnung der Autorschaft« bei Dotzler, S. 385 sowie die allegorische Lesweise von Deterding, Die Poetik der inneren und äußeren Welt bei E. T. A. Hoffmann, S. 142 und 146-147.

17 So Karoli, Ritter Gluck, S. 335-358, bes. S. 344. In ihrem Buch *Ideal und Krise* behauptet Karoli einerseits ebenfalls explizit die bewußte Vieldeutigkeit der Gestalt Glucks (Ideal und Krise, S. 159), faktisch aber ist ihre Interpretation auf der Annahme aufgebaut, daß es sich um einen Wahnsinnigen handelt, der negativ zu bewerten ist. Nach Karoli dient Ritter Glucks Wahnsinn als »Warnung vor dem Übermaß an Romantik, d.h. vor jener übermächtigen Hingabe an die Phantasie, die, zur Besessenheit übersteigert, den Künstler zerreißt.« (Ebd., S. 162).

Immer wieder neigt Karoli dazu, den Schriftsteller Hoffmann mit seinen Protagonisten zu identifizieren. Vgl. dagegen die von Hans Mayer logisch konsistenter vertretene These der Vieldeutigkeit, für die er das Wort vom »Nebeneinander seiner beiden Welten« sowie vom »Gegeneinander« und »Ineinander der beiden Welten« prägte (vgl. Hans Mayer, S. 476 und 481). Vgl. auch Köhns Wort von der »schwebenden rational-irrationalen Struktur« (Köhn, S. 42) des Ritter Gluck, sowie Liebrands »Entscheidung für den ›mehrfachen‹ Textsinn« (Liebrand, S. 36).

18 Vgl. Mahr, S. 341.

rei zu Schulden kommen lassen, für die er zu Recht bestraft wird?[19] Ist die
Schuld des Protagonisten verallgemeinerbar als die des kritisch dargestellten
romantischen Künstlertyps, wie Günter Oesterle meint, nämlich »effekthungri-
ge Phantasie«[20] in der Folge des permanenten Innovationsdrucks, dem die romantische Kunst ausgesetzt ist?

3) Was ist der Euphon, den Ritter Gluck erwähnt, und in welchem Verhältnis steht diese Chiffre zu einer in der Erzählung implizierten positiven oder
negativen Einschätzung der Titelgestalt? Kann man – wie Dobat – von dem
von Ernst Chladni 1790 entwickelten Instrument, das diesen Namen trug, auf
die ihm ähnliche Glasharmonika schließen, die wiederum Hoffmann 1819
negativ bewertete, und kann man daraus den Schluß ziehen, daß der Euphon
eine musikalische Unzulänglichkeit des historischen Komponisten Gluck bezeichnet und (im Rahmen der Fiktion) bestraft?[21] Oder unterstreicht die Wahl
eines aus der Mode gekommenen Instruments als Symbol für das musikalische
Gewissen des Protagonisten die Traumwelt der Vergangenheit, in der er lebt,
sowie eine geisterhafte Atmosphäre, wie Christa Karoli schrieb, »weil die geis-
terhaft immateriellen Töne des Instruments den im Innern gehörten am nächsten kommen«?[22] Signalisiert der Euphon, wie Norbert Miller vorschlug, daß das
Wesen der Musik für Hoffmann »vollkommene Harmonie« ohne Dissonanz
sei?[23] Oder bezeichnet der auf Mozarts *Don Juan* unrein ansprechende Euphon
des Unbekannten im Gegenteil »die romantische Neigung zur Dissonanz«,[24]
mit der der Klassiker Gluck sich noch nicht befreunden könne, wie Wolfgang
Wittkowski glaubt? Steht der Euphon gar »in einer Motivsequenz gesteigerter
Schmerzarten [...] an höchster Stelle«[25] und zwar, im Sinne Emanuel Sweden-
borgs, in der Funktion einer Wiedervergeltung nach dem Tode mit ähnlichen
Mitteln dafür, »sich in der Welt von einer sündigen, vom Willen gesteuerten,
effekthungrigen Phantasie«[26] verführt lassen zu haben, wie Oesterle argumentiert?

4) Welche Stellung Hoffmanns zur romantischen Kunstauffassung vermittelt
diese Erzählung? Antizipiert sie – nach Justus Mahr und Nora Haimberger –
die Idee des musikalisch-romantischen Stiles,[27] oder manifestiert sich in ihr –
so Dobat – eine »unterschwellige Kritik am romantischen Kunstenthusiasmus«?[28]

---

19 Vgl. Dobat, S. 135.
20 Oesterle, Dissonanz und Effekt in der romantischen Kunst, S. 77.
21 So die Argumentation bei Dobat, S. 129-130.
22 Karoli, Ritter Gluck, S. 354.
23 Miller, E. T. A. Hoffmann und die Musik, S. 118.
24 Wittkowski, E. T. A. Hoffmanns musikalische Musikdichtungen, S. 60.
25 Oesterle, Dissonanz und Effekt in der romantischen Kunst, S. 71.
26 Ebd., S. 77.
27 Vgl. Mahr, S. 342. Vgl. auch Haimberger, Vom Musiker zum Dichter, S. 55 sowie Haimbergers
wesentlich ausführlichere unveröffentlichte Dissertation Die symbolische Funktion des Akkords in
E. T. A. Hoffmanns dichterischem Werk, S. 36-49, 64, 86-87.
28 Dobat, S. 136.

1.1 Oper und Instrumentalmusik in romantischer Musikästhetik

Zunächst möchte ich den historischen Kontext skizzieren, in dem die Auseinandersetzung eines im 20. Jahrhundert zum Theoretiker der Instrumentalmusik erklärten Autoren mit einem Opernkomponisten steht.

1.1.1 Historischer Kontext

Ritter Gluck ist Hoffmanns früheste Erzählung. Wahrscheinlich Ende 1808 in Bamberg geschrieben und auf Hoffmanns Berliner Zeit rekurrierend, wo er nach seiner durch die napoleonische Okkupation verursachten Dienstentlassung in bitterer Not eine Stelle im künstlerischen Bereich suchte, spielt die Handlung in Berlin zur Zeit der Kontinentalsperre. Hans von Müller datierte sie anhand der im Text erwähnten Aufführungen von Glucks Opern auf den Herbst 1807 und Februar 1808.[29] Am 15. Februar 1809 in der Leipziger Allgemeinen Musikalischen Zeitung (AMZ) erschienen, figuriert die Erzählung fünf Jahre später – nach dem einleitenden Bezug auf Callot – an zweiter Stelle in Hoffmanns Sammlung der Fantasiestücke mit dem nun hinzugefügten (leicht irreführenden) Untertitel »Eine Erinnerung aus dem Jahre 1809«. Sie zählt zu Hoffmanns bedeutendsten und am meisten interpretierten Erzählungen. Nach Hans Mayer entscheidet sich an der Art, wie man die Frage »Wer ist Ritter Gluck?« beantwortet, der Zugang zu Hoffmanns Gesamtwerk.[30]

Ritter Gluck erzählt die wiederholte Begegnung des Ich-Erzählers mit einem Unbekannten, der sich erst ganz am Schluß als Ritter Gluck vorstellt. Mit ihm unterhält sich der Erzähler über Musik und die zeitgenössische Berliner Aufführungspraxis besonders Gluckscher Werke. Dabei übernimmt der Erzähler den Part des naiven, dem Musikbetrieb gegenüber unkritischen, aber begeisterungsfähigen musikalischen Laien, während der Unbekannte nicht nur eine überlegene musikalische Autorität besitzt, sondern auch Hoffmanns Kritik an der Berliner Aufführungspraxis artikuliert.[31] Dem Erzähler werden während dieser Begegnungen Teile aus den Pariser Reformopern von Christoph Willibald Gluck auf verschiedene Weise zu Gehör gebracht. Der historische Gluck lebte von 1714-1787, war also zur Zeit der Erzählhandlung bereits 20 Jahre tot. Für den Großteil seines Lebens schrieb er konventionelle Opern im italienischen Stil, für die er am Wiener Hofe viel Anerkennung bekam. Seine erste Reformoper, *Orfeo*, komponierte er als fast Fünfzigjähriger. Erst als Sechzigjähriger, zwischen 1774 und 1779, begann er, nach Paris zu reisen und in Zu-

---

29 Vgl. Hans von Müllers Datierung anhand der im Text genannten Opernaufführungen in: Ders., Zwölf Berlinische Geschichten aus den Jahren 1551-1816, Anmerkungen auf S. 93 und 95. Vgl. auch Hans von Müller, Gesammelte Aufsätze über E. T. A. Hoffmann, S. 463.

30 Vgl. Hans Mayer, Die Wirklichkeit E. T. A. Hoffmanns, S. 470.

31 Vgl. Hoffmann, An Rochlitz in Leipzig (29.1.1809), in: Ders., Briefwechsel I, S. 263-265; hier S. 264. In der Vergangenheit wurde oft der Ich-Erzähler mit dem Autor Hoffmann gleichgesetzt, wie z.B. bei Watts, S. 26.

sammenarbeit mit französischen Librettisten an einer Reform der Opernkonventionen in einer Stadt zu arbeiten, die zu der Zeit keine starke eigene Tradition in der Oper hatte. Bei dieser Reform ging es Gluck darum, eine Einheit zwischen dramatischer Handlung und Musik zu schaffen. Ornament und Virtuosentum in der Musik beschnitt er zugunsten des Ausdrucks emotionaler Wahrhaftigkeit und schlichter Schönheit. Als Glucks ästhetisches Manifest gilt seine Widmung der Oper *Alceste* an den Erzherzog Peter Leopold von Toskana, in der es unter anderem heißt:

> Als ich mich daran machte, die Musik zu »Alceste« zu schreiben, nahm ich mir vor, sie gänzlich rein zu halten von all den Mißbräuchen, die, eingeführt entweder durch die übel angebrachte Eitelkeit der Sänger oder durch die übermäßige Nachgiebigkeit der Komponisten, die italienische Oper seit so langer Zeit entstellen und das prächtigste und schönste aller Schauspiele in das lächerlichste und langweiligste verwandeln. Mein Sinn war darauf gerichtet, die Musik wieder auf ihr wahres Amt zurückzuführen: dem Drama in seinem Ausdruck und seinen wechselnden Bildern zu dienen, ohne die Handlung zu unterbrechen oder sie durch unnützen und überflüssigen Schmuck zu erkälten. [...] Ich war ferner der Meinung, daß mein höchstes Bestreben sich darauf beschränken müsse, eine schöne Einfachheit zu erreichen. Ich habe vermieden, aus Schwierigkeiten Wesens zu machen zum Schaden der Klarheit. Ich habe es nicht für verdienstlich gehalten, auf Entdeckungen auszugehen, wenn sie nicht durch die Situation und den Ausdruck von selbst gegeben waren. Und da ist keine hergebrachte Regel, die ich nicht glaubte nach Belieben zugunsten der Wirkung opfern zu dürfen.[32]

Seine Privilegierung des Schlichten, Schönen, Wahren, Wahrscheinlichen, Natürlichen und des ästhetischen Maßhaltens weist auf die Paradigmen der Klassik, das sich über Regeln hinwegsetzende Genieprinzip auf ein von Klassik und Romantik geteiltes Paradigma. Sein Bemühen um die Oper als Gesamtkunstwerk entspricht einem zentralen Anliegen Hoffmanns, sowohl was seine kompositorische als auch sein theatralische Praxis anbelangt,[33] und Richard Wagner kann in dieser Hinsicht als Fortführung dieser Traditionslinie gelten.

Hoffmann hat sich sowohl vor als auch nach der Niederschrift von *Ritter Gluck* intensiv mit Gluck beschäftigt. Er hat ihn 1806 in Warschau dirigiert,[34] rezensierte den Klavierauszug von Glucks *Iphigenia in Aulis* für die *Allgemeine Musikalische Zeitschrift* in zwei Teilen, die am 29. August und 5. September 1810 erschienen (vgl. H1, S. 553-560), und er dirigierte die *Iphigenia in Tauris* 1813 in Dresden. Besonders in der Zeit, in der die Erzählhandlung spielt, wid-

---

32 Gluck, Widmung der Oper »Alceste«, zitiert nach Alfred Einstein, Ritter von Gluck, S. 144-147; hier S. 144 und 145-146. Einstein bezeichnet das von Gluck gezeichnete Dokument als Werk seines Librettisten Calzabigi, ohne aber zu suggerieren, daß Gluck inhaltlich mit diesem Dokument nicht übereinstimmte.

33 Vgl. Hoffmann, Seltsame Leiden eines Theater-Direktors, in: H3, S. 399-518. In einem Brief an Julius von Soden vom 23.4.1808 billigt Hoffmann Glucks Reformprogramm ausdrücklich und nimmt es für sich selbst zum Vorbild in der Vertonung des Melodrams, das er Soden als Probestück für seine Anstellung in Bamberg schickte. Vgl. Hoffmann, An Soden in Bamberg (23.4.1808), in: Ders., Briefwechsel I, S. 238-242; bes. S. 239.

34 Vgl. Harich, Bd. 1, S. 90.

mete sich Hoffmann dem Studium Glucks mit Hilfe von alten Partituren, die er sich in Berlin verschaffen konnte. In einem Brief an seinen Freund Theodor Gottlieb von Hippel schrieb er am 12. Dezember 1807: »In meinem kleinen Stübchen, umgeben von alten Meistern, Feo, Durante, Händel, Gluck, vergesse ich oft alles, was mich schwer drückt, und nur, wenn ich Morgens wieder aufwache, kommen alle schweren Sorgen wieder!«[35] Sämtliche Äußerungen Hoffmanns zu Gluck in Rezensionen, Briefen, Tagebüchern und Erzählungen sind positiv – vielleicht mit einer Ausnahme, auf die ich in Kapitel 1.3 eingehen werde. Während zu Glucks Lebzeiten intensive Auseinandersetzungen um seine Reformopern ausgetragen wurden,[36] gehörte Gluck Anfang des 19. Jahrhunderts zu den Komponisten, die auf nationaler Ebene wenig aufgeführt wurden und dem großen Publikum unbekannt waren, deren Ruhm aber einige musikalische Kenner zu verbreiten suchten. Die *Allgemeine Musikalische Zeitung*, der Hoffmann seine Erzählung am 12. Januar 1809 zur Veröffentlichung anbot, bemühte sich bereits seit einiger Zeit, ihre Leserschaft auf Gluck aufmerksam zu machen.[37] Hoffmann fand dort also aufnahmebereiten Boden hinsichtlich der Wertschätzung Glucks. Doch hatte er die Klippe zu umschiffen, daß in der *Allgemeinen Musikalischen Zeitung* der Berliner Kapellmeister Bernhard Anselm Weber als großer Förderer von Glucks Werk angesehen wurde[38] und Berlin als Zentrum von Gluck-Aufführungen galt, während die Erzählung gerade die Aufführungspraxis in Berlin (durch den namentlich nicht genannten, aber für Kenner der zeitgenössischen Berliner Musikszene leicht zu entschlüsselnden Weber) als dem Werk abträglich brandmarkt. Bei der Lösung des Problems zeigt Hoffmann sich als gründlicher Leser der *Allgemeinen Musikalischen Zeitung*. Die Kritik des Unbekannten an der »Prestissimo, ohne Sinn und Verstand abgesprudelt[en]« (S. 27) Berliner Aufführung der Ouvertüre zu Mozarts *Don Juan* wandelt nämlich geschickt eine in der *Allgemeinen Musikalischen Zeitung* artikulierte Rüge am zu schnellen Tempo Webers beim Auftritt des Geists in der gleichen Oper ab:

---

35 Hoffmann, An Hippel auf Leistenau (12.12.1807), in: Ders., Briefwechsel I, S. 230-232; hier S. 231.

36 Vgl. Riedel zur zeitgenössischen Auseinandersetzung im deutschen Sprachraum. Dieses Buch eines Gluck-Enthusiasten nimmt zum Anlaß einer beißenden Polemik gegen Gluck: Vgl. Forkel, Musikalisch-kritische Bibliothek, S. 53-173. Seiner Auseinandersetzung fügt Forkel außerdem den Abdruck von drei Rezensionen aus der Allgemeinen deutschen Bibliothek und einer aus dem Deutschen Mercur bei (vgl. S. 174-210). Vgl. auch bösartige Spitzen gegen Gluck in Forkels ein Jahr nach Glucks Tod veröffentlichtem Musikalischen Almanach für Deutschland, S. 149 und 151-163. Vgl. zum Einfluß Forkels auf die Gluck-Rezeption: Henzel, S. 210-213.

37 Vgl. positive Erwähnungen Glucks in der Zeit zwischen Hoffmanns zweitem Berlin-Aufenthalt und seiner Einsendung der Erzählung an Friedrich Rochlitz, den Herausgeber der Allgemeinen Musikalischen Zeitung, in dessen Zeitschrift: Nr. 11 (9.12.1807), Spalte 173-176; Nr. 27 (30.3.1808), Spalte 424; Nr. 31 (27.4.1808), Spalte 484; Nr. 49 (31.8.1808), Spalte 776-778; Nr. 8 (23.11.1808), Spalte 118-120 und Spalte 122. In letzterem Beitrag heißt es, daß die Aufführung von Glucks Iphigenia in Tauris in München »Vielen sehr wenig, Wenigen sehr viel gefallen« habe.

38 Vgl. Allgemeine Musikalische Zeitung, Nr. 11 (9.12.1807), Spalte 175: »und erwarten übrigens von der Thätigkeit und dem Eifer des Kapellm.s Weber möglichste Vervollkommnung der deutschen Oper, wozu er allerdings schon sehr vieles durch die sorgsame Aufstellung Gluckscher Musik thut.«

Es wäre doch zum allerwenigsten seltsam und undankbar – z.B. Mozartsche Opern zu-
rückzusetzen. Dieser einzige Genius – gegen den Hr. W., wenigstens was Theatermusik
anlangt, nicht die günstigsten Vorurtheile zu hegen scheint, wie theils die seltene Aufführung dieser Opern, theils so manches in diesen Aufführungen selbst verräth; [... Der
Rezensent plädiert für eine Aufführung des *Don Juan* mit dem Rat an Weber:] er nehme
dann, (um nur Eins anzuführen,) die ewig anstaunenswürdige Scene, wo der Geist auftritt
– gerade den Gipfel des Werks – nicht fast noch einmal so geschwind im Tempo, als ihn
Mozart selbst in Prag nahm.[39]

Bei anderen, schärferen Vorwürfen gegen Weber, die weniger auf bereits pub-
lizierte Meinungen rekurrierten, mußte der noch unbekannte Autor sich die
Zensur des Herausgebers Friedrich Rochlitz gefallen lassen.[40]

1.1.2 Die Oper als Wertvorstellung in *Ritter Gluck*
und Hoffmanns übrigem Werk

Wie paßt nun Hoffmanns erzählerische Auseinandersetzung mit dem Werk
eines Opernkomponisten, dem er eine biographisch verbürgte hohe Wertschätzung entgegenbrachte, zu Hoffmanns Apotheose der Instrumentalmusik in der
Beethoven-Rezension? Wertet er es um, indem er Glucks Werk primär als
Instrumentalmusik darstellt? In *Ritter Gluck* dirigiert beziehungsweise spielt
der Unbekannte zwei von Glucks Ouvertüren, und er singt zwei Passagen; auf
die instrumentalen und vokalen Gluckschen Musikbeispiele reagiert der Erzähler gleichermaßen mit Enthusiasmus. Er lobt die Ouvertüre von Glucks *Iphigenia in Aulis* als »mit lebendigen Farben ausgeführte[s] Meisterwerk[.]« (H2/1,
S. 22) und gerät beim Anhören von Armidas Schlußszene in höchste Begeisterung: »Alle meine Fibern zitterten – ich war außer mir« (H2/1, S. 31). Will man
die Thematisierung der Instrumentalmusik der Ouvertüren als Umdeuten der
Oper in absolute Musik interpretieren – so etwa Ulrich Weisstein, der in seiner
Verallgemeinerung der beiden Instrumentalbeispiele die beiden vokalmusikali-
schen Partien überhaupt nicht wahrnimmt[41] –, widerspricht dem jedoch die
Beschwerde des Unbekannten über eine Opernaufführung, in der die Ouvertüre
von Glucks *Iphigenia in Aulis* zu seiner späteren Oper *Iphigenia in Tauris*
gespielt wurde. Daran erweist sich nicht nur, daß das Formprinzip der klas-

---

39 Vgl. die Allgemeine Musikalische Zeitung, Nr. 11 (9.12.1807), Spalte 175 und 176. Im Stellenkommentar wird dagegen mit Verweis auf Hoffmanns Parteinahme für eine Aufführung dieser Oper
durch Spontini gegen einen Kritiker in der Vossischen Zeitung suggeriert, Hoffmann habe besonders
Spontinis schnelle Tempi gegen die »ruhigeren Zeitmaße des Amtsvorgängers B.A. Weber« (Stellenkommentar in H2/1, S. 623) verteidigt. In der fraglichen Rezension Hoffmanns, nämlich »Bescheidene
Bemerkung zu dem die letzte Aufführung der Oper Don Juan betreffenden in No. 142. dieser Zeitung
enthaltenen Aufsatz« (H3, S. 727-729), erwähnt Hoffmann jedoch weder Spontinis Tempi, noch
vergleicht er sie mit denen seines Vorgängers Weber, sondern er verteidigt die »große Instrumenten-
masse« (H3, S. 727) und die Qualität des Gesangs in Spontinis Aufführung.

40 Vgl. Hoffmann, An Rochlitz in Leipzig (29.1.1809), in: Ders., Briefwechsel I, S. 263-265; hier
S. 264.

41 Vgl. Weisstein, S. 509.

sisch-romantischen Ästhetik verletzt wurde (worauf ich in Abschnitt 1.2 zurückkommen werde), sondern daß es sich bei einer Opernouvertüre eben nicht um »begriffs-, objekt- und zwecklos[e]«[42] Musik handelt. Denn hier wird gesprächsweise Glucks Konzeption einer Ouvertüre, wonach die Musik in enger Beziehung zur Handlung der Oper steht, ansichtig gemacht.[43] Die Ouvertüre der ersten *Iphigenia* stellt, so der Unbekannte, ein »stilles Meer« (H2/1, S. 27) dar. Die »sanfte, schmelzende Klage« der Flöte und die »Wehmut« (H2/1, S. 22) des Fagotts antizipieren für Kenner der Oper die Gefühle der Protagonisten über das Menschenopfer, das die Götter als Bedingung dafür verlangen, daß sie den für das staatliche Unternehmen notwendigen Wind gewähren. Die zweite *Iphigenia* beginnt dagegen mit der programmatischen Darstellung des Sturms, der Orest und Pylades in Tauris an Land spült. Selbst die Instrumentalmusik der Oper unterliegt also dem Ausdrucksprinzip und wird in der Erzählung nicht als absolute Musik behandelt.

Hoffmann läßt in *Der Dichter und der Komponist* den Komponisten Ludwig die wahrhafte Oper als diejenige definieren, »in welcher die Musik unmittelbar aus der Dichtung als notwendiges Erzeugnis derselben entspringt« (H4, S. 102) – eine Definition, die sich auf Glucks Reformvorstellungen zurückführen läßt. Obwohl die Musik in der Oper für Hoffmann eindeutig vom Inhalt des Librettos abhängig und nicht selbständig wie die Instrumentalmusik ist, schätzt Hoffmann die Oper hoch ein, wie nicht nur am Beispiel der Reaktion des Ich-Erzählers auf das Werk von Gluck in der Erzählung *Ritter Gluck* deutlich wird, sondern auch in *Der Dichter und der Komponist* und in *Don Juan* mit Bezug auf Mozarts *Don Giovanni*, und wie nicht zuletzt Hoffmanns eigene kompositorische Arbeit an *Undine* beweist. Um Gründe für diese scheinbar widersprüchlichen Wertvorstellungen zu finden, will ich zunächst Hoffmanns Bestimmung von Instrumentalmusik in *Beethovens Instrumental-Musik* und in *Der Dichter und der Komponist* betrachten. Im Beethoven-Aufsatz heißt es über Instrumentalmusik:

Sie ist die romantischte aller Künste, beinahe möchte man sagen, allein echt romantisch, denn nur das Unendliche ist ihr Vorwurf. [...] Die Musik schließt dem Menschen ein unbekanntes Reich auf, eine Welt, die nichts gemein hat mit der äußern Sinnenwelt, die ihn umgibt, und in der er alle *bestimmten* Gefühle zurückläßt, um sich einer unaussprechlichen Sehnsucht hinzugeben. (H2/1, S. 52)

Und Ludwig in *Der Dichter und der Komponist* sagt:

Ist nicht die Musik die geheimnisvolle Sprache eines fernen Geisterreichs, deren wunderbare Akzente in unserm Innern widerklingen, und ein höheres, intensives Leben erwecken? Alle Leidenschaften kämpfen schimmernd und glanzvoll gerüstet mit einander, und

---

42 Dahlhaus, Die Idee der absoluten Musik, S. 47.
43 Vgl. Gluck, Widmung der Oper »Alceste«, zitiert nach Einstein, Ritter von Gluck, S. 144-147; hier S. 145: »Ich bin der Meinung, daß die Ouvertüre die Zuschauer auf die darzustellende Handlung vorbereiten und sozusagen ihren Inhalt zusammenfassen solle«.

gehen unter in einer unaussprechlichen Sehnsucht, die unsere Brust erfüllt. Dies ist die unnennbare Wirkung der Instrumentalmusik. (H4, S. 103)

In diesen Charakterisierungen eignet trotz ihrer Autonomie von konkreten Verwendungszwecken und bestimmten Ausdruckspostulaten der Instrumentalmusik dennoch ein Telos: Sie »schließt dem Menschen ein unbekanntes Reich auf«, erweckt »ein höheres, intensives Leben« und eine »unaussprechliche Sehnsucht«, oder, wie es in »Beethovens Instrumental-Musik« auch heißt, »jene unendliche Sehnsucht, welche das Wesen der Romantik ist.« (H2/1, S. 54). Gerade im Übersteigen des Banalen, Konkreten zugunsten eines Abstrakten, Transzendenten liegt ihr höherer Zweck. Die Selbständigkeit des Musikalischen ist also für Hoffmann keine hinreichende Bedingung für die Bestimmung des Romantischen, sondern vielmehr ein besonders geeignetes Mittel, um den eigentlichen Zweck des romantischen Kunstwerkes zu erfüllen, nämlich im Rezipienten eine Sehnsucht nach Transzendenz zu erwecken.[44] Insofern ist Hoffmanns »unendliche Sehnsucht« ja auch im religionsphilosophischen Kontext der Schlegelschen und Schleiermacherischen Diskurse der Sehnsucht nach dem Unendlichen zu sehen.[45] Das heißt, daß sich absolute Musik im romantischen Sinne »nicht darin erschöpfte, Form und Struktur zu sein. Sie schloß, paradox formuliert, einen Überschuß ein, in dem man ihr Wesen ahnte«.[46] Die Freiheit der Musik von banalen gesellschaftlichen Zwecken ermöglicht erst ihre Verfolgung eines höheren Zwecks im geschichtsphilosophischen Sinne. Die hohe Wertschätzung der Instrumentalmusik legitimierte sich in der Romantik gerade durch ihre transzendente Funktion. Im Gegensatz zum systemtheoretischen Denken des 20. Jahrhunderts wurde die romantische Autonomie der musikästhetischen Form innerhalb eines natürlichen Ganzen mit transzenden-

---

44 Mit dieser Betonung der metaphysischen Dimension steht meine Analyse von Hoffmanns Kunstbegriff in direktem Gegensatz zu der von Schönherr, der bei Hoffmann eine Reduktion der sozialen Rolle von Kunst wahrnimmt, die Positionen der Moderne vorwegnimmt: »The utopia of social reconciliation through the integrative power of the aesthetic is replaced in Hoffmann's, as well as in the other Romantics', work with the sharp dualism of art and society, of romantic artist and bourgeois citizen. With this shift – pushed away from the center to the periphery – art must be content with the role modern society has assigned to it: to be nothing other than art.« (Schönherr, S. 5).

45 Vgl. Friedrich Schlegel, Ideen [1800], in: KFSA, 2.1., S. 256-272; besonders Nr. 3: »Nur durch Beziehung aufs Unendliche entsteht Gehalt und Nutzen; was sich nicht darauf bezieht, ist schlechthin leer und unnütz.« (KFSA, 2.1, S. 256); Nr. 13: »Nur derjenige kann ein Künstler sein, welcher eine eigne Religion, eine originelle Ansicht des Unendlichen hat.« (KFSA, 2.1, S. 257); Nr. 30: »Die Religion ist schlechthin unergründlich. Man kann in ihr überall ins Unendliche immer tiefer graben.« (KFSA, 2.1, S. 258). Vgl. auch die Verknüpfung des dem Menschen ursprünglichen Bewußtseins des Unendlichen mit dem kulturell vermittelten Streben nach dem Ideal in Schlegels Formulierung der Aufgabe der Philosophie: »Es soll die Sehnsucht nach dem Unendlichen in allen Menschen entwickelt werden.« (Friedrich Schlegel, Transcendentalphilosophie. [Jena 1800-1801]«, in: KFSA, 12.2., S. 1-105; hier S. 11). Die Rolle, die Schlegel in den Kölner Vorlesungen der Begeisterung gibt – er nennt sie »ein Gefühl, ja Leidenschaft für das Unendliche« (Friedrich Schlegel, Die Entwicklung der Philosophie in zwölf Büchern [Köln 1804-1805], in: KFSA, 12.2., S. 107-480; hier S. 394) –, korrespondiert mit der Begeisterung des Künstlers und des Rezipienten durch die Kunst bei Hoffmann. Vgl. auch den Topos von Sehnsucht und Unendlichkeit bei Schleiermacher, Fünfte Rede. Über die Religionen, S. 250-298; bes. S. 289f. und 297.

46 Dahlhaus, Die Idee der absoluten Musik, S. 72.

tem Horizont gedacht, implizierte eben noch nicht Autonomie vom natur- und geschichtsphilosophischen Ganzen.[47]

Die Oper hat nach Hoffmann die Aufgabe, diese transzendente Funktion von Musik sinnlich anschaulich zur Erscheinung zu bringen. Ludwig kann als Hoffmanns Sprachrohr gelten, wenn er seinem dichtenden Freund Ferdinand in »Der Dichter und der Komponist« die Oper erklärt:

Aber nun soll die Musik ganz in's Leben treten, sie soll seine Erscheinungen ergreifen, und Wort und Tat schmückend, von bestimmten Leidenschaften und Handlungen sprechen. Kann man denn vom Gemeinen in herrlichen Worten reden? Kann denn die Musik etwas anderes verkünden, als die Wunder jenes Landes, von dem sie zu uns herübertönt? – Der Dichter rüste sich zum kühnen Fluge in das ferne Reich der Romantik; dort findet er das Wundervolle, das er in das Leben tragen soll, lebendig und in frischen Farben erglänzend, so daß man willig daran glaubt, ja daß man, wie in einem beseligenden Traume, selbst dem dürftigen, alltäglichen Leben entrückt in den Blumengängen des romantischen Landes wandelt, und nur seine Sprache, das in Musik ertönende Wort versteht. (H4, S. 103)

Während Wort und Handlung der Oper ihre Verankerung in der Welt leisten, soll die Musik die Verallgemeinerung und Transzendierung konkreter Erfahrungen bewirken. In »Beethovens Instrumental-Musik« schreibt Hoffmann der Musik die magische Kraft zu, die konkrete Referenz von Worten zugunsten eines Allgemeinen zu transzendieren:

In dem Gesange, wo die Poesie bestimmte Affekte durch Worte andeutet, wirkt die magische Kraft der Musik, wie das wunderbare Elixier der Weisen, von dem etliche Tropfen jeden Trank köstlicher und herrlicher machen. Jede Leidenschaft – Liebe – Haß – Zorn – Verzweiflung etc. wie die Oper sie uns gibt, kleidet die Musik in dem Purpurschimmer der Romantik und selbst das im Leben Empfundene führt uns hinaus aus dem Leben in das Reich des Unendlichen. (H2/1, S. 52)

Wegen dieser Tendenz zur Transzendenz ist für Hoffmanns Sprachrohr Ludwig die romantische Oper die »einzig wahrhafte« (H4, S. 103), deren Aufgabe Ludwig folgendermaßen umreißt:

Also mein Freund, in der Oper soll die Einwirkung höherer Naturen auf uns sichtbarlich geschehen und so vor unsern Augen sich ein romantisches Sein erschließen, in dem auch die Sprache höher potenziert, oder vielmehr jenem fernen Reiche entnommen, d.h. Musik,

---

47 Vgl. auch Wackenroder, Das eigenthümliche innere Wesen der Tonkunst, und die Seelenlehre der heutigen Instrumentalmusik, in: Ders., Sämtliche Werke und Briefe 1, S. 216-223. Wackenroder feiert hier zwar die neuere Instrumentalmusik als Gipfelpunkt musikalischer Entwicklung, konstituiert aber keinen Widerspruch zwischen der »allzeugenden Natur« (S. 216) und der Ausdifferenzierung des musikalischen Systems, zwischen emotionaler Wirkung von Musik und rationaler mathematischer Basis der Tonverhältnisse. Mit an Goethes »Ganymed« gemahnenden Worten umschreibt Wackenroder die transzendente Funktion von Musik: »Kommt ihr Töne, ziehet daher und errettet mich aus diesem schmerzlichen irrdischen Streben nach Worten, wickelt mich ein mit Euren tausendfachen Strahlen in Eure glänzende Wolken, und hebt mich hinauf in die alte Umarmung des allliebenden Himmels!« (S. 223). In der neueren Forschungsliteratur wird die Transzendenz des romantischen Kunstkonzepts mit Bezug auf Ritter Gluck von Liebrand betont (vgl. Liebrand, S. 22).

Gesang ist, ja wo selbst Handlung und Situation in mächtigen Tönen und Klängen schwebend, uns gewaltiger ergreift und hinreißt. Auf diese Art soll, wie ich vorhin behauptete, die Musik unmittelbar und notwendig aus der Dichtung entspringen. (H4, S. 104)

Doch auch die ältere tragische Oper, die die »geheimnisvolle dunkle Macht, die über Götter und Menschen waltet« (H4, S. 109), sichtbar mache, entspricht mit ihrem »hohen [...] heiligen Styl« (H4, S. 110) Ludwigs/Hoffmanns Vorstellung von der Funktion der Musik, im Hörer die Sehnsucht nach Transzendenz zu wecken. In dieser Gattung wird besonders »Des herrlichen Gluck, der wie ein Heros dasteht« (H4, S. 110), gedacht.

Wenn also das Kriterium der Selbständigkeit der Instrumentalmusik nicht den Inhalt ihrer Bestimmung als romantisch ausmacht, sondern nur als besonders geeignetes Mittel für die Erreichung des eigentlichen Kriteriums des Romantischen, nämlich der Evokation eines transzendenten Telos, fungiert, dann kann auch die Oper auf anderen Wegen das Kriterium des Romantischen erfüllen. Eine im heutigen Sinne selbstreferentielle Musik war dagegen zu Hoffmanns Zeit noch kein positiver Wert. Vielmehr lag der hohe Wert von Musik in ihrer ethischen Bindung begründet, und musikalische Selbstreferenz ohne erkennbare ethische Ansprüche unterstand dem Verdacht der Trivialität. So äußert sich Goethe in den Anmerkungen zu seiner 1805 veröffentlichten Übersetzung von Diderots Dialog *Rameaus Neffe*, die Hoffmann nachgewiesenermaßen kannte und die als Intertext[48] zu *Ritter Gluck* fungiert, sehr negativ über Musik als selbständige Kunst:

Alle neuere Musik wird auf zweierlei Weise behandelt, entweder daß man sie als eine selbständige Kunst betrachtet, sie in sich selbst ausbildet, ausübt und durch den verfeinerten äußeren Sinn genießt, wie es der Italiener zu tun pflegt, oder daß man sie in bezug auf Verstand, Empfindung, Leidenschaft setzt und sie dergestalt bearbeitet, daß sie mehrere menschliche Geistes- und Seelenkräfte in Anspruch nehmen könne, wie es die Weise der Franzosen, der Deutschen und aller Nordländer ist und bleiben wird.[49]

Der Begriff »selbständig« charakterisiert hier nicht wie bei Hoffmann die Instrumentalmusik im Gegensatz zur Vokalmusik, denn die beiden entgegengesetzten Tendenzen in der neueren Musik findet Goethe in dem Streit der Piccinnisten und der Gluckisten verkörpert, also verschiedenen Stilrichtungen in der Oper. Goethe verleiht Gluck das Prädikat »der Bedeutende« und Niccolò

---

48 Viele der Untersuchungen zum intertextuellen Bezug von Ritter Gluck auf Diderots Rameaus Neffe sind unzuverlässig oder unergiebig. Vgl. u.a. Mortrier, S. 289-290; Spiegelberg, S.124-127; Karoli, Ritter Gluck, S. 351; Weisstein, S. 495-518. Auf eine Gegenüberstellung von ähnlichen Stellen beschränkt sich Scher, Verbal Music in German Literature, S. 67-71. Die genaueste Untersuchung zu diesem Thema ist von Laußmann, hier S. 65-76.

49 Goethe, Anmerkungen [zu Goethes Übersetzung von Rameaus Neffe], in: Sämtliche Werke 15, S. 1025-1063; hier S. 1039. Eine ähnliche Abneigung, doch in ironische Form gekleidet, zeigt Kapellmeister Johannes Kreisler in Kater Murr gegen zeitgenössische italienische Opernmusik (Roßini, Pucitta), die bei Hofe hoch geschätzt wird, während die seiner Meinung nach viel bedeutendere Musik von Haydn, Mozart und Beethoven bei Hofe sehr niedrig eingestuft wird (vgl. Hoffmann, Kater Murr, in: H5, S. 83f.).

Piccinni das des »Gefälligen«.[50] Die mit Piccinni assoziierte selbständige Kunst meint hier also eine Musik, deren höchster Wert in der bloßen Eingängigkeit des musikalischen Materials besteht. Bedeutsamkeit dagegen leitet Goethe aus einer Ausdrucksästhetik ab, die sich musikalisch in ungewohnten, den Hörer herausfordernden Strukturen manifestiert:

Seltsame Harmonien, unterbrochene Melodien, gewaltsame Abweichungen und Übergänge sucht man auf, um den Schrei des Entzückens, der Angst und der Verzweiflung auszudrücken. Solche Komponisten werden bei Empfindenden, bei Verständigen ihr Glück machen, aber dem Vorwurf des beleidigten Ohrs, insofern es für sich genießen will, ohne an seinem Genuß Kopf und Herz teilnehmen zu lassen, schwerlich entgehen.[51]

Auf ähnliche Weise wird das Bedeutende und Anspruchsvolle einer Komposition Kreislers in *Kater Murr* als Funktion einer Ausdrucksästhetik beschrieben: »Das Duett war den leidenschaftlichsten dieser Art an die Seite zu stellen, und da Kreisler nur nach dem höchsten Ausdruck des Moments, und nicht darnach strebte, was eben ganz ruhig und bequem von der Sängerin aufzufassen, in der Intonation ziemlich schwer geraten.« (H5, S. 152). Auch Gluck äußerte sich ja in der zitierten Widmung seiner Oper *Alceste* im gleichen Tenor. Die – oft regelbrechende, unkonventionelle – Arbeit am musikalischen Material wird also in allen drei Diskursen als Funktion des Bestrebens nach Ausdruckstiefe und -intensität gesehen, als bedingt durch und zielend auf etwas jenseits des musikalischen Materials. Während nach Goethe eine solche der Ethik verpflichtete Ästhetik eine komplexe, doch ausgewogene Wirkung auf den Hörer erzielt, nämlich eine Stimulierung von Ratio, Gefühl und Sensualität, also eine ethisch säkulare Wirkung hat, formuliert Hoffmann in seinen musikästhetischen Reflexionen deutlich romantischer, und an Wackenroder anknüpfend, seine kunstreligiöse Erwartung, daß bedeutende Musik den Hörer über den Alltag erhebt und unendliche Sehnsucht nach einem transzendenten Zustand erzeugt.[52] Erst diese ethische Einbindung der Musik kann erklären, wieso für Hoffmann nicht nur die Instrumentalmusik, sondern auch die Oper und Kirchenmusik das Prädikat romantisch verdienten.

---

50 Goethe, Anmerkungen, S. 1040.
51 Ebd.
52 Vgl. auch die Zurückweisung der Meinung, die Musikanschauung der Romantik sei anthropozentrisch und subjektivistisch gewesen im Gegensatz zum kosmozentrischen Denken des Mittelalters bei Wiora, S. 26: »Die Romantiker haben nicht nur ›metaphysisch‹ im präzisen Sinne des Wortes gedacht, sondern mehr noch in religiös-poetischen Denkformen. Sie suchten Hintergründe der Musik im Kosmos, aber auch in der Innenwelt und in der Überwelt. Ferner war es kein Spezifikum der Romantik, die Musik auf das Universum zu beziehen, sondern ein Traditionsstrom solcher Anschauungen floß von Antike und Mittelalter her über Kepler, Werckmeister, Herder und andere ins 19. Jahrhundert hinein und wurde mehrfach neu belebt [...].«
Zur Musikanschauung Hoffmanns im Verhältnis zu Wackenroder und Tieck vgl. Jost, S. 45-75.

1.2 Klassische und romantische Paradigmen

Daß Hoffmann den Klassiker Gluck außerordentlich hoch geschätzt hat und Beethoven und Mozart ihm als romantische Komponisten erschienen, weist auf eine gewisse Gemeinsamkeit zwischen der klassischen und romantischen Musikästhetik hin. Carl Dahlhaus formulierte die gemeinsame Basis der klassischen und romantischen Musikästhetik als Geltung folgender Prinzipien und Prämissen: 1. des Genieprinzips, wonach das Werk durch ein Genie hervorgebracht wird, das keinem Regelkanon gehorcht; 2. des Autonomieprinzips, wonach das Werk keine außerästhetische Funktion hat; 3. des Formprinzips, wonach das Werk ein in sich begründetes Ganzes ist, in dem sich in der Form eine Dialektik zwischen Allgemeinem und Besonderem konstituiert; 4. der Weltmetapher, wonach das Werk als Analogie zur Welt im Ganzen zu verstehen ist, da das hervorbringende Genie an der als *natura naturans* begriffenen Natur teilhat.[53] Mit Ausnahme des Autonomieprinzips bringt die Erzählung *Ritter Gluck* diese Prinzipien zur Geltung, doch zeigt sich gleichzeitig durch die Struktur und die Symbolik der Erzählung, wie Hoffmann das Verständnis dieser Prinzipien gegenüber der Klassik in eine romantische Richtung verschiebt.

1.2.1 Genieprinzip

Die Frage der höheren Berechtigung des Genieprinzips gegenüber der Geltung von Regeln steht am Anfang der Begegnung zwischen dem Erzähler und dem Unbekannten. In *Ritter Gluck* läßt der Unbekannte die Ouvertüre von Glucks *Iphigenia in Aulis* von einem Kaffeehausorchester spielen[54] als praktische Antwort auf die Beschwerde des Erzählers über einen Walzer, bei dem er allein die kreischende Oberstimme der Violine und Flöte sowie den schnarrenden Grundbaß des Fagotts hört: »sie gehen auf und ab fest aneinander haltend in Oktaven, die das Ohr zerschneiden« (H2/1, S. 20). Der Erzähler hat nämlich gelernt, »nichts mache einen widrigern Effekt, als wenn der Baß mit der Oberstimme in Oktaven fortschreite« (H2/1, S. 21). Diese Bemerkungen werden in der Sekundärliteratur als Anspielung auf das satztechnische Verbot von Oktavparallelen aufgefaßt. Da der Erzähler mit Begeisterung auf die Ouvertüre reagiert, wurde weithin angenommen oder behauptet, daß in dieser Ouvertüre Oktavparallelen enthalten seien und daß der Erzähler durch die geniale Musik Glucks eines besseren belehrt werde, als einer einmal aufgestellten Regel (hier also der Re-

---

53 Vgl. Dahlhaus, Klassische und romantische Musikästhetik, S. 45-49.
54 Nach Karoli, Ritter Gluck, S. 350, Anmerkung 36 wurde die Iphigenia in Aulis erst am 25.12.1809 in Berlin erstaufgeführt und konnte deshalb nicht auf dem Repertoire eines Kaffeehausorchesters stehen. Allerdings erschien die Partitur zu Glucks Lebzeiten in vier Auflagen. Überdies wurde bereits in der Allgemeinen Musikalischen Zeitung 49 (31.8.1808), Spalte 776-778, J.D. Sanders Übersetzung und Klavierauszug des ersten Aktes der Iphigenia in Aulis rezensiert, so daß ein Bekanntsein dieser Musik auch in Deutschland vorausgesetzt werden kann.

gel vom Verbot von Oktavparallelen) anzuhängen.[55] Im Stellenkommentar zu *Ritter Gluck* heißt es, daß »viermal (Takte 50f., 86f., 112f. und 141f.) das Kopfmotiv des Hauptteils der Ouvertüre in den Außenstimmen in Oktaven geführt ist, während die Mittelstimmen die harmonische Ausfüllung übernehmen.«[56] Nun handelt es sich bei den genannten vier Stellen jedoch nur um Quasi-Oktavparallelen. Denn, um ein Beispiel zu nehmen, in Takt 86 und 87 spielen alle Instrumente das Kopfmotiv von drei Sechzehnteln und einer Dreiviertelnote, mit Ausnahme der ersten Violinen, die als Liegestimme einen Akkord halten. In Takt 50 und 51 spielen Oboen, Fagotte, Bratschen und Bässe die gleiche Abfolge von vier Noten, die Violinen halten den Akkord *G*, während Horn, Posaune und Pauke zwei *g* spielen.[57] Es handelt sich also um ein Unisono aller Instrumente, zu dem die Violinen als Liegestimme hinzukommen. Als verbotene Oktavparallele gilt jedoch das Auftreten von Oktaven zwischen Stimmen, die sich unabhängig voneinander bewegen, nicht aber das Verhältnis zwischen Unisono und Liegestimme. Sehr viel bemerkenswertere UnisonoPassagen gibt es überdies in Takt 19-28 und 179-188. Für die beim Unisono sozusagen natürlich vorkommenden Oktavdifferenzen zwischen hohen und tiefen Instrumenten gilt aber das strikte Verbot von Oktavparallelen nicht. Dies wird in einer Rezension in der *Allgemeinen Musikalischen Zeitung*, die kurz vor Hoffmanns Erzählung erschien, eigens betont:

Bey dem Verbot der Octaven bemerkt d. Vf., dass sie nur erlaubt sind, wenn alle Stimmen die nämlichen Noten in der nämlichen oder in verschiedenen Octaven haben, da sie als Synonyme des Unisono betrachtet werden, [...]. Octavengänge in der Höhe und Tiefe, bei verschiedenen Mittelstimmen, verstossen zugleich wider die Gesetze der Einheit und Mannigfaltigkeit. Diese Noten sind zu entfernt, um sich zu einem Ganzen zu vereinigen, und einander zu ähnlich, um Mannigfaltigkeit zu bilden.[58]

---

55 Von dieser Tendenz gibt es einige wenige Ausnahmen. Hans von Müller nimmt an, daß mit den Oktavgängen die Unisono-Passagen der Ouvertüre gemeint sind und weist auf eine frühe Kritik hin, die betont, daß durch diese Passagen die Satzregeln nicht verletzt werden (vgl. Hans von Müller, Zwölf Berlinische Geschichten, S. 351). Vgl. auch Laußmann, S. 80 und Anmerkung 268 auf S. 207 und 208. Laußmann beurteilt die Ouvertüre als »denkbar ungeeignet« (S. 80) für die Widerlegung des Verbots von Oktavparallelen, da, wie sie in Anmerkung 268 schreibt, »sich in der ganzen Ouvertüre zur Iphigenie en Aulide keine Oktavparallelen« finden, sondern lediglich an zwei Stellen sämtliche Stimmen des Orchesters unisono geführt werden, wodurch aber »die Satzregeln nicht tangiert werden« (S. 207, 208). Warum jedoch der Unbekannte dann den Tadel des Erzählers an Oktavparallelen mit der Aufführung von Glucks Ouvertüre zur ersten Iphigenie beantwortet, bleibt bei Laußmann im dunkeln.

56 Vgl. Allroggen, Stellenkommentar, in: H2/1, S. 620.

57 Vgl. Gluck, Iphigénie en Aulide, S. 10. Vgl. auch Forkels ironische Kritik an der mangelnden harmonischen Reinheit dieser Stelle, die er im Notenbeispiel gibt und folgendermaßen kommentiert: »S. 4 im vierten Tact des ersten Systems, zeugt die zusammenstoßende Harmonie von Dx und G auch von einer besonderen Reinigkeit. [Notenbeispiel folgt.] Die Oboen gehen noch eine Octave höher mit dem Basse und der Bratsche im Einklang, und die Violinen halten den Accord G.« (Forkel, Musikalisch-kritische Bibliothek, S. 138). Tatsächlich handelt es sich jedoch hier um ein Zusammenstoßen von fis und g. Forkel moniert hier eine Dissonanz, die absichtlich eingesetzt ist und auch in Bachs Johannespassion vorkommt.

58 Anon., Fortsetzung der Rezension von Cours Complet d'Harmonie et de Composition d'après une théorie etc. par Momigny, Spalte 23-24.

Doch diese Richtigstellung besagt ja zugleich, daß eine enge Auslegung des Oktavenverbots gang und gäbe war und überwunden werden sollte. Der Erzähler selbst, der laut Stellenkommentar seine mangelnden musikalischen Kenntnisse zu erkennen gibt, als er sich über den Walzer beschwert, dessen harmonische Verhältnisse ihm gar nicht bemerklich sind, da er ja nur Ober- und Unterstimme hören kann,[59] vertritt in seinen oben zitierten beiden Bemerkungen zu Oktaven genau diese enge Auslegung: denn von Harmonie mit Bezug auf die Mittelstimmen ist bei ihm an keiner Stelle die Rede. In der damals weit verbreiteten Satzlehre von Johann Philipp Kirnberger, dessen Dogmatik Hoffmann an anderer Stelle ironisch gegen Mozarts harmonische Innovationen stellt,[60] wird bereits das Vorkommen von zwei aufeinander folgenden Oktaven heftig kritisiert:

Es ist schon mehrmalen erinnert worden, daß um eines Contrapuncts oder einer andern Künsteley willen, der reine Satz nicht aus dem Auge gesetzt werden müsse. Denn, kein Zuhörer, wenn er mit Eckel Quinten und Octaven nach einander hören muß, wird mit der Entschuldigung zufrieden seyn, daß sie eines Contrapuncts wegen da stehen. Daher ist das gegebene Exempel von Johann Joseph Fux in seinem *Gradus ad Parnassum* bey der Lehre des Contrapuncts der Duodez, wegen zwei nach einander vorkommenden Octaven, und bey der Umkehrung vorkommenden Quinten, ganz verwerflich, weil sie noch dazu in den äußersten Stimmen vorkommen, wo sie doch gänzlich verboten sind.[61]

Über Oktavparallelen in Unisono-Passagen im besonderen sagt Kirnberger nichts direkt, doch der letzte Satz des Zitates kann implizieren, daß sie nach Kirnberger – neben Oktavparallelen in den Mittelstimmen – ebenfalls verboten sind, wenn auch nicht ganz so streng. Nun sind die Unisono-Passagen der Ouvertüre von Glucks *Iphigenia in Aulis* gerade der zentrale und mit Notenbeispiel illustrierte Punkt der Kritik Johann Nicolaus Forkels, wenn auch seine Kritik, im Gegensatz zu wiederholten Behauptungen in der Sekundärliteratur,[62] *nicht* auf das Verbot von Oktavparallelen gegründet ist. Forkel stigmatisiert das Unisono als verbrauchte Form.[63] Bei Gluck entspreche der formalen Heraushebung dieser Passage keine inhaltliche Bedeutung:

In dem *all'Unisono* des Herrn von Gluck aber finden wir weder Pracht noch irgend eine andere Gattung von Schönheit, wodurch es gerechtfertigt werden, und verdienen könnte, auszeichnend wichtig von allen Stimmen im Einklang vorgetragen zu werden.[64]

---

59 Vgl. Allroggen, Stellenkommentar, in: H2/1, S. 619-620.
60 Vgl. Hoffmann, Zufällige Gedanken bei dem Erscheinen dieser Blätter: »Keine Kunst, und am allerwenigsten die Musik, leidet den Pedantismus, und eine gewisse Freigeisterei ist manchmal gerade dem großen Genie eigen. Ein alter Herr errötete einmal über einen verdeckten Oktavengang in der Ober- und Unterstimme, als würde eine Obszönität gesagt in honetter Gesellschaft. Was würde Kirnberger zu Mozarts Harmonik gesagt haben!« (H3, S. 723).
61 Kirnberger, S. 132.
62 Vgl. u.a. Spiegelberg, S. 9 und Dotzler, S. 382.
63 Vgl. Forkel, Musikalisch-kritische Bibliothek, S. 68.
64 Ebd., S. 132.

Es scheint, als verschmelze die Erzählung in der naiven Dogmatik des Erzählers, er habe es »immer bewährt gefunden« (H2/1, S. 21), daß nichts »einen widrigern Effekt« (H2/1, S. 21) mache, »als wenn der Baß mit der Oberstimme in Oktaven fortschreite« (H2/1, S. 21), und der musikpraktischen Widerlegung seiner Behauptung am Beispiel der Ouvertüre zur *Iphigenia in Aulis* zwei grundverschiedene Dinge: das von Kirnberger vertretene und oft sehr eng ausgelegte Oktavenverbot aus harmonischen Gründen und Forkels Kritik an der Simplizität des musikalischen Materials in einer so herausragenden Stelle der Ouvertüre, nämlich an dem »äußerst plumpen Gang der Modulation«[65] und den Wiederholungen. Der Erzähler hebt denn auch das Unisono besonders positiv hervor:»wie ein Riese hehr und groß schreitet das Unisono fort« (H2/1, S. 22). Wie bekannt, wendet die Erzählung wiederholt Forkels Kritik an Gluck um ins Positive (so den Vorwurf des »Schenken-Virtuosen«[66] und der dürftigen Skeletthaftigkeit[67]). Hier jedoch scheint der angeblichen musikalischen Widerlegung der Verdammung von Oktavparallelen eine Kontamination von zwei Musikdogmatikern zugrunde zu liegen, deren aufgeklärte Regelhörigkeit Hoffmann ablehnte, um demgegenüber die Rechte des Genies zu behaupten. Der Regelverstoß, den die Erzählung suggeriert, findet also in der angesprochenen Ouvertüre gar nicht statt und die evozierten Vorwürfe stammen nicht von dem in der Erzählung anderweitig parodierten Forkel. Daß Hoffmanns Gedächtnis nicht immer absolut zuverlässig war, erweist sich an seinen späteren Bemerkungen zu Forkels Gluck-Kritik. Laut Hoffmann verglich Forkel »den herrlichen Anfang des zweiten Satzes in der Ouverture zur Iphigenia in Aulis, mit dem Gezänk der Bauern in der Schenke«.[68] Tatsächlich ist von Gezänk bei Forkel keine Rede, sondern er behauptet: »die Glucksche Gattung von edler Einfalt, gleicht dem Styl unserer Schenken-Virtuosen, der zwar Einfalt genug, aber auch zugleich viel eckelhaftes in sich hat.«[69]

Die von dem Unbekannten mit Anspannung aller körperlichen und geistigen Kräfte und mit großem musikalischen Einfühlungsvermögen vorgetragene Musik Glucks versetzt den Erzähler in höchstes Entzücken. Durch die Demonstration solch außergewöhnlicher Wirkung verteidigt die Erzählung in der Begegnung des naiven, regelgläubigen, doch begeisterungsfähigen Erzählers mit der ihn überwältigenden Musik Glucks das Recht des Genies, sich über Regeln hinwegzusetzen. Zugleich wird dadurch das Werk Glucks und die Wirkungsmacht der Musik überhaupt glorifiziert als Eröffnung des Weges zur Transzendenz, wie Wackenroder sie in »Die Wunder der Tonkunst« entworfen

---

65 Ebd., S. 134.

66 Ebd., S. 127. Hoffmann selbst wies auf diesen Vorwurf Forkels hin in: Nachträgliche Bemerkungen über Spontinis Oper Olympia, in: H5, S. 619. Vgl. dazu auch Dotzler, S. 382.

67 Forkel, Musikalisch-kritische Bibliothek, S. 115. Vgl. dazu auch Dotzler, S. 382.

68 Hoffmann, Nachträgliche Bemerkungen über Spontinis Oper Olympia, in: H5, S. 619. In einem 1820 erschienen Aufsatz macht Hoffmann eine sehr ähnliche Bemerkung über Forkels Gluck-Kritik – doch hier ist überdies irrtümlich vom Gelärm der Bauern in der Iphigenia in Tauris die Rede: Vgl. Hoffmann, Zufällige Gedanken bei dem Erscheinen dieser Blätter, in: H3, S.724.

69 Forkel, Musikalisch-kritische Bibliothek, S. 127.

hatte.[70] Ich lese also die narrative Kontamination der Forkelschen Gluck-Kritik mit dem Kirnbergerschen Dogmatismus als ein Zeichen dafür, daß die Erzählung nicht einfach eine kritische Meinungsverschiedenheit austrägt, sondern versucht, die Kritik der Aufklärung an Gluck so darzustellen, daß sie von der Genieästhetik der Romantik her am besten widerlegt werden kann: Die Anschuldigung, gegen eine Regel verstoßen zu haben, ist eben von Vertretern der romantischen Konzeption des Künstlers als verkanntes Genie leichter zu verachten als der Vorwurf, plump und repetitiv zu komponieren.

In der Kritik an Forkels Angriff auf Gluck war Hoffmann jedoch nicht allein.[71] Zu Glucks Verteidigern gehörte, neben den von Christoph Henzel genannten Autoren, auch Wilhelm Heinse in seinem Musikroman *Hildegard von Hohenthal* (1795/96), dessen pedantisch belehrender Protagonist Lockmann Hoffmanns berechtigtes Mißfallen erregte, was die Romanform anbetrifft, von dem er aber hinsichtlich der musikalischen Wertungen manche Anregungen erhalten haben mag.[72] Lockmann äußert sich lobend über die Ausdruckskraft von Glucks *Iphigenia in Aulis*, und zwar vor allem über die Unisono-Passagen im Oktavenabstand:

So hält jedermann von Sinn, Gefühl und Verstand, der die Ouvertüre vor dem Schauspiel gehört hat, sie für die Königin aller Ouvertüren; [...] alles in ihr bedeutet. Der Satz, wo sich die Instrumente in den Einklang stürzen und darin und in Oktaven furchtbar aufsteigen, stellt gerade das sich empörende Volk vortrefflich dar, das sich wie ein wildes Roß bäumt und nicht mehr leiten und bändigen läßt.[73]

Lockmann zitiert sodann einen namentlich nicht genannten »Kunstrichter«, der gerade diese Ouvertüre streng rügte:

»Die abgestoßnen acht Achttheile gegen die folgende *sforzando* gehaltne Dreiviertheilnote, plumpen so ungeschickt auf einander, daß man glauben muß, der Herr Ritter habe uns ein Beyspiel eines musikalischen Satzes geben wollen, durch den man jedermann stutzig machen könne. Auch haben wir die Probe damit gemacht, und befunden, daß er seine vollkommne Wirkung thut und richtig jedermann zum Erstaunen bringt. Diese Wirkung

---

70 Wackenroder, Die Wunder der Tonkunst, in: Sämtliche Werke I, S. 205-208.

71 Vgl. dazu Henzel, S. 210-213. Forkels 120 Seiten lange beißende Auseinandersetzung mit Riedels oft ohne solide fachliche Basis lobendem Buch über Gluck veranlaßte Hoffmann zu der Bemerkung: »Ewig und unter allen Umständen wahr bleibt der Ausspruch: Gott schütze mich nur gegen meine Freunde, gegen meine Feinde will ich mich schon selbst verteidigen!« (Hoffmann, Nachträgliche Bemerkungen über Spontinis Oper Olympia, in: H5, S. 620)

72 Vgl. auch Hoffmanns Kritik an Heinses Roman in Zufällige Gedanken bei dem Erscheinen dieser Blätter, in: H3, S. 719-726; hier S. 722: »Also auch Abhandlungen über musikalische Gegenstände, ohne die Basis eines bestimmten Werks? – Nichts ist langweiliger, als derlei Abhandlungen sagst du? – Richtig! zumal in dem Stil, wie sie etwa in der Hildegard von Hohenthal der Held des Romans gibt, der seiner vornehmen Schülerin, in die er oben ein auf eben nicht sehr anständige Art verliebt ist, den mathematischen Teil der Musikwissenschaft in solcher Art doziert, daß man nicht begreift, wie sie es aushält mit dem Pedanten!« Ich verdanke den Hinweis auf Hoffmanns Bemerkung über Heinse Keils Aufsatz Heinses Beitrag zur klassischen Musikästhetik, S. 139-158.

73 Heinse, Hildegard von Hohenthal, S. 340-341.

äußert sich gewöhnlich zuerst durch die mit einem verwunderungsvollen Ton ausgesprochne Frage: Was? ist das möglich?«[74]

Es handelt sich bei dem Autor dieses Zitats um Johann Nicolaus Forkel, dessen Gluck-Verdammung Hoffmann in *Ritter Gluck* ironisch verkehrend aufgreift, wie Spiegelberg, Karoli, Dotzler und Oesterle gezeigt haben, – u.a. mit dem Zitat der obigen Forkelschen Frage, die der Erzähler nicht verwundert-vorwurfsvoll, sondern voller Begeisterung nach der privaten Armida-Aufführung stellt.[75] Doch vor Hoffmann verwendet bereits Heinse das Mittel der Ironie gegen Forkels Verdammung der Iphigenie-Ouvertüre. Heinses Protagonist stellt Forkels Vorwurf als Kritik eines Kunstrichters, »der, bloß die Noten vor Augen, nicht die geringste Ahndung von dem Gegenstand in der Natur dazu hatte«,[76] bloß und wendet Forkels Verwunderung über das Ungeschick des Komponisten um in eine unfreiwillig komische Bestätigung des vom Komponisten *intendierten* Effekts der Verwunderung über das in der Oper thematisierte dramatische Geschehen. Hoffmanns Darstellung der Genieproblematik ist also sogar noch enger in den musikalischen Diskurs seiner Zeit verflochten, als von der Literaturkritik bereits gezeigt worden ist. Hoffmann greift Heinses Technik, Forkels eigene Worte gegen ihn zu wenden, auf. Doch wo Heinse seinen Protagonisten didaktisch zum Sprachrohr macht, integriert Hoffmann die karikierte Wendung Forkels in den Handlungsablauf seiner Erzählung. Vielleicht trug auch Hoffmanns Erinnerung an die Verknüpfung des Lobes der Unisono-Passagen mit der Forkel-Polemik in der *Hildegard von Hohenthal* dazu bei, daß in *Ritter Gluck* nahegelegt wird, die *Iphigenie*-Ouvertüre enthalte gegen die Regeln verstoßende Oktavparallelen.

In der ästhetischen Darstellung des Trägers des Genieprinzips manifestiert die Erzählung eine markante Verschiebung vom Klassischen zum Romantischen. Denn sein Äußeres verkörpert nicht etwa die klassischen ästhetischen Werte Mäßigung und harmonische Ausgewogenheit. Herausragende Charakteristika sind hier vielmehr das Mysteriöse und rational nicht Auflösbare seiner Erscheinung, das Skurrile, ja Schauerliche seines Gebarens und die Intensität kontrastierender Empfindungen von Schmerz und Begeisterung, die auf der Handlungsebene der Erzählung kein versöhnliches Ende finden, deren Versöhnung aber als Telos erhofft und vorübergehend im Musikerlebnis antizipiert wird: Hoffmanns Ritter Gluck fühlt sich »verdammt, [...] bis mich die Sonnenblume wieder emporhebt zu dem Ewigen« (H2/1, S. 30).

In »Der Dichter und der Komponist« bezeichnet Ludwig Gluck als den Heros einer älteren Operngattung, »wie sie leider nun nicht mehr gedichtet und komponiert« (H4, S. 109) werde. Diesen Heros erweckt die Erzählung *Ritter Gluck* auf phantastisch-romantische Weise zum Leben. Aus Phantasien erwachend, fällt der Blick des Erzählers auf ein ihn faszinierendes Gegenüber:

---

74 Ebd., S. 341. Das Zitat des ›Kunstrichters‹ ist (nur ganz leicht gekürzt) aus Forkel, Musikalisch-kritische Bibliothek, S. 135

75 Vgl. Oesterle, Dissonanz und Effekt in der romantischen Kunst, S. 67.

76 Heinse, Hildegard von Hohenthal, S. 341.

Nie sah' ich einen Kopf, nie eine Gestalt, die so schnell einen so tiefen Eindruck auf mich gemacht hätten. Eine sanft gebogene Nase schloß sich an eine breite, offene Stirn, mit merklichen Erhöhungen über den buschigen, halbgrauen Augenbrauen, unter denen die Augen mit beinahe wildem, jugendlichem Feuer (der Mann mochte über funfzig sein) hervorblitzten. Das weich geformte Kinn stand in seltsamem Kontrast mit dem geschlossenen Munde, und ein skurriles Lächeln, hervorgebracht durch das sonderbare Muskelspiel in den eingefallenen Wangen, schien sich aufzulehnen gegen den tiefen, melancholischen Ernst, der auf der Stirn ruhte. Nur wenige graue Löckchen lagen hinter den großen, vom Kopfe abstehenden Ohren. Ein sehr weiter, moderner Überrock hüllte die große hagere Gestalt ein. (H2/1, S. 20)

Der Erzähler beschreibt das Gesicht des Unbekannten als eine Einheit von Gegensätzen, deren kontrastreiches Verhältnis zueinander er ergründen möchte, nämlich als höchst individuellen Ausdruck einer außergewöhnlichen Persönlichkeit mit faszinierenden Spannungen zwischen Sanftheit und Feuer, Weichheit und Festigkeit, Jugendlichkeit und Verfall, Sensitivität und Intellektualität, Gelöstheit und Anspannung.[77] Für Hoffmann ist es ein paradigmatisches Charakteristikum eines romantischen Kunstwerks, daß es Gegensätze (Ferdinand in »Der Dichter und der Komponist« nennt besonders das Komische und das Tragische) »zum Totaleffekt in Eins verschmilzt« (H4, S. 108). Aber ich möchte die Hypothese aufstellen, daß es sich bei diesem ›Bild‹ des Unbekannten nicht nur um ein idealtypisches romantisches Kunstwerk handelt. Vieles an dieser Beschreibung (Augen, Augenbrauen, Nase, Stirn, Mund und Kinn) – mit Ausnahme von Haar und Überrock sowie den eingefallenen Wangen – entspricht auffallend dem berühmten Gemälde von Christoph Willibald Gluck, das 1776 von J. S. Duplessis gemalt wurde und heute zur Portraitsammlung des Kunsthistorischen Museums in Wien gehört. Zufall? Ich glaube nein. Hoffmann erhielt Kompositionsunterricht von Johann Friedrich Reichardt, als er 1798-1800 während seiner juristischen Ausbildung als Auskultator in Berlin

---

77 Mortrier und, ihm zustimmend, Weisstein konstatieren eine Ähnlichkeit zwischen der (von ihnen im französischen Original zitierten) Selbstbeschreibung von Rameaus Neffen bei Diderot und der Beschreibung des Unbekannten durch den Erzähler in Ritter Gluck (vgl. Mortrier, S. 289-290; Weisstein, S. 502-503). Vergleicht man aber Goethes Übersetzung dieses Textes – die allein Hoffmann gekannt haben kann, da Goethes Übersetzung 1805 erschien, Diderots Original aber erst 1823 – so hat der Stil und der dadurch erweckte Eindruck der Person wenig mit Hoffmanns Schilderung gemeinsam. Auf die Bemerkung seines Dialogpartners, nur der Bart fehle ihm zum Weisen, erwidert Rameaus Neffe: »Freilich! meine Stirn ist groß und runzlich, mein Auge blitzt, die Nase springt vor, meine Wangen sind breit, meine Augenbrauen breit und dicht, der Mund wohl gespalten, die Lippen umgeschlagen, und das Gesicht viereckt. Wißt Ihr wohl, dieses ungeheure Kinn, wäre es von einem langen Barte bedeckt, es würde sich in Erz oder Marmor recht gut ausnehmen.« (Diderot, Rameaus Neffe, S. 933). Rameaus Neffe vermittelt hier zwei scheinbar entgegengesetzte Eindrücke: zum einen betont er seine Gewöhnlichkeit, sein bloßes Menschsein durch das Auflisten aller Gesichtspartien, ohne Bezug auf eine spezifische Seele, die sich darin ausdrückt. Zum anderen hebt er stereotyp eine einzige Besonderheit hervor, nämlich die physische Größe seiner Gesichtszüge, und überbietet damit die ironische Bemerkung seines Gesprächspartners durch die ironische Übertreibung einer suggerierten Parallelität zwischen körperlicher und geistiger Gewichtigkeit. Rameaus Neffe beschreibt sein Gesicht als Karikatur, das ›Besondere‹ an seinem Gesicht erschöpft sich in Stereotypie. Die Schilderung des Gesichts des Unbekannten in Ritter Gluck zählt zwar zwangsläufig die gleichen Substantive auf, Adjektive und Verben aber weisen in eine gänzlich andere Richtung.

war,[78] und Reichardt besaß eine Kopie des Gemäldes von Duplessis. Als der junge Reichardt den berühmten älteren Komponisten 1783 in Wien besucht hatte, hatte er ihn nämlich verehrungsvoll um eine Kopie dieses Gemäldes gebeten. Gluck ließ sie für ihn – auf Kosten Reichardts! – anfertigen und schickte sie ihm mit einem Begleitbrief vom 11. November 1783 zu.[79] Die Beschreibung des Unbekannten orientiert sich an den Gesichtszügen des historischen Gluck, stellt die Figur aber, was den der Mode unterworfenen Teil der Erscheinung betrifft, in eine mit vielen Elementen des realen Lebens einer anderen historischen Periode ausgestattete Erzählwelt: aus der Perücke des *ancien régime* wird natürliches, altersgemäß schütteres Haar. Sein moderner Überrock verdeckt die darunter getragene bestickte Weste aus einer anderen Zeit, somit sein Agieren in zwei Zeitaltern versinnbildlichend. Vor allem aber ist das klassizistische Gemälde durch lebhafte, schnell wechselnde, ja bizarre Mimik in romantisch-geheimnisvolles Licht getaucht.

Die enge Korrespondenz zwischen dem historischen Gemälde des Komponisten und dem Unbekannten im zeitgenössischen Kontext weist darauf hin, wie sehr es diese Erzählung darauf anlegt, einer rationalistischen Erklärung der Titelfigur entgegenzusteuern und statt dessen das Wunderbare, auf natürliche Weise nicht Erklärbare zu betonen. Der Geist der Gluckschen Musik scheint auf wunderbare Weise eine Verkörperung gefunden zu haben und damit eine Phantasie zu antizipieren, die Hoffmann später mit Bezug auf Mozart entwickelte. In seiner Verteidigung von Spontinis Don Giovanni-Aufführung schreibt Hoffmann in »Bescheidene Bemerkung zu dem die letzte Aufführung der Oper Don Juan betreffenden in No. 142. dieser Zeitung enthaltenen Aufsatze«:

Einer, der wirklichen Verkehr mit Mozarts Geist getrieben, hat gemeint, daß derselbe, könnte er nur etwas Körper, als schicklichen Spencer oder angenehmen Frack, umwerfen und hier unter uns wandeln, gewiß, sollte sein Don Juan im *Opernhause* aufgeführt werden, das vollständige Orchester in Anspruch nehmen würde [...]. (H3, S. 727)

Auch daß der mysteriöse Unbekannte als »über funfzig« (H2/1, S. 20) eingeführt wird, mag weniger seine Bedeutung darin haben, daß sich so »auf ein Handlungsdatum von ca. 1765 (also der Entstehungszeit des »Neveu de Rameau«) schließen ließe«.[80] Denn durch die Erwähnung des Mohrrübenkaffees

---

78 Zum Beleg dieser Lehrer-Schüler-Beziehung vgl. Kroll, S. 92, Fußnote 10.
79 Vgl. Glucks Brief an Reichardt in: Gluck, The Collected Correspondence, S. 200f. Vgl. auch die Abbildung dieses Gemäldes zu Beginn der Collected Correspondence. Auf Duplessis' Gluckportrait als Vorbild für Hoffmanns mysteriösen Unbekannten weist Rummenhöller, S. 60 hin. Allerdings bietet Rummenhöller keine Erklärung dafür, wie Hoffmann von diesem Portrait Kenntnis hatte. Zudem bezieht er die Ähnlichkeit zwischen dem historischen Gemälde und Hoffmanns Schilderung des Unbekannten nicht auf die erste Beschreibung des Unbekannten, sondern auf die spätere Szene, wo der Unbekannte die Ouvertüre der Iphigenie vom Klavier aus zu dirigieren scheint. Rummenhöller vertauscht die rechte und linke Hand auf dem Gemälde, um Hoffmanns Schilderung in Einklang mit dem Bild zu bringen, und läßt die emotionale Färbung dieser Szene bei Hoffmann (innere Wut), die mit dem Portrait nicht übereinstimmt, unberücksichtigt.
80 Weisstein, S. 505.

verweist ja die Erzählung direkt auf die Zeit der Kontinentalsperre als Handlungszeit. Ein plausiblerer Grund für diese Altersangabe liegt in der Tatsache, daß Gluck auf dem Gemälde, dessen Kopie Hoffmann bei Reichardt mit großer Wahrscheinlichkeit gesehen hat, jünger aussieht, als er war. Darüber hinaus trägt diese Datierung zu einer weiteren Verwirrung bei: Die romantische Erzählgestalt des Ritter Gluck spricht als Mann um die 50 über Opern, die der historische Gluck erst komponierte, als er zwischen 60 und 65 Jahre alt war. Diese Diskrepanz hat Implikationen für die Antwort auf die Frage »Wer ist Ritter Gluck?«. Wollte man sich für die Geist-Theorie entscheiden, dann erscheint es seltsam, daß Gluck in einer anderen als seiner letzten irdischen Form wiederkehren sollte. Überdies ist das Alter des Protagonisten dann durch nichts motiviert, am wenigsten durch seine künstlerischen Leistungen, die der historische Ritter Gluck hauptsächlich erst in seinen sechziger Jahren vollbrachte. Zweitens ist Ritter Gluck für eine phantastische Projektion des Erzählers gehalten worden. Aber da die fiktionale Figur des Ritters Gluck mit den Ansichten des Autors, und nicht des viel naiveren Erzählers, über Musik im allgemeinen und über Gluck im besonderen ausgestattet ist, und da überdies nur für den Autor, nicht aber den Erzähler die Bekanntschaft mit Glucks jünger aussehendem Portrait rekonstruiert werden kann, wäre es unlogisch, anzunehmen, daß die begrenzte Figur des Erzählers die größere Figur von Gluck phantasieren sollte. Besser würde diese Altersbestimmung mit der Theorie zusammenpassen (besonders in der Form, wie Reuchlein[81] sie entwickelt hat), daß der Protagonist ein partiell verrückter Musiker ist mit der fixen Idee, Ritter Gluck zu sein. Denn dann würde diese fixe Idee in den Bereich des Wunderbaren gehoben nicht nur durch sein kongeniales Verständnis von Glucks Werk, sondern auch durch seine physische Ähnlichkeit mit ihm. Viertens würde die Theorie, daß der Unbekannte allegorisch den Geist der Gluckschen Musik verkörpert, durch diese Anspielung auf das historische Gluck-Portrait gestützt: Man könnte sagen, daß diese Erzählung Glucks beste Musik mit seiner bekanntesten Darstellung in der Malerei verbindet. Die Erzählung bringt die in der Forschung diskutierten Deutungsmöglichkeiten der Titelfigur tatsächlich alle ins Spiel (mit Ausnahme der Epigonentheorie, für die diese Figur zu genial ist), doch manche von ihnen bleiben nur kurze Zeit im Spiel, weil andere Aspekte der Erzählung sich als inkompatibel mit ihnen erweisen. Die Polyvalenztheorie, die zuletzt Liebrand wieder vertreten hat,[82] müßte also im Licht meiner Untersuchungsergebnisse eingeschränkt werden.

Daß der Unbekannte wiederholt Glucks Werk in höherer Potenz abwandelt und in der Schlußszene ohne Noten spielt, setzt nicht nur das romantische Kunstkonzept von unendlicher Progression in Szene (auf das ich in 1.2.2. eingehen werde), sondern auch einen spezifischen Mythos von Glucks Genialität.

---

81 Vgl. Reuchleins differenzierte Analyse der Darstellung von Wahnsinn bei Hoffmann als Krankheit, aber auch als Zugang zu potentieller Erleuchtung und höherem Bewußtsein. Zu Ritter Gluck vgl. besonders S. 245-256. Zur Funktion des Wahnsinns als dichterischem Gestaltungsmittel bei Hoffmann vgl. auch Rüdiger, S. 22.

82 Vgl. Liebrand, S. 36.

Hoffmann wußte, wahrscheinlich aus seiner Zeit als Reichardts Schüler in Berlin am Ende des 18. Jahrhunderts, »daß Gluck, als er starb, eine ganze Oper im Kopf ausgearbeitet hatte, ohne eine einzige Note aufzuschreiben.«[83] Überdies spielt wohl noch eine andere, naheliegende, Quelle bei diesem Mythos eine Rolle: Forkel zitiert das Vorwort von Riedels Gluck-Buch, das ihm als Anlaß zu seiner Polemik gegen Gluck diente, und darin heißt es: »Dieser große Künstler componiert die weitläufigsten Werke blos im Kopfe; er löscht Noten im Kopfe aus, und setzt andere hinein mit eben der Leichtigkeit, mit welcher wir Schriftsteller auf dem Papiere corrigiren.«[84] Daß Hoffmanns Ritter Gluck an diesem Mythos Gluckscher Genialität teilhat, weist darauf hin, daß er entweder allegorisch den Geist seiner Musik darstellt oder als partiell Wahnsinniger wahrhaft mit Glucks Geist erfüllt ist. In der erzählerischen Darstellung des Protagonisten manifestieren sich zudem weitere romantische Paradigmen. So klingt in der Selbstbezichtigung des Unbekannten, Heiliges an Unheilige verraten zu haben (vgl. H2/1, S.30), Wackenroders kunstreligiöse Verklärung der »tiefgegründeten, unwandelbaren Heiligkeit« der Musik an, »die dieser Kunst vor allen andern eigen ist«,[85] sowie die romantische Kluft zwischen Künstler und Gesellschaft.

1.2.2 Formprinzip

Das Formprinzip erfährt in dieser Erzählung eine entscheidend romantische Ausprägung. Wie sich dem Gespräch des Unbekannten mit dem Erzähler über die Addierung einer Ouvertüre zu Glucks *Iphigenia in Tauris* bei einer Berliner Aufführung entnehmen läßt, liegt für ihn der höchste ästhetische Wert einer Oper in der Vorstellung eines Gesamtkunstwerks, in dem alle Einzelkomponenten aufs engste miteinander verflochten sind und so zur Steigerung und Intensivierung der angestrebten Aussage beitragen. Des Unbekannten polemische Frage »Wie? hat der Komponist die Ouvertüre ins Gelag hineingeschrieben, daß man sie, wie ein Trompeterstückchen, abblasen kann wie und wo man will?« (H2/1, S. 27) impliziert ästhetische Kohärenz, also das Formprinzip, als klassisch-romantisches Paradigma eines großen Kunstwerks. In der klassischen Musik Glucks wird diese Kohärenz durch das Pathos der Einfachheit und die Emphase in der Simplizität erzielt,[86] durch den »Humanitätston«,[87] der Unregelmäßiges ins Regelmäßige fügt und »Besonnenheit und ein Gefühl für das Unumgängliche ebenso ausdrückt wie ein Aufatmen in Freiheit«[88] und so bereits im Ton der Arien am Anfang der Oper deren versöhnliches Ende vorzeichnet,

---

83 Hoffmann, Nachträgliche Bemerkungen über Spontini's Oper Olympia, in: H5, S. 618.
84 Riedel, zitiert nach Forkel, Musikalisch-kritische Bibliothek, S. 62.
85 Wackenroder, Das eigenthümliche innere Wesen der Tonkunst, und die Seelenlehre der heutigen Instrumentalmusik, in: Ders., Sämtliche Werke I, S. 216-223; hier: S. 218.
86 Vgl. Dahlhaus, Klassische und romantische Musikästhetik, S. 64.
87 Vgl. ebd., S. 65.
88 Vgl. ebd.

das auf die Aufhebung des Pathos durch Ethos zielt. Dagegen privilegiert die Romantik eine Kohärenz, die erst aktiv erschlossen werden muß hinter dem ersten Eindruck von Verwirrung, anscheinender Unordnung, künstlichem Chaos, und das Ziel ist Gefühlsintensität und die Evokation des Wunderbaren – die erzählerische Darstellung des Musikalischen und des Musikers in der Erzählung des *Ritter Gluck* sind selbst dafür ein Beispiel.

In Hoffmanns Erzählung hört der Erzähler Glucks Opern nicht in klassischer Vollendung, sondern in verzerrter oder zumindest klanglich reduzierter und fragmentarischer Form, die aber durch die Gefühlsintensität des unbekannten Musikers in der Imagination des enthusiasmierten Zuhörers die Vorstellung des vollen Klanges erweckt. Dies illustriert Wackenroders romantisches Diktum von der Reziprozität von Produktion und Rezeption eines Kunstwerks, wonach »jedes einzelne Kunstwerk nur durch dasselbe Gefühl, von dem es hervorgebracht ward, erfaßt und innerlich ergriffen werden kann«.[89]

Die Subjektivität und emotionale Intensität des Hörerlebnisses macht aus dem Werk des klassischen Komponisten ein romantisches Musikerlebnis. Der Erzähler hört im Verlaufe seiner Begegnungen mit dem Unbekannten Stücke aus drei Gluckschen Opern. Ein Kaffeehausorchester spielt die Ouvertüre von Glucks erster Pariser Oper, *Iphigenia in Aulis,* uraufgeführt am 19. April 1774. Die zutiefst aufgewühlte Mimik des Unbekannten beim Zuhören, während dessen er sich in die Rolle des Dirigenten versetzt, belebt für den Erzähler »das Skelett, welches jene paar Violinen von der Ouvertüre gaben, mit Fleisch und Farben« (H2/1, S. 22), so daß er Flöte, Pauken, Violincelli, Fagott und das Tutti »hörte«. Zweitens singt der Unbekannte leise den Chor der Priesterinnen aus Glucks letzter Pariser Oper, *Iphigenia in Tauris,* uraufgeführt am 18. Mai 1779, und klopft »bei dem Eintreten der Tutti an die Fensterscheiben« (H2/1, S. 23).[90] Drittens beobachtet der Erzähler den Unbekannten, wie er am Fenster des Theaters horchend, in dem gerade Glucks *Armida* gespielt wird, unzufriedene Kommentare zu dieser »professionellen« Aufführung abgibt. Sodann spielt der Unbekannte dem Erzähler in seiner Wohnung auf dem Klavier Ouvertüre und Schlußszene der *Armida* vor, wobei er seine Stimme als Instrument einsetzt sowie selbst Armidas Rolle singt.

---

89 Wackenroder, Das eigenthümliche innere Wesen der Tonkunst, und die Seelenlehre der heutigen Instrumentalmusik, in: Ders., Sämtliche Werke I, S. 216-223; hier: S. 219.

90 Im Stellenkommentar bezieht Allroggen das »Eintreten der Tutti« auf den Wechselgesang zwischen Iphigenie und den übrigen Priesterinnen und folgert daraus, daß zwei Chöre in Frage kommen: »Grands Dieux! soyez-nous secourable [sic., RS]« in I 1 und »Contemplez ces tristes apprêts« in II 6 (vgl. H2/1, S. 622). Dazu müßte der Unbekannte erst Iphigenies Solopart singen und dann den Chor der Priesterinnen als Eintreten der Tutti bezeichnen. Da aber der Gesang des Unbekannten selbst als Chor der Priesterinnen bezeichnet wird, ist es logischer, die Tutti auf die Instrumentierung dieses Chors zu beziehen. Nur in »Grands Dieux! soyez-nous secourables« gibt es den Effekt, daß in den Gesang des Chors von Zeit zu Zeit das volle Orchester einfällt. Der Text gerade dieses Chors würde der Gemütsbewegung des Unbekannten mit Hinblick auf Berlin und Berliner, die ihn dazu bringt »einigemal heftig auf und ab« (H2/1, S. 23) zu gehen, treffend Ausdruck verleihen: »Grands Dieux, soyez-nous secourables, détournez vos foudres vengeurs; tonnez sur les têtes coupables, l'innocence habite en nos cœurs, l'innocence habite en nos cœurs.« (Vgl. Gluck, Iphigénie en Tauride, S. 12-14, 1. Akt, 1. Szene).

Die Fragmentarisierung des musikalischen Materials, seine Transponierung auf wenig operngemäße Klangträger wie etwa Fensterscheiben und ein Kaffeehausorchester zeigen auf romantische Weise Bekanntes auf neue Art, die Verfremdung von Glucks Musik durch – *nicht* ›cross-dressing‹ (wie es nach Judith Butler heute zum Einmaleins avantgardistischer Kunst oder zumindest Kunstkritik gehört), *sondern* – ›cross-singing‹ indizieren die künstliche Verwirrung als romantisches Paradigma.

Darüber hinaus weist noch ein anderes Merkmal der musikalischen Praktizierung von Glucks Werk in dieser Erzählung in die Romantik: Wie schon beim Singen des Chors der Priesterinnen gibt der Unbekannte auch in der Ouvertüre und Schlußszene der *Armida* Glucks Musik nicht notengetreu wieder, sondern wandelt sie frei ab, und zwar auf geniale Weise:

> Er brachte so viele neue geniale Wendungen hinein, daß mein Erstaunen immer wuchs. Vorzüglich waren seine Modulationen frappant, ohne grell zu werden, und er wußte den einfachen Hauptgedanken so viele melodiöse Melismen anzureihen, daß jene immer in neuer, verjüngter Gestalt wiederzukehren schienen. [...] seine veränderte Musik war die Gluucksche Szene gleichsam in höherer Potenz. (H2/1, S. 30f.)

Statt in klassischer Vollendung wird also hier Glucks Werk auf romantische Art in unendlicher Progression vorgeführt. In dieser Fortführung des klassischen Gluckschen Werks spiegelt sich Friedrich Schlegels Gedanke zur Funktion eines Klassikers im geschichtlichen Prozeß, wie er ihn in dem Aufsatz »Georg Forster. Fragment einer Charakteristik der deutschen Klassiker« entwickelte, (nämlich nicht als Modell von ewiger Gültigkeit, sondern als »noch nicht übertroffen«). Für Schlegel ist ein Klassiker im traditionellen Sinne ein Objekt, das ›zu *befürchten*‹ wäre,

> denn schlechthin unübertreffliche Urbilder beweisen unübersteigliche Grenzen der Vervollkommnung. In dieser Rücksicht könnte man wohl sagen: der Himmel behüte uns vor ewigen Werken. Aber die Menschheit reicht weiter, als das Genie. Die Europäer haben diese Höhe erreicht. Es kann fernerhin kein schriftstellerischer Künstler so nachahmungswürdig werden, daß er nicht einmal veralten, und überschritten werden müßte.[91]

Schlegel definiert den Begriff des Klassikers neu als jemand, der »in irgendeiner nachahmungswürdigen Eigenschaft *noch nicht* übertroffen (Hervorhebung RS)«[92] ist und so zur Progression und Perfektibilität der Menschheit beiträgt. In diesem romantischen Sinne erscheint auch Glucks Werk in Hoffmanns Erzählung als klassisches, nämlich als eines, das zu Unrecht vernachlässigt ist, aus dem zu lernen sich lohnen würde, das entwicklungsfähig und bei aller Perfektion offen ist.[93] Dieses ästhetische Konzept schlägt sich in Hoffmanns Erzählung

---

91 Friedrich Schlegel, Georg Forster, in: KFSA 2.1, S. 79f.
92 Ebd., S. 80.
93 Vgl. auch Hoffmanns Meinung, daß Glucks Opern für junge Komponisten wertvolle Studienobjekte sind und besonders als Vorbereitung für das tiefere Verständnis Mozarts unumgänglich sind in Hoffmann, Iphigénie en Aulide, in: H1, S. 553-560; hier S. 558-559. Vgl. auch Moser, S. 35-53. Moser

selbst nieder, die bei aller Durchkomponiertheit und Kohärenz des Heterogenen offen ist und die Frage, ob Ritter Gluck ein Geist, ein Wahnsinniger, ein Phantasiegespinst des Erzählers oder der Geist der Gluckschen Musik ist, zwar sehr wohl strukturell in unterschiedlichen Graden von Wahrscheinlichkeiten präjudiziert (wie unter 1.2.1 ausgeführt), aber nie expressis verbis entscheidet, sondern zur Erwägung an die Leser weitergibt. Es zeugt für den Erfolg von Hoffmanns formal anspruchsvoller Strategie, daß in der Sekundärliteratur bis heute die Frage, wer Ritter Gluck ist, umstritten ist – ebenso wie die eingangs erwähnten Fragen nach seiner Schuld und dem Euphon noch immer kontrovers diskutiert werden. In der Komplexität und Verwobenheit der ästhetischen Gestalt der Erzählung, die vom Leser im romantischen Sinne fordert, der erweiterte Autor zu sein, liegt jedoch gerade das Faszinosum des Hoffmannschen Schreibens. Das heißt, die romantisch schwebende Aussageform, nicht der inhaltliche Standpunkt Hoffmanns zu Fragen von Werkbegriff, Autorbegriff und Einschätzung der Romantik stellt das Bindeglied zu Präokkupationen im späten 20. Jahrhundert dar. Hoffmanns Narrativik liegt nicht außerhalb einer Romantik, die in ihr kritisch entlarvt würde. Vielmehr stellen Hoffmanns Erzählungen selbst eine Spielart der Romantik dar, wobei *Ritter Gluck* eng an die Musikvorstellung der Frühromantik anschließt, während die im dritten Kapitel behandelte Erzählung *Die Abenteuer der Sylvester-Nacht* bestimmte Konzepte des Verhältnisses Künstler-Werk-Leben gegenüber der Frühromantik verschiebt.

1.2.3 Weltmetapher

Die Weltmetapher besagt, daß der Zusammenhang zwischen Werk und Natur nicht zerrissen ist und der Künstler analog zur Natur als *natura naturans,* als schaffende Natur begriffen wird. In diesem Sinne fungiert die Weltmetapher in dem Schaffensmythos des Unbekannten vom Reich der Träume, der Sonne und der Sonnenblume sowie dem Auge.

Wenn der Unbekannte erfolgreiches Komponieren als zur Wahrheit kommen, als »die Berührung mit dem Ewigen, Unaussprechlichen« (H2/1, S. 24) beschreibt und diese Wahrheit mit der Sonne und dem Dreiklang konnotiert, so erscheint die musikalische Schöpfung als Teil eines kosmischen Zusammen-

---

liest die Variationen des Unbekannten als Beweis dafür, daß im Barthesschen Sinne Kreation und Interpretation keine verschiedenen Aktivitäten mehr sind: » La secondarité de l'interprétation en tant que re-production par rapport à la primauté de la création (production) est mise en question.« (Moser, S. 50) Nach Moser illustriert dies, daß Hoffmann die Idee des offenen Kunstwerks propagiere (vgl. Moser, S. 51). Diese Interpretation setzt jedoch voraus, daß man den Unbekannten als »Jedermann« liest, d.h. daß seine musikalische Arbeit von jedem getan werden könnte und dürfte. Dabei wird die Genialität dieser Gestalt übersehen, die allein seine Modulationen rechtfertigt, denn das Ergebnis ist die Vorführung von Glucks Werk in seinem Geiste. Hoffmann hat stets für werkgetreue Interpretationen argumentiert. Vgl. etwa diese Argumentation in ironischer Verkehrung in »Der vollkommene Maschinist«, in H2/1, S. 72-82; und in direkter Form in H3, S.399-518; hier S. 434: »Selbst in mittelmäßigen Stücken glaube ich, ist es doch eine gar mißliche Sache über die Intentionen des Dichters wegzuspringen und Eignes, woran er nicht dachte, zu Markte zu tragen.«

hangs. Während einerseits die Sonne als Metapher für Wahrheit bis in die Antike zurückreicht, klingt in der Vorstellung des Dreiklangs als göttlicher Harmonie Friedrich Rochlitz' Bericht »Der Besuch im Irrenhause« an, auf den Hoffmann in seinem Begleitbrief zum *Ritter Gluck* an den Herausgeber der *Allgemeinen Musikalischen Zeitung* anspielte.[94] Hoffmann verwendet das Vokabular »christlich-neuplatonische[r] Lichtmetaphysik [...] im Gewande romantisch-musikalischer Naturmystik«[95] für den musikalischen Schaffensprozeß, der nicht nur in Analogie zum Schaffensprozeß der Natur verläuft, sondern sogar von ihm unterstützt wird: Während der Unbekannte im Reich der Träume Ängste litt, die in der Metapher ›Nacht‹ zum Ausdruck kommen, »fuhren Lichtstrahlen durch die Nacht, und die Lichtstrahlen waren Töne, welche mich umfingen mit lieblicher Klarheit« (H2/1, S. 25). Das Gehaltenwerden des Komponisten vom kosmischen Zusammenhang kommt des weiteren zum Ausdruck, wenn er im Strom von Melodien unterzugehen droht, doch ein großes helles Auge »hielt mich empor über den brausenden Wellen« (H2/1, S. 25). Der Höhepunkt des künstlerischen Schaffensprozesses ist erreicht in der metaphorischen Verschmelzung von Individuum und Kosmos:

Ich saß in einem herrlichen Tal, und hörte zu, wie die Blumen mit einander sangen. Nur eine Sonnenblume schwieg und neigte traurig den geschlossenen Kelch zur Erde. Unsichtbare Bande zogen mich hin zu ihr – sie hob ihr Haupt – der Kelch schloß sich auf, und aus ihm strahlte mir das Auge entgegen. Nun zogen die Töne, wie Lichtstrahlen, aus meinem Haupte zu den Blumen, die begierig sie einsogen. Größer und größer wurden der Sonnenblume Blätter – Gluten strömten aus ihnen hervor – sie umflossen mich – das Auge war verschwunden und ich im Kelche. – (H2/1, S. 25)

Wiederum ist hier traditionsreiche Metaphorik romantisch gewendet. Die Sonnenblume als Symbol der Wahrheit künstlerischen Schaffens hat schon Antonius van Dyck in seinem Selbstbild mit Sonnenblume 1635-36 eingesetzt. Doch in diesem Bild hält der Maler die Sonnenblume sich gegenüber wie einen Spiegel. In der oben zitierten Romantisierung der Metapher dagegen erweckt das Hören auf die Sprache der Natur im Künstler schöpferische Kräfte, die wiederum auf die Natur zurückwirken. Mit dieser Verschmelzung von Natur und Geist aktualisiert Hoffmann, wie Wolfgang Rüdiger anmerkte, »die frühromantische Idee einer lebendigen, geistdurchwirkten Natur, die vor allem das Werk Novalis' beherrscht«:[96]

Die Sonne als traditionelle Metapher der Wahrheit verleiht, gewendet in das Urbild des Lichts der Musik, das von einem höheren Sein her auf den Komponisten scheint, diesem den Anspruch absoluter Wahrheit und Ewigkeit, der ihm musikalisch zu eigen wird in der

---

94 Vgl. Rochlitz, Der Besuch im Irrenhause, in: Allgemeine Musikalische Zeitung 42 (18.7.1804), Spalte 704: »indem Ein Ton, mit den dazu gehörigen Wohllauten auf alles hindeutet, was über den irdischen Sinn hinausgehet und von Menschen erkannt und heilig gehalten werden mag. So deutet Grundton, Terz und Quinte, welche drey und doch nur Eins sind, auf den dreyeinigen Gott, den wir anbeten.«
95 Rüdiger, S. 24.
96 Ebd., S. 27.

Verschmelzung mit dem melodienspendenden Auge im Sonnenblumenkelch als Abbild des höchsten Geistigen in der Natur. Aus der Wechselwirkung von Geist und Natur, aus ihrer letztendlichen Identifikation und Einswerdung entspringt der Wahrheitsgehalt der Musik, die *Ritter Gluck* repräsentiert.[97]

1.3 Postmoderne Paradigmen

Während ich im Vorhergehenden die romantischen musikästhetischen Paradigmen der Erzählung betont habe, geht es postmodernen Kritikern darum zu zeigen, daß Hoffmann die Prämissen des romantischen Kunstenthusiasmus grundsätzlich in Frage stellt[98] und die Musik als einen problematischen Bereich durchschaut, der kein Heilsversprechen mehr garantieren kann. In diesem Sinne verfolgt Klaus-Dieter Dobat etwa die rhetorisch präjudizierte Frage, ob für Hoffmann »die Musik als Kunst noch von dem Riß durch die Wirklichkeit verschont bleibt oder ob er auch durch sie hindurchgeht«.[99] Seit Dobats einflußreicher Dissertation *Musik als romantische Illusion* ist es *de rigueur*, in Hoffmanns Musikvorstellung eine postmoderne Gespaltenheit zu konstatieren, die traditionelles romantisches Streben nach Transzendenz ad absurdum führe.[100] Danach stelle Hoffmann vielmehr Musik als Ort der immer schon vorhandenen, uneinholbaren Differenz dar, als Ort des Unreinen, der deshalb auf nichts Jenseitiges verweisen könne. Da aber Hoffmann an dem Diskurs des romantischen Kunstenthusiasmus so offensichtlich teilhatte, soll Hoffmanns angebliche Kri-

---

97 Ebd.

98 Das kann zum einen in der – innerhalb dieses Diskurses völlig vorhersehbaren und sich in sprachlichen Automatismen abspulenden – Form geschehen, daß für Hoffmanns Erzählung eine Dekonstruktion der Identität des schöpferischen Subjekts, d.h. der Autorfunktion, behauptet wird. So etwa, in diametralem Gegensatz zu Dotzlers These von der Eröffnung der Autorschaft, Neumann, E. T. A. Hoffmann: Ritter Gluck, S. 56: »Identifikation als Dissipation, Signifikanz als Dissemination, Identität als Differenz in einem szenischen Spiel [...] zur Vorstellung gebracht.« Zum anderen kann es eine mehr musikspezifische Form annehmen, wie bei Dobat und Oesterle, auf die ich im folgenden ausführlicher eingehen werde.

99 Dobat, S. 4.

100 Vgl. Dobat, S. 119-137. Vgl. auch die Aufnahme der zentralen These aus Dobats Analyse von Ritter Gluck – nämlich daß Glucks Schuld darin bestehe, den Effekt der Musik verabsolutiert zu haben – bei Oesterle. Dobats These, daß Hoffmann die Musik nicht wirklich als romantischen Ausdruck des Transzendenten begreife, wird auch von Müller-Sievers aufgenommen: »Zu sehr Musiker und zu sehr Schriftsteller als daß er der Maxime von der Musik als der romantischsten und innerlichsten aller Künste selbst künstlerisch vertraut hätte, werden die Differenzen in den Hoffmannschen Erzählungen ausgetragen.« (Müller-Sievers, S. 110). Von »innerlich« ist bei Hoffmann jedoch nicht die Rede in dem Kontext, in dem er die Instrumentalmusik zur romantischsten aller Künste deklariert. Warum Hoffmann eine solche Behauptung aufstellen (und in dem Fantasiestück »Beethovens Instrumentalmusik« wiederholen) soll, ohne sie zu meinen, wird bei Müller-Sievers nicht erörtert. Das Temperaturproblem, auf das Müller-Sievers seine Ausführungen stützt, war in musikalischen Fachkreisen längst bekannt – so bekannt, daß Wilhelm Heinse in seinem in Abschnitt 2.1 erwähnten Roman Hildegard von Hohenthal seinen Protagonisten seitenlange Vorlesungen über dieses Problem halten läßt. Hoffmann war dieses Problem also bewußt, bevor er seine These von der Instrumentalmusik als der romantischsten aller Künste aufstellte, und es gibt keinen Grund dafür, Hoffmann zu unterstellen, daß er in seinen Erzählungen seine eigene These subvertiere.

tik daran logisch »gerettet« werden durch die merkwürdige Vermutung, daß »die Beteuerung der metaphysischen Würde der Musik *nur* Hoffmanns Wunschdenken entspringt«.[101] Demnach müßte Hoffmann einerseits diesem Wunschdenken erliegen, andererseits es durchschauen und kritisch als Irrtum ausstellen. Eine derartige geistige Gymnastik unterstellt Dobat Hoffmann, wenn er behauptet, daß Hoffmann die Musik nicht mehr wesensmäßig der Romantik zuordne, sondern daß für ihn »das ›Romantische‹ nur noch als künstlich inszenierter Schein denkbar ist«.[102]

Hoffmanns musikästhetische Entwicklung stellt Dobat, Dahlhaus folgend, als chronologische Abfolge historischer Stilrichtungen dar, die in einem »Sprung von der Ausdrucks- und Gefühlsästhetik zur romantischen Musikmetaphysik«[103] kulminiere – wobei letztere jedoch nach Dobat nur den Status eines künstlich inszenierten Scheins hätte, an den Hoffmann nicht mehr wirklich glaube. Wie ich jedoch am Beispiel von Hoffmanns Opernästhetik gezeigt habe, hat Hoffmann die Gefühls- und Ausdrucksästhetik keinesfalls ein- für allemal hinter sich gelassen, vielmehr überlagern sich diese drei ästhetischen Richtungen in einem Konglomerat, statt sich in historischer Abfolge sauber nacheinander zu manifestieren. Darüber hinaus wäre es wahrlich ein merkwürdiger Theoretiker, der in einer Anschauung kulminierte, die er selbst als bodenlos durchschaute.

Mit Bezug auf die Erzählung *Ritter Gluck* verwendet Dobat wiederholt die Strategie, seine eigene Interpretation als Hoffmanns explizit konstatierte Ansicht zur Musik Glucks auszugeben. So heißt es etwa:

Indem Gluck alle ihm zur Verfügung stehenden künstlerischen Mittel voll ausgeschöpft hat, um die dramatische Idee musikalisch zu vergegenwärtigen, beschwor er nach Hoffmann aber auch die Gefahr herauf, daß die Wirkung häufig ›in rein musikalischer Hinsicht nur stoffartig war‹.[104]

Die letzten sieben Worte, scheinbar ein Zitat Hoffmanns über Gluck, entpuppen sich aber bei näherem Hinsehen als Hoffmanns Appropriation eines Zitats von Goethe, in dem dieser sich kritisch über die Wirkung seiner eigenen Werke äußert. In dem Kreislerianum »Über einen Ausspruch Sachini's, und über den sogenannten Effekt in der Musik« setzt Hoffmann das Goethe-Zitat in der Tat ein, um die Wirkung von Glucks und Mozarts Musik zu beschreiben, nicht aber ohne vorher zwischen dem Werk der von ihm verehrten Meister einerseits und dem von unbegabten Nachahmern andererseits zu unterscheiden! Nicht Gluck hat nach Hoffmann durch irgendeine Schuld die zitierte Gefahr heraufbeschworen, vielmehr heißt es bei Hoffmann explizit:

aber welche Wahrheit wird nicht mißverstanden, und veranlaßt so die sonderbarsten Mißgriffe! Welche Meisterwerke erzeugten nicht in blinder Nachahmerei die lächerlichs-

---

101 Dobat, S. 4, Hervorhebung R.S.
102 Ebd., S. 12.
103 Ebd., S. 21f.
104 Ebd., S. 134.

ten Produkte! Dem blöden Auge erscheinen die Werke des hohen Genie's, die es nicht vermochte in einem Brennpunkt aufzufassen, wie ein deformiertes Gemälde, und dieses Gemäldes zerstreute Züge wurden getadelt und nachgeahmt. (H2/1, S. 441)

Bezogen auf die nur stoffartige Wirkung, die die Werke Glucks und Mozarts auf unbegabte Epigonen hatten, heißt es kritisch: »Auf den Stoff des musikalischen Gebäudes wurde nämlich das Auge gerichtet, und der höhere Geist, dem dieser Stoff dienen mußte, nicht entdeckt.«[105] Es ist eine ironische Wirkung von Hoffmanns Schreibweise, daß Hoffmanns Kritik noch heute so oft auf die Kritiker und Kritikerinnen zurückfällt, die sich fälschlich auf ihn berufen, ohne Hoffmanns Geist zu begreifen. Daß Gluck »seine musikalischen Neuerungen häufig mehr mit Blick auf ›Effekt‹ als auf den ›Ausdruck‹ eingesetzt«[106] habe, daß darin der in der Erzählung apostrophierte Verrat des Heiligen an Unheilige besteht und daß »seine Neuerungen für Hoffmann manchmal den Charakter des Erzwungenen und Übertriebenen nicht verleugnen können«[107] – all diese angeblichen Ansichten Hoffmanns finden sich *nicht* in der Erzählung *Ritter Gluck*. Dobat legitimiert eine solche Interpretation lediglich mit einer Bemerkung Hoffmanns aus dem Jahre 1821 in »Zufällige Gedanken bei dem Erscheinen dieser Blätter«. Es handelt sich dabei scheinbar um eine Kritik an dem von Hoffmanns Kompositionslehrer Johann Friedrich Reichardt berichteten Vorhaben Glucks, für ein geplantes Werk ein neues Instrument zu konstruieren. Gluck sei »wohl dieser Absicht halber zu rechter Zeit gestorben« (H3, S.724), bemerkte Hoffmann. Nun impliziert eine solche Bemerkung über die kolportierten Intentionen hinsichtlich eines nie geschriebenen Werkes ja gerade, daß Hoffmann im vorliegenden Werk des Komponisten derlei Tendenzen nicht fand. Doch Dobat projiziert Hoffmanns Bemerkung über ein nie verwirklichtes *Vorhaben* Glucks zurück auf sein *vorliegendes* Werk und behauptet, daß sich Gluck nach Hoffmanns Ansicht im »Bemühen um einen wirksamen musikalischen Ausdruck« Effekthascherei zu Schulden kommen lassen hat, so daß »selbst der Ausdruckswillen eines ›Heros‹ wie Gluck«[108] an der Musik scheitere. Im Ergebnis schreibt Dobats postmoderne Lesweise der Erzählung eine Dekonstruktion der großen romantischen Erzählung von Kunst zu: die Erzählung stelle »eine unterschwellige Kritik am romantischen Kunstenthusiasmus«[109] dar und zeige den genialen Künstler in der Aporie zwischen der Beschränkung auf seinen Stil und dem Versuch, ihn auszudehnen, was aber zu Oberflächlichkeit führe.

Die biographische Begründung von Dobats Interpretation der Erzählung *Ritter Gluck* zeichnet sich jedoch nicht nur durch einen Mangel an Logik, sondern auch durch unrepräsentative Selektivität aus. Denn die über ein Jahrzehnt nach der Niederschrift der Erzählung gemachte Bemerkung Hoffmanns wird von

---

105 Ebd.
106 Ebd., S. 135.
107 Ebd.
108 Ebd., S. 137.
109 Ebd., S. 136.

Dobat aus dem Zusammenhang gerissen und völlig sinnentstellt zitiert. Hoffmann adressiert nämlich in diesem Text einen imaginären alten Mann, der die Modernität von Mozart und Beethoven verdammt und eine Rückkehr zur Einfachheit der Alten fordert. Der zitierte Satz entstammt einem Stück Rollenprosa, in dem Hoffmann mit Ironie *gegen* eine Bewahrung des musikalischen Status quo argumentiert:

Nun sag' an, alter Herr, welche Alten du meinst? – Bestimme das Zeitalter, in dem die wahrhafte Kunst der Musik abgeschlossen wurde, so daß alles was darüber hinausgeht, vom Übel ist, und vereinige so in dir eine ganze Academie françoise, die die Kunst in Schranken einpfercht, die niemand überspringen darf, ohne gepfändet zu werden! – Was meinst du zu Fux, Keiser – oder später zu Hasse – Händel – Gluck etc. – zweifelhaft? – Beiläufig gesagt, wollte man diesem Ritter, seiner ritterlichen Natur unerachtet, anfangs gar nicht trauen. – In den Forkelschen Beiträgen wurde sehr witzigerweise seine Ouvertüre zu der Iphigenia in Tauris [sic, R.S. es müßte heißen: »Iphigenia in Aulis«] mit dem Gelärm der Bauern in der Dorfschenke verglichen. – Und wenn nun Gluck in unsern Zeiten gelebt hätte, wäre es nicht möglich gewesen, daß er sich, was die Instrumentierung betrifft, auch leider auf die schlechte Seite gelegt! – Gewiß ist es, daß er mit der Idee einer Oper, die Hermannsschlacht, wozu er ein ganz besonderes, die Tuba der Römer nachahmendes, Instrument verfertigen lassen wollte, starb. – Er ist wohl dieser Absicht halber zu rechter Zeit gestorben. – (H3, S. 724)

Ich habe diese Passage in ganzer Länge zitiert, um den ironischen Kontext, in dem der von Dobat zitierte Satz steht, zur vollen Geltung zu bringen. Darüber hinaus zeigt ein Vergleich mit einem anderen Aufsatz Hoffmanns aus dem gleichen Zeitraum, nämlich »Nachträgliche Bemerkungen über Spontinis Oper Olympia«, der das gleiche Thema ohne ironische Verkehrung berührt, daß Hoffmann von Glucks Erfindung eines neuen Instruments Großes erwartete (vgl. H5, S. 618).

Zum vorliegenden Werk Glucks äußert sich Hoffmann zeitlebens und ohne Ausnahme überschwenglich. In seiner ein gutes Jahr nach der Erzählung des *Ritter Gluck* verfaßten Rezension des Klavierauszugs der *Iphigénie en Aulide* hebt Hoffmann hervor, daß Glucks Opern klassische Meisterwerke sind und bleiben, »die jeder junge Tonsetzer, der sich an ernste, tragische Dramen wagen will, nicht genug studieren kann« (H1, S. 558). Noch 1820 schreibt Hoffmann in seinem »Gruß an Spontini«:

Ja! ganz unser bist du, denn deinen Werken entstrahlt in vollem Himmelsglanz das Wahrhaftige, wie den Werken unseres Händel, Hasse, Gluck, Mozart und aller der Meister, die in Wort und Ton nur echtes, edles Metall ausprägen und nicht prahlen dürfen mit flinkerndem Rauschgold und nur dem Wahrhaftigen mag sich doch der echte Deutsche Sinn erschließen. (H3, S. 714)

In einer apodiktischen Schlußfolgerung kontaminiert Dobat seine eigene antiromantische Stoßrichtung mit einer simplen pejorativen Wahnsinnsdeutung der Erzählung und präsentiert diese Mischung als Hoffmanns explizite Aussage in dieser Erzählung:

Damit stellt Hoffmann unmißverständlich klar, daß eine Einsicht in die tragische Situation Glucks das Höchste ist, was der Enthusiast erreichen kann, daß aber der Glaube, durch die Kunst verlören romantische Sehnsüchte den Anstrich substanzloser Schwärmerei und würden sogar in der Wirklichkeit eingelöst, in bedenklicher Weise Züge einer Wahnvorstellung annehmen kann.[110]

Dobats Argumentation folgend, die aufgrund einer einzigen biographisch überlieferten, angeblich negativen Bemerkung Hoffmanns über eine nicht verwirklichte Intention Glucks eine grundsätzliche Kritik Hoffmanns an Glucks vorliegendem Werk als Erzählaussage des *Ritter Gluck* postuliert, behauptet Günter Oesterle: »ihn [=Hoffmann] erschreckte jedoch Glucks geradezu manische Suche nach neuen Klangwirkungen«.[111] Daß aber Hoffmann Schrecken über Glucks Werk empfunden und es der Effekthascherei geziehen haben soll, läßt sich durch das angeführte ironische Zitat, daß Gluck »wohl dieser Absicht halber zu rechter Zeit gestorben« (H3, S.724) sei, nicht belegen und ist durch keine sonstigen Äußerungen Hoffmanns zu stützen.

Zu bezweifeln ist auch Oesterles Behauptung, daß die Bemerkung, der Unbekannte bereite sich auf Mozarts *Don Giovanni* durch »Fasten und Beten [sic., R.S.]«[112] vor, als Verweis zu gelten habe auf die damals in Deutschland heftig diskutierte Lehre

von einem Interims- und Sühnezustand nach dem Tode, die der schwedische Naturwissenschaftler Swedenborg entwickelt hatte. In dieser Lehre war die Unterscheidung der Einbildungskraft in eine positive gottergebene, »bildende Kraft« und eine falsche, sündige, vom Willen gesteuerte, »bildende Phantasie« von größter Bedeutung. Für einen Transfer ins Ästhetische bot sich ferner die nach Max Weber und Foucault modern erscheinende, protestantische Variante des Fegefeuers an. Die abgeschiedenen Menschen bewahren nach dieser Lehre nämlich die Grundrichtung ihres Charakters, sie werden nicht mit extraordinären Strafen belegt, sondern mit ihrer »eigenen Bildung« potenziert konfrontiert.[113]

Das schmerzhafte Klingen des Euphons übernimmt dann nach Oesterle die Funktion der Wiedervergeltung durch potenzierte Konfrontation mit den musikalischen Sünden Glucks:

derjenige, der sich in der Welt von einer sündigen, vom Willen gesteuerten, effekthungrigen Phantasie hatte verführen lassen, wird als »abgeschiedener Geist nach dem Tode mit den gleichen Geburten abenteuerlicher Phantasien nach dem Recht der Wiedervergeltung Gottes gestraft«. Die Verbindung des Swedenborgschen Modells mit der akustisch-physikalischen Klangtheorie Chladnis ergibt gleichsam eine Exposition für den romantischen Typ des Künstlers, der gezwungen zur ästhetischen Innovation ist und zugleich unter ihren Forcierungen leidet.[114]

---

110 Dobat, S. 137.
111 Oesterle, Dissonanz und Effekt in der romantischen Kunst, S. 76.
112 Ebd.
113 Ebd., S. 77.
114 Ebd.

Statt die Formel »Fasten und Gebet« (H2/1, S. 27; der Zusatz »und Gebet«
kommt erst 1814 in der Buchversion in die Erzählung) als Verweis auf einen
hochspezifischen religiösen Diskurs über eine bestimmte Art des Fegefeuers zu
lesen, liegt eine andere Deutung viel näher angesichts der Tatsache, daß Hoffmann in einer Tagebucheintragung 1803 die gleiche Formel (hier verbal statt
substantivisch ausgedrückt) auf seine eigene musikalische Praxis angewendet
und sie folgendermaßen erläutert hat:

Mit meinen musikalischen Ideen gehts mir so wie mit Savonarola's des Märtyrers zu
Florenz, dessen Geschichte ich in diesen Tagen las, Eingebungen: – Erst schwirrts mir
wild im Kopf herum – dann fange ich an zu fasten und zu beten d.h. ich setze mich ans
Klavier, drücke die Augen zu, enthalte mich aller profanen Ideen und richte meinen Geist
auf die musikalischen Erscheinungen in den vier Wänden meines Hirns – bald steht die
Idee klar da – ich fasse und schreibe sie auf wie Savonarola seine Prophezeyhungen –
Obs nur andere Componisten auch so machen mögen? – aber das erfährt ein Königl. Prß.
RegierungsRath in Plock nicht! –[115]

Daß Hoffmann den Unbekannten mit der gleichen meditativen Haltung begabt
in Vorbereitung auf die von ihm bewunderte Musik seines jungen Freundes
Mozart, indiziert wohl eine gewisse Selbstprojektion hinsichtlich künstlerischer
Verhaltensweisen auf diese fiktionale Figur, kaum aber eine Strafphantasie für
die Sünde der Effekthascherei, die in der Erzählung an keiner Stelle benannt
wird. Hoffmann hat in seinen anderen Schriften zur Musik sehr wohl zwischen
»effektvoll« und »Effekthascherei« unterschieden, immer gegen letztere polemisiert, ohne aber zu suggerieren, daß die Ambivalenz des Effekts zu den
grundsätzlichen Problemen jeglicher moderner romantischer Kunst gehöre, wie
Oesterle behauptet: »Gemeint ist ein permanenter Innovationsdruck und eine
ständige Effektsteigerung, der sich die romantische Kunst ausgesetzt sieht, bei
gleichzeitigem Verbot den Effekt zu verabsolutieren.«[116] Statt aber dies als ein
Problem zu sehen, das alle Komponisten gleichermaßen betrifft, unterscheidet
Hoffmann vielmehr in allen seinen musikalischen Rezensionen und Aufsätzen
zwischen wahrhaft effektvoller Musik, zu der Hoffmann das Werk Glucks
zählt, und dem Rauschgold oberflächlicher Komponisten. Die Erzählung zeigt
Glucks Werk im Status romantischer Progression, die ausdrücklich als eine
äußerst erfolgreiche bezeichnet wird.

Weissteins Lesweise, daß der Unbekannte (im Gegensatz zum musikalischen
Avantgardismus von Rameaus Neffen) musikalisch reaktionär sei, weil er angeblich Mozarts Musik nicht zu schätzen wisse, da trotz Vorbereitung durch
Fasten und Gebet (bei Weisstein heißt es fälschlich »trotz aller *Vorbeugungen*
›durch Fasten und *Diät*‹«[117]) bei der Aufführung des *Don Giovanni* der Euphon
unrein angesprochen habe, vertauscht hier jedoch die Reihenfolge der Ereignis-
se: Der Unbekannte weiß, daß der Euphon von den Massen der Mozartschen

115 Hoffmann, Tagebucheintrag 2.10.1803, in: Ders., Tagebücher, S. 53.
116 Oesterle, Dissonanz und Effekt in der romantischen Kunst, S. 69.
117 Weisstein, S. 510 (Hervorhebungen R.S.).

Musik »viel zu sehr bewegt wird und unrein anspricht« (H2/1, S. 27), bereitet sich deshalb durch Fasten und Gebet vor, kann aber wegen der schlechten Aufführung nicht einmal die Ouvertüre aushalten. Seine Reaktion bezeugt nicht Unverständnis gegenüber Mozarts Oper, sondern vielmehr ein solch sensibles musikalisches Sensorium wie es der Musikfeind der gleichnamigen Erzählung hat, der aus übergroßer Sensibilität oft ein Konzert vorzeitig verläßt und in ironischer Verkehrung sagt:

Es ist wohl etwas Herrliches, so durch und durch musikalisch zu sein, daß man, wie mit besonderer Kraft ausgerüstet, die größten musikalischen Massen, die die Meister mit einer unzähligen Menge Noten und Töne der verschiedensten Instrumente aufgebauet, leicht und lustig handhabt, indem man sie, ohne sonderliche Gemütsbewegung, ohne die schmerzhaften Stöße des leidenschaftlichen Entzückens, der herzzerreißenden Wehmut, zu spüren, in Sinn und Gedanken aufnimmt. (H2/1, S. 428-429)

Diejenigen, die angesichts der musikalischen Genialität des Unbekannten im Euphon eine Strafe für musikalische Sünden sehen oder musikalische Unzulänglichkeit, scheinen sich auf die Stufe derer zu stellen, die dem Musikfeind diesen Beinamen gegeben haben – ein weiteres Beispiel dafür, wie Hoffmanns Ironie auf seine Interpreten zurückschlagen kann.

Weit davon entfernt, die romantische Idee der Perfektibilität auf negative Nebenwirkungen hin abzuklopfen, stellt die Erzählung Gluck als einen zu Unrecht vernachlässigten und schlecht aufgeführten Komponisten vor, dessen Werk bei tieferem Verständnis, wie es der Unbekannte demonstriert, für eine musikalische Weiterentwicklung fruchtbar sein könnte. Die Schuld, wegen der Ritter Gluck sich als verdammt betrachtet, kann also nicht in Effekthascherei (Dobat) oder dem permanenten Innovationsdruck des romantischen Künstlers (Oesterle) liegen. Vielmehr scheint sie Teil der romantischen Kunstreligion zu sein und den von Hoffmann in späteren Werken immer wieder behandelten Außenseiterstatus des Künstlers in der Gesellschaft zu bezeichnen: Wenn Kunst, als das Heiligtum, der Menge mitgeteilt wird, die Kunst nur oberflächlich konsumiert, kann sie leicht profaniert werden und macht so durch Mißverständnis deren Schöpfer zum einsamen Außenseiter. Mit ihrer Genieästhetik subvertiert diese Erzählung nicht die Prämissen der Romantik, sondern ist Teil der Romantik – auch und gerade weil das Genie als ein in der Außenseiterrolle Leidender gezeichnet ist. Den Ritter Gluck der Erzählung als ›oberflächlich‹ zu beurteilen oder in ihm die Aporien der romantischen Kunstvorstellung kritisch entlarvt zu sehen, impliziert jedoch ein Lesen, das den historischen Kontext von Hoffmanns Musikdiskurs sowie seiner narrativen Umsetzung vernachlässigt. Bemerkenswert an *Ritter Gluck* ist gerade die Tatsache, daß die Erzählung dem historischen Werk Glucks zu seinem Recht verhelfen will und es dabei zugleich romantisiert.

1.4 Schlußbemerkung

Als Ergebnis meiner Analyse der musikalischen Paradigmen in *Ritter Gluck* würde ich formulieren:

1. Hoffmanns Begriff der selbständigen Instrumentalmusik ist nicht identisch mit dem Konzept der autonomen oder selbstreferentiellen Musik im 20. Jahrhundert, sondern vielmehr transzendental verankert.

2. Hoffmann hat keinen klaren Paradigmenwechsel von Vokal- zu Instrumentalmusik vollzogen, auch nicht einen klaren Wechsel von den älteren Gefühls- und Ausdrucksästhetiken zur absoluten Musik, vielmehr überlagern sich diese Paradigmen in Hoffmanns Musikästhetik, die primär durch ein transzendentales Telos geprägt ist, das sich in Oper, Instrumentalmusik und Kirchenmusik manifestieren kann.

3. Geprägt durch literarische und philosophische Diskurse, entwirft Hoffmann eine romantische Lesweise klassischer Musik. Hoffmanns Ästhetik spiegelt keine bereits existierende romantische Musik und deren Probleme wider.

4. Das heute noch Faszinierende von Hoffmanns Erzählung *Ritter Gluck* liegt nicht in einer inhaltlichen Antizipation einer Kritik an der romantischen Ästhetik, sondern vielmehr in der Komplexität einer Erzählstruktur, die einerseits eng mit den zeitgenössischen musikästhetischen, philosophischen und literarischen Diskursen verknüpft ist, andererseits allgemeine produktions- und rezeptionsästhetische Fragen aufwirft, und darüber hinaus erfolgreich die Konstitution von Bedeutung weg von der Autorität des Erzählers und hinein in die Struktur des Erzählens verlagert. Das romantische Schweben der Bedeutung über der Erzählung wird erreicht durch einen Ich-Erzähler, der keineswegs mit dem Autor identisch ist, sondern hinsichtlich seiner musikalischen Sensibilität zwischen dem Autor und dem Leser steht. Ferner trägt dazu ein extravaganter Protagonist bei, dessen Erscheinung dem Bereich des Wunderbaren angehört, rational nicht aufzulösen ist und zwischen verschiedenen Deutungsmöglichkeiten oszilliert. Während einerseits durch diese Struktureigenheit eine Vielfalt von Interpretationen präfiguriert ist, spielt die Erzählung andererseits die für den romantischen Geist der Erzählung empfänglichen Leser gegen diejenigen aus, die das Spiel der Ironie nicht verstehen. Denn obwohl die Erzählung mehr als eine Deutungsmöglichkeit nahelegt, schließt sie doch andere aus. Daß mehr Deutungsmöglichkeiten evoziert werden, als sich bei logischer Abwägung der verschiedenen Aspekte der Erzählung sowie einer historisierenden Diskursanalyse der angesprochenen musikalischen Tatbestände halten lassen, eröffnet den Raum für Mißverständnisse und für die Vereinnahmung der Erzählung für aktuelle Bedürfnisse. Eine solche Vereinnahmung ist natürlich das Recht jedes Lesers. Doch wäre es nicht eine interessantere Aufgabe für die Literatur*wissenschaft*, die historische, uns heutzutage oft fremde, Bedeutungskonstituierung von Texten zu erhellen, statt in ihnen nur eine Antizipation gegenwärtiger Theoreme zu sehen?

2. E. T. A. Hoffmanns *Don Juan* als Palimpsest

Don Juan[1] ist die zweite Erzählung Hoffmanns, die das Werk eines bedeutenden historischen Komponisten in fiktionaler Weise behandelt. In allen *Kreisleriana* ist natürlich Musik das Thema, und eine Reihe von Komponisten werden erwähnt. Doch neben *Ritter Gluck* ist es nur *Don Juan*, in dem die Neuinterpretation eines historischen Werkes auf phantastische Weise gegeben wird. In den *Kreisleriana* steht vor allem die ironische Kritik am Musikbetrieb im allgemeinen im Mittelpunkt (in *Johannes Kreisler's, des Kapellmeisters musikalische Leiden*; *Gedanken über den hohen Wert der Musik*; *Der vollkommene Maschinist*; *Brief des Baron Wallborn an den Kapellmeister Kreisler*; *Brief des Kapellmeisters Kreisler an den Baron Wallborn*; *Nachricht von einem gebildeten jungen Mann*; *Der Musikfeind*). Zweitens enthalten die *Kreisleriana* – zwar durch Kreisler perspektivierte – ansonsten aber aufsatzhaft-ernste oder aphoristische Reflexionen über bestimmte Komponisten (so in *Ombra adorata!*; *Beethovens Instrumental-Musik*; *Höchst zerstreute Gedanken*; *Über einen Ausspruch Sachini's, und über den sogenannten Effekt in der Musik*). Eine dritte Kategorie von Texten in den *Kreisleriana* sind die phantastischen Texte ohne Bezug auf historische Komponisten (so *Kreislers musikalisch-poetischer Clubb* und *Johannes Kreislers Lehrbrief*).

2.1 Wege zu *Don Juan*

In *Don Juan* wohnt der Erzähler, ein reisender Enthusiast, in einer mittleren Stadt zufällig einer inspirierten und inspirierenden Aufführung von Mozarts Oper *Don Giovanni* bei. Er hat ein phantastisches, Raum und Zeit überwindendes Erlebnis mit der Sängerin der Donna Anna, die ihm ihre Auffassung von der Oper darlegt, und teilt seinem Freund Theodor in einem mitternächtlichen Brief seine neue Interpretation von Mozarts Oper *Don Giovanni* mit, die er durch seine jüngsten Erlebnisse gewonnen hat.[2] Gleichzeitig demonstriert der

---

1 E. T. A. Hoffmann, Don Juan, in: E. T. A. Hoffmann. Sämtliche Werke, Bd. 2/1, S. 83-97. Alle Literaturnachweise für diese Erzählung erscheinen im Text in Klammern mit der Sigle H, gefolgt von der Band- und Seitenzahl (H2/1, S. 83-97). Eine erste, sehr viel kürzere Fassung dieses Kapitels wurde im Juli 2001 auf englisch unter dem Titel E. T. A. Hoffmann's Don Juan as a Palimpsest: The Constitution of Literary Meaning at the Intersection with Historical Musical Practice auf der Tagung Textual Intersections in the Nineteenth Century: European Literatures, Histories, Arts vorgetragen, die an der Universität von Wales in Cardiff stattfand. Die Veröffentlichung des Tagungsbandes, in dem dieser Vortrag erscheinen sollte, wurde nie realisiert.

2 Literaturwissenschaftler streiten darum, ob die ganze Erzählung oder nur deren zweiter Teil als Brief des Enthusiasten an Theodor zu betrachten sei oder ob es sich vielmehr um Blätter aus dem

Text an seinem Erzähler ein Modell von Kunstrezeption und die Genese eines Künstlers, die in der Konstituierung eines literarischen Kunstwerks resultiert. Die Kritik in den letzten Jahrzehnten vernachlässigte jedoch das musikalische Thema und konzentrierte sich fast ausschließlich auf die Analyse der Stilmittel der Erzählung und auf die darin enthaltene Konzeption des Künstlers und der Kunstrezeption.[3] Was die Erzählung dagegen über Mozarts Oper zu sagen hat, wird entweder ignoriert oder abgetan als eine zweifelsfreie »Fehldeutung«,[4] als individualisierende, »modernisierende Interpretation einer nicht mehr zureichend verstandenen Fabel«,[5] ja gar als eine vom Autor bewußt geplante Fehldeutung, die er seinem unzuverlässigen Erzähler in den Mund lege und die darauf ziele, daß der Leser sich von ihr distanziere.

Während die ältere Hoffmann-Forschung dazu tendierte, die Differenz zwischen Autor, implizitem Autor und Erzähler zu tilgen,[6] geht die neuere Forschung oft in die entgegengesetzte Richtung und postuliert eine radikale Differenz zwischen den in einem Text *versteckt* enthaltenen Positionen (die wiederum meist mit denen des Autors Hoffmann identifiziert werden) und denen seines Erzählers. Indem die erzähltheoretisch wichtige Differenz zwischen Autor, implizitem Autor und Erzähler zu einem Abgrund vertieft wird, wird der Erzähler und alles, was der Text dem Durchschnittsleser zu sagen scheint, auf einer Seite zurückgelassen, nämlich der des Irrtums, während auf der anderen Seite gezeigt wird, daß der Autor und die versteckte Aussage des Textes im Einklang mit den tieferen Einsichten des zeitgenössischen Literaturwissenschaftlers steht. Mit Bezug auf Don Juan begann diese Entwicklung 1975, als Hartmut Kaiser einen detaillierten Vergleich des Librettos von Mozarts *Don Giovanni* mit dem Bericht und der Interpretation, die in Hoffmanns *Don Juan*

Tagebuch des reisenden Enthusiasten handelt, wie der Untertitel der Sammlung der Fantasiestücke lautet. Meiner Meinung nach ist es jedoch weniger wichtig, ob es sich um die Gattung Brief oder Tagebuch oder eine Kombination von beiden handelt, denn für Hoffmann waren die Grenzen zwischen diesen Gattungen fließend. Das geht aus Hoffmanns Bemerkung von 1798 hervor, daß er seinem Freund Theodor Gottlieb von Hippel statt anderer Briefe »immer einen Teil meines ReiseJournals schicken [könne], das so schon in Briefen an Theodor eingeteilt ist« (Hoffmann, 38. An Theodor Gottlieb von Hippel, in: H1, S. 114). Die folgenden lesen nur den zweiten Teil der Erzählung als Brief an Theodor: Ellinger, S. 83; Egli, S. 49f.; Werner, S. 51. Demgegenüber liest Segebrecht, Autobiographie und Dichtung, S. 53 die ganze Erzählung als Brief. Der Vorschlag, sie als Tagebucheintrag zu lesen, da die Fantasiestücke den Untertitel Blätter aus dem Tagebuche eines reisenden Enthusiasten haben, stammt von Hartmut Kaiser, Mozarts Don Giovanni und E. T. A. Hoffmanns Don Juan, S. 6. Die Herausgeber der Kritischen Hoffmann-Edition bestehen auf der Relevanz der Spannung zwischen den Gattungen Brief und Tagebuch; vgl. Steinecke, Kommentar, in: E. T. A. Hoffmann. Sämtliche Werke, Bd. 2/1, S. 681. Röder liest die Erzählung fälschlich als Teil der Sammlung Die Serapions-Brüder (statt der Fantasiestücke) und hebt ab auf einen angeblichen »additional third level of narration, namely the narrative frame of Die Serapionsbrüder« (Röder, S. 129). Von zentraler Bedeutung scheint mir dagegen die Frage, ob der Erzähler vertrauenswürdig ist, obwohl ihn sein Enthusiasmus extravaganter als die meisten Menschen macht, oder ob er bewußt so eingesetzt ist, daß der Leser ihm mißtrauen muß.

3 So etwa in sehr differenzierten, anregenden Analysen von Albert Meier, Haustedt und Klüglich.
4 Hans Joachim Kreutzer, Proteus Mozart, S. 13.
5 Hans Joachim Kreutzer, Der Mozart der Dichter, S. 223.
6 Vgl. Ohl, der den reisenden Enthusiasten als »eine Art Pseudonym Hoffmanns« (S. 6) betrachtet. Vgl. auch Kruse, S. 411.

davon gegeben werden, vornahm. Er stellte überzeugend dar, daß eine große Anzahl von Diskrepanzen zwischen der Handlung der Oper und ihrer Nacherzählung durch den Erzähler in *Don Juan* besteht. Da Kaiser Hoffmanns profunde Kenntnis der Oper nicht in Zweifel ziehen konnte, versuchte er, die Autorität seines Autors durch die folgende Konstruktion zu retten: »Ihm [= dem Enthusiasten, RS] ist die Vereinseitigung von Mozarts Meisterwerk zuzuschreiben, nicht etwa Hoffmann. Gerade weil dieser so viel mehr über *Don Giovanni* weiß, kann er den Enthusiasten in einer Weise erzählen lassen, die gelegentlich an Verschlagenheit und Hinterhältigkeit grenzt.«[7]

Diese These erlangte bald den Status einer unbezweifelten Tatsache. Albert Meier eröffnet seine Analyse der Erzählung mit der Behauptung:

Daß E. T. A. Hoffmann in seinem Fantasiestück *Don Juan* (September 1812) mit vollem Bewußtsein eine Fehldeutung von Mozarts *Don Giovanni* gestaltet hat, darf man seit Hartmut Kaisers Spiegelung der Erzählung an dieser »Oper aller Opern« zum gesicherten philologischen Wissen rechnen.[8]

Auf der Basis dieses angeblich gesicherten Wissens sieht Claudia Liebrand es als Aufgabe der Interpreten, sich den Suggestionen des Ich-Erzählers zu entziehen, denn »die Aussage des Textes ist von der des Enthusiasten zu unterscheiden«.[9] Es ist dann kaum mehr als eine folgerichtige Konsequenz dieser absoluten Trennung zwischen Erzähler und Textaussage einerseits, und zwischen offenbarem (musikalischen) Thema und verstecktem (literarisch-ästhetischen) Thema andererseits, daß manche Literaturwissenschaftler und Literaturwissenschaftlerinnen argumentieren, daß die Erzählung nicht etwa eine romantische Haltung zur Kunst exponiere, sondern daß sie vielmehr gezielt romantische Kunstvorstellungen subvertiere und als unhaltbar kritisiere, also eine antiromantische Stoßrichtung habe.[10]

Bei allem Ingeniösen, das einige dieser Interpretationen aufzuweisen haben, fehlt es ihnen dennoch für mich an Überzeugungskraft. Denn daß Hoffmann ausgerechnet von seiner Lieblingsoper eine bewußte Fehlinterpretation geben und diese dann auch noch in einer musikalischen Fachzeitschrift veröffentlichen sollte, in der er sich als Rezensent neuerer musikalischer Werke einen Namen gemacht hatte, leuchtet mir nicht ein. Trotz gelegentlicher spielerisch-phantastischer oder ironischer Einkleidung war es ihm ja doch in der musikalischen Aussage in all seinen Veröffentlichungen in der Leipziger *Allgemeinen Musikalischen Zeitung* ernst. Hoffmanns Beethoven-Rezensionen haben ihm schließlich einen Dankesbrief des Komponisten eingebracht, der sich von ihm

---

7 Hartmut Kaiser, Mozarts Don Giovanni und E. T. A. Hoffmanns Don Juan, S. 26.

8 Albert Meier, S. 516. Vgl. auch Scher, Da Ponte und Mozart, S. 411-432. Scher glaubt, der Untertitel der Erzählung gebe »kristallklar« zu erkennen, daß »Hoffmanns Don Juan von vornherein als literarische Fiktion und nicht als analytisch-kritischer Deutungsversuch von Da Pontes Text und Mozarts Musik konzipiert worden« sei (S. 413).

9 Liebrand, S. 46.

10 Vgl. Dobat, S. 148-155, Liebrand, S. 46-62, Barkhoff, S. 219-221.

verstanden fühlte.[11] Daß darüber hinaus Hoffmann die Schlußfolgerung nahelegen wollte, Kunst generell tauge nicht mehr als Medium des Romantischen, und die Aussagekraft von Musik im besonderen bleibe auf eine artifizielle Scheinwelt beschränkt, die in der Wirklichkeit keinerlei Bedeutung habe,[12] scheint mir eine Rückprojektion heutiger ästhetischer Axiome auf einen historischen Text zu sein. Denn Hoffmann hat Zeit seines Lebens Romantik als einen positiven Rangbegriff verwendet. Da er zur Zeit der Niederschrift der Erzählung *Don Juan* gerade die Arbeit an seiner bedeutendsten Oper (der *Undine*) begonnen hatte, wäre eine solche Aktivität wohl kaum mit dieser angeblichen Einsicht zu vereinbaren. Auch in der Deutung, daß Hoffmann in *Don Juan* bewußt das »auf Evozierung psychischer Exaltation und auf ›usurpatorische‹ Aneignung ausgerichtete Kunstverständnis des Enthusiasten«[13] als lebensverneinend kritisiere, sehe ich eine Vergewaltigung der historischen Prämissen des Textes.

Meine Analyse soll sich dagegen hauptsächlich auf das musikalische Thema des Textes richten und das angeblich gesicherte philologische Wissen, das Hartmut Kaiser bereitstellte, in Frage stellen. Denn während Kaisers Interpretation in dem, was sie untersucht – die Diskrepanzen zwischen dem Libretto der Oper und seiner Nacherzählung in *Don Juan* –, sehr überzeugend ist, fehlt bei Kaiser die Analyse einer Reihe von Aspekten, die erst zuverlässig über die Intention dieser Erzählung Aufschluß geben könnten:

1) Kaiser untersucht nicht die Teile des Librettos, die die in *Don Juan* gegebene Analyse unterstützen. Es gibt zum Beispiel viele Hinweise in da Pontes Text, die die These von Donna Annas Verführung in den Bereich der Wahrscheinlichkeit stellen.

2) Er konzentriert sich ausschließlich auf das Libretto und argumentiert nie auf der Basis der Musik, auf die allein sich der Erzähler explizit, unter Vernachlässigung des Textes, beruft.

3) Er analysiert die Interpretation in *Don Juan* nicht im Kontext von zeitgenössischen Produktionen der Oper auf der Bühne. Somit hat er kein kulturwissenschaftliches Verständnis vom Bezugspunkt dieser Interpretation: gegen welche Tendenzen richtet sie sich, auf welchen Prämissen baut sie auf, wo liegt ihr innovatives Potential?

4) Er untersucht nicht die Beziehung zwischen dieser Erzählung und dem übrigen Werk Hoffmanns im Hinblick auf gemeinsame Motive und ästhetische Werte sowie Manifestationen des Hoffmannschen Konzepts von Sehnsucht.

Der Schwerpunkt meiner Auseinandersetzung mit Hoffmanns Erzählung soll auf der kulturwissenschaftlichen Kontextualisierung des intermedialen Zentrums der Erzählung liegen, also auf Punkt 3 der oben erwähnten literaturwissenschaftlichen Desiderata. Nach einer Darstellung von Handlung und Musik

---

11 Vgl. Beethoven, Brief an Hoffmann vom 23.3.1820 (Nr. 864), in: E. T. A. Hoffmann Briefwechsel, Bd. 2, S. 245.
12 Vgl. Dobat, S. 149-152.
13 Liebrand, S. 62.

der Oper und deren Behandlung in Hoffmanns Erzählung werde ich jedoch auf die anderen drei Punkte kurz eingehen, bevor ich mich dann dem Hauptpunkt meiner Untersuchung zuwende: dem kulturellen Kontext, auf den sich *Don Juan* bezieht. Erst das Verständnis von Hoffmanns Erzählung in diesem Kontext erlaubt meines Erachtens, Schlüsse über die ästhetische Stoßrichtung der Erzählung zu ziehen.

2.2 Mozarts *Don Giovanni*

Don Giovanni[14] war bekanntlich die Lieblingsoper Hoffmanns. Hoffmann kannte Mozarts Oper sehr gut: Bereits 1795 hatte er sich dem Studium des Klavierauszugs der Partitur gewidmet,[15] und er sang Arien und Duette aus der Oper mit seinen Gesangsschülerinnen. Die Oper wurde zwischen dem 15. Oktober 1810 und dem 30. Oktober 1811 mehrere Male in Bamberg mit seinem Freund Holbein in der Titelrolle aufgeführt, und Hoffmann studierte in dieser Zeit wiederum den Klavierauszug,[16] bevor er im September 1812 die Erzählung *Don Juan* schrieb. Erst vier Monate später, am 2. Februar 1813, schickte Hoffmann die Erzählung an die Leipziger *Allgemeine Musikalische Zeitung*. Dort wurde sie am 31. März 1813 veröffentlicht. Später nahm Hoffmann sie in die Sammlung der *Fantasiestücke* auf, und seitdem zählt sie zu den Meilensteinen in der Rezeption von Mozarts Oper und der Geschichte des Don-Juan-Motivs.[17]

Don Giovanni wurde vom italienischen Prinzipal des Prager National-Theaters, Pasquale Bondini, nach der erfolgreichen Prager Aufführung des *Figaro* in Anwesenheit Mozarts Anfang 1787 in Auftrag gegeben. Der italienische Libertin Abbé Lorenzo da Ponte schrieb das Libretto. Er rühmte sich in seinen Memoiren, damals drei Libretti gleichzeitig geschrieben zu haben.[18] Zumindest im Falle des Librettos für Mozarts *Don Giovanni* brauchte er jedoch nicht alles neu zu erfinden. Der Don-Juan-Stoff von einem sexuell freizügigen jungen Mann, der soziale und göttliche Normen mißachtet und schließlich die Statue auf dem Grabe eines Mannes zum Abendessen einlädt, hatte schon eine lange Geschichte. Er geht auf den spanischen Mönch Tirso de Molina zurück,

---

14 Alle Zitate aus Don Giovanni stammen aus Mozart, Neue Ausgabe sämtlicher Werke, Serie II, Werkgruppe 5, Bd. 17: Il dissoluto punito ossia il Don Giovanni. Sie erscheinen in Klammern im Text mit der Sigle M, gefolgt von der Seitenangabe. Alle Übersetzungen von da Pontes Text sind von mir.

15 Vgl. Hoffmann, 8. An Theodor Gottlieb von Hippel 4.3.1795, in: H1, S. 29-30. Vgl. auch Steineckes Hinweis auf das von der Staatsbibliothek Bamberg erworbene Exemplar des Klavierauszugs mit dem eigenhändigen Besitzervermerk »E. T. A. Hoffmann« im Kommentar zu Don Juan in der Hoffmann-Gesamtausgabe (H2/1, S. 674). In diesem von Carlo Zulehner besorgten Klavierauszug folgt der unterlegte deutsche Text da Pontes Original meistens recht eng.

16 Vgl. Hoffmann, 109. An Gottfried Härtel, in: H1, S. 236-237. Am 16.12.1810 bittet Hoffmann Härtel um »den neuesten vollständigen KlavierAuszug des Don Juan 1 Exempl.« (S. 237).

17 Vgl. zur Don Giovanni-Rezeption Werner-Jensen, S. 214-218; Hermann Abert, Weinstein, Gnüg.

18 da Ponte, Mein abenteuerliches Leben, S. 103. [zitiert nach Wolfgang Plath und Wolfgang Rehm (Hrsg.), Mozart: Il dissoluto punito ossia il Don Giovanni, S. VII]

dessen Komödie *El Burlador de Sevilla, y combinado de pietra* 1630 gedruckt wurde.[19] Molière, Carlo Goldoni und Christoph Willibald Gluck hatten mit diesem Stoff gearbeitet. Der Stoff war dann auf das Niveau kruder Marktplatzunterhaltung herabgesunken, bis er in der Oper von Giuseppe Gazzaniga nach dem Libretto von Giovanni Bertati Anfang 1787 in Venedig wieder auf das Niveau anspruchsvoller Kunst gehoben wurde.[20] Da Pontes Libretto ist dem von Bertati nachgebildet, doch gibt da Ponte ihm sprachlichen Schliff und strafft es dramatisch, indem er mehrere Charaktere verschmelzt, um der begrenzten Zahl von Sängern in der Prager Operntruppe Rechnung zu tragen. Die Oper wurde am 29. Oktober 1787 in Prag uraufgeführt.

Die Handlung soll hier kurz referiert werden: Die Oper beginnt mit einer Ouvertüre, die Mozart legendärerweise erst in der Nacht vor der Uraufführung geschrieben haben soll. Dann sehen wir Don Giovannis Diener, Leporello, vor einem Hause auf- und abschreiten, während er auf die Rückkehr seines Herrn von einem Liebesabenteuer wartet. Don Giovanni kommt schließlich aus dem Haus, verfolgt von Donna Anna, die den maskierten Mann nicht loslassen will und um Hilfe ruft. Ihr Vater, der Komtur, eilt herbei und fordert Don Giovanni zu einem Duell heraus. Donna Anna flieht darauf ins Haus zurück. In einem kurzen Duell wird der Komtur von Don Giovanni getötet. Als Donna Anna mit ihrem Verlobten, Don Ottavio, zurückkehrt, ist ihr Vater tot und der Fremde verschwunden. Sie fordert ihren Verlobten auf, den Tod ihres Vaters zu rächen.

In der nächsten Szene haben Don Giovanni und Leporello einen komischen Wortwechsel, und eine neue Frau erscheint auf der Szene: Donna Elvira, die von Don Giovanni drei Tage nach ihrer Hochzeit verlassen wurde. Leporello wird beauftragt, Donna Elvira das Wesen von Don Giovannis Interesse an Frauen zu erläutern, und er tut dies in der berühmten Registerarie über die 1003 Eroberungen allein in Spanien. Anschließend trifft Don Giovanni auf eine Bauernhochzeit und versucht die Braut, Zerlina, zu verführen. Doch seine beinahe erfolgreiche Verführung, die in dem Duett *Là ci darem la mano* kulminiert, wird durch die Intervention Donna Elviras vereitelt. Dann kommt Donna Anna mit Don Ottavio hinzu, um Don Giovanni um Hilfe beim Aufspüren des Mörders ihres Vaters zu bitten. Wiederum unterbricht Donna Elvira mit ihrer Denunziation Don Giovannis beinahe erfolgreiche Interaktion. Donna Anna neigt dazu, Donna Elviras Anschuldigungen zu glauben. Überdies erkennt sie an seiner Stimme nun Don Giovanni als den maskierten Mann, der sie in der vergangenen Nacht überfallen hatte. Erst jetzt erzählt sie ihrem Verlobten Einzelheiten über den Überfall. Währenddessen plant Don Giovanni ein Fest, bei dem er seinem Register neue Eroberungen hinzuzufügen hofft. Donna Elvira verbündet sich mit Donna Anna und Don Ottavio, und die drei erscheinen maskiert auf Don Giovannis Ball. Diese drei und Zerlinas Ehemann Masetto konfrontieren Don Giovanni, als ein Schrei von Zerlina, die von Don Giovanni

---

19 Vgl. zur Motivgeschichte: Hermann Abert, S. 438-457; Gnüg, Don Juan; Handlos; Weinstein, The Metamorphoses of Don Juan.
20 Vgl. Stefan Kunze, Don Giovanni vor Mozart, S. 33-71.

tanzend hinter die Bühne geführt wurde, sie alarmiert. Doch Don Giovanni gelingt es am Ende des ersten Aktes, seinen Verfolgern zu entwischen.

Im zweiten Akt vertauscht Don Giovanni die Kleider mit seinem Diener, weil er sich davon leichteren Erfolg bei Donna Elviras standesbewußtem Kammerfräulein verspricht. Nachdem er Donna Elvira auf ihrem Balkon ein Ständchen gesungen und ihre Verzeihung erlangt hat, befiehlt er dem verkleideten Leporello, sie auf der Straße zu empfangen, während er selbst ihre Dienerin verführen will. Masetto und seine Verbündeten suchen nach Don Giovanni, und Don Giovanni in Leporellos Kleidern schickt die Bauern dem verkleideten Leporello nach, während er selbst Masetto verprügelt. Leporello wird von Don Giovannis Verfolgern gestellt, gibt sich zu erkennen und entwischt. Auf einem Friedhof trifft er Don Giovanni, der sich über die jüngsten Abenteuer ergötzt. Er befiehlt Leporello, die Statue des Komturs zum Abendessen einzuladen.

Inzwischen drängt Don Ottavio Donna Anna, ihn am nächsten Tag zu heiraten, da die Bestrafung Don Giovannis unmittelbar bevorstehe. Doch sie vertröstet ihn. Don Giovanni genießt ein üppiges Abendessen, während ein Orchester ihn mit Melodien aus den neuesten Opern unterhält. Donna Elvira kommt, um ihn – vergebens – zu bitten, ein besserer Mensch zu werden. Dann trifft der geladene Gast, die steinerne Statue des Komturs, ein und lädt Don Giovanni zu einem Gegenbesuch ein. Beim besiegelnden Händeschütteln drückt die Statue Don Giovannis Hand mit eisigem Griff und fordert ihn zur Reue auf. Nachdem Don Giovanni das standhaft verweigert, wird er von den Flammen der Hölle in den Abgrund gerissen. In der letzten Szene, die in manchen Aufführungen ausgelassen wird, kommen die Verfolger Don Giovannis mit gerichtlicher Verstärkung, um Don Giovanni zu verhaften. Nachdem Leporello ihnen erzählt, daß Don Giovanni bereits seine göttliche Strafe ereilt hat, entscheidet jeder über seinen künftigen Lebensweg. Donna Elvira wird in ein Kloster gehen, Zerlina und Masetto gehen nach Hause zum Abendessen, Leporello sucht einen neuen Herrn. Don Ottavio drängt Donna Anna wiederum, ihn zu heiraten, doch sie bittet um ein Jahr Aufschub, und er akzeptiert die Bitte seiner Geliebten als einen Befehl. Zum Schluß fallen alle in den Chor ein, der die Moral verkündet, daß Sünder letztendlich bekommen, was sie verdienen.

Soweit das Libretto. Herbert Zeman gibt zu bedenken, daß das Libretto die Welt- und Menschenauffassung des josephinischen Zeitalters auf die Bühne bringe, und daß die »darauf fußende ästhetisch-dramaturgische Konzeption [...] der Gegenwart [...] nicht mehr spontan zugänglich«[21] sei. So reagieren nach Zeman die Figuren »nach der auf dem Theater bis zu Mozarts Zeit überlieferten, alten Temperamentenlehre«,[22] und die Oper statuiere »ein Exempel der moralischen Urteilsfähigkeit des aufgeklärten Menschen«.[23]

---

21 Zeman, Don Giovanni, Menschenwürde, S. 12.
22 Ebd., S. 22f.
23 Ebd., S. 24.

Musikalisch »kommt es in dieser Oper zu einer Gattungskonvergenz, die in der Opernliteratur ohne Vorbild ist«.[24] Die Musik enthält sowohl Elemente der Opera Buffa wie der Opera Seria, von denen eine Seite je nach Interpretation in der Aufführung mehr oder weniger dominant sein kann und deren Spannungsverhältnis zu den verschiedensten Interpretationen Anlaß gegeben hat. Ganz zur Opera Seria gehören die Ouvertüre und Don Giovannis Untergang sowie die Rollen von Donna Anna, dem Komtur und Don Ottavio. Zur Opera Buffa zählen die Rollen von Leporello, Masetto und Zerlina. Donna Elvira hat sowohl etwas von der ernsten als auch der komischen Oper. Don Giovanni selbst singt in vielen verschiedenen Stilebenen, da er sich chamäleonhaft an seine Interaktionspartner anpaßt, aber so auch die Vielschichtigkeit seines Charakters ausdrückt. Das Orchester hat, wie Peter Kairoff ausführt, eine Anzahl verschiedener Rollen. Es evoziert den Text (z.B. Herzklopfen), es illustriert und verstärkt die dramatische Handlung auf der Bühne (führt z.B. Charaktere als buffa oder seria ein), oder aber es kommentiert die Charaktere ironisch (z.B. entlarvt es Leporellos Wunsch, ein Herr sein zu wollen, als Illusion). Kairoff argumentiert:

Mozart endowed his orchestra with an unprecedented richness and descriptive power. In his later operas, and in *Don Giovanni* in particular, abstract musical elements of melody, harmony, rhythm and dynamics can give us as much insight into a character's thoughts and feelings as anything they might sing or do on stage.[25]

Zu dieser Einsicht tragen die Tonarten mit ihren spezifischen Bedeutungsfeldern viel bei, wie Krones gezeigt hat.[26]

2.3 Der Enthusiast und *Don Giovanni*

Wie Mozarts Oper besteht Hoffmanns Erzählung aus zwei symmetrisch angelegten Teilen. Und wie die Oper vereinigt die Erzählung Ernstes und Komisches und enthält eine übersinnliche Dimension. Im ersten Teil mit dem Untertitel »Eine fabelhafte Begebenheit, die sich mit einem reisenden Enthusiasten zugetragen« (H2/1, S. 83) erwacht der Erzähler in seinem Hotelzimmer in einer Provinzstadt durch das Stimmen von Instrumenten. Es stellt sich heraus, daß sein Zimmer direkt mit dem benachbarten Theater verbunden ist, und er hat die Gelegenheit, Mozarts *Don Juan* von einer kleinen privaten Loge aus zu sehen. Während seiner begeisterten Versenkung in die auf italienisch gespielte Oper wird seine Konzentration durch das Gefühl der Anwesenheit einer anderen Person in seiner Loge gestört. Er beschließt, die andere Person zu ignorieren und entdeckt erst in der Pause, daß es sich um Donna Anna handelt – der Sän-

---

24 Henze-Döhring, Opera Seria, Opera Buffa, S. 258.
25 Kairoff, S. 6. Vgl. auch Scher, Da Ponte und Mozart, S. 411-432. Scher unterscheidet drei Vertonungsstrategien Mozarts gegenüber da Pontes Libretto: »Analogie, Subversion und Transzendenz« (S. 426).
26 Vgl. Krones, S. 26-38.

gerin einer der drei weiblichen Rollen in der Oper, die zugleich auf der Bühne und in seiner Loge gewesen zu sein scheint. Der Erzähler hat ein angeregtes Gespräch über die Oper und über das Verhältnis von Komponist-Werk-Sängerin mit ihr auf italienisch, und im zweiten Akt der Oper konzentriert sich seine ganze Aufmerksamkeit auf sie. Die Vorstellung versetzt ihn in die exaltierteste Stimmung, doch in der anschließenden Diskussion der Oper beim Abendessen im Hotel kontrastiert sein Enthusiasmus komisch mit der Kritik der anderen Opernzuschauer. Sie monieren, daß Donna Anna zu leidenschaftlich gespielt wurde und Don Juan zu ernst, doch loben sie die letzte Explosion. Der Erzähler zieht sich, durch solche auf den Knalleffekt abgestellte Ansichten angewidert, in sein Zimmer zurück.

Im zweiten Teil der Erzählung mit dem Untertitel »In der Fremdenloge Nro. 23.« verläßt der Erzähler, scheinbar um Mitternacht von der Stimme« seines Freundes Theodor gerufen, sein Zimmer und kehrt in die Theaterloge zurück, wohin er Tisch, Lichter und Schreibzeug trägt. Punsch wird gebracht. Er versucht, seinem Freund Theodor schriftlich mitzuteilen, wie er die Oper nun versteht. Sein Ausgangspunkt ist das Konstatieren einer Diskrepanz zwischen der Banalität der Handlung und der Sublimität der Musik.[27] Seine Interpretation basiert ausdrücklich einzig auf der »Musik, ohne alle Rücksicht auf den Text« (H2/1, S. 95). Er betrachtet Don Juan als außergewöhnlichen Menschen, »in näherer Verwandtschaft mit dem Göttlichen« (H2/1, S. 92), dessen transzendentale Sehnsucht nach Erfüllung teuflisch fehlgeleitet werde, so daß er sie in sexueller Liebe suche. Da er »das Ideal endlicher Befriedigung« (H2/1, S. 93) nicht finden könne, glaube er, falsch gewählt zu haben und fliehe vom »schönen Weib zum schönern« (H2/1, S. 93). Der Erzähler sieht also Don Juan als Faustische Figur, die nach Vollendung strebt und aus Enttäuschung über die ausbleibende Erfüllung sich gegen gesellschaftliche Normen, Natur und Gott auflehnt.

Donna Anna ist nach Ansicht des Erzählers an natürlichen Begabungen Don Juan gleichgestellt. Seine Deutung kleidet er in die Frage: »Wie, wenn Donna Anna vom Himmel dazu bestimmt gewesen wäre, den Juan in der Liebe, die ihn durch des Satans Künste verdarb, die ihm innewohnende göttliche Natur erkennen zu lassen, und ihn der Verzweiflung seines nichtigen Strebens zu entreißen?« (H2/1, S. 95). Die Donna Anna supponierte Mission des ewig Weiblichen, dem Mann zur Sublimierung zu verhelfen, schlägt jedoch – im Gegensatz zu Gretchens erfolgreicher Erfüllung dieser Aufgabe – fehl, denn Don Juan ist zu einer Veränderung seiner Lebensweise schon nicht mehr fähig. Darüber hinaus präsentiert der Erzähler Anna sowohl als eine Gegen- wie auch eine Parallelfigur zu Gretchen in der doppeldeutigen, negierenden Anspielung auf das göttliche Urteil über Gretchen: »*Nicht* gerettet wurde sie!« (H2/1, S.

---

27 Eine Diskrepanz zwischen der Intention des Librettisten und des Komponisten wird auch neuerdings wieder untersucht. Vgl. Russell, S. 25-44, der den Widerspruch zwischen da Pontes Intention, eine Buffa-Oper zu schreiben, und Mozarts Umsetzung in eine ernste Oper am Beispiel des Endes des ersten Aktes untersucht.

95). Dieses Urteil des Enthusiasten bezieht sich aber nicht auf Donna Annas ewiges Seelenheil, sondern vielmehr auf ihre eigene Darstellung in Szene 13 des 1. Aktes von Don Giovannis Überfall. Ihre Behauptung gegenüber ihrem Verlobten, daß sie Don Giovannis versuchte Vergewaltigung kämpfend habe abwehren können, d.h. daß sie gerettet wurde, wird vom Enthusiasten verneint. Er nimmt nicht nur an, daß der sexuelle Akt vollzogen wurde, sondern auch, daß er in Donna Anna sexuelle Leidenschaft für den Vergewaltiger entzündet habe. Die Musik vermittelt dem Enthusiasten, daß ihre widersprüchlichen Gefühle für Don Juan – leidenschaftliches Begehren und Haß wegen des Verlusts ihrer Ehre und des Todes ihres Vaters – Donna Anna zerreißen. Der Enthusiast sieht ihre unaufhörlichen Forderungen an ihren Verlobten, sie zu rächen, und ihre hartnäckige Verweigerung, ihn in naher Zukunft zu heiraten, als sichtbare Zeichen eines inneren Konfliktes, den sie nicht überleben werde. Wie im ersten Teil der Geschichte erlebt der Erzähler ein übersinnliches Gefühl von Donna Annas Anwesenheit, und die Erinnerung an Mozarts Musik versetzt ihn in exaltierte Stimmung. Und wie in Teil 1 endet der zweite Teil der Erzählung ebenfalls mit einem Gespäch am Eßtisch des Hotels, bei dem die enthusiastischen Ansichten des Erzählers über Kunst und Künstler mit den nüchternen Meinungen der Hotelgäste kontrastieren. Nur ist dieses Mal das Gespäch direkt in dramatischer Form wiedergegeben, während es im 1. Teil durch des Enthusiasten Zusammenfassung vermittelt wurde. Die philiströsen Hotelgäste (benannt als: kluger Mann, Mulatten-Gesicht, Unbedeutender) geben nicht nur einen ironischen Kontrast zum Enthusiasmus des Erzählers ab, sondern sie bestätigen auch unabsichtlich, daß der Erzähler tatsächlich etwas Außerordentliches erlebt hat – eine von Hoffmann gerne verwendete Strategie der schwebenden Bedeutungskonstitution.[28] Denn wie der Erzähler muß auch der Leser/die Leserin die erstaunliche Tatsache deuten, daß laut Schlußwort des klugen Mannes die Sängerin der Donna Anna »heute Morgens Punkt zwei Uhr gestorben« (H2/1, S. 97) ist – war das doch genau der Zeitpunkt, als der Erzähler ihre Anwesenheit in dem leeren Theater olfaktorisch und akustisch gespürt hatte.

2.4 Debatten um Mozart

Über die Frage, ob Donna Anna ihre Ehre an Don Giovanni verloren hat oder nicht, sind die Mozart-Interpreten bis heute zerstritten. Zu den zahlreichen Verteidigern von Donna Annas Unschuld zählen bekannte Mozart-Interpreten mit jeweils sehr unterschiedlichen Argumentationsstrategien.

Hermann Abert bemerkt, daß die mangelnde Liebe Donna Annas für ihren Verlobten und ihre Neigung zu Don Giovanni bei Goldoni und in Glucks Bal-

---

28 Vgl. meine Deutung dieser Strategie in den Elixieren des Teufels in: Schmidt, Narrative Strukturen romantischer Subjektivität, S. 150-154.

lett vorgebildet seien.[29] Er weist diese Lesweise für die Mozartsche Oper jedoch aus zwei Gründen zurück: zum einen, weil sie nicht direkt im Text formuliert sei und es der Art der opera buffa durchaus widerstrebe, »Begebenheiten
von solcher Wichtigkeit den Zuschauer bloß ahnen zu lassen«.[30] Zum zweiten:
»Vor allem aber weiß Mozarts Musik nichts davon. Für ihn ist Donna Anna die
Tochter ihres Vaters, des vornehmen Edelmannes, eine aristokratische Natur,
die ihr Wollen und Empfinden im Gegensatz zu der von ihrer Leidenschaft
völlig besessenen Elvira bei jedem Schritt in der Gewalt hat.«[31] Eine genauere
Analyse der Arien Donna Annas, die diese Behauptung begründen könnte, fehlt
allerdings.

Alfons Rosenberg verteidigt Annas physische Unschuld, während er sie für
psychisch verführt hält. Er meint einerseits, Donna Annas Bericht ihrem Verlobten gegenüber sei Glauben zu schenken, denn »Anna, wahrscheinlich im
Kloster in der strengen Glaubensform der Barockzeit erzogen, wird die Lüge
scheuen«.[32] In dieser Mutmaßung schließt Rosenberg jedoch fälschlich von
historischen Normen zur Entstehungszeit des Don Juan-Mythos auf diejenigen
zu der Zeit, in der da Ponte und Mozart sich des Stoffes annahmen, ohne da
Pontes Text näher zu untersuchen. Andererseits behauptet Rosenberg, Anna
habe zwar Don Giovanni entschieden Widerstand geleistet, doch habe dieser
eine Leidenschaft in ihr entfacht, die sie Ihrem Verlobten nicht eingestehen
könne.[33]

William Mann ergeht sich in Rufmord am Charakter der Donna Anna, ohne
sich um einen Beleg für seine Behauptungen zu kümmern: »Anna is an upper-
class Spanish lady who has etiquette where her feelings and brains should resi-
de« (S. 468).[34] Auf dieser argumentativ so dünnen Basis urteilt er sexistisch: »it
would be beneficial to her personal growing-up if she had been pleasantly
raped by Don Juan (as some writers on Mozart's opera assume, I think
optimistically)«.[35]

Julian Rushton weist Hoffmanns Deutung zurück und hält, ohne sich mit
Text und Musik näher auseinanderzusetzen, Stolz und Sensibilität allein für
ausreichend, um Donna Annas Verhalten zu motivieren.[36]

Diesen Verteidigern von Donna Annas Unschuld ist gemeinsam, daß ihre
Positionen auf einer bestimmten Meinung über den Charakter der Donna Anna
beruhen, die nicht mit einer detaillierten Analyse des Textes oder der Musik
begründet wird.

Die folgenden Mozartinterpreten dagegen argumentieren für die von Hoffmann erstmals vorgebrachte These der vollzogenen sexuellen Handlung zwi-

---

29 Vgl. Hermann Abert, S. 445-446.
30 Ebd. S. 481.
31 Ebd.
32 Rosenberg, S. 271.
33 Vgl. ebd., S. 272.
34 William Mann, S. 468.
35 Ebd., S. 468.
36 Vgl. Rushton, S. 60

schen Donna Anna und Don Giovanni: Alfred Einstein tut zwar Hoffmanns These von Donna Annas heimlicher Liebe für Don Giovanni als Unsinn ab, nimmt aber als selbstverständlich an, daß Sex stattgefunden hat: »In the eighteenth century no one misunderstood this.«[37]

Aloys Greither weist darauf hin, daß Don Giovanni auf Leporellos Vorwurf, die Tochter verführt und den Vater erschlagen zu haben, nur dem zweiten Teil des Vorwurfs widerspricht mit der Antwort, der Alte habe es so gewollt. Leporellos Nachfrage, ob die Tochter es auch so gewollt habe, bleibe dagegen unbeantwortet.[38] Sowohl Annas als auch Don Giovannis Verhalten lassen sich nach Greither nur durch die stattgefundene Verführung erklären. Auch habe Mozart musikalisch angedeutet, »daß Donna Anna, in der Tiefe ihres Herzens, Don Giovanni geliebt hat«.[39]

R. B. Moberley argumentiert sowohl auf der Basis einer detaillierten textlichen als auch musikalischen Analyse, daß Donna Annas Darstellung des nächtlichen Überfalls in Szene 13 unwahr ist.[40] Donna Annas Beschreibung ihrer Befreiung enthalte Worte, die im Italienischen nicht einmal zweideutig seien: »*Vincolarmi*, binding myself; *torcermi*, wriggling; *piegarmi*, submitting. Many editions read *svincolarmi*, which means *un*binding myself. But that does not account for the astonishing *piegarmi*; and in any case the reading in the autograph score is *vincolarmi*, not *svincolarmi*.«[41]

Eine dritte Gruppe von Interpreten hält dafür, daß die Zuschauer nie wissen können, was zwischen Donna Anna und Don Giovanni wirklich passiert ist.[42]

Obwohl die Deutung von Donna Annas Verhältnis zu Don Giovanni heutzutage umstritten ist, war die in *Don Juan* gegebene Interpretation jedoch im 19. Jahrhundert sehr einflußreich, und große Sängerinnen richteten ihre Interpretation der Rolle der Donna Anna danach.[43] Der Übersetzung von Hoffmanns Werk ins Französische folgend, änderte eine Pariser Aufführung von *Don Giovanni* im Jahre 1834 sogar die Oper im Lichte von Hoffmanns Erzählung. Groteskerweise wurde eine Szene eingefügt, in der Don Juan der Beerdigung Donna Annas zusieht. Damit wurde eine bloße Andeutung in Hoffmanns Erzählung über Donna Annas künftiges Schicksal jenseits der Opernhandlung in der Oper selbst szenisch konkretisiert.[44] Angesichts der Tatsache, daß Werktreue für Hoffmann das höchste ästhetische Ideal im Theater und Konzertsaal war, hätte er sich bei dieser durch seine eigene Erzählung motivierten Verzerrung Mozarts wohl im Grabe umgedreht. Vielleicht hätte er aber auch gelacht und zitiert, was er selbst über Glucks Rezeption geschrieben hatte: »aber welche Wahrheit wird nicht mißverstanden, und veranlaßt so die sonderbarsten

---

37 Alfred Einstein, S. 439.
38 Vgl. Greither, S. 117.
39 Ebd. S. 118.
40 Vgl. Moberley, S. 161-162, 166-170, 173-176.
41 Ebd., S. 168-169.
42 Vgl. Gay, S. 75; Hildesheimer, S. 234; Allanbrook, S. 228f.
43 Vgl. Werner-Jensen, S. 218.
44 Vgl. Henze-Döhring, S. 42-47.

Mißgriffe! Welche Meisterwerke erzeugten nicht in blinder Nachahmerei die lächerlichsten Produkte!«[45]

Während jedoch die Verführungsthese in Hoffmanns Erzählung historisch große Wirkung hatte und noch heute umstritten ist, hat der andere Hauptpunkt von Hoffmanns Erzählung, nämlich Don Giovannis Faustisches Streben, zwar von Goethe indirekte Unterstützung erfahren,[46] wird aber von heutigen Musikwissenschaftler und Musikwissenschaftlerinnen fast einhellig zurückgewiesen. Das stellt Literaturwissenschaftler und Literaturwissenschaftlerinnen in einem Klima, in dem es als avantgardistisch gilt, in literarischen Texten eine Antizipation heutiger Theoreme zu erkennen, vor ein Problem: Wie kann man als Interpret theoretisch auf dem neuesten Stand sein, wenn der Text veraltete Ansichten befördert? Wenn er sogar faktische Fehler enthält? Nun, ganz ohne Boden ist die Interpretation des Enthusiasten nicht. Im folgenden werde ich das Libretto da Pontes auf die Aspekte des Textes hin untersuchen, die die Thesen des Enthusiasten unterstützen. Sodann werde ich musikalische Belege für die Interpretation des Enthusiasten der Charaktere von Donna Anna und Don Giovanni erörtern.

2.5 Was hat Donna Anna gewollt?

Die Verführungshypothese ist im Libretto der Oper bereits im Keim angelegt. Im ersten Duett von Donna Anna und Don Giovanni in I.1 setzt Donna Anna ihr Leben gegen die Flucht des maskierten Mannes ein: »Non sperar, se non m'uccidi,/ch'io ti lasci fuggir mai.« (M, S. 33f.: »Hoffe nicht, wenn Du mich nicht tötest,/ daß ich Dich von mir entfliehen lasse.«). Gründe für ihr leidenschaftliches Festhalten an Don Giovanni werden nicht genannt, doch kann es durch den Wunsch nach Bestrafung für Don Giovannis Vergehen ebenso wie durch Liebe für ihn motiviert sein. Daß Donna Anna beim Erscheinen ihres Vaters von Don Giovanni abläßt, ließe sich auch mit der letzteren Hypothese erklären.

In I.2 säen zwei Bemerkungen Leporellos, die Don Giovanni unbeantwortet läßt, Zweifel im Hörer hinsichtlich dessen, was vorgefallen ist. Zum einen stellt Leporello die Verführung Donna Annas durch Don Giovanni als Fakt dar: »sforzar la figlia, ed ammazzar il padre« (M, S. 45: »die Tochter verführen (oder: es mit der Tochter treiben; das Verb *sforzar* enthält den Stamm *forza* ›Gewalt‹) und den Vater töten«). Don Giovanni reagiert nur auf den zweiten Teil der Anschuldigung, läßt also implizit die Verführung der Tochter als Tatsache gelten. Überdies greift Leporello Don Giovannis Entschuldigung, der Vater habe es so gewollt, in der Bemerkung auf: »Ma Donn' Anna: cosa ha

---

45 Hoffmann, Über einen Ausspruch Sachini's, und über den sogenannten Effekt in der Musik, in: H2/1, S. 438-447; hier: S. 441.

46 Vgl. Goethe, der zu Eckermann sagte: »Mozart hätte den Faust komponieren müssen« und die Musik »müßte im Charakter des Don Juan sein« (Eckermann, S. 313).

voluto?« (M, S. 45: »Aber Donna Anna, was hat sie gewollt?«). Wiederum läßt Don Giovanni diese Donna Anna betreffende Bemerkung Leporellos unbeantwortet. Die Frage, ob Don Giovanni mit Donna Anna Sex gehabt hat und ob Donna Anna sich dabei in ihn verliebt hat, ist also von Anfang an im Libretto deutlich als Rätsel angelegt. Hoffmanns Erzählung spürt dieses Rätsel auf und versucht, vor allem in der Musik dafür eine Antwort zu finden.

Als Donna Anna desorientiert aus ihrer Ohnmacht beim Leichnam ihres Vaters erwacht, fordert sie einen grausamen Mann zur Flucht auf. Annas Worte in I.3, »Fuggi, crudele, fuggi!« (M, S. 52: »Flieh, Grausamer, flieh!«), sind scheinbar an Don Ottavio gerichtet. Doch als Don Ottavio ihrer Apostrophe als »grausam« mit einer Beteuerung seiner Liebe widerspricht und sie auffordert, ihn anzusehen, bestätigt Donna Anna seine Identität mit »Tu sei« (M, S. 52: »Du bist es«). Sie entschuldigt ihren ungerechten Ausbruch mit dem Schmerz um den Tod ihres Vaters. Jedoch lassen sich ihre Worte nicht nur als Anerkennung von Don Ottavio als liebenden Verlobten verstehen, sondern auch als Bestätigung seiner Identität als Don Ottavio überhaupt. Denn Donna Anna hatte Don Giovanni bei seinem Eindringen in ihr Zimmer zunächst für Don Ottavio gehalten, wie sie später ihrem Verlobten gesteht (vgl. M, S. 138f.). Das läßt vermuten, daß sie in dieser Szene in einer Art Geistesverwirrung nämlich gar nicht dem sanften Don Ottavio Grausamkeit vorwirft, sondern wie in der früheren Szene ihren Verlobten mit Don Giovanni verwechselt hat. Letzteres wird darüber hinaus thematisch durch das Aufgreifen des Topos Flucht aus ihrem Duett mit Don Giovanni und durch die primär mit Don Giovanni konnotierte Bezeichnung »crudele« nahegelegt (die auch Donna Elvira wiederholt auf Don Giovanni anwendet). Die Koexistenz von moralischer Verdammung und der auf ein und dieselbe Person bezogenen Aufforderung zur Flucht (in der sich auch ein Wunsch nach Sicherheit für die betreffende Person manifestieren kann), deutet auf Donna Annas widersprüchliche Gefühle für Don Giovanni.

2.6 Musikalische Manifestationen von Donna Annas widersprüchlichen Empfindungen und Don Giovannis komplexem Charakter

Obwohl die Oper den Untertitel »Dramma giocoso« trägt, steht *Don Giovanni* sowohl in der Buffa- als auch Seria-Tradition. Stefan Kunze hebt hervor, daß *Don Giovanni* sich von *Le nozze di Figaro* und der Komödie schlechthin durch das *pathos* unterscheide,

das Leid, von dem das Werk bis in die letzten Fasern seiner musikalischen Substanz durchtränkt ist. Nicht nur Trauer, Todesnähe, Schmerz: [...] das Leid des Don Giovanni ist glühendes, unstillbares und beherrschendes Leid. Der Schmerz bricht gewaltig, verzehrend auf wie aus einer offenen Wunde. Und das ganze Werk steht von Anfang an unter dem Zeichen des Todes und tödlicher Verstrickung. Es geht stets um Leben und Tod – bei allen Beteiligten.[47]

---

47 Stefan Kunze, Mozarts Opern, S. 319.

Als Beweis für Mozarts Präokkupation mit dem Tragischen in dieser Oper nennen Musikologen vor allem die Ouvertüre[48] und die Rolle der Donna Anna. Die Rolle der Donna Anna, laut Heartz »the greatest seria role in all Mozart«,[49] wird, im Gegensatz zu ihrer Darstellung in der Vorlage von Bertati und Gazzaniga, als treibende Kraft, die das Werk zusammenhält, über die ganze Oper ausgedehnt.[50] Heartz argumentiert: »Mozart envisaged Anna's grief as the mainspring of the entire work«.[51]

Wolfgang Hildesheimer beurteilt die Ausdruckskraft ihrer Musik als so viel stärker als die Überzeugungskraft ihrer Worte, »daß wir ihr schließlich ein anderes Movens unterschieben müssen als bloß den Schmerz über den Verlust des Vaters – nämlich eben, daß sie seinem Mörder, ihrem Verführer, verfallen ist«.[52] Hildesheimer hebt hervor, daß unsere Erfahrung der Oper nicht einfach passiv ist, sondern daß wir aktiv nach Motiven für das Verhalten der Charaktere suchen:

Die überragende Qualität der Musik liegt in der Vieldeutigkeit ihrer Suggestion; wenn wir uns also fragen, wie diese Musik wäre, wenn Mozart bewußt Donna Annas Leidenschaft für Don Giovanni hätte darstellen wollen, so kommen wir zu dem Schluß: Sie wäre, wie sie ist. Deutung der Aktionsmotive kennt Mozarts dramatische Musik nicht, sie untermalt nicht, sie folgt nicht dem Text, sondern gebietet ihm und führt ihn auf jene Ebene der in Musik übersetzten Parabel für das Leben.[53]

Stefan Kunze beschreibt den musikalischen Ausdruck des Schmerzes, den Donna Anna beim Anblick des Leichnams ihres Vaters erlebt, mit höchster Intensität:

Dann mitten im Satz fällt Donna Annas Blick auf die Leiche des Vaters, und in diesem Augenblick verwandelt sich der Baßton g des Rezitativs in ein dröhnendes Unisono der Hörner und Fagotte, dessen Kern ein vibrierendes Tremolo der Violen ist. Dieser einfallende Beginn, sodann die gewaltig und schneidend ausgreifenden Halbtonschritte eines übermächtigen und aufregenden Jammers sind wie eine Signatur des Werks [...]. Donna Anna durchlebt Welten des Schmerzes, bis die Kräfte sie verlassen, sie ohnmächtig niedersinkt, ein Vorgang, den eine unendlich eindringliche, sprechende Geste der ersten Violinen (T. 37 ff.) musikalisch verkörpert. [...] Aus der Klage um den Vater, aus dem Todeswunsch und der Verzweiflung erhebt sich in herrischer Gebärde das Duett »Fuggi, crudele, fuggi«. Der Boden der D-moll-Tonart wird nach der Ouvertüre und Introduktion (Zweikampf, T. 160) erneut erreicht. Der zweimal vorgezogene Abtakt (»Fuggi...« und »lascia...«) – es handelt sich nicht etwa um einen verlängerten Auftakt – läßt Donna Annas tätige Energie, die aus Verzweiflung wächst, zutage treten. Melodischer Kern dieser zupackenden Verzweiflung ist das fallende Quartintervall (d''-a'), das die Ouvertüre monumental eröffnete. Hier nun verkörpert es Donna Annas Antwort auf das Geschehene. Aber ihr kraftvoll und leidenschaftlich vorwärtsdrängender Impuls wird sogleich gebrochen – mit dem letzten Vers ihrer vierzeiligen Strophe (»Chi a me la vita diè«): wie

---

48 Vgl. Heartz, S. 175.
49 Ebd., S. 200.
50 Vgl. ebd., S. 202.
51 Ebd., S. 172. Allerdings sieht Heartz Donna Anna nicht als Verführte (vgl. Heartz, S. 207).
52 Hildesheimer, S. 233-234.
53 Ebd., S. 236-237.

von Seufzern unterbrochener Deklamationsfluß, Orchester und Singstimme treten auseinander, im Orchester subito piano und unstillbar bewegte Achtelgänge in den zweiten Geigen, die übrigens in der nachkomponierten Arie der Elvira wiederkehren und sich wie ein Netz von Schmerz um die Person legen [...].[54]

Als Donna Anna in I.13 ihrem Verlobten endlich Einzelheiten von Don Giovannis nächtlichem Überfall erzählt, ist ihre Wortwahl für ihre Befreiung aus Don Giovannis Umarmung, »svincolarmi, torcermi e piegarmi« (M, S. 140: »mich losbindend, windend und biegend«), äußerst vielsagend. Denn *torcermi* (mich windend) ist eine Bewegung, die sowohl in den Kontext von Befreiung aus einer feindlichen Umklammerung als auch in einen sexuellen Kontext paßt. Darüber hinaus hat *piegarmi* (mich biegend) auch die Bedeutung von sich unterwerfen, sich fügen, sich beugen, aufgeben, erliegen – also eindeutig sexuelle Konnotationen. Mozart verstärkt die zweideutigen Worte da Pontes, die vorgeblich Donna Annas Befreiungsakt aus Don Giovannis Umarmung beschreiben, mit einer Musik, die sexuelle Extase evoziert. Donna Annas Worte werden besonders hervorgehoben durch das Schweigen des Orchesters. In den Pausen zwischen Donna Annas drei Phrasen geben die Streicher Annas Gefühlen Ausdruck: die ersten Violinen vermitteln durch die dreimal wiederholte, forte gespielte und in Glissandi aufsteigende Sexte c"-a", unterstützt von der ebenfalls in Glissandi aufsteigenden Terz a'-c" in den zweiten Violinen, das erotische Anschwellen ihrer Erregung. Wenn die ersten Violinen Donna Annas »piegarmi« nicht nur durch die aufsteigende Sexte kommentieren, sondern ihr ein tiefer Sturz a"-c' (und in den zweiten Violinen c"-a) folgt, dann spricht sich darin erfüllte orgiastische Entspannung aus.

Wolfgang Hildesheimer hört aus Donna Annas Bericht über Don Giovannis Anwesenheit in ihrem Schlafzimmer in dem verräterischen Rezitativ »Don Ottavio, son morta!« (M, S. 136: Don Ottavio, ich sterbe!«), daß sie

mit ebenso objektiv atemberaubender wie subjektiv atemloser deklamatorischer Bravoura vier Molltonarten durchläuft, wie auf der Suche nach einer Tonart, in der das Schrecklich-Wunderbare auszudrücken wäre, und doch alles geflüstert, als wolle sie nicht nur ihrem Don Ottavio, sondern auch sich selbst gegenüber das Wesentliche verschweigen, was sie wohl auch tut [...]. Donna Annas musikalisches Gebaren also, eingeleitet von dem jähen c-Moll-Akkord der Blechbläser, unterstützt von dem suggestiven Stringendo der Streicher in aufsteigenden Terzen, scheint uns den großen erlebten Schicksalsmoment zu verraten, den sie so gern festgehalten hätte, wie sie anfangs den Verführer so kräftig am Ärmel festhält, daß dieser sich seltsamerweise nicht losreißen kann.[55]

Doch obwohl Hildesheimer in Donna Anna ein Monodrama der Seele gestaltet sieht, das ihn immer wieder auf ihre Gefühle für Don Giovanni schließen läßt, kommt er zu dem Ergebnis, daß Donna Anna den Zuschauer zu einem Ratespiel verführt, das »ergiebig im Raten, unergiebig in den Möglichkeiten der Lösung« ist.[56]

---

54 Stefan Kunze, Mozarts Opern, S. 399-401.
55 Hildesheimer, S. 234.
56 Ebd.

Auch andere Arien Donna Annas faszinieren Musikkritiker mit ihrer Suggestionskraft. So weist Sabine Henze-Döhring darauf hin, daß in »Non mi dir« in II.13 (M, S. 384-392: »Sage mir nicht«) kontrastierende Motive Donna Annas inneren Konflikt zum Ausdruck bringen.[57]

Daß die auf Don Giovanni und Donna Anna konzentrierte Interpretation des Enthusiasten durchaus Wesentliches trifft, bestätigt Kunze, wenn er das Werk bestimmt sieht »durch eine extreme Polarisierung, durch zwei Personen, die Kraft und Gegenkraft repräsentieren«.[58]

Auch in seinem Verständnis des Protagonisten Don Giovanni klingt bei Kunze deutlich die Interpretation in Hoffmanns *Don Juan* an:

Don Giovanni ist ebensowenig positiver wie negativer Held. Seine Taten sind zwar Untaten, doch ist er (in Mozarts Werk wenigstens) weder der Bösewicht, nicht vergleichbar mit Verdis Jago, mit Webers Kaspar, noch der strahlende, aber vom Unglück verfolgte Opernheld des 19. Jahrhunderts. Don Giovanni nimmt für sich ein, seine glänzende Erscheinung ist ausgestattet mit allen Vorzügen der Natur. Seine Taten, mit denen er die Fundamente jeglicher sozialer, mitmenschlicher Beziehungen untergräbt, sind untrennbar mit den Vorzügen seiner Persönlichkeit verbunden. Don Giovanni steht jenseits des letztlich klassizistischen, eindeutigen Rollenschemas in der Oper seria, jedoch auch jenseits der zur Eindeutigkeit tendierenden Rollentypen der Oper im 19. Jahrhundert.[59]

Des weiteren kommt Charles Russell in seinem Versuch, da Pontes komische Intention in der Darstellung des Helden mit Mozarts heroischer, vielleicht sogar tragischer musikalischer Umsetzung des Wesens von Don Giovanni zu kontrastieren, zu dem Ergebnis, daß das Finale des ersten Aktes wurde, »what I think Mozart intended it to be all along, an earnest struggle between good and evil«.[60] Denn Don Giovanni dominiere in der Konfrontation mit seinen Verfolgern schließlich im Solo musikalisch und werde als heroisch und kühn dargestellt.[61] Damit nähert sich Russell in der Interpretation dieser Einzelszene an die Sicht des Enthusiasten von Don Giovanni, nämlich als Charakter mit edlen Anlagen, die aber fehlgeleitet werden.

Auch die Einschätzung des Enthusiasten von Don Ottavio als unmännlich wird von manchen Musikologen und Musikologinnen gestützt. So meint Heartz, daß über Don Ottavio etwas von der jüngsten musikgeschichtlichen Vergangenheit schwebe, in der Kastraten die Rolle von edlen Liebhabern sangen: »Not that he is effete; he is merely ineffectual. Having no decisive role in the outcome of the drama, he is made to exist solely at the whim of Anna (›on her peace depends my own‹)«.[62]

---

57 Vgl. Henze-Döhring, Opera Seria, Opera Buffa, S. 227f.
58 Stefan Kunze, Mozarts Opern, S. 322.
59 Ebd., S. 324.
60 Russell, S. 35.
61 Vgl. ebd., S. 33. Vgl. auch Steptoe, der auf das Chamäleonhafte in Don Giovannis musikalischem Charakter verweist, doch betont, daß dieser »by no means negative« (Steptoe, S. 203) sei, sondern daß sein heroischer Aspekt in der Szene mit dem steinernen Gast kulminiere in »the titanic battle between opposing moral powers« (Steptoe, S. 204).
62 Heartz, S. 203.

2.7 Werkkontext

Der Niederschrift dieser am 24. September 1812 vollendeten Erzählung ging unmittelbar die Zeit voraus, als Hoffmann der Liebe zu seiner Gesangsschülerin Julia Marc entsagen mußte, weil das 16jährige Mädchen an den Kaufmann Gröpel verheiratet werden sollte. Nachdem Hoffmann auf einem gemeinsamen Ausflug am 7. September 1812 gegenüber dem betrunkenen Verlobten Gröpel ausfällig geworden war, erhielt er sogar Hausverbot von Julias Mutter. Das Julia-Erlebnis fand seinen Niederschlag in zahlreichen Texten Hoffmanns, die das Thema von fehlender Liebeserfüllung unter dem Aspekt ihrer Bedeutung für einen Künstler behandeln. *Don Juan* war der erste Text, den Hoffmann nach dieser Frustration seines Begehrens schrieb, noch vor der diese Erfahrung direkter thematisierenden Erzählung *Nachrichten von den neuesten Schicksalen des Hundes Berganza,*[63] die erst im Februar und März 1813 niedergeschrieben wurde. *Don Juan* präfiguriert in der Interpretation von Mozarts Oper als Drama des verfehlten Strebens nach Transzendenz den Konflikt zwischen Transzendenz und Sinnlichkeit, den Hoffmann in den Künstlerfiguren von späteren Texten bis 1816 durchspielt: etwa im *Goldenen Topf,*[64] in der in Kapitel 3 diskutierten Erzählung *Die Abenteuer der Sylvester-Nacht*[65] sowie den in unmittelbarer zeitlicher Nachbarschaft (nämlich Anfang 1815) verfaßten Erzählungen *Die Fermate*[66] und *Der Artushof*[67] ebenso wie in der im August 1816 abgeschlossenen *Die Jesuiterkirche in G.*[68] Verschoben vom künstlerischen in den religiösen Bereich, prägt dieser Konflikt auch den Ich-Erzähler Medardus in den zwischen 1814 und Ende 1815 verfaßten *Elixieren des Teufels.* Aurelies Deutung ihrer Beziehung zu Medardus, die sie unmittelbar vor ihrem Tode als letzte Einsicht mitteilt, klingt wie ein Echo der oben zitierten Interpretation des Enthusiasten von der Konstellation Donna Anna–Don Juan in Mozarts Oper. Aurelie sagt:

Ein besonderer Ratschluß des Ewigen hatte uns bestimmt, schwere Verbrechen unseres frevelichen Stammes zu sühnen, und so vereinigte uns das Band der Liebe, die nur über den Sternen thront und die nichts gemein hat, mit irdischer Lust. Aber dem listigen Feinde gelang es, die tiefe Bedeutung unserer Liebe uns zu verhüllen, ja uns auf entsetzliche Weise zu verlocken, daß wir das himmlische nur deuten konnten auf irdische Weise.[69]

Don Juan hängt überdies eng mit Hoffmanns eigenem musikalischen Schaffen zusammen, denn vom Spätsommer 1812 an plante Hoffmann in Korrespondenz mit seinem Librettisten Friedrich de la Motte-Fouqué seine eigene Oper *Undine.* Auch in *Undine* führt die sinnliche Liebe in die irdische Katastrophe, die

---

63 Hoffmann, Nachrichten von den neuesten Schicksalen des Hundes Berganza, in: H2/1, S. 101-177.

64 Hoffmann, Der goldene Topf, in: H2/1, S. 229-321.

65 Ders., Die Abenteuer der Sylvester-Nacht, in: H2/1, S. 325-359.

66 Ders., Die Fermate, in: H4, S.71-94.

67 Ders., Der Artushof, in: H4, S. 177-206.

68 Ders., Die Jesuiterkirche in G., in: H3, S. 110-140.

69 Ders., Die Elixiere des Teufels, in: H2/2, S. 343-344.

durch die Verklärung der transzendenten Vereinigung von Undine und Huld-brand überstrahlt wird. Nach dem Liebestod beginnt der Schlußchor mit den Worten: »Reines Minnen/Holdes Sehnen« und endet mit Entsagung: »Gute Nacht/Aller Erdensorg' und Pracht.«[70]

2.8 Der kulturelle Kontext von Mozarts *Don Giovanni* zur Zeit Hoffmanns

Mein Unternehmen, die musikalische Praxis von *Don Giovanni*-Aufführungen als konstitutiv für das Verständnis der Erzählung zu postulieren, würde mir von Albert Meier den Vorwurf eintragen, nur »stofflich« zu verfahren. Indem er auf eine Unterscheidung rekurriert, die Hoffmann selbst zwischen dem »Stoff« und dem »höhere[n] Geist« eines Kunstwerkes vornahm,[71] relegiert Meier alles, was die Erzählung über Mozarts Oper zu sagen hat, in die Sphäre des bloßen Stof-fes. Er nimmt an, daß der Geist der Erzählung allein in der narrativen Struktur liegt, die er als »Aggregat von Appellen [...], die im Gemüt des Lesers eine metaphysisch-ästhetisch begründete Wirkung hervorrufen«,[72] betrachtet. Abge-sehen davon, daß es mir zweifelhaft erscheint, daß Hoffmann ein Aggregat von Appellen meint, wenn er vom höheren Geist eines Kunstwerkes spricht, sehe ich in der Reduktion des musikalischen Themas der Erzählung auf den Status bloßen Stoffes eine zu große Vernachlässigung von Produktionsästhetik zu-gunsten einer ahistorischen Wirkungsästhetik. Denn schließlich hat Hoffmann diese Erzählung nicht zuerst einem Publikum präsentiert, das er romantischen Schocks aussetzen wollte, sondern den Lesern einer hochangesehenen musika-lischen Fachzeitschrift. Die Annahme, daß Musik den Intentionen des Textes, der eine Opernaufführung behandelt, peripher sei, entbehrt der Überzeugungs-kraft.

Tatsächlich indiziert bereits der Titel, daß Hoffmanns Erzählung eng mit den musikalischen Diskursen seiner Zeit verbunden ist. Denn die Erzählung heißt nicht *Don Giovanni* wie Mozarts Oper, sondern *Don Juan*. David E. Wellbery schließt daraus, daß dies ein Hinweis auf den berühmten Hoffmannschen Dop-pelgänger sei:

Why else, in a text that so emphasizes the use of Italian, refer to Mozart's Don Giovanni by his Spanish name if not to indicate a certain duplicity, or doubling, of the character? And why else, in a text where the narrator is the central figure, select the title »Don Juan« if not to indicate an affinity between the Spaniard and the writer-protagonist? Don Juan is, quite simply, the narrator's double; the narrator is Don Juan.[73]

---

70 Motte Fouqué, Undine. Eine Zauber Oper in drei Aufzügen, in: H2/2, S. 467-518; hier: S. 518.
71 Vgl. Hoffmann, Über einen Ausspruch Sachini's, und über den sogenannten Effekt in der Musik, in: H2/1, S. 438-447; hier S. 441.
72 Albert Meier, S. 524.
73 Wellbery, S. 466.

Doch trotz der Eleganz von Wellberys rhetorischem Gleiten von Vermutung zu
Gewißheit erlaubt der Titel ganz andere Schlußfolgerungen. Vor allen Dingen
weist er nämlich auf die Tatsache, daß seit 1789 Mozarts Oper in Deutschland
fast ausschließlich in deutscher Übersetzung aufgeführt wurde und zwar überwiegend mit der spanischen Variante seines Namens für den Protagonisten. In
seinem Standardwerk *Wandlungen in den Inszenierungsformen des »Don Giovanni« von 1787 bis 1928* listet Christof Bitter 17 verschiedene Übersetzungen
ins Deutsche allein für die Zeit von 1789 bis 1801 auf.[74] Die erste stammt von
Beethovens Lehrer Christian Gottlob Neefe[75] mit dem Titel *Don Juan, der
bestrafte Wüstling oder Der Krug geht so lange zu Wasser bis er bricht* und der
Gattungsbezeichnung »Eyn Singspiel«. Seine Tendenz zur Burleske läßt sich
an der Umbenennung von Don Giovanni in »Hans Schwänkereich« und von
Leporello in »Fickfack« ablesen. Bitter hat gezeigt, daß die deutschen Aufführungen der Oper diese entscheidend veränderten. Der Tradition des Singspiels
folgend, werden die Rezitative als gesprochene Dialoge gegeben. Überdies
werden Szenen aus Molière hinzugefügt,[76] die Bitter als Beispiele dafür auffaßt,
daß das Drama in die Oper eindringt und die Handlung über die Musik dominiert. Die Oper wird neu strukturiert in vier statt zwei Akte.[77] Der Protagonist
wird moralisch erniedrigt durch die Zurschaustellung banaler Laster wie Scha-
denfreude: Don Giovannis Text »Ah... già cade il sciagurato...« (M, S. 42f.:
»Ah... dort liegt der Unglückliche...«) wird übersetzt als »Ha, er stürzet und ich
lache«.[78] In der ersten Berliner Aufführung von 1790 verkleidet sich Don Juan
sogar als Einsiedler und predigt Don Ottavio Vergebung, bevor er ihn ermordet
– eine Handlungsänderung, die scheinbar für längere Zeit Teil der Berliner
Aufführungen von Mozarts Oper bleibt, denn sie wird in einer Rezension der
Allgemeinen musikalischen Zeitung 1803 erwähnt.[79] In der Pariser Aufführung
von 1805 bekommen Elvira und Don Juan Arien von Donna Anna und Don
Ottavio zu singen, um ihre Position zu stärken; Musik wird gestrichen, hinzugefügt und umgestellt, ein Chor tritt neben die Solostimmen, Ballett wird hinzugefügt.[80] Arien werden wie musikalische Nummern behandelt statt als Mittel
der Charakterisierung. So singt Leporello in Berliner Aufführungen Don Giovannis berühmte Champagnerarie.[81] Die allgemeine Tendenz geht dahin, Musik
als Zentrum der Aufführung durch Slapstick-Komödie zu ersetzen, zum Beispiel durch das Hinzufügen von Teufeln in der vorletzten Szene (die sogar bis

---

74 Bitter, S. 146. Vgl. zur Aufführungspraxis auch Salmen: Der Don Giovanni – ein opus absolutum.
75 Während Bitter das Datum von Neefes Übersetzung auf S. 146 mit 1789 angibt, nennt er in Anmerkung 2 zu Kapitel 3, S. 84 1788 als das Entstehungsjahr.
76 Vgl. Bitter, S. 71.
77 Vgl. ebd., S. 73.
78 Vgl. ebd., S. 74.
79 Vgl. ebd., S. 76. Vgl. auch die Rezension der Aufführung in Allgemeine Musikalische Zeitung
34 (18.5.1803), Spalte 574-576.
80 Vgl. die Rezension der Pariser Aufführung in Allgemeine Musikalische Zeitung 3 (16.10.1805),
Spalte 33-43.
81 Vgl. Bitter, S. 77-78.

in die idealisierte Aufführung in Hoffmanns Erzählung hinein überlebt haben). Sie jagen Don Juan in seinem Zimmer herum, reißen ihn in die Hölle hinab und werfen ihn in das feurige Maul eines Drachens – all dies zu einer Wiederholung des Allegros.[82] Bitter beurteilt die Veränderungen, die in den ersten 12 Jahren an Mozarts Oper vorgenommen wurden, als Teil der »Eroberung des Musiktheaters durch das Bürgertum«.[83] Da das Musiktheater eine höfische Kunstform geblieben war, als das Bürgertum bereits das Drama erobert hatte, änderten neue Produktionen Mozarts Oper ethisch und ästhetisch den Normen des bürgerlichen Dramas gemäß. Von dessen zentralem Konflikt zwischen dem Laster des Adels und der Tugend des Bürgertums wird ein Pol in Don-Juan-Aufführungen eingeführt: Don Juan wird verändert von einer Gestalt, die den gesellschaftlichen und göttlichen Verhaltensnormen nicht folgt, zu einer Gestalt mit bösem, niedrigem Charakter. Ästhetisch dominiert die Handlung über die Musik. Bitter urteilt:

Die Elemente der Musik, des Dramas und der Schauspielkunst werden noch nicht in eine Einheit gezwungen. Noch herrscht das Vorbild, das Drama, und die Musik und die ungezügelte Darstellung ranken sich lose herum. So entschleiert sich der Wandel vom Don Giovanni zum Don Juan als ein Weg zum bürgerlichen Musiktheater, dessen Ausgangspunkt das bereits geformte bürgerliche Drama ist. Aber noch ist erst ein Teil verwirklicht – Don Juan als Verbrecher steht noch isoliert, die Gegenkraft fehlt noch –, Wort und Ton stehen noch unvermittelt nebeneinander. Das neue Jahrhundert wird erst die Lösung bringen.[84]

2.9 Rochlitz' *Don Giovanni*-Übersetzung

Am Beginn des neuen Jahrhunderts steht eine Übersetzung, die im Gegensatz zu ihren vielen Vorgängerinnen die deutschen Aufführungen der Oper für lange Zeit, nämlich fast ganz durch das 19. Jahrhundert hindurch, beherrschen soll: Friedrich Rochlitz, der Herausgeber der Leipziger *Allgemeinen Musikalischen Zeitung* (AMZ) fügt der von Breitkopf und Härtel 1801 veröffentlichten Partitur der Oper eine deutsche Übersetzung bei.[85] Rochlitz gibt den Titel als *Don Juan oder Der steinerne Gast*. Rochlitz hatte Mozart persönlich kennengelernt und war ein Mozartverehrer, der durch eine lockere Reihe von biographischen Anekdoten über Mozart in seiner Zeitschrift zur Mozarttradition beitrug und regelmäßig Rezensionen von Aufführungen von Mozarts Musik in der AMZ Platz gab.[86] In Beziehung zu Hoffmann zu der Zeit, als dieser *Don Juan*

---

82 Vgl. ebd., S. 80-81.

83 Ebd., S. 82.

84 Ebd., S. 83.

85 Rochlitz, Don Juan oder Der steinerne Gast. Seitenangaben aus dieser Übersetzung erscheinen im Text in Klammern nach der Sigle R.

86 Vgl. Rochlitz, Verbürgte Anekdoten aus Wolfgang Gottlieb Mozarts Leben, ein Beytrag zur richtigen Kenntnis dieses Mannes, als Mensch und Künstler, in: Allgemeine Musikalische Zeitung 2 (10.10.1798), Spalte 17-24; 4 (24.10.1798), Spalte 49-55; 6 (7.11.1798), Spalte 81-86; 8 (21.11.1798), Spalte 113-117; 10 (5.12.1798), Spalte 145-152; 12 (19.12.1798), Spalte 177-180. Vgl. auch Rochlitz,

schrieb, war Rochlitz in der machtvollen Position desjenigen, der darüber entscheiden konnte, die Arbeit eines Menschen, der sich in der musikalischen Welt einen Namen machen wollte, zu veröffentlichen oder abzulehnen.

Rochlitz und Hoffmann teilten eine Vorliebe für die gleichen Komponisten, aber wie wir an der Veröffentlichungsgeschichte von *Ritter Gluck* in Kapitel 1 gesehen haben, waren ihre Ansichten über die Aufführung von Werken ihrer Lieblingskomponisten keineswegs ähnlich. Hoffmanns schärfste Kritik an der Art und Weise des Berliner Kapellmeisters Bernhard Anselm Weber, Gluck zu dirigieren, fiel bekanntlich Rochlitz' editorischem Rotstift zum Opfer. Der Fall von *Don Juan* liegt noch ungleich delikater. Denn meine These ist, daß Hoffmann in seiner Erzählung eine Gegeninterpretation zu der in Rochlitz' Übersetzung enthaltenen Lesweise der Oper gibt. Doch im Gewande des Phantastischen verbirgt er seinen Unmut über die verbreiteten Vorstellungen der Oper in Rochlitz' Übersetzung so erfolgreich, daß der Herausgeber den Stachel nicht spürte und die Geschichte sofort veröffentlichte. In diesem Sinne halte ich die Erzählung für einen Palimpsest, der Rochlitz' Version des Librettos zu überschreiben sucht.

2.9.1 *Don Juan* als Palimpsest von Rochlitz' Übersetzung

Um Rochlitz die bittere Pille zu versüßen, macht Hoffmann zwei Verbeugungen vor ihm: 1) Die Erzählung behält den Titel der Oper so bei, wie er seit 1789, vor allem aber seit Rochlitz' einflußreicher Übersetzung in der deutschen Musikkultur etabliert war, und wie er, mit nur ein oder zwei Ausnahmen,[87] stets in der AMZ erscheint, statt zu Mozarts Originaltitel zurückzugehen. 2) Hoffmanns Erzähler beruft sich in seiner Interpretation auf Mozarts Musik unter expliziter Vernachlässigung des Librettos (vgl. H2/1, S. 92 und 95). Damit aber greift er Rochlitz' eigene Rechtfertigung für seine freie Bearbeitung der Rezitative auf. In seiner »Vorerinnerung« zu dem (einem Teil der Auflage im Anhang an die Partitur abgedruckten) deutschen Text entschuldigt sich Rochlitz nämlich nicht nur für seine holprigen Verse, sondern gesteht darüber hinaus weitgehende Veränderungen ein:

Einige Anekdoten aus Mozarts Leben, von seiner hinterlassenen Gattin uns mitgetheilt, in: Allgemeine Musikalische Zeitung 19 (6.2.1799), Spalte 289-291. Weitere Mozart-Anekdoten in: Allgemeine Musikalische Zeitung 30 (24.4.1799), Spalte 480; 50 (11.9.1799), Spalte 854-856; 17 (22.1.1800), Spalte 300-301; 26 (25.3.1801), Spalte 450-452; 29 (15.4.1801), Spalte 493-497; 35 (27.5.1801), Spalte 590-596. Vgl. auch Rochlitz, Raphael und Mozart, in: Allgemeine Musikalische Zeitung 37 (11.6.1800), Spalte 641-651. Vgl. Rezensionen von Aufführungen und Werken Mozarts in: Allgemeine Musikalische Zeitung 3 (15.10.1800), Spalte 41-54; 23 (4.3.1801), Spalte 389-401; 29 (15.4.1801), Spalte 497-498; 51 (16.9.1801) Spalte 837-838; 34 (18.5.1803), Spalte 574-576; 26 (28.3.1804), Spalte 421-424; 3 (16.10.1805), Spalte 33-43; 13 (23.12.1807), Spalte 200-202; 44 (27.7.1808), Spalte 701-702; 43 (26.7.1809), Spalte 684-685 und Spalte 687; 7 (15.11.1809), Spalte 110-111; 32 (7.8.1811) Spalte 543-544.

87 Vgl. die seltene Bezeichnung Don Giovanni in der AMZ 29 (19.4.1809), Spalte 449 und 32 (9.5.1810), Spalte 506.

Allein zu tragen habe ich aber, dass ich zuweilen von dem Italiener ganz – nicht nur in den Worten, sondern auch im Sinn, abgegangen bin. Es geschahe in der Ueberzeugung, es sei besser gethan, den Text aus der herrlichen Musik, als aus den zuweilen doch etwas ungereimten Reimen des Gedichts zu ziehen. (R, Anhang, S. I).

Was Rochlitz für sich selbst in Anspruch nahm, kann er nun schwerlich seinem freien Mitarbeiter Hoffmann ankreiden.

Überdies knüpft Hoffmann mit seinem Untertitel »Eine fabelhafte Begebenheit, die sich mit einem reisenden Enthusiasten zugetragen« synthetisch an eine Reihe von Gattungskonventionen und Motiven an, die in der AMZ vorgebildet sind. So werden in der AMZ Berichte über musikalische Aufführungen in fernen Städten unter der Rubrik »Auszug aus dem Briefe eines Reisenden« abgedruckt.[88] Die Gattung Tagebuch erscheint sehr häufig in der Rubrik »Bemerkungen aus dem Tagebuch eines praktischen Musikers«.[89] Die Konstellation eines Fremden, der einer musikalischen Aufführung auf einer Provinzbühne beiwohnt und anschließend über die Aufführung mit Leuten spricht, die wenig Ahnung von Kunst haben, ist in *Das Operntheater und sein Publikum zu Krähwinkel* vorgeprägt.[90] Allerdings spiegelt Hoffmanns *Don Juan* die Konstellation der Krähwinkel-Geschichte in Umkehrung, denn das banausische Publikum von Krähwinkel lobt die miserable Aufführung einer schwachen Musik hoch, während der in Krähwinkel Fremde meint, das Ganze tauge nichts, weil es Sinn und Geist des Dichters durchaus verfehle. Auf den Vorwurf, daß er ja nicht wissen könne, was der Geist des Dichters intendiert habe, gibt er sich als dieser zu erkennen. Das Theater zu Krähwinkel stellt sich am Schluß nicht als eine realistische Schilderung einer wirklichen Bühne heraus, sondern als fiktionale Kreation, nämlich aus Wielands *Abderiten*. Der Begriff des »Enthusiasten« schließlich geht auf die in der AMZ zitierte Fabel von der Lerche und dem Maulwurf zurück:

An einem heitern Frühlingsmorgen erhob sich eine Lerche, mit schmetterndem Gesange, immer höher, der Sonne entgegen. Ein Maulwurf, der unweit davon in seiner Grube wühlte, wurde endlich dieses fortwährenden Jubels überdrüssig und brummte: Hat man je eine enthusiastischere Närrin gesehen? Um ein bischen Sonnenschein ein solch Geschrey zu erheben! Wie manchen köstlichen Wurm habe ich hier schon in meinen Magen geschickt, ohne mich doch bei diesem ungleich reellern Genusse so ausgelassen zu benehmen! – Höre du! erwiederte die Lerche, wir sind nicht alle bestimmt, mit dem Stumpfsinne des Maulwurfs, die Erde zu durchwühlen, nur für unsern Magen zu sorgen, und die Freuden zu verachten, für die du keinen Sinn hast. Spotte also meiner nicht, damit du andern keine Gelegenheit giebst, auch deiner zu spotten.[91]

---

88 Vgl. AMZ 50 (11.9.1805), Spalte 795-798.
89 Vgl. AMZ 26 (26.3.1806), Spalte 401-407; 27 (2.4.1806), Spalte 417-425; 40 (2.7.1806), Spalte 625-632; 41 (9.7.1806), Spalte 641-649; 45 (6.8.1806) Spalte 705-712.
90 Vgl. AMZ 7 (14.11.1804), Spalte 97-111.
91 Anon., in AMZ 11 (11.12.1799), Spalte 207.

Explizit erfährt der vom Sprecher, dem Maulwurf, ironisch-abwertend gemeinte Begriff des Enthusiastischen vom Erzähler der Fabel eine positive Umwertung mit spezifisch musikalischer Anwendung. Er kommentiert:

So oft ich das Wort *Enthusiast*, aus einer Studierstube, gegen einen Verehrer der Tonkunst, erschallen höre; fällt mir diese Fabel ein. Nur gar zu gern möchten sich diejenigen, denen es an Geschmack und Ohren für Musik fehlt, überreden, dass ihre Verachtung desjenigen, was sie nie gefühlt, nie verstanden haben, eine Folge ihrer Ueberlegenheit in den Wissenschaften sey; oder mit andern Worten: dass es jedem Verehrer der Tonkunst am Verstande fehle.[92]

Wenn Hoffmann mit seinem Untertitel an die Gattungen Brief, Tagebuch, Reisebericht, Lehrerzählung, Fabel anknüpft, stellt er also die Erzählung in den Kontext einer Vielzahl von in der AMZ praktizierten Arten des engagierten Sprechens über Musik. Regelmäßige Leser der AMZ wußten überdies, daß ein Enthusiast ein ernsthafter Musikkenner ist, der nur von Philistern als Spinner abgetan wird. Indem Hoffmann der zu erzählenden Begebenheit das Adjektiv »fabelhaft« zugesellt, signalisiert er, daß er den AMZ-Lesern bekannten Kontrast zwischen künstlerischem Enthusiasmus und bürgerlicher Beschränktheit noch auf die Spitze treiben will.

Nachdem Hoffmann sich solchermaßen seinem angepeilten Herausgeber und dessen Zeitschrift angenähert hat, geht er in der Kritik an Rochlitz' *Don Giovanni*-Übersetzung behutsam und geschickt zu Werke. Weder Rochlitz' Name noch irgendwelche Details der Übersetzung werden als solche in der Erzählung erwähnt. Aber Fiktion dient als eine List, um das Ideal einer Aufführung von Mozarts Oper zu vermitteln, die implizit die Wirklichkeit ihrer Aufführungen in Deutschland kritisiert, die seit dem Anfang des 19. Jahrhunderts auf Rochlitz' Übersetzung basierten. Denn die Erzählung imaginiert eine Aufführung, die praktisch niemand in Deutschland zu jener Zeit erlebt haben konnte: eine Aufführung auf italienisch. Der Erzähler frohlockt: »Also italienisch? – Hier am deutschen Orte italienisch? Ah che piacere! ich werde alle Rezitative, alles so hören, wie es der große Meister in seinem Gemüt empfing und dachte!« (H2/1, S. 84)

Der Erzähler erhebt hier Werktreue und die Vorstellung vom Werk als einem organischen Ganzen zu zentralen Werten musikalischer Aufführungen – Werte, denen Hoffmann selbst Zeit seines Lebens anhing. Indem er die Rezitative besonders hervorhebt, spielt der Erzähler kritisch auf die allgemeine Praxis in Deutschland an, die Rezitative in Mozarts Oper durch gesprochenen Dialog zu ersetzen. Während in der Erzählung selbst die Bedeutung der Rezitative nur positiv evoziert wird, argumentiert Hoffmann direkt gegen ihre Substituierung durch gesprochenen Dialog in einer Rezension, die er 1815 von einer neuen Aufführung von *Don Juan* verfaßte:

---

92 Ebd. Vgl. zur Enthusiasmusdiskussion in der Spätaufklärung: Engel, Die Rehabilitierung des Schwärmers, S. 469-498.

Ewig wahr ist es, daß an einem recht aus dem Innern hervorgegangenen poetischen Werk sich nicht wohl etwas modeln läßt. Jeder der wunderbaren Klänge im Don Juan verschlingt sich geheimnisvoll zu dem Ganzen, wie Strahlen, die sich in einem Fokus reflektieren. So kommt es dann, daß der Don Juan immer vereinzelt und verstückelt erscheinen wird, wenn er nicht der Original-Partitur getreu d. h. überhaupt rezitativisch gegeben wird.[93]

Angesichts der Tatsache, daß keine deutsche Übersetzung der Rezitative existierte und daß deutsche Sänger nicht an die Technik, Rezitative zu singen, gewöhnt waren, weiß Hoffmann, daß es nur geringe Chancen gibt, sein Ideal in naher Zukunft verwirklicht zu sehen. Deshalb schlägt er als Kompromiß vor, daß wenigstens die wichtigsten Szenen durch Rezitativ verbunden werden sollten. Er nennt zwei Beispiele, für die das besonders wichtig wäre:

nämlich die erste [Szene] des ersten Akts, so wie die Szene Don Juans und Leporello's bei der Statue. Die erste darf nicht durch Gespräch unterbrochen werden, bis nach dem Duett sich das Theater verwandelt. In der zweiten angeführten Szene machen die beiden Reden der Statue nur dann eine tiefe schauerliche Wirkung, wenn Don Juan im Rezitativ allemal den Ton vorschlägt, in dem die gräßlichen Warnungen aus der Geisterwelt eintreten. [Notenbeispiel] Daß dabei auch der praktische Vorteil gewonnen wird, daß die sonst für den Komtur schwierige Intonation, ganz leicht wird, indem er Don Juans Ton auffaßt, fällt in die Augen.[94]

2.9.2 Die Rezitative bei Rochlitz

Bei der Eliminierung der Rezitative ist Rochlitz in seiner Übersetzung weiter gegangen als seine Vorgänger. Er läßt die Rezitative in der Partitur unübersetzt. Doch in einem Anhang erfindet er gesprochene Dialoge für die Rezitative, die den Originaltext erheblich verlängern und ändern. Ein Beispiel für Rochlitz' Erfindungsgabe, die keine Basis in da Pontes Libretto hat, ist die folgende Begründung Don Juans für seine Promiskuität, die er seinem Diener gibt:

---

93 Hoffmann, Mittwoch den 20. Septemb. 1815. DON JUAN. Oper in zwei Abteilungen von Mozart, in: H2/2, S. 428-433; hier: S. 428. Dobat führt dieses Zitat mit Auslassung des letzten Satzes an, um zu »beweisen«, daß Hoffmann den Enthusiasten gezielt fehlinterpretieren lasse, da Hoffmann in seiner späteren Rezension betone, »daß der Inhalt der Oper nicht auf die Beziehung Don Juan – Donna Anna zu reduzieren sei« (Dobat, S. 142). Eine solche Aussage ist aber in dem von Dobat unvollständig zitierten Zitat gar nicht enthalten. Dobat suggeriert, Hoffmann habe in der Rezension grundsätzlich andere Maßstäbe als der Enthusiast in der Erzählung. Er vermengt dabei aber Hoffmanns Kritik an der Aufführungspraxis, die nicht streng der Partitur folgt, mit der Interpretation der zentralen Bedeutung der Oper. Während eine angemessene Interpretation sich für Hoffmann nur aus der werkgetreuen Aufführung von Don Giovanni ergeben kann, kann die Bedeutung der werkgetreu aufgeführten Oper dennoch unterschiedlich aufgefaßt werden. Hoffmann widerruft an keiner Stelle in dieser Rezension das in der Erzählung gegebene Deutungsmuster der Oper.

94 Hoffmann, Mittwoch den 20. Septemb. 1815. DON JUAN, in: H2/2, S. 429.

JUAN.   (lehnt sich weichlich auf ihn; spricht mit Genuss)

Wie könnte man das ewige Schmachten und Sehnen in unsrer Brust an Einen Gegenstand ketten, der jetzt uns rührte? Wenn unsre Ahnherrn bei ihrer respektabeln Liebe sich wohl hatten: gut für sie! Aber wir müssten an solcher ewigen Liebe des jämmerlichsten Todes sterben! Unsere Seelen haben sich erweitert; wir haben Sinn und Gefühl für *alle* Schönheit in der unermesslichen Natur. [...]

Und welche durchaus einzigen Reize hat das Beobachten des Aufkeimens und allmähligen Wachsens einer Leidenschaft! Erst die unruhige Neugier, die man erregt; dann die ängstlichen Zweifel, die man   bekämpft; nun das nochmalige Aufraffen der Furcht, die man durch Schwüre übertäubt; dann das stille einsame Versinken in süsse Grübeleien und Träume, das übermächtige Sehnen eines nun erweichten Herzens – [...]

Hat man aber endlich gesiegt, so ists ja natürlich, dass die Lust zu siegen verschwinden muss. Hat man nichts mehr zu bitten, so hat man auch nichts mehr zu sagen. Man würde in der leidigen Seeligkeit der Ruhe einschlafen, wenn nicht ein neuer Gegenstand uns wach erhielt – (R, Anhang, S. II)

Selbst Leporello, statt zu stottern, als Don Giovanni ihn unversehens beauftragt, Donna Elvira alles zu sagen, muß bei Rochlitz vor seiner Registerarie noch philosophieren:

LEP.   Nun dann, wenn's einmal seyn soll! – Als wir noch auf der hohen Schule zu Salamanka waren, meine sehr verehrte Donna – da trieben wir denn Philosophie. Das wird ihnen schon bekannt seyn. Nun gut. Wie wir nun so über die Natur der Dinge nachdenken – lieber Gott, da findet sich's, dass wir in einer Welt voll Erscheinungen leben. Es ist kurios, aber – man kann nicht helfen! alles, was wir sehen, hören, riechen u.s.w. ist Erscheinung. Nun sehen sie – Erscheinung kann wieder nichts gewähren, als Schein. Vom Scheine wissen wir aber alle, dass er betrügt – Und... Also...Folglich... (Wischt sich den Schweiss ab) Ja; zugestanden also, der Schein betrügt: so räsonnier' ich weiter – Wenn Erscheinungen nur Schein gewähren *können*, der Schein aber betrügen *muss*: so kann man auch von einer einzelnen Erscheinung nichts anders verlangen. Nun betrachten sie die Erscheinung, welche wir meinen Herrn nennen – – (R, Anhang, S. III)

Christof Bitter hat argumentiert, daß der Struktur nach die Arien in Mozarts Opern die Funktion haben, Emotionen auszudrücken, während die Rezitative die Handlung vorantreiben. Die Einführung von Monologen in die Rezitative ändere die Balance zwischen Emotion und Aktion und fügt nach Bitters Ansicht Emotionen hinzu, wo Mozart lediglich Handlung hatte. Bitter betrachtet deshalb Rochlitz' ausgedehnte Monologe als die Merkmale einer neuen Zeit, der Romantik:

Das Zurückdrängen der Aktion, der Handlung und damit des Gegenständlichen zugunsten der Passion, der Empfindungen, ist aber ein Wesensmerkmal aller romantischen Kunst, deren letztes, nie erreichbares Ziel, die restlose Auflösung, das Sich-Verlieren im Gefühl ist. Hinter dieser neuen Bearbeitung von Rochlitz steht – bei aller Unvollkommenheit im einzelnen – das neue romantische Weltbild, das jetzt das Bild des Mozartschen »Don Giovanni« bestimmen wird.[95]

Dies scheint mir eine problematische Schlußfolgerung zu sein. Zum einen perpetuiert sie eine ziemlich oberflächliche Vorstellung von Romantik als einseitige Dominanz des Gefühls, dem sich alles andere, vor allem zielgerichtetes Handeln und Rationalität, bis zur Auflösung unterordnet. Die deutschen romantischen Schriftsteller haben eine solche Vorstellung jedenfalls nie geteilt. Von Novalis bis Hoffmann haben sie stets die Notwendigkeit von Vernunft hervorgehoben. Hoffmann selbst prägt die Formel von »Begeisterung« und »Besonnenheit« als den zwei notwendigen Qualitäten des künstlerischen Genies.[96]

Darüber hinaus kann Bitters Behauptung, daß Rochlitz' Ersetzen der Rezitative durch lange gesprochene Monologe eine neue Privilegierung des Gefühls darstelle, nur aufrechterhalten werden, wenn man die Ausstattung von Opernfiguren mit selbstrechtfertigenden Reden als Darstellung von Gefühl akzeptiert. Dies erscheint mir als eine etwas formelhafte Vorstellung von Gefühl, der ein Verständnis dessen, welche Art von Gefühlen mit welchen künstlerischen Mitteln in der Romantik dargestellt wurden, fehlt. Diese Behauptung entbehrt auch einer Analyse dessen, was denn in Rochlitz' Monologen ausgedrückt ist, nämlich die recht plumpe Rationalisierung von Empfindungen.[97] Im Kontext des romantischen Diskurses über Musik führt Rochlitz' Erfindung der Monologe nicht ein weiteres Element von Gefühl in die Oper ein, wie Bitter meint, sondern verschiebt den Schwerpunkt von der Musik zum Wort, vom abstrakten emotionalen Ausdruck zum konkreten Räsonnieren, zur Didaktik.

Ich würde deshalb Rochlitz' Übersetzung nicht als Beginn der romantischen Sicht auf Mozarts Oper werten, sondern als letztes Beispiel ihrer Adaptionen an den bürgerlichen Geschmack im Zeitalter der Aufklärung. Rochlitz' Umarbeitung ist tief geprägt von dem Kunstverständnis einer aufgeklärten bürgerlichen Öffentlichkeit, deren Oberflächlichkeit Hoffmann so oft in den musikalischen Erzählungen seiner *Fantasiestücke* satirisch behandelt. Indem sie eine große Anzahl der Veränderungen, die Rochlitz am Text des Librettos von *Don Giovanni* vornahm, verwirft, entwickelt Hoffmanns Erzählung vielmehr erst eine neue, nunmehr romantische Interpretation der Oper. Ich behaupte also mit anderen Worten, daß Rochlitz' Übersetzung der versteckte Hypotext ist, von dem sich Hoffmanns Erzählung absetzt. Rochlitz teilt mit Hoffmann den Wunsch, die Motive von Don Giovanni zu verstehen und mehr in ihm zu sehen als den burlesken Bösewicht, der er in deutschen Produktionen der Oper ge-

---

95 Bitter, S. 89.

96 Vgl. Hoffmanns Hervorhebung von Besonnenheit in Beethovens Instrumental-Musik, in: H2/1, S. 55, 57; Rezension Beethoven: 5. Sinfonie, in: H1, S. 533. Zum Topos Begeisterung vgl. Hoffmann, Kreisleriana, in: H2/1, S. 45, 69.

97 Bitters Würdigung von Rochlitz' Übersetzung als Beginn einer neuen Epoche steht im Gegensatz zu Hermann Aberts Kritik, nach der sie »in ihrer Geschmacklosigkeit ein Musterbeispiel dafür ist, wie leicht man es in jener Zeit mit dem Übersetzen nahm« (H. Abert, S. 565).

worden war. Doch Rochlitz' und Hoffmanns Versuch, die Bedeutung der Oper zu verstehen, sind einander in vieler Hinsicht diametral entgegengesetzt, wie ich in der Gegenüberstellung von Rochlitz' deutscher Fassung des Librettos und der Interpretation der Oper in Hoffmanns *Don Juan* zeigen will.

2.9.3 Das Wort-Musik-Verhältnis bei Rochlitz

Rochlitz' deutsche Fassung ist keine Übersetzung, sondern, wie er selbst im Anschluß an das Personenverzeichnis schreibt, eine »Umarbeitung«. Abgesehen von dem Ersetzen der Rezitative durch gesprochene Dialoge, die lange monologische Erklärungen für das Verhalten der Protagonisten erfinden, nimmt Rochlitz zwei andere Arten von Veränderungen vor. Zum einen zerstört er die Einheit von Text und Musik, wo die Musik rhythmisch und melodisch Sprechmuster oder die Bedeutung von Worten verstärkt.

Rochlitz ignoriert z.B. das Zusammenfallen von musikalischen Pausen mit Sprechpausen: »Noch ist es Zeit: ach wende [Viertelpause] dich von des Lasters Bahn!« (R, S. 491f.) ist Rochlitz' Version von »Pentiti, cangia vita: [Viertelpause] è l'ultimo momento!« (M, S. 440: »Bereue, ändere dein Leben: [Viertelpause] es ist der letzte Augenblick!«).

Er vernachlässigt die Einheit zwischen Sprechintonation und Melodie. Wenn Mozart z.B. eine Frage in da Pontes Text mit einer aufsteigenden Melodie versieht, macht es Rochlitz nichts aus, die Frage als Ausruf zu »übersetzen«: »Cos' hai?« (M, S. 440: »Was hast Du?«) wird »Ja, weh!« (R, S. 491).

An anderer Stelle übersetzt er die drei Silben der wiederholten Aufforderung des Komturs an Don Giovanni: »Pentiti« (M, S. 441-442: »Bereue«) mit zwei verschiedenen zweisilbigen Wörtern: »Nieder« und »Bete« (R, S. 493).

Rochlitz ignoriert Mozarts musikalische Übersetzung von Wörtern wie »la grande maestosa« (M, S. 85-86: »die Große, Majestätische«) in Viertel, Halbe und punktierte Halbe, die nach D-dur aufsteigen, und von »la piccina« (M, S. 86-87: »die Kleine«) in Achtel, punktierte Achtel und Sechzehntel, die nach A-dur abfallen, indem er den gleichen Text, nämlich »und dann jede Preis zu geben, das ist sein verdammtes Leben« (R, S. 113-115), beiden musikalisch so verschiedenen Phrasen unterlegt.

Die Begeisterung des Enthusiasten darüber, daß er in der italienischen Aufführung »alles so hören [würde], wie es der große Meister in seinem Gemüt empfing und dachte!« (H2/1, S. 84), erscheint angesicht solcher Beispiele für die willkürliche Verzerrung der Beziehung zwischen Text und Musik weniger als eine mythische Vorstellung von der Nähe der italienischen Sprache zur Musikalität,[98] sondern vielmehr als das Ideal einer werkgetreuen Aufführung in Bezug darauf, wie ein bestimmter Komponist Wortbedeutung in musikalischen Ausdruck umgesetzt hat.

---

98 Vgl. Wellbury, S. 463 und 464.

2.9.4 Rochlitz' sinnverändernde Textänderungen

Die andere und willkürlichste Art von Verzerrung der Rochlitzschen »Umarbeitung« betrifft solche Textänderungen in den Arien, die Auswirkungen auf die Charakterisierung und den Handlungsablauf haben. Rochlitz verändert den Text oft, um die Protagonisten mehr mit dem bürgerlichen Muster von Tugend in Einklang zu bringen. Nach seiner unheilverheißenden Gegeneinladung und der Frage des Komturs an Don Giovanni: »Verrai?« (»Wirst du kommen?«) folgt im Original Leporellos Bitte: »Dite di nò, Dite di nò« (M, S. 438: »Sage nein, sage nein«). Bei Rochlitz dagegen fordert der Komtur Don Juan auf: »Bereue« und Leporellos Einwurf wird von der Negation in die Affirmation gewendet: »O ja, o ja; ach thut es doch!« (R, S. 489f.). Damit wird Leporello aus seiner Komplizität mit Don Giovanni herausgelöst, die der reisende Enthusiast in seiner Charakterisierung hervorhebt: »Gutherzigkeit, Schelmerei, Lüsternheit und ironisierende[.] Frechheit; [...] der alte Bursche verdient Don Juans helfender Diener zu sein.« (H2/1, S. 85)

Rochlitz läßt Leporello eine moralische Lektion aus Don Giovannis Ende lernen, die an die Lehrhaftigkeit der moralischen Wochenschriften des 18. Jahrhunderts erinnert. »Nun will ich ein Muster seyn!« (R, S. 516), sagt er anstelle von da Pontes witzigerem Schluß, daß Leporello ins Gasthaus geht »a trovar padron miglior« (M, S. 470: »um einen besseren Herrn zu finden«). Selbst Rochlitz' Don Juan lernt seine Lektion, wenn auch zu spät, und schreit aus der Hölle: »Erbarme dich Allmächtiger!/ Erbarme dich! erbarme!« (R, S. 497). Hoffmanns Erzählung, im Einklang mit Don Giovannis neunmal wiederholtem »No«, verneint eine solche Errettung explizit: »Aber so verderbt, so zerrissen ist sein Gemüt, daß auch des Himmels Seligkeit keinen Strahl der Hoffnung in seine Seele wirft und ihn zum bessern Sein entzündet!« (H2/1, S. 94).

Wir haben bereits gesehen, daß Rochlitz Leporellos voyeuristisches Vergnügen an den großen und kleinen Frauen, die sein Herr erobert hat, zugunsten einer moralischen Verdammung zensiert, die im Gegensatz zur Musik steht. Auch an anderen Stellen eliminiert Rochlitz sexuelle Anspielungen: Zerlinas schnelle Versuchung durch Don Giovannis amouröse Annäherung ist bei ihm wegediert. Ihr Bewußtsein, daß sie sich von ihm angezogen fühlt, und ihr Hin- und Hergerissensein in »Vorei, e non vorei,/ me trema un poco il cor;/ felice, è ver, sarei,/ ma può burlarmi ancor' (M, S. 111-112: »Ich möchte und ich möchte nicht,/ mir klopft das Herz ein wenig,/ ich würde glücklich sein, das ist wahr:/ aber er kann mich noch betrügen«) wird in die moralische Standfestigkeit einer trivialliterarischen bürgerlichen Heldin des 18. Jahrhunderts (jenseits der Komplexität der sexuellen Versuchungen ausgesetzten Frauengestalten bei Richardson, Lessing, Goethe) transponiert: »Nein, nein ich darfs nicht wagen: mein Herz warnt mich davor! fühlt man's so ängstlich schlagen, hat man was Böses vor« (R, S. 134). Und als sie in dem Duett »Andiam, andiam, mio bene« musikalisch Don Giovannis Versprechen einer sofortigen Heirat nachgibt, wird der ironische Verweis auf die Intention der beiden, den Schmerz ihrer unschuldigen Liebe durch sexuelle Erfüllung zu stillen (»Andiam, andiam, mio bene,/ a ristorar le pene/ d'un innocente amor!« M, S. 114-116: »Laß uns gehen, laß uns gehen, mein Schatz,/ den Schmerz / einer unschuldigen Liebe zu lindern!«), durch Schwüre von ewiger Liebe ersetzt: »So dein zu seyn auf ewig!–/ Wie glücklich, o wie selig –/wie selig werd ich seyn!« (R, S. 139). Zerlinas sexuell aufgeladenes »Batti, batti, o bel Masetto« (M, S. 164: »Schlage, schlage, o schöner Masetto«) wird verwandelt in das harmlose »Schmäle, schmäle, lieber Junge!« (R, S. 198). Der reisende Enthusiast dagegen sieht Zerlinas sexuelles Potential viel klarer, wenn er sie beschreibt als »Die kleine, lüsterne, verliebte Zerlina« (H2/1, S. 96).

Leporellos anzügliches »purchè porti la gonnella, voi sapete quel che fà« (M, S. 89-90: »wenn sie nur einen Rock trägt, ihr wißt schon, was er macht«) in der Registerarie wird gar in eine Moralpredigt verkehrt. Rochlitz läßt Leporello Donna Elvira belehren: »sein Gemüthe, unverwüstlich, wird durch alles nicht bekehrt, drum o Schöne, laß ihn laufen: er ist deines Zorns nicht werth!« (R, S. 117f.). All diese Beispiele der Zensur von sexuellen Empfindungen zugunsten einer Propagierung bürgerlicher Enthaltsamkeit zeigen, daß Rochlitz' Übersetzung eher am Ende der Veränderungen der Mozartschen Oper im Geiste des bürgerlichen Dramas steht mit seinem Antagonismus zwischen sexuellen Lastern des Adels und bürgerlicher Tugend, als die erste romantische Sicht auf die Oper zu bieten. Der reisende Enthusiast aus Hoffmanns Erzählung dagegen nimmt die Musik als so sexuell aufgeladen wahr, daß er daraus schließt, Donna Anna sei in ihrem Bericht über das Geschehen mit Don Giovanni in ihrem Schlafzimmer ihrem Verlobten gegenüber nicht ganz aufrichtig gewesen und als erster die Verführungshypothese formuliert:

Das Feuer einer übermenschlichen Sinnlichkeit, Glut aus der Hölle durchströmte ihr Innerstes und machte jeden Widerstand vergeblich. Nur *Er*, nur Don Juan, konnte den wollüstigen Wahnsinn in ihr entzünden, mit dem sie ihn umfing, der mit der übermächtigen, zerstörenden Wut höllischer Geister im Innern sündigte. (H2/1, S. 95)

Rochlitz eliminiert auch die Spannung zwischen Don Ottavio und Donna Anna, die da Pontes Libretto ungelöst läßt. Während bei da Ponte Donna Anna zwei mal Don Ottavios Wunsch nach einer sofortigen Heirat ablehnt und von ihm schließlich die Zustimmung bekommt, ihre Heirat ein Jahr aufzuschieben, liefert Rochlitz ein Happy End. Er ersetzt Donna Annas spezifische Aufforderung: »Lascia, o caro, un anno ancora/ allo sfogo del mio cor« (M, S. 466-467: »Laß, o Liebster, ein Jahr noch/ zur Besänftigung meines Herzens«) mit der weinerlichen Klage: »Sieh noch Thränen im Aug mir blinken:/ noch ist nicht mein Schmerz gestillt!« (R, S. 512). Und statt daß Don Ottavio dem Wunsch von Donna Anna nachgibt mit »Al desio di chi m'adora/ ceder deve un fido amor« (M, S. 467: »Dem Wunsche derer, die mich anbetet,/ muß eine treue Liebe nachgeben«), insistiert Rochlitz' Don Ottavio: »Du hast stets mich treu befunden;/ laß nun bald mich glücklich seyn.« (R, S. 512-513). Da die letzten beiden Zeilen die Basis des Duetts von Donna Anna und Don Ottavio bilden und oft wiederholt werden, gibt Rochlitz' Version nicht den Eindruck von Entsagung, den das Original betont, sondern endet im Gegenteil mit der Verheißung unmittelbar bevorstehenden Glücks, nämlich der Wiederholung von »bald sollst du glücklich seyn« (R, S. 514-515).

Gegen solche Simplifizierung der Oper in der Schwarz-Weiß-Zeichnung der Protagonisten sowie der Insistenz auf der Belohnung der Tugend durch märchenhaftes Glück entwickelt Hoffmanns Erzählung die Vorstellung eines unlösbaren inneren Konflikts. Der Enthusiast bemerkt zu Donna Annas Arie nach dem Tod ihres Vaters:

Mehr als Verzweiflung über den grausamsten Frevel liegt in den entsetzlichen, herzzerschneidenden Tönen diese Rezitativs und Duetts. Don Juans gewaltsames Attentat [...] ist es nicht allein, was diese Töne der beängsteten Brust entreißt: nur ein verderblicher, tötender Kampf im Innern kann sie hervorbringen. (H2/1, S. 86)

Der Enthusiast begründet diese Annahme eines tödlichen inneren Konfliktes, der eine Vereinigung von Donna Anna und Don Ottavio unmöglich macht, in der Vorstellung von Donna Annas Verführung durch Don Juan. Indem der Enthusiast von da Pontes Libretto zitiert, als wolle er der vertrauteren deutschen Version von Donna Annas Happy End, die seine Leserinnen und Leser als gegeben annehmen, etwas entgegensetzen, entfaltet er einen tragischen Subtext in der Musik, den das Libretto bloß andeutet:

Sie fühlt, nur Don Juans Untergang kann der, von tödlichen Martern beängsteten Seele Ruhe verschaffen; aber diese Ruhe ist ihr eigner irdischer Untergang. – Sie fordert daher unablässig ihren eiskalten Bräutigam zur Rache auf; sie verfolgt selbst den Verräter, und erst als ihn die unterirdischen Mächte in den Orkus hinabgezogen haben, wird sie ruhiger – nur vermag sie nicht dem hochzeitslustigen Bräutigam nachzugeben: lascia, o caro, un anno ancora, allo sfogo del mio cor! Sie wird dieses Jahr nicht überstehen; Don Ottavio wird niemals *die* umarmen, die ein frommes Gemüt davon rettete, des Satans geweihte Braut zu bleiben. (H2/1, S. 95-96)

Im allgemeinen zeigt Rochlitz' Übersetzung eine unfreiwillige Komik mit einem Penchant für Diminutive und steifen Ausdruck. So erscheint Leporellos »non mi voglio far sentir« (M, S. 32-33: »ich will nicht bemerkt werden«) in der Eröffnungsarie als »husch in's Winkelchen hinein!« (R, S. 43), und zu Beginn seines letzten Mahles läßt Rochlitz Don Juan sagen: »Fröhlich sey mein Abendessen!/ Die Musik nicht zu vergessen!« (R, S. 447) für »Già la mensa è preparata./ Voi suonate, amici cari« (M, S. 394-395: »Das Mahl ist schon bereitet./ Spielt auf, liebe Freunde«). Rochlitz' Pedanterie, seine dumpfe Wohlanständigkeit, seine Reduktion der emotionalen Reichweite der Oper, sein Mangel an Witz und Feuer, seine Repression von Konflikt zugunsten einer Wiedererrichtung von Harmonie, wo der Text dies verneint (von der Musik ganz zu schweigen) – all dies sind Charakteristika, die den ästhetischen Werten, die Hoffmann teuer waren, diametral entgegengesetzt sind. Rochlitz' Übersetzung tut, was die Gäste an der Table d'Hôte in der Erzählung verlangen: Leidenschaft und Tiefe durch Banalität ersetzen.

Angesichts der weitgehenden und ungelenken Veränderungen, die Rochlitz an der Oper vornahm, ist die Behauptung des Erzählers, nur der Dichter verstehe den Dichter (vgl. H2/1, S. 92), wohl nicht so einfach als Pseudomeinung, der der Autor selbst nämlich gar nicht anhänge und zu deren Kritik er den Leser/die Leserin bloß auffordere, von der Hand zu weisen.

2.10 Schlußbemerkung:
Werktreue als Ideal und Romantisierung als Praxis

Was jedoch noch einer Erklärung bedarf, ist die Tatsache, daß die Erzählung, die gegen Rochlitz' starke Eingriffe in das Libretto das Ideal einer werkgetreuen Aufführung der Oper in der Originalsprache setzt, selbst wiederum die Oper verändert und sie zu einer romantischen Oper macht.

Statt der Aufführung verbale Begründungen für die Motivation der Charaktere hinzuzufügen, wie Rochlitz es in seinen Rezitativen tut, oder den Text und die Musik zu ändern, wie es gang und gäbe war, sieht der Hoffmannsche Erzähler in einer werkgetreuen Aufführung der Oper erzählerische Elemente, die interpretierbar sind. In gewissem Maße beschreibt Michael Halliwells Kommunikationsmodell in der Oper die Vorgehensweise des Erzählers. Halliwells These ist, »that the synthesis of all the elements on the stage (visual, musical, verbal) is the product of the operatic equivalent of the implied author in fiction – the complete musical persona – and that the orchestra has a specific function comparable to that of the narrator in fiction«.[99] Hoffmanns Erzähler bezieht seine Ansichten aus einer imaginierten Vorstellung, die derjenigen, die Mozart selbst in Prag dirigierte, so ähnlich wie möglich ist, was das Libretto und die Musik anbelangt. Aber als Mitglied einer imaginären, jedoch historisch spezifischen Zuhörerschaft ein Vierteljahrhundert nach der Komposition der Oper ist seine Interpretation dennoch anders als die einer impliziten Zuhörerschaft (in Analogie zur Interpretation des impliziten Lesers). Zum einen kann er visuelle Unterstützung für seine Interpretation in der Erscheinung der Sänger imaginieren (Donna Elvira als lang, hager und verblüht; Don Ottavio als ängstlich und feminin). Zum anderen privilegiert der Enthusiast, Hoffmanns Vorstellungen von Instrumentalmusik als romantischster Kunst folgend, den musikalischen Aspekt der Oper gegenüber dem verbalen, statt beidem gleiches Gewicht zu geben.

Hoffmanns *Don Juan* entwickelt also einen Gegendiskurs zu dem einer trivialisierten Aufklärung, die in Aufführungen von Mozarts Oper zu einer Zeit dominierte, als die musikalische Romantik praktisch noch nicht existierte. Es ist ein wohlbekanntes Paradox, daß romantische Musikkritik romantischer Musik vorausgeht, daß sie vielleicht gar mithalf, romantische Musik zu begründen. Die Dominanz von aufklärerischen Diskursen im Feld der praktischen

---

99 Halliwell, Narrative Elements in Opera, S. 142.

Musik dauerte länger, als die Prominenz von Romantik und Klassik in der deutschen Literatur annehmen lassen. Hoffmann bezieht sich sowohl auf die Diskurse der literarischen Romantik als auch auf Wackenroders romantischen Diskurs über Musik, um die vorherrschenden, oft banalisierenden, aufklärerischen Tendenzen in der musikalischen Praxis zu überwinden. Zu diesem Zeitpunkt jedoch war die literarische Romantik selbst bereits ein Diskurs mit Geschichte. Für Kritiker, die einen »Gänsemarsch der Epochen« annehmen, mag diese historische Situierung die Vermutung nahelegen, daß Hoffmann romantische Positionen parodistisch negiere. Doch angesichts der Tatsache, daß simultan stattfindende Diskurse in verschiedenen Bereichen nicht den gleichen Formationsregeln unterliegen, meine ich, daß eine schlüssigere Erklärung darin liegt, in der Diskontinuität und dem Überlappen verschiedener Diskurse die Bedingung für ein herausragendes Ereignis zu sehen: Hoffmanns Erzählung *Don Juan* leitet als Palimpsest der Rochlitzschen Übersetzung einen Paradigmenwechsel in der Produktion und Interpretation von Mozarts *Don Giovanni* ein. Mit der Intention der Werktreue angetreten, hat sie zwar manche Aspekte der Oper neu und treffend herausgestellt, doch andererseits hat sie die Oper selbst einer romantischen Deutung subsumiert. Während die Erzählung wegen der offenen Form von Bedeutungskonstitution noch immer die Leser fasziniert, sind in der musikalischen Fachwelt dem romantischen Paradigmenwechsel im Verständnis von *Don Giovanni* weitere Paradigmenwechsel gefolgt. Das heißt, daß der in der Erzählung festgehaltene Prozeß des Erkenntnisgewinns durch seine evokative Form von anhaltendem literarischen Interesse ist, während manche der inhaltlichen Positionen heutzutage wegen des fehlenden Wissens über den Kontext, dem sie entstammten, nicht mehr verstanden werden und wenig Geltung haben. Den kontextgebundenen historischen Positionen jedoch mit viel Interpretationsaufwand einfach heutige zu unterstellen, versperrt den Blick für das, was am Text kulturwissenschaftlich spezifisch ist, also Auskunft über die Intention des Textes geben kann. Und es beraubt uns der Möglichkeit, innerhalb des uns Fremden ein Faszinosum zu entdecken, das uns anregen und bereichern kann.

Doch hat die Erzählung zwischen dem Libretto und der Musik eine Spannung aufgespürt, die noch heute die Kritiker und Kritikerinnen motiviert, in Don Giovanni die Verkörperung eines abstrakten Prinzips zu sehen, das in sich wertvoll und lebenswichtig ist, aber in der Unbedingtheit seiner Verwirklichung zum Scheitern verurteilt ist. Hoffmann nennt es die Suche nach der idealen Liebe, Kierkegaard Sinnlichkeit. Andere sehen in Don Giovanni das Prinzip von Vitalität und unbeschränktem Freiheitstrieb,[100] von Elementarkraft,[101] absoluter Furchtlosigkeit und sofortiger Gratifikation.[102] Hoffmanns *Don Juan* demonstriert zugleich, daß die ernst gemeinte und in ihrem Kontext progressive Forderung nach werkgetreuer Aufführung eines musikalischen

---

100 Vgl. Bernard Williams in Rushton, S. 85 und 90.
101 Vgl. Hermann Abert, S. 517.
102 Vgl. Beckerman, S. 15.

Werkes einhergehen kann mit einer Interpretation, die dieses Werk notwendig, doch unbewußt, verzerrt, so wie Bloom es in *The Anxiety of Influence* beschrieben hat: »The history of fruitful poetic influence [...] is a history of anxiety and self-saving caricature, of distortion, of perverse, wilful revisionism without which modern poetry as such could not exist.«[103] Das gilt nicht nur für die Beziehung zwischen Dichtern, sondern auch für intermediale Bezüge.

---

103 Bloom, S. 30.

3. *Die Abenteuer der Sylvester-Nacht*
im Lichte malerischer Intertexte

> [...] und wenn Du die mit ganz trocknen Worten erzähl-
> ten Geschichten mit dem rechten, innigen Gefühl fas-
> sest, so wird eine herrliche Erscheinung, nämlich *der
> Künstlercharakter* vor Dir aufsteigen, der [...] Dir ein
> ganz neues, liebliches Schauspiel gewähren wird. Jeder
> Charakter wird Dir ein eigenes Gemählde seyn, und Du
> wirst eine herrliche Gallerie von Bildnissen zum Spiegel
> Deines Geistes um Dich her versammelt haben.
>
> (Wackenroder, *Herzensergießungen eines kunstlieben-
> den Klosterbruders*)

Die Anfang 1815 geschriebene Erzählung *Die Abenteuer der Sylvester-Nacht*,
die in Band 4 der *Fantasiestücke*[1] aufgenommen wurde, zählt zu den strukturell
komplexeren Texten Hoffmanns. Der Großteil des Textes wird vom reisenden
Enthusiasten erzählt. Doch ein Vorwort des Herausgebers leitet die Erzählung
von einer Sylvesternacht im Berlin der Gegenwart Hoffmanns ein, und der
letzte der vier numerierten Hauptteile besteht aus einer eingerückten Schrift,
die der Enthusiast seinem Trink- und Bettgenossen zuschreibt, der in der trink-
und traumreichen Handlung in Teil 2 und 3 eine Rolle spielt. In einem an den
Autor Hoffmann adressierten Postskriptum schließlich verbindet der Enthusiast
auf kryptische Weise seine in Teil 1 geschilderten, um Julia zentrierten, Erlebnisse mit seinem Traum aus Teil 3 und den in Teil 4 geschilderten Erlebnissen
von Erasmus Spikher und Giulietta in Italien. Was die Erzählung aussagen will,
ist also keineswegs durch einen verläßlichen Erzählerkommentar direkt ersicht-
lich, sondern erst aus dem Verhältnis der verschiedenen Erzählebenen zueinander, d.h. aus den Korrespondenzen zwischen dem Enthusiasten, dem Kleinen
und Erasmus Spikher einerseits sowie Julia und Giulietta andererseits zu erschließen.

---

1 Hoffmann, Die Abenteuer der Sylvester-Nacht, in: Sämtliche Werke, Bd. 2/1, S. 325-359. Seitenangaben zu Texten Hoffmanns in der Gesamtausgabe des Deutschen Klassiker Verlags erscheinen in
Klammern im Text nach der Sigle H und der Bandnummer.
    Dieses Kapitel ist eine überarbeitete Fassung von zwei Aufsätzen: dem 1998 erschienenen Aufsatz
Schmidt, Karnevaleske Mesalliancen und dem 2001 erschienenen Aufsatz Schmidt, Narration – Malerei – Musik.

3.1 Fiktionale Figuren gespiegelt in Bildern historischer Maler

Rückschlüsse auf die in der Struktur des Textes zu entziffernde Textaussage erlaubt eine Analyse der evozierten malerischen Intertexte. Auffällig ist nämlich die Tatsache, daß sämtliche handlungstragenden Personen in *Die Abenteuer der Sylvester-Nacht*, mit Ausnahme des Enthusiasten, unter Bezug auf die Bilder verschiedener historischer Maler beschrieben werden. Julia bzw. Giulietta wird mit den Frauendarstellungen auf Bildern von Mieris, Breughel, Callot, Rembrandt und Rubens verglichen; der schattenlose Mann im Keller, die Schlemihl-Gestalt, gleicht Bildern von Rubens; der Kleine, genannt General Suwarow, erinnert an eine Enslersche Fantasmagorie; Erasmus Spikher scheint einem alten Bilderbuch entstiegen zu sein. Trotz der Häufung der Vergleiche von fiktionalen Gestalten mit solchen aus der darstellenden Kunst ist vor mir noch niemand systematisch der Beobachtung nachgegangen, daß der Erzähler und verschiedene Protagonisten ihre Deutung der Wirklichkeit auf diese Weise mit Hilfe von kulturellen Produkten strukturieren.[2] Nicht das realistische »Was ist es?«, sondern das kulturwissenschaftliche »Was bedeutet es?« steht im Mittelpunkt der Erzählung. Man kann also hier mit Bachmann-Medick einen Kulturbegriff zugrundelegen, »der Kultur weder in Verhaltensnormen noch in gesellschaftlichen Funktionen aufspürt, sondern in semiotisch vermittelten Darstellungsformen, die soziales Handeln in enger Verknüpfung mit kulturellen Selbstauslegungen zum Ausdruck bringen«.[3]

Die Frage ist nun, ob es möglich ist, die evozierten Gemälde zu identifizieren und in ihnen einen bestimmten Diskurs kultureller Bedeutungszuschreibungen zu erkennen. Ich habe die in der Erzählung gegebenen Personenbeschreibungen mit Gemälden und Radierungen der genannten Maler korreliert, die Personen mit entsprechender Kleidung und Haartracht darstellen. Sodann habe ich für diese Bilder den Wahrscheinlichkeitsgrad ermittelt, nach dem Hoffmann sie gekannt haben könnte.

---

2 Bisher hat nur Jean Giraud in seiner bis heute an Komplexität der aufgezeigten Textbezüge nicht übertroffenen Studie den Versuch unternommen, ein einziges der einer fiktiven Gestalt zugeordneten Bilder zu identifizieren. Vgl. Giraud, »Die Abenteuer der Silvester-Nacht«, S. 109-145. Giraud identifiziert Mieris als Frans van Mieris der Ältere und meint, daß die Bildbeschreibung auf ein Werk mit dem Titel Vergänglichkeit passe (vgl. Giraud, S. 113, Fußnote 12). Allerdings macht Giraud keine Angaben darüber, wo sich dieses Gemälde befindet, und er reflektiert nicht die Wahrscheinlichkeit, daß Hoffmann es gekannt hat.

Obwohl der Untertitel »Zur Nachtseite der Bilder in E. T. A. Hoffmanns Abenteuern der Silvester-Nacht« von Matala de Mazzas Aufsatz über diese Erzählung erwarten läßt, daß eine Analyse der evozierten Gemälde das Thema der Untersuchung sein werde, wird nur der von Giraud identifizierte Mieris als einziger Maler überhaupt namentlich erwähnt: »das altdeutsche Gemälde von Mieris« (Matala de Mazza, S. 169) hat angeblich die Funktion, »Julie ihr vertrautes Gesicht zurückzugeben« (ebd.).

3 Bachmann-Medick, S. 22.

3.2 Hoffmanns Zugangsmöglichkeiten zu Kunstwerken

Daß der an Kunst interessierte Hoffmann zeitgenössische Bilder und Kunstprodukte aus seinem unmittelbaren Berliner Umkreis gut gekannt hat, kann vorausgesetzt werden. Die größte Wahrscheinlichkeit, daß Hoffmann Bilder älterer Künstler kannte und vielleicht sogar beim Schreiben vor Augen hatte, besteht im Falle von technisch reproduzierbaren Werken, d.h. am Anfang des 19. Jahrhunderts: Kupferstichen. Dazu zählen Originalradierungen (besonders von Künstlern wie Callot, an dem Hoffmann bekanntermaßen großes Interesse hatte) und Kupferstichkopien von Gemälden, die in Kupferstichkabinetten an Orten ausgestellt waren, die Hoffmann besucht hat. Ältere Gemälde, die in Galerien ausgestellt waren, die Hoffmann nachgewiesenermaßen besucht hat oder zumindest mit großer Wahrscheinlichkeit kannte, weil sie sich in seiner unmittelbaren Berliner Umgebung befanden (Hoffmann war wenige Monate vor der Niederschrift der Erzählung, nämlich im September 1814, wieder nach Berlin zurückgekehrt), können ebenfalls als gesicherte Kenntnis des kunsthistorisch gebildeten Autors gelten. Am schwierigsten nachzuweisen ist Hoffmanns Bezug auf Gemälde und Zeichnungen, deren Orignale er nicht gesehen haben kann, die ihm aber vielleicht in Form von Kupferstichkopien zugänglich waren. Beate Reifenscheid hat am Beispiel der Reproduktionsgraphik des Werkes von Raffael eindrucksvoll gezeigt, in welch verschiedenen Formen von Kupferstichmappen dem Zeitgenossen im 18. Jahrhundert Informationen über einen Künstler zugänglich waren.[4] Zugleich warnt sie jedoch, »daß selten nachgewiesen werden kann, wer von den prominenten Autoren des 18. Jahrhunderts tatsächlich Stiche oder Mappen eingesehen hat, wann und wo, vor allem aber welche ihm vorlagen.«[5] Für Hoffmann läßt sich nicht die Kenntnis bestimmter Reproduktionen feststellen, wohl aber die Tatsache, daß er sich ihrer bediente, um ästhetische Vergleiche mit anderen Kunstwerken anzustellen. In einem Brief an Kunz bittet Hoffmann ihn, ihm einen Umriß der Pommersfelder Maria zu verschaffen mit der Begründung:

Es ist nämlich von einer ganz besonderen Hypothese die Rede, die sich in meinem Kopf entsponnen, und die durch die Vergleichung verschiedener Marien in der hiesigen Gallerie, vorzüglich der ganz über alle Maaßen altherrümlich frommen von Holbein mit der bekanten hochherrlichen Raphaelschen viel Wahrscheinliches gewinnt [..].[6]

---

4 Vgl. Reifenscheid, Raffael in den Bildmedien des 18. Jahrhunderts, S. 33-60.
5 Ebd., S. 38.
6 Hoffmann, Briefwechsel, 1. Band, S. 414 f.

3.3 Die Verschränkung von Textstruktur und malerischer Ikonographie

3.3.1 Julia und Mieris

In Teil 1 trifft der Enthusiast bei einer Teegesellschaft am Sylvesterabend seine verlorene Liebe Julia wieder, die ihm verfremdet und wie die Jungfrauen auf den Gemälden von Mieris erscheint.

In Dresden, wo Hoffmann laut einem Brief an Kunz viele Stunden in der Gemäldegalerie Alter Meister zugebracht hat,[7] gibt es zwei Gemälde von Frans van Mieris dem Älteren, die junge Frauen darstellen: *Die Liebesbotschaft* und *Die Musikstunde* (Abb. 1 und 2 im Tafelteil).[8] Der Schnitt der Kleider um Brust, Schultern, Nacken und Ärmel sowie das Haar der Frauen auf diesen beiden Gemälden stimmen mit der Beschreibung in der Erzählung überein:

Der besondere Schnitt ihres weißen faltenreichen Kleides, Brust, Schultern und Nacken nur halb verhüllend mit weiten bauschigten bis an die Ellbogen reichenden Ärmeln, das vorne an der Stirn gescheitelte, hinten in vielen Flechten sonderbar heraufgenestelte Haar gab ihr etwas altertümliches, sie war beinahe anzusehen, wie die Jungfrauen auf den Gemälden von Mieris – und doch auch wieder war es mir, als hab' ich irgendwo deutlich mit hellen Augen das Wesen gesehen, in das Julie verwandelt. Sie hatte die Handschuhe herabgezogen und selbst die künstliche um die Handgelenke gewundene Armgehänge fehlten nicht, um durch die völlige Gleichheit der Tracht jene dunkle Erinnerung immer lebendiger und farbiger hervorzurufen. (H2/1, S. 328)

Das Armgehänge fehlt allerdings bei Mieris. Es findet sich in Rembrandts Gemälde *Saskia mit der roten Blume*,[9] auf das die Beschreibung von Kleidung und Frisur ebenfalls zutrifft und das ebenfalls in Dresden ausgestellt ist. Da später in der Erzählung Julie auch mit Bildern von Rembrandt assoziiert wird, mag hier eine Interferenz vorliegen. Mieris' *Die Liebesbotschaft* gilt als Bathseba-Darstellung, thematisiert also die moralische Gefahr der sexuellen Verführung, die von einer Frau ausgeht – hatte doch König David Bathsebas Mann Uria in den sicheren Tod einer Schlacht geschickt, um sie zu besitzen. *Die Musikstunde*, mit körperlicher Berührung zwischen älterem Lehrer und sexuell attraktiver jüngerer Schülerin, evoziert nur zu deutlich die erotische Spannung in Hoffmanns eigenem Julia-Erlebnis und in dem seines Protagonisten. Das Begehren des Enthusiasten, Julie »immerdar« (H2/1, S. 330) zu besitzen, damit ihre Liebe »höheres Leben in Kunst und Poesie« (H2/1, S. 330) in ihm entzünde, scheitert an Julies Einbindung in gesellschaftliche Konventionen.

---

7 Ebd., S. 414.

8 Laut Katalog der Gemäldegalerie Dresden Alte Meister wurde Die Liebesbotschaft 1710 aus Antwerpen für die Dresdener Galerie erworben, Die Musikstunde erstmals im Inventar 1722-1728 geführt (vgl. Angelo Walther (Hg.), Gemäldegalerie Dresden Alte Meister, S. 266-267). Laut Jane Turner (Hg.), S. 487 befindet sich in Dresden auch Mieris' Gemälde Young Woman at her Toilet; im gegenwärtigen Dresdner Ausstellungskatalog ist es jedoch nicht verzeichnet.

9 Vgl. die Abbildung von Rembrandts Saskia mit der roten Blume in: Angelo Walther (Hg.), S. 314, Galerienummer 1562.

3.3.2 Chamissos Schlemihl als Rubens-Gestalt

Nachdem er in großer Enttäuschung ohne Mantel und Hut überstürzt die Tee-gesellschaft verlassen hat, unterhält sich der Enthusiast in Teil 2 in einem Bier-keller mit zwei Gästen, dem Großen und dem Kleinen. Es stellt sich heraus, daß alle drei etwas verloren haben: der Große seinen Schlagschatten, woran er als Peter Schlemihl[10] erkannt wird; der Kleine sein Spiegelbild, weshalb er vom Wirt nach dem sein Spiegelbild scheuenden russischen General Suwarow ge-nannt wird. Dem Enthusiasten fehlen »diese Nacht vorzüglich Hut und Mantel« (H2/1, S. 336), die hier metonymisch auf den Verlust seiner Illusion verweisen, in Julia seine Idealvorstellung verkörpert zu finden und sie besitzen zu können.

Daß die Beschreibung Schlemihls dem Titelkupfer entspricht, das der Erst-ausgabe von Chamissos Erzählung beigegeben war und dem Dichter selbst sehr ähnelte, ist bekannt.[11] Auch Hoffmann hat als Zeichner wiederholt seinen Freund Chamisso als Schlemihl dargestellt.[12] In der Erzählung wird die emotio-nale Nähe zwischen Schlemihl und dem Enthusiasten betont, der diese literari-sche Gestalt »nicht sowohl oft *gesehen* als oft *gedacht*« (H2/1, S. 334) hat. Er hat sie also zum Teil seiner Imagination gemacht, worin sie durch den Ver-gleich mit Bildern von Rubens in einen anderen historischen Kontext tritt (vgl. H2/1, S. 333). Der Beschreibung entsprechend und sowohl dem Schlemihl-Titelkupfer als auch Hoffmanns Brustbild von Chamisso ähnlich sind Rubens' Rötelzeichnung des Herzogs von Buckingham und die in Dresden ausgestellten Rubens-Gemälde *Der Tugendheld* und *Dianas Heimkehr von der Jagd*.[13] Daß der *Tugendheld* der Wollust entsagt, wie durch eine weinende Venus mit Amor angedeutet wird, paßt zur Geschichte des am Ende einsam die Welt als Natur-forscher durchstreifenden Peter Schlemihl und läßt sich als versteckte Antizipa-tion des Ausgangs der fiktional verschlüsselten Erfahrung des Enthusiasten lesen, der sich dem Schlemihl so nahe fühlt. Auch *Dianas Heimkehr von der Jagd* gilt als Thematisierung der Tugenden der Geschlechter: männliche Vitali-tät kontrastiert mit weiblicher Demut. Hier deutet sich also an, daß die Verglei-che von fiktionalen Figuren mit Gemälden verschiedener Maler die Erzählung in einen jahrhundertealten Diskurs über Tugend und Geschlecht einbinden, der die Gefahren der Verführung durch den weiblichen Körper für die moralische Integrität des Mannes diskutiert.

---

10 Vgl. Chamisso, Peter Schlemihls wundersame Geschichte, S. 13-67.

11 Vgl. die Abbildung des Titelkupfers in Robert Fischer, Adelbert von Chamisso, S. 112.

12 Vgl. Abbildungen von Hoffmanns Zeichnungen ebd., S. 65, 119. Vgl. auch die Abbildung von Hoffmanns Zeichnung des Grauen Mannes aus Peter Schlemihl in Schleucher, S. 102.

13 Vgl. die Zeichnung des Herzogs von Buckingham in Mitsch, S. 95, Katalognr. 39. Die Wahr-scheinlichkeit, daß Hoffmann diese Zeichnung kannte, ist sehr gering. Vgl. auch Rubens' Gemälde Der Tugendheld und Dianas Heimkehr von der Jagd in Gemäldegalerie Dresden Alte Meister, S. 330 und 332, Galerienummer 956 und 962A. Hier ist eine Kenntnis Hoffmanns recht wahrscheinlich.

3.3.3 Enslersche Fantasmagorie und nazarenisches Ideal

Auch der Kleine wird durch den Vergleich mit einer Enslerschen Fantasmagorie (vgl. H2/1, S. 334) als Kunstfigur sichtbar, und zwar als eine von changierender Identität, die sich dem Licht der Laterna Magica verdankt, die Hoffmann persönlich in der »optisch-kosmoranischen Anstalt« des Herrn Enslen in Berlin studieren konnte. Das heißt, daß der Eindruck, »als führen viele Gestalten aus- und ineinander« (H2/1, S. 334), durch Projektion erzeugt wird, und er deutet darauf hin, daß der Enthusiast sich selbst in diese Figur projiziert.

Neben dem Rubenschen Schlemihl und der Enslerschen Fantasmagorie wird in Teil 2 ein drittes Bild erwähnt, und zwar das einer Prinzessin, das der Maler Philipp nach dem übereinstimmenden Lob der drei Männer »mit *dem* Geist der Liebe und *dem* frommen Sehnen nach dem Höchsten, wie der Herrin tiefer heiliger Sinn es in ihm entzündet, vollendet« (H2/1, S. 336). Den Tagebuchnotizen Hoffmanns zur Zeit der Niederschrift der Erzählung hat Friedrich Schnapp entnommen, daß es sich hier um den Maler Philipp Veit und sein Portrait der Prinzessin Wilhelm handelt. Eine Reproduktion war mir leider nicht zugänglich. Neben dem Diskurs über Geschlecht und Moral, den der Bezug auf Mieris und Rubens andeutete, eröffnet dieser malerische Bezug auf den Nazarener Veit den Diskurs über das Verhältnis des Künstlers zur Muse und zur Kunst, der sich direkt auf Wackenroders *Herzensergießungen eines kunstliebenden Klosterbruders* bezieht.[14]

In dem imaginativen Bezug der Figuren auf den Enthusiasten und auf Kunstwerke sowie in der positiven standardsetzenden Bewertung eines zeitgenössischen Kunstwerkes deutet sich an, daß es in dieser Erzählung nicht um reale Gestalten geht, sondern um von Kunstwerken inspirierte Personifikationen von Aspekten des Ichs sowie seiner Idealvorstellungen, in deren Zusammenspiel das richtige oder falsche Verhältnis von Kunst und Leben diskutiert wird. Ich lese also die Erzählung im Kontext von *Jesuiterkirche* und *Artushof*, d.h. auch im Verhältnis des Künstlers zu seiner Muse, seinem Ideal, wie es Peter von Matt in *Die Augen der Automaten* erörtert, ohne aber die *Sylvester-Nacht* zu erwähnen.[15] Anders als in *Jesuiterkirche* und *Artushof* wird jedoch das Thema des Kunstideals und seiner Beziehung zu einer realen Frau in der *Sylvester-Nacht* weniger diskursiv-direkt benannt, als vielmehr in einer komplexen Erzählung alludierend umspielt.

---

14 Vgl. die Anekdote von Raphaels Inspiration für sein Marienbild im Traum und das daraus abgeleitete Ideal der Kunstreligion bei Wackenroder, Herzensergießungen eines kunstliebenden Klosterbruders, S. 57f. und 72. Vgl. auch meine Analyse der Variationen dieses Wackenroderschen Motivs in Hoffmanns Kater Murr in Schmidt, Ahnung des Göttlichen und affizierte Ganglien, S. 148-149.

15 Vgl. Hoffmann, Die Jesuiterkirche in G., in: Sämtliche Werke, Bd. 3 (H3), S. 110-140. Hoffmann, Der Artushof, in: Sämtliche Werke, Bd. 4 (H4), S. 177-206. Von Matt, Die Augen der Automaten.

3.3.4 Julia und Breughel, Callot, Rembrandt

In Teil 3 übernachtet der Enthusiast im Hotel zum Goldenen Adler, dessen
Name nicht nur den Flug der Phantasie konnotiert, sondern auch Erhabenheit.
Dem Enthusiasten wird irrtümlich das gleiche Zimmer angewiesen wie dem
Kleinen, so daß die in Teil 2 angelegte Verschränkung dieser beiden Personen
sich an einem konkreten Ort entfalten kann. Des Enthusiasten Spiegelvision
von Julia (d.h. der Enthusiast sieht in Julia sich selbst, sein Ideal) koinzidiert
mit dem bösen Traum des Kleinen von Giulietta. Der Enthusiast seinerseits
träumt, nachdem er mitten in der Nacht den Kleinen am Tisch schreiben sah,
wie Julia ihm einen Pokal reicht. Doch der Kleine warnt ihn davor zu trinken
und identifiziert Julia mit den Jungfrauen auf den »Warnungstafeln von Breughel, von Callot oder von Rembrandt« (H2/1, S. 340). Der träumende Enthusiast
gibt ihm recht, indem er des Kleinen Anspielung weiter ausmalt: »Mir schauer-
te vor Julien, denn freilich war sie in ihrem faltenreichen Gewande mit den
bauschigen Ärmeln, in ihrem Haarschmuck so anzusehen, wie die von höllischen Untieren umgebene lockende Jungfrauen auf den Bildern jener Meister.«
(H2/1, S. 340 f.)

Dieser Beschreibung entsprechen die folgenden Bilder:
(1) *Die Versuchung des heiligen Antonius* von Jan Brueghel (Abb. 3 im Tafelteil),[16] die Hoffmann im Kontext seiner Arbeit an den *Elixieren* sicher als
Kupferstich gesehen hat. Hier erscheint die lichtumflossene Gestalt einer schönen jungen Frau dem heiligen Antonius; monströse Phantasietiere im Dunkeln
symbolisieren die verborgene Kehrseite der schönen Frau, nämlich die höllischen Strafen, die auf ihren Genuß folgen.
(2) Radierungen der sieben Todsünden von Jacques Callot, die Hoffmann angesichts seines großen Interesses an diesem Künstler bestimmt gekannt hat. Drei
davon – *Superbia*, *Pigritia* und *Gula* (Abb. 4-6 im Tafelteil) – entsprechen in
der Kleidung recht gut der erzählerischen Beschreibung. Sie sind jeweils mit
einem Tier, das die Sünde des Hochmuts, der Trägheit und der Völlerei verkörpert sowie mit einem oder mehreren drachengeflügelten Teufelchen – die die
von der Frau und dem Tier verkörperte Sünde bestrafen – dargestellt.
Daß Hoffmann sich mit allegorischen Darstellungen der Tugenden und der
Laster in der Malerei beschäftigt hat, erhellt auch die folgende Beschreibung
des *Jüngsten Gerichts* (1601) von Anton Möller im Danziger Artushof in der

---

16 Das Gemälde befindet sich in der Staatlichen Kunsthalle Karlsruhe mit der Inventarnummer 808.
Hoffmann hat sicher nicht das Original, sehr wahrscheinlich aber den verkleinerten Kupferstich in der
Fürstlich Schönbornschen Sammlung auf Schloß Pommersfelden oder eine Kopie davon gesehen. Vgl.
Ertz, Abb. 126. Ertz schreibt dieses Gemälde Jan Breughel dem Jüngeren zu, die Staatliche Kunsthalle
Karlsruhe dagegen seit 1966 Jan Breughel dem Älteren. Hoffmann verwendet die Schreibweise Breug-
hel für den Maler, der wir uns anschließen, wenn wir über Hoffmanns Text sprechen. Die Verweise auf
das in Karlsruhe ausgestellte Gemälde im Tafelteil dagegen folgen der Konvention der Karlsruher
Kunsthalle und schreiben den Namen Brueghel.

gleichnamigen Erzählung Hoffmanns, die nur wenige Wochen nach der *Sylves-ter-Nacht* zwischen dem 14. Februar und 3. März 1815 verfaßt wurde:[17]

Das große Gemälde, auf dem alle Tugenden und Laster versammelt mit beigeschriebenen Namen, verlor merklich von der Moral, denn schon schwammen die Tugenden unkennt-lich hoch im grauen Nebel, und die Laster, gar wunderschöne Frauen in bunten schim-mernden Kleidern, traten recht verführerisch hervor und wollten dich verlocken mit süßem Gelispel. (H4, S. 177)

Die diesen allegorischen Darstellungen zugeschriebene Absicht des Verlockens erinnert deutlich an die »lockenden Jungfrauen« (H2/1, S. 341) auf den so genannten Warnungstafeln von Breughel, Callot und Rembrandt.

Die Bildbeschreibungen im *Artushof* arbeiten stärker mit Eindeutigkeit als mit Anspielungen; ebenso ist auch die Vermittlung zwischen malerischer und literarischer Figur von einer Direktheit, die man in der anspruchsvolleren *Syl-vester-Nacht* nicht findet, die jedoch Hoffmanns imaginativen Horizont er-leuchtet. Der Held des *Artushof* begründet die Zurückweisung seiner bürgerli-chen Braut nämlich ganz explizit damit, daß sie den im Gemälde dargestellten Lastern gleiche: »Ich werde Christinen nimmermehr heiraten«, schrie er, »sie sieht der Voluptas ähnlich und der Luxuries, und hat Haare wie die Ira auf dem Bilde im Artushof«. (H4, S. 199)

(3) In Rembrandts Werk finden sich – im Gegensatz zu der Aussage im Hoffmannschen Text und zu der doppelt verfälschenden Behauptung im Stel-lenkommentar der Hoffmann-Ausgabe, daß auf mehreren Bildern von Breug-hel, Callot und Rembrandt Jungfrauen von Untieren *bedroht* würden[18] – keine höllischen Untiere. Wohl aber gibt es ein in Dresden ausgestelltes Gemälde Rembrandts, auf dem eine Julias Beschreibung entsprechende Frau die Verfüh-rung zur Sünde darstellt, nämlich *Rembrandt und Saskia im Gleichnis vom verlorenen Sohn* (Abb. 7 im Tafelteil). Im Gegensatz zu den Darstellungen von Breughel und Callot wird bei Rembrandt (wie in Mieris' *Liebesbotschaft*) die Kehrseite der verführerischen Weiblichkeit nicht malerisch konkretisiert, son-dern ist vom Zuschauer aus den semiotischen Andeutungen der Gemälde auf den biblischen Kontext, in den die europäische Malerei des 17. Jahrhunderts eingebettet ist, zu ergänzen.[19] Der biblische Titel des Dresdener Gemäldes ist

---

17 Vgl. Hoffmann, Tagebücher, Einträge vom 14., 17., 18. Februar u. 3. März 1815, S. 264-266.

18 Vgl. den Stellenkommentar in H2/1, S. 809. Hier wird nicht nur eine Ungenauigkeit des Textes wiederholt, sondern auch noch eine Verfälschung der malerischen Intertexte sowie der Hoffmannschen Erzählung hinzugefügt. Auch bei Breughel und Callot werden nämlich die Jungfrauen von den Untie-ren nicht bedroht, vielmehr bringen diese die verborgene Kehrseite der verführerischen Weiblichkeit zum Ausdruck: Auf ihren Genuß folgen höllische Strafen. Der Kommentar verkehrt also die in der Erzählung als »lockend« bezeichneten Frauen (von denen also implizit eine Bedrohung ausgeht) zu Objekten einer Bedrohung.

19 In meinem 1998 veröffentlichten Aufsatz »Karnevaleske Mesalliancen« hatte ich auch das in der Gemäldegalerie Berlin-Dahlem befindliche Rembrandt-Gemälde Joseph angeklagt von Potiphars Weib als eine wahrscheinliche Referenz Hoffmanns genannt; vgl. die Abbildung in A. Bredius, S. 433. Später fand ich heraus, daß zwar Saskia mit der roten Blume seit 1742 und Rembrandt und Saskia im Gleichnis vom verlorenen Sohn seit 1749 oder 1751 in Dresden hängen, Joseph angeklagt von Po-

erst eine neuere Erkenntnis der Rembrandt-Forschung. Ende des 19. Jahrhunderts nennt Wilhelm Bode es schlicht *Rembrandt and Saskia at Breakfast*,[20] und
noch 1966 gibt ihm Kurt Bauch den kaum über das bloß Autobiographische
hinausdeutenden Titel *Rembrandt und Saskia in historischen Kostümen an der
Tafel*.[21] Angesichts der Tatsache, daß Hoffmann dieses Gemälde mit Sicherheit
gesehen hat und daß die Beschreibung der Frauenfigur in der *Sylvester-Nacht*
deutlich mit ihm korrespondiert, meine ich, daß Hoffmann in diesem Bild offenbar mehr erkannte als die damalige Kunstwissenschaft, als er ein Rem-
brandtgemälde unter die »Warnungstafeln« subsumierte. Hoffmanns Wahrnehmung hat, so scheint es, die heutige Titelgebung antizipiert – wenn auch
nicht bestimmt, wie es nach Bernard Dieterle bei Johann Erdmann Hummels
Gemälde *Gesellschaft in einer italienischen Lokanda* der Fall war:

> Indem Hoffmann die *Gesellschaft in einer italienischen Lokanda* durch den Titel und den
> Inhalt seiner Erzählung als Darstellung einer *Fermate* umdeutet, rechtfertigt er die selt-
> same Bewegungslosigkeit der dargestellten Gestalten […]; er verleiht dem dargestellten
> Augenblick eine gewisse natürliche Dauer und hebt damit seinen transitorischen Charak-
> ter auf. Hoffmann motiviert – im linguistischen Sinn – Hummels Gemälde mittels seiner
> Fiktionalisierung. Wie vorzüglich und überzeugend ihm das gelungen ist, beweist die
> Tatsache, daß die *Gesellschaft in einer italienischen Lokanda* fortan nur noch unter dem
> literarischen Titel *Die Fermate* geführt wurde.[22]

Hoffmanns *Die Fermate* wurde zwischen *Sylvester-Nacht* und *Artushof* verfaßt;
zusammen bilden diese drei Texte eine Serie von Erzählungen mit malerischen
Bezügen, die ästhetisch höchst unterschiedlich gestaltet sind: Das Spektrum
von Hoffmanns medialer Interferenz reicht hier von der versteckten Anspielung
bis zur ausführlichen Beschreibung eines namentlich genannten oder durch
seinen Ausstellungsort zweifelsfrei zu identifizierenden Bildes, von der Funktion eines Gemäldes in einer Rahmenhandlung bis zur Verquickung von bildlicher Realität und literarischer Realität. Die *Sylvester-Nacht* ist die ästhetisch
subtilste Gestaltung der medialen Interferenz, doch ist die Heranziehung der im
Umkreis entstandenen Erzählungen aufschlußreich für Hoffmanns ästhetische
Sensibilität für Malerei sowie für seine thematischen Präokkupationen.

   Das heißt, in allen Fällen handelt es sich um das traditionelle christliche Motiv vom verführerischen weiblichen Körper, der den Mann vom Pfad der Tu-

---

tiphars Weib aber erst nach 1830 nach Berlin kam, so daß Hoffmann es dort nicht gesehen haben kann.
Vgl. dazu: Bode, Bd. 6, S. 36; vgl. auch Bd. 3., S. 58 sowie Bd. 4, S. 119. Siehe auch den Text zu
Rembrandt und Saskia im Gleichnis vom verlorenen Sohn in: Angelo Walther, S. 313, wonach dieses
Gemälde »1751 durch Le Leu aus Paris« nach Dresden kam.

   20 Vgl. Bode, Bd. 3, S. 58.

   21 Vgl. Bauch, S. 535. Vgl. dagegen Christopher Brown, Bd. 1, S. 74: »Rembrandt painted this
self-portrait with Saskia a year or so after their marriage in June 1634. The setting and the couple's rich
dress make it clear that the painting tells the story of the Prodigal Son who ›took his journey into a far
country, and there wasted his substance with riotous living‹ (Luke 15:13). Why Rembrandt should
show himself as the Prodigal Son is unclear: perhaps it is a confession of the extravagant side of his
own nature«.

   22 Dieterle, S. 69.

gend, nämlich der Sublimation des Sensuellen, abbringt. Hoffmann hat diese christliche Symbolik bereits in den *Elixieren* aufgegriffen und ästhetisiert.

Der Traum verknüpft die Figuren und das dem Traum unmittelbar vorausgehende Erleben des Enthusiasten aus Teil 1 und 2, zeigt aus der Perspektive der den Enthusiasten spiegelnden Figuren des Kleinen und des Großen Julia in neuem Licht und deutet durch einen nur vom Ende der Erzählung her verständlichen Satz Julias (vom Spiegelbild in ihrem Besitz) auf Teil 4. Hier nehmen also in der Sprache des Traumes, ganz wie Schubert in seiner *Symbolik des Traumes* es ausdrückte, »Ideenverbindungen einen viel rapideren, geisterhafteren und kürzeren Gang oder Flug«.[23] Dem Traum kommt ästhetisch eine integrierende Funktion zu. Überdies hat der Traum prophetischen Charakter,[24] antizipiert er doch sowohl Aspekte der nachfolgenden Erzählung von Erasmus Spikher als auch die sich im Postskriptum manifestierende Distanzierung des Enthusiasten von Julia. Überlagert wird der prophetisch-integrative Charakter dieses Traumes von der neueren, Mitte des 18. Jahrhunderts beginnenden Tradition des psychologischen Traumdiskurses, der »Einblicke in Charakter und Leitideen des Träumers gewährt«.[25] Doch im Gegensatz zu psychologischen Träumen im Freudschen Sinne, die verdrängte sinnliche Triebwünsche inszenieren, handelt es sich hier um einen Traum, der das Streben nach Sublimation und Transzendenz zum Ausdruck bringt: er imaginiert nicht sinnliche Erfüllung mit Julie, sondern eine ablehnend-kritische Perspektive auf sie, während der Protagonist (hier mit Schlemihl verschmelzend) über den banalen Alltagsdingen schwebt. Dieser Traum zielt also auf eine Bewußtseinserweiterung *nicht* in Richtung des Es, sondern des Über-Ich. Von daher läßt sich vielleicht sagen, daß Hoffmann hier an das von Novalis »als Ideal angestrebte ›wache Träumen‹«[26] des literarischen Traumes anknüpft, obwohl er, wie noch zu zeigen sein wird, gleichzeitig inhaltlich vom Utopieversprechen Novalis' abrückt.

3.3.5 Erasmus als Bilderbuchfigur und Guilietta als Rubens-Figur

Aus seinem Traum erwachend, findet der Enthusiast am Morgen ein Manuskript vor, das durch die Gleichzeitigkeit seiner Niederschrift mit dem Traum des Enthusiasten und wegen der nebelhaften und mit dem Enthusiasten verknüpften Identität seines Autors selbst in die Nähe des Traumes rückt.

Es macht Teil 4 der Erzählung aus. Hier wird in der 3. Person, mit ironischen und burlesken Zügen durchsetzt, die Geschichte von Erasmus Spikher erzählt. Durch die renaissanceartige Kleidung des Erasmus mit geschlitztem Wams und Federnbarett wird er offen als fiktionale Figur charakterisiert, nämlich »wohl aus einem alten Bilderbuch herausgestiegen« (H2/1, S. 346). Er läßt

23 G.H. Schubert, Die Symbolik des Traumes, S. 1.
24 Vgl. ebd., S. 23. Zum Diskurs des prophetischen literarischen Traumes vgl. auch Engel, Die Erfindung der Verdrängung? Literarische Träume der Spätaufklärung, S. 1051f.
25 Vgl. Engel, »Träumen und Nichtträumen zugleich«, S. 151.
26 Ebd., S. 164.

Frau und Kind zurück, um nach Italien zu reisen und verliebt sich dort in die schöne Giulietta.

Als fünfter Maler, dessen Frauendarstellung die Julia/Giulietta-Gestalt gleicht, wird Rubens genannt:

aus dunkler Nacht trat in den lichten Kerzenschimmer hinein ein wunderherrliches Frauenbild. Das weiße, Busen, Schultern und Nacken nur halb verhüllende Gewand mit bauschigten bis an die Ellbogen streifenden Ärmeln floß in reichen breiten Falten herab, die Haare vorn an der Stirne gescheitelt, hinten in vielen Flechten heraufgenestelt. – Goldne Ketten um den Hals, reiche Armbänder um die Handgelenke geschlungen vollendeten den altertümlichen Putz der Jungfrau, die anzusehen war, als wandle ein Frauenbild von Rubens oder dem zierlichen Mieris daher. (H2/1, S. 344)

Giulietta wird mit fast den gleichen Worten wie Julia in Teil 1 beschrieben, doch mit dem Zusatz des Hell-Dunkel Kontrastes einer Nachtszene und mit goldenen Ketten um den Hals. Am nächsten kommt dieser Beschreibung wohl das stark mit Hell-Dunkel-Effekten arbeitende Gemälde von Judith, die den Kopf des Holofernes in einen Sack steckt.[27] Allerdings trägt die Judith auf diesem Rubens-Gemälde eine doppelte Perlenkette, keine goldene. Hoffmann hat mit Sicherheit nicht das Original dieses Gemäldes gesehen, vielleicht aber eine von den zahlreichen Radierungen des Judith-Motivs nach Rubens. In Frage kommt auch eine Rubensche Bathseba-Darstellung, die in Dresden hängt.[28] Doch ist diese Frau noch weniger bekleidet als die in der Erzählung beschriebene und trägt keine Halskette. Für Rubens läßt sich also ein der Erzählung entsprechendes Gemälde, das Hoffmann gesehen haben kann, weniger überzeugend nachweisen als für die anderen vier Maler.

Giulietta bringt in Kooperation mit Doktor Dapertutto Erasmus dazu, ihr sein Spiegelbild – den »Traum [s]eines Ichs« (H2/1, S. 349) – zu überlassen. Ohne Spiegelbild wird er zum ruhelos umherziehenden gesellschaftlichen Außenseiter.

Das Postskriptum des Enthusiasten verwischt mit der Formulierung, »daß nur zu oft eine fremde dunkle Macht sichtbarlich in mein Leben tritt und den Schlaf um die besten Träume betrügend mir gar seltsame Gestalten in den Weg schiebt« (H2/1, S. 359), die in der Erzählung scheinbar vorhandenen Grenzen zwischen Traum und Wirklichkeit. Hier klingt der im Vorwort des Herausgebers gegebene Hinweis auf die fehlende Grenzlinie zwischen innerem und äußerem Leben beim Enthusiasten an (vgl. H2/1, S 324), so daß Vorwort und Postskript einen Rahmen bilden für die Interpretation der vier Binnenstücke,

---

27 Vgl. die Abbildung des in Florenz befindlichen Gemäldes Judith Putting the Head of Holofernes in a Sack in: D'Hulst/ Vandenven, Katalognr. 52, Abb. 114. Die Zuschreibung an Rubens ist umstritten, doch eine Radierung dieses Gemäldes aus dem frühen 18. Jahrhundert ist designiert als Kopie nach Rubens (vgl. D'Hulst/ Vandenven, Abb. 116 und S. 166-167). Vgl. auch das Gemälde und die Radierungen von Judiths Enthauptung des Holofernes in diesem Band, Abb. 113, 109, 112.

28 Vgl. die Abbildung von Rubens' Bathseba am Springbrunnen, den Brief Davids erhaltend in: Angelo Walther, S. 335, Galerienummer 965. Laut Katalog wurde das Gemälde 1749 durch Le Leu aus Paris für die Dresdener Galerie erworben.

die somit als eine Phantasie oder Projektion des Enthusiasten zu lesen sind. Der Schlaftraum innerhalb dieser Phantasie des Ichs hat die Funktion, die in Julia personifizierte Idealvorstellung des Ichs durch Verschränkung mit anderen Erscheinungsformen des Ichs in neuem Licht erscheinen zu lassen und damit einer Distanzierung und Neubewertung zugänglich zu machen. Im Traum des Enthusiasten identifiziert Schlemihl Julia mit seiner Braut Mina und verweist auf ihre Ehe mit einem nichtswürdigen Mann, widerlegt also die Vorstellung von ihrem angeblich überirdischen Wesen jenseits der Niederungen des Alltags. Der Kleine dagegen betont die seelische Gefahr für den Enthusiasten, die von der Verlockung der verführerischen Frau ausgeht. Erst in der darauffolgenden Geschichte des Erasmus Spikher wird deutlich, daß die Gefahr für den Enthusiasten darin liegt, sein Ideal in einer konkreten Frau besitzen zu wollen, und damit den Traum seines Ichs zu verlieren, den der Künstler als Ideal in sich tragen solle, um es im Kunstwerk zu konkretisieren, so wie es dem im Bierkeller diskutierten Maler Philipp gelungen ist. Eine durchaus romantische Kunstvorstellung also von der auf das Transzendente, auf das Ideale gerichteten Kreativität des Künstlers, die hier aber – in einer entscheidenden Verlagerung gegenüber der Frühromantik und besonders gegenüber Novalis – dem Künstler die Unterscheidung zwischen Ideal und Wirklichkeit zur Aufgabe macht, statt sie über den Umweg der toten Geliebten zur Deckung zu bringen. Vor allem ist es eine mit großer erzählerischer Subtilität vorgetragene Vorstellung vom rechten Verhältnis zwischen Kunst, Leben und Idealität.

3.4 Die literaturwissenschaftliche Situierung der *Sylvester-Nacht* jenseits der Romantik

Diese hoch artifizielle Erzählung, die die Textaussage auf drei miteinander in Beziehung zu setzende Figuren aufteilt und in Anspielung auf Diskurse in der darstellenden Kunst evoziert, gehört nicht zu den Texten Hoffmanns, die schon seit Jahrzehnten im Zentrum interpretatorischer Bemühungen stehen, geschweige denn im Rahmen der Intermedialitätsdebatte herangezogen worden sind. Sie hat aber neben einer sehr dicht und überzeugend argumentierenden textanalytischen und kontextualisierenden Studie von Jean Giraud[29] aus dem Jahre 1971 zwei Bachtinsche Lesweisen inspiriert. Die eine stammt aus dem Jahre 1985, es ist ein relativ kurzer Aufsatz von Todd Kontje im *German Quarterly*.[30] Die andere, wesentlich längere, umfaßt die erste Hälfte von Elena Nährlich-Slatewas 1995 erschienenem Buch *Das Leben gerät aus dem Gleis. E. T. A. Hoffmann im Kontext karnevalesker Überlieferungen*. Beide Bachtinsche Interpretationen laufen darauf hinaus, die Erzählung als prinzipiellen Bruch mit der frühromantischen Ästhetik zu lesen. Letztere wird definiert

---

29 Malerische Bezüge spielen eine untergeordnete Rolle in Girauds ausgezeichneter Studie. Vgl. Giraud, »Die Abenteuer der Silvester-Nacht«, S, 113, Anmerkung 12.

30 Vgl. Kontje, S. 348-360.

durch die Privilegierung der Originalität des Künstlers und das Streben nach Transzendenz.

Daß der Enthusiast sich selbst in fiktionalen anderen Charakteren reflektiert, wertet Kontje (von Barthes und Bachtin her) als Illustration des Diktums, daß das Selbst »a construct of a variety of different idioms«[31] sei, der Autor nicht eine gegebene Sprache spreche, sondern durch sie spreche oder, hier zitiert Kontje Bachtin, »that he merely ventriloquates«.[32] Die hinter den drei Figuren zu erkennenden Bezüge auf die Biographie Hoffmanns sind ihm Beweis für »the dissolution of the self implied by the triplication of Hoffmann's biography«,[33] statt darin eine ästhetisch vermittelte Klärung der eigenen Position im Spiegel der Kunst zu erkennen. Die Funktion des Traumes, die Kohärenz der scheinbar disparaten Teile der Erzählung und des Ichs herzustellen, wird also in dieser Interpretation in ihr Gegenteil verkehrt: Multiplizität ist einer bestimmten modernen Sensibilität nur noch als Auflösung und Fragmentierung denkbar. Die Komplexität der Erzählung, die auf Spiegelung, Variation und dem Durchspielen von Leitmotiven beruht, die bald wörtlich, bald metaphorisch, bald traumwandlerisch zu verstehen sind, entgeht einem Blick, der aus der Abwesenheit einer linearen Progression durch eine Reihe von Ereignissen folgert, »we have a series of repetitions of the same basic plot to the point where it becomes impossible to tell what is original and what is quote, what an event and what a memory.«[34] Die komplexe Spiegelung des Ichs in Traum und Phantasie liest Kontje als Hoffmanns

implicit critique of the early Romantic faith in the sovereignty of the individual's creative imagination, stressing instead how much one's seemingly unique self is a product of the various intersubjective codes within which one is inscribed. The artist becomes less the possessor of an authentic voice which produces pristine aesthetic worlds than the playful manipulator of these various discourses.[35]

Wo aber Kontje nur Wiederholung sieht, wird tatsächlich ein Thema in Variationen durchgespielt, weitergeführt und zu einem Abschluß gebracht. Hoffmanns große Leistung besteht darin, diesen Abschluß allein durch die Struktur seiner Erzählung zu bezeichnen. Ebensowenig wie ein Komponist faßt er am Ende seines Werkes in diskursive Sprache, was es bedeutet. Das zu erkennen, bleibt dem Leser überlassen, der die Veränderungen im durchgespielten Thema genau wahrnehmen muß. Wenn der Enthusiast am Schluß sich im Unterschied zu Erasmus Spikher seines Spiegelbildes versichert, dagegen in Julia Giulietta erkennt, Himmelsbild und Höllengeist wie zwei Seiten der gleichen Medaille nebeneinandersetzt, und vor allem glaubt, daß »die holde Julia aber jenes verführerische Frauenbild von Rembrandt oder Callot war, das den unglücklichen Erasmus Spikher um sein schönes ähnliches Spiegelbild betrog« (H2/1, S. 359),

---

31 Ebd., S. 356.
32 Bachtin zitiert nach Kontje, S. 357.
33 Kontje, S. 358.
34 Ebd., S. 357.
35 Ebd., S. 349.

sind die Endstationen auf seinem Weg der kunsthistorisch markierten Einsicht bezeichnet, die er aus der phantastischen Spiegelung und traumhaften Verdichtung in den Geschichten von Schlemihl und Erasmus Spikher gewonnen hat. Nicht »desperate tonality«[36] charakterisiert also den Ton des Postskripts, sondern Humor, was den Schmerz über das Verwelken eines Blütentraumes am Sylvesterabend (vgl. H2/1, S. 326) durchaus einschließt – nämlich den Traum, Ideal und Wirklichkeit in einer konkreten Frau zur Deckung bringen zu können.

Hatte Kontje vornehmlich mit Bachtins Sprachbegriff gearbeitet, wonach das Wort immer schon halb jemand anderem gehört, um Hoffmanns Erzählung jenseits der Romantik anzusiedeln, so arbeitet Nährlich-Slatewa auf das gleiche Ziel hin mit dem Begriff des Karnevalesken. Zunächst versucht Nährlich-Slatewa, die Erzählung auf Bachtins Vorstellung vom volkstümlichen, universalen Charakter des Karnevals mit seiner Überwindung von sozialen Schranken hin zuzuschneiden. Deshalb negiert sie, daß es sich um eine Künstlererzählung handelt. Nach Nährlich-Slatewa behandelt die *Sylvester-Nacht* »keinen Künstler als Hauptfigur«,[37] was »ohne Einschränkung für Erasmus Spikher, und mit Einschränkung für den reisenden Enthusiasten«[38] gelte. Hauptthema der Erzählung sei vielmehr »die Lebensmacht der Liebe«.[39] Der Künstler, so Nährlich-Slatewa, »interessiert den Autor [nur] als Grenzfall des Menschseins«,[40] das er aus unpathetischer, grotesker, karnevalesker Perspektive von unten sehe. Nun wird zwar Spikhers Beruf nie erwähnt, doch seine Italienreise und der textstrukturierende Bezug sämtlicher Hauptpersonen auf Gemälde rückt die Erzählung sehr wohl in den Franz-Sternbald-Kontext. Am Traum der Erzählung interessiert Nährlich-Slatewa vor allem, daß er »nach dem Prinzip der karnevalesken Mesalliancen strukturiert« ist, d.h. als »Annäherung des konventionell Fernen und Getrennten«.[41] Nun hätte für diesen Befund schon Hoffmanns Zeitgenosse Schubert mit seiner *Symbolik des Traumes* ausgereicht, man hätte nicht Bachtin dafür bemühen müssen. Doch Nährlich-Slatewa widmet den Großteil ihrer Interpretation der Geschichte von Erasmus Spikher, die sie ganz zu Recht ebenfalls in den Kontext des Traumes rückt. Und in diesem Teil der Erzählung bemüht sich die Autorin, die *»Entthronung, Profanierung und Erniedrigung* der romantischen Idee von der Überwindung des Vergänglichen durch die Erhebung über das Irdische«[42] aufzuzeigen, wie es nach Bachtin das Karnevaleske auszeichnet. Erasmus Spikhers romantischer Traum von der Verschmelzung in der Liebe und im Tod werde »als usurpatorische Überwindung des Unterschieds zum Anderen« entlarvt und romantische Identitätsphilosophie

---

36 Ebd., S. 358.
37 Nährlich-Slatewa, S. 38.
38 Ebd.
39 Ebd., S. 80.
40 Ebd., S. 40.
41 Ebd., S. 83.
42 Ebd., S. 95.

»als eine Art Wahnsinn«[43] enthüllt. Daß Erasmus' Liebesvorstellung erzählerisch als falsch entlarvt wird, unterliegt wohl keinem Zweifel, sie jedoch als
identisch mit *der Romantik* anzusetzen und Hoffmann einfach jenseits der
Romantik und jenseits vom Streben nach Transzendenz zu situieren, wird der
Komplexität der Erzählung kaum gerecht. Der von seinem Sohn auf Erasmus'
Gesicht aufgetragene Ofenruß konnotiert nach Nährlich-Slatewa in einer der
ältesten karnevalesken Masken Spuren der Liebesleidenschaft, jedoch als Profanierung. Die Überprüfung »der romantischen Idee vom Leben in Liebe und
Kunst als Inbegriff des Lebendigen und Kreativen« enthülle diese Idee als
»zutiefst menschen- und lebensfeindlich«,[44] denn die Befreiung vom Alltagsle-
ben berge die Zerstörung des Lebens in sich und tendiere zum Verbrechen.
Nach Nährlich-Slatewa distanziert sich Hoffmann in dieser Erzählung »sehr
deutlich von der romantischen Kunstreligion«,[45] mache dagegen Frau Spikher
zur Sprecherin »der verschmähten alltäglichen Lebenswirklichkeit«, der das
letzte Wort gegeben werde.[46] Nun ist es nicht eben leicht, eine komisch-
beschränkte Figur innerhalb einer hochintellektuellen und ironischen Erzählung, die vom Spiel der verschiedenen Erzählebenen lebt, zur Statthalterin einer
höheren Wahrheit zu stilisieren. So entbehrt es nicht der Komik, wenn Frau
Spikher zur Vertreterin des von Bachtin – sowohl mit dem als auch gegen den
Marxismus – idealisierten Volkes und seiner Weisheit stilisiert wird: »Die
Wahrheit von Frau Spikher erwächst aus dem in der Volksfrömmigkeit lebendigen kulturellen Gedächtnis, das uralte christlich-heidnische Glaubensvorstel-
lungen aufbewahrt und weitergibt.«[47] Die Bachtins Konzept des Karnevalesken
charakterisierende Mischung von Traditionalismus, Messianismus, Revoluti-
onspathos, Populismus und ästhetischer Avantgarde findet ihren unfreiwillig
komischen Ausdruck in Nährlich-Slatewas Belobigung der Leute im Wirtshaus
und der frommen Hausfrau des Erasmus für ihre Zurückweisung des spiegelbildlosen Erasmus als revolutionäre Tat: »die Forderung nach dem *vollständigen, doppelten Menschen*, kommt von Unten [...] in der Volksfrömmigkeit
schlummert das andere, uralte ästhetische Bewußtsein, das *als Norm das Zwie-
fache* ansieht.«[48]

Während Nährlich-Slatewa einerseits isolierte Züge der Erzählung auf eine
Checkliste des Karnevalesken bezieht, etwa so wie manche Interpreten Freudschen Symbolen nachjagen, vernachlässigt sie andererseits die Analyse der in
der Erzählung vorhandenen verschiedenen kulturhistorischen Bezüge im Kontext des ästhetischen Bedeutungsgefüges. Statt dessen beruft sie sich auf nur
zwei der vielen malerischen Intertexte der Erzählung in der Konjektur, »daß
das in Italien verlorene Spiegelbild auf die Kunst der Renaissance zurückver-
weist«, für deren Menschenbild es charakteristisch sei, daß es »den lebendigen

---

43 Ebd., S. 90.
44 Ebd., S. 101.
45 Ebd., S. 100.
46 Ebd., S. 102.
47 Ebd., S. 101.
48 Ebd., S. 106.

menschlichen Körper im Augenblick höchster Vollendung zum Stillstand bringt und den Sieg über die Zeit als Zeitlichkeit, d.h. den Sieg über den Tod feiert«.[49] Dieses Menschenbild der Renaissance sieht Nährlich-Slatewa zum einen in der malerischen Praxis des zeitgenössischen Malers Philipp verkörpert, die von der Gesellschaft im Keller diskutiert wird. In Philipp liest Nährlich-Slatewa nicht das Ideal, das die Erzählung von der Beziehung des Künstlers zur Muse und zur Kunst entwirft. Vielmehr deutet sie die erregte, egozentrische Reaktion des spiegelbildlosen Kleinen auf die metaphorische Beschreibung der beiden Gesprächspartner, Philipps Gemälde sei kein Portrait, sondern ein Bild, doch so wahr, »wie aus dem Spiegel gestohlen« (H2/1, S. 336), als Hinweis, daß der Maler Philipp auf ästhetischem Gebiet sich tatsächlich des gleichen Verbrechens schuldig gemacht habe wie Giulietta und Doktor Dapertutto gegenüber Erasmus Spikher. Daß diese angebliche ästhetische Schuld des Nazareners Philipp Veit auf die Renaissance verweise, wird durch nichts anderes als Nährlich-Slatewas oben zitierte Vorstellung des Menschenbildes *der* Renaissance gestützt. Zweitens beruft Nährlich-Slatewa sich auf den geschlitzten Wams und das Federnbarett des Erasmus als Signal, daß seine Kleidung auf die Renaissance als kulturhistorischen Raum des vierten Teils der Erzählung verweise. Aus der Signalisierung dieses kulturhistorischen Handlungsspielraums eines Teils der Erzählung schließt die Autorin sodann, daß die gesamte Erzählung auf eine Kritik des Menschenbildes der Renaissance in der Kunst ziele.

Für Nährlich-Slatewa symbolisieren die Warnungstafeln von Breughel, Callot und Rembrandt die Versuchung, dem Lockruf »nach Verewigung des höchsten Glücks in Liebe und Kunst zu folgen«.[50]

Nun ist an dieser Erzählung auffällig, daß die Gefahr, sein Spiegelbild oder seinen Schatten zu verlieren, an einer Reihe von zeitgenössischen Figuren aufgefächert wird, die dann phantastisch-traumhaft in einer märchenhaften Figur konkretisiert wird, die auf den Franz-Sternbald-Kontext einer romantischen Sicht auf die Renaissance verweist. Daß aber zeitgenössische Kunstvorstellungen im Zentrum dieser Erzählung stehen, und nicht die der Renaissance, zeigt sich an zwei Dingen. Zum einen werden in Erasmus' Geschichte keinerlei Kunstwerke der Renaissance erwähnt, geschweige denn einer Kritik ausgesetzt. Zum anderen wird die angebliche Renaissance-Giulietta anachronistisch mit Gemälden von Malern aus dem 17. Jahrhundert (Rubens und Mieris) verglichen. Es geht hier also nicht um eine Kritik der historischen Renaissance, sondern um die Klärung einer spätromantischen Position, für die auf eine ganze Reihe dichterischer und malerischer Intertexte, und zwar vor allem aus dem 17. Jahrhundert, zurückgegriffen wird. Meine Analyse der ästhetisch äußerst verschiedenen Bilder, auf die diese Erzählung anspielt, weist auf einen ganz anderen gemeinsamen Fokus als das Menschenbild in der Malerei der Renaissance. Daß überdies die auf so schmaler Basis beruhende Verallgemeinerung nicht nur hinsichtlich der Intention dieser Erzählung, sondern hinsichtlich der Kritikwür-

---

49 Ebd., S. 107.
50 Ebd., S. 112.

digkeit der Renaissance als ganzer äußerst fragwürdig ist, wird deutlich, wenn man sich ins Gedächtnis ruft, daß sich Nährlich-Slatewa darin in Übereinstimmung mit Bachtin glaubt. Da Rabelais der literarischen Renaissance angehört und sich nach Bachtin positiv auf den grotesken Realismus der Renaissance bezieht, ferner Bachtin Hieronymus Bosch und Brueghel d. Ä. als malerische Äquivalente der Renaissance zu Rabelais begreift,[51] ist eine solch undifferenzierte Ablehnung der Renaissance gerade in einer Bachtinschen Lesweise schwer zu begreifen.

Für Nährlich-Slatewa symbolisieren die Warnungstafeln von Breughel, Callot und Rembrandt die Versuchung, dem Lockruf »nach Verewigung des höchsten Glücks in Liebe und Kunst zu folgen.«[52] Wie meine Analyse der Ikonographie dieser von Hoffmann evozierten Bilder jedoch zeigte, stehen sie vielmehr in der christlichen Tradition, die vor den Verlockungen irdischer Genüsse warnen und den Menschen zur Sublimation aufrufen. In der *Sylvester-Nacht* greift Hoffmann auf diese christlichen Warnungen vor unsublimiertem Genuß zurück, um zwischen der Liebe zur Kunst und der Liebe zu einer konkreten Frau, zwischen Transzendentem und Konkretem, Ideal und Wirklichkeit zu differenzieren.

Diese Erzählung argumentiert also – wie *Die Jesuiterkirche*, *Artushof* und viele andere Werke Hoffmanns – für ästhetische Sublimation, für eine hoch individuelle Subjektkonstituierung im Medium der Kunst, für individuelle Vervollkommnung. Bachtins Privilegierung der niederen Körperfunktionen und des Gattungswesens Mensch in seinem Konzept des Karnevalesken steht all dem diametral entgegen. Im Gegensatz zu von Matt, der den Vorgang der Ablösung der künstlerischen Idealvorstellung von einer konkreten Person der Außenwelt und die Konstituierung des Ideals allein in der Innenwelt des Künstlers negativ bewertet als »autistische Daseinserfahrung«,[53] »autistisches Mythologem«,[54] »Verneinung von Natur, Gesellschaft und personalem Gegenüber«,[55] sehe ich darin einen modernen psychologischen Reifeprozeß mit bemerkenswerter Differenziertheit beschrieben. Das heißt aber nicht, daß Hoffmanns Modernität bruchlos an die unsere anschließe. Konservative Weiblichkeitskonzepte fungieren paradoxerweise als Vehikel der Umformulierung des Utopieversprechens der Frühromantik. Mit Rekurs auf den in der Malerei etablierten Topos der vom weiblichen Körper ausgehenden Verführung wird das Ideal nicht mehr in der konkreten Frau personifiziert, Erfüllung wird nicht mehr durch Vereinigung mit der Verkörperung des Ideals in einer geliebten Frau versprochen. Dennoch postuliert diese Erzählung keinen postmodernen Verzicht auf das Ideal, sondern vielmehr dessen Introjektion: der Enthusiast versichert sich am Ende seines Spiegelbildes, d.h. des Traumes seines Ichs. Nach von Matt führt der beschriebene Prozeß der Verinnerlichung des Ideals dazu,

---

51 Vgl. Bachtin, Rabelais und seine Welt, S. 77.
52 Nährlich-Slatewa, S. 112.
53 Von Matt, S. 74.
54 Ebd., S. 85.
55 Ebd., S. 161.

»daß der Schauende in der Gesellschaft und in der Natur nur noch als ein Erstarrter, ein Petrefakt, ein Gliedermann anwesend sein kann«.[56] Zwar trifft dies für den von Hoffmann wiederholt dargestellten falsch gelaufenen Prozeß der Verinnerlichung des Ideals zu. Der Enthusiast in der *Sylvester-Nacht* jedoch demonstriert in dem scherzhaft-schmerzlichen Ton seines Postskriptums intensive Lebendigkeit. Sein Festhalten am Traum seines Ichs, an seinem Spiegelbild, im Gegensatz zu Erasmus Spikher, zeigt, daß dieser Prozeß von Hoffmann auch als erfolgreich imaginiert werden konnte.

3.5 Literarisch-philosophische Diskurse um 1800 als Vermittler des erzählerischen Rückblicks auf malerische Diskurse über Weiblichkeit im 17. Jahrhundert

Alle der von mir als versteckte Referenzpunkte der *Sylvester-Nacht* identifizierten Gemälde und Radierungen aus dem 17. Jahrhundert thematisieren das traditionelle christliche Motiv der Warnung vor irdischen Genüssen und appellieren an den Menschen zu entsagen – in sehr unterschiedlicher malerischer Direktheit und bei teilweise gleichzeitig schwelgerischem Genuß an den weiblichen Formen. Ikonographisch ist es immer der weibliche Körper, der die Verführung zur Sünde symbolisiert und den Mann vom Pfad der Tugend, nämlich der Sublimation des Sensuellen, abbringt. In der *Sylvester-Nacht* ermöglicht die semiotische Aufladung der Julia-Gestalt durch ihren Vergleich mit Frauengestalten aus der Malerei des 17. Jahrhunderts sowie die Spiegelung des Enthusiasten in literarischen Figuren des romantischen Diskurses (in der Schlemihl-Gestalt des Großen und in der Suwarow-Gestalt des Kleinen, der in Teil 4 dann den Namen Erasmus Spikher bekommt und durch die Italienreise in den Franz-Sternbald-Kontext gerückt wird) eine hochkomplexe narrative Erkundung über verschiedene mögliche Facetten der Beziehung zwischen dem männlichen Ich, dem in der Frau verkörperten Ich-Ideal und der Kunst. Die in den malerischen »Warnungstafeln« beschworene Gefahr besteht für den Enthusiasten darin, wie Erasmus Spikher sein Ideal in einer konkreten Frau besitzen zu wollen – und damit den Traum seines Ichs zu verlieren, den der Künstler als Ideal in sich tragen sollte, um es im Kunstwerk zu konkretisieren. Es handelt sich also in dieser Erzählung nicht um eine karnevaleske Degradierung idealistischer Kunstvorstellungen, wie Elena Nährlich-Slatewa meint,[57] sondern um eine durchaus romantische Kunstvorstellung von der auf das Transzendente, auf das Ideale gerichteten Kreativität des Künstlers, die hier aber – in einer entscheidenden Verlagerung gegenüber Schlüsseltexten der Frühromantik wie Novalis' *Ofterdingen*, Tiecks *Sternbald* oder Schlegels *Lucinde* – dem Künstler die Unterscheidung zwischen Ideal und Wirklichkeit zur Aufgabe macht, statt sie, oft über den Umweg der toten Geliebten, zur Deckung zu bringen. Vor allem

---

56 Ebd., S. 159.
57 Vgl. Nährlich-Slatewa, S. 95-106.

ist die *Sylvester-Nacht* eine mit großer erzählerischer Subtilität gestaltete Darstellung des rechten Verhältnisses zwischen Kunst, Leben und Idealität. Auf einen allwissenden Erzähler verzichtend, vermittelt die Erzählung ihren Sinnentwurf durch die Auffächerung von Persönlichkeitskomponenten in eine Reihe von fiktionalen Figuren und ikonographischen Signalen, die das Durchspielen und Variieren einer Motivkonstellation erlaubt und im Konkreten das implizierte Metaphorische durchscheinen läßt. Der Zielpunkt des durch die vielfachen Spiegelungen erreichten Erkenntnisganges des Enthusiasten – nämlich der Verzicht auf die Entäußerung seines Spiegelbildes, der symbolischen Chiffre für die Projektion des künstlerischen Ideals auf die Frau – wird im Postskript fragend und ironisch eher schwebend angedeutet als festgeschrieben.

Die Konsistenz der in den evozierten Bildern dargestellten Thematik von der verführerischen Wirkung des weiblichen Körpers – unabhängig von verschiedenen malerischen Genres, von malerischer Technik und von malerischen Perspektiven auf das Thema – beweist, daß der Bezug auf dieses Thema in der Erzählung ein sehr bewußt reflektierter ist, also nicht einer, in der der Autor als bloßer Bauchredner von kulturellen Diskursen fungiert, wie Todd Kontje behauptet.[58] Vielmehr dokumentiert der Text durch den Rekurs auf dieses malerisch so unterschiedlich gestaltete Thema seine aktive Teilhabe an einer kulturellen Tradition, die von der aktuellen kulturellen Chiffrierung des Weiblichkeitsbildes deutlich unterschieden ist. Über die Vermittlung welcher Instanzen dieses Thema der Malerei im 17. Jahrhundert von einem Autoren des frühen 19. Jahrhunderts tradiert wurde, ist kulturwissenschaftlich von großem Interesse. Aufschluß darüber wäre nicht nur für das intellektuelle Profil des Autors Hoffmann interessant, sondern auch rezeptionsgeschichtlich von Bedeutung – würden die Vermittlungsinstanzen der Tradition doch Aufschluß darüber geben, mit welchem kulturellen Erwartungshorizont und welcher Verstehensmöglichkeit der Autor rechnen konnte. In einer romantischen Erzählung, die Bedeutung schwebend konstituiert, ist das besonders wichtig: Denn für Leserinnen und Leser, die die malerischen Anspielungen verstehen, fungieren sie als einigendes Band in einer nur auf den ersten Blick willkürlich auseinander laufenden Erzählung; sie sind Teil der romantischen Ironie, die es darauf ankommen läßt, daß manche Leser eine solch indirekte, schwebende Bedeutungskonstitution nachvollziehen und andere nicht.

In meinem Versuch, den zeitgenössischen diskursiven Kontext zu rekonstruieren, der gerade im Hinblick auf die Malerei für diese Erzählung eine Rolle gespielt hat, habe ich nach folgendem gesucht: (1) Diskurse über die in der Erzählung genannten Maler und die evozierten Kunstwerke; (2) Diskurse über das Motiv der gefährlichen verführerischen Weiblichkeit in der Malerei; (3) Diskurse über die in der Frau symbolisierten Gefahren der Sexualität im weiteren kulturellen Umfeld; (4) Diskurse über die Ästhetik der Malerei.

---

58 Vgl. Kontje, S. 357.

3.5.1 Diskurse über die in der Erzählung genannten Maler und die evozierten Kunstwerke

Zunächst ist auffällig, daß die Diskurse bedeutender Theoretiker der Zeit die in der Erzählung genannten Künstler überhaupt nicht oder nur vereinzelt erwähnen. Vor allem jedoch nennen sie nie die Gemälde, auf die die Erzählung anspielt. Diderot äußert sich wiederholt lobend über Rembrandt und bespricht seine *Résurrection de Lazare* und den *Ganymède*, den er in Dresden gesehen hatte.[59] In *Herzensergießungen* faßt Wackenroder die Lebensgeschichte Callots zusammen.[60] Wackenroders und Tiecks Lehrer, der Göttinger Kunsthistoriker Johann Dominik Fiorillo, veröffentlicht zwischen 1798 und 1808 eine fünfbändige *Geschichte der zeichnenden Künste von ihrer Wiederauflebung bis auf die neuesten Zeiten*, in der die italienische, französische, spanische und britische Kunst behandelt wird; im französischen Band wird Callot jedoch nicht erwähnt.[61] Eine Geschichte der deutschen und niederländischen Malerei publiziert Fiorillo erst ab 1815, also nachdem Hoffmann die *Sylvester-Nacht* geschrieben hat.[62] In seiner Zeitschrift *Athenaeum* bespricht August Wilhelm Schlegel in *Die Gemälde. Ein Gespräch* Rubens' *Eine Satyrn- und Tigerfamilie, die zusammen Weinlese halten* und *Quos ego* (eine Neptundarstellung) positiv.[63] Friedrich Schlegel dagegen äußert sich in der Zeitschrift *Europa* kritisch über den Manierismus von Rubens.[64] Mieris und Breughel werden von keinem der genannten Autoren in Schriften erwähnt, die Hoffmann vor der Verfassung seiner Erzählung gelesen haben konnte. Im *Teutschen Merkur* gibt es zwar eine Serie von *Bemerkungen über einige Gemählde in der Gallerie zu Dreßden* eines anonymen Verfassers, in der Rubens einmal figuriert.[65] Doch nicht eines der besprochenen Gemälde stellt eine der Erzählung ähnliche Frauenfigur dar. In der Auswahl der Gemälde, auf die die Erzählung anspielt, hat Hoffmann sich also, unabhängig vom theoretischen Kunstdiskurs seiner Zeit, auf seine unmittelbare Anschauung von Gemälden und Radierungen bezogen.

---

59 Vgl. Diderot, Essais sur la peinture, S. 657-740; vgl auch Diderot, Pensées détachées sur la peinture, S. 693 u. 801, sowie 802, 807, 827, 835.

60 Vgl. Wackenroder, Herzensergießungen eines kunstliebenden Klosterbruders, S. 126.

61 Vgl. Fiorillo, Geschichte der zeichnenden Künste von ihrer Wiederauflebung bis auf die neuesten Zeiten. Dritter Band, die Geschichte der Mahlerey in Frankreich enthaltend.

62 Vgl. Fiorillo, Geschichte der zeichnenden Künste in Deutschland und den vereinigten Niederlanden. Vgl. bes. Bd. 3, zu Rubens S. 1-23; zu Rembrandt S. 117-125; zu Frans van Mieris S. 196-198.

63 Vgl. August Wilhelm Schlegel, Die Gemälde. Ein Gespräch, S. 107-111.

64 Vgl. Friedrich Schlegel, Ansichten und Ideen von der christlichen Kunst, S. 128, 134, 172-178.

65 Vgl. Der Teutsche Merkur, May 1791, S. 53-62; Juni 1791, S. 147-157; May 1793, S. 79-88; November 1793, S. 303-308; zu Rubens: Juni 1791, S. 147-157. Dagegen kann ein anderer Beitrag vielleicht Material für die Sylvester-Nacht geliefert haben, obwohl in ihm das in der Erzählung so zentrale Spiegelmotiv nicht vorkommt, nämlich: Anon., Anekdoten zur Karakterisierung Suwrows. In: Der Neue Teutsche Merkur, Julius 1799, S. 193-206.

3.5.2 Diskurse über das Motiv der gefährlichen verführerischen Weiblichkeit in der Malerei

Meine zweite Frage nach Diskursen über das malerische Motiv der gefährlichen verführerischen Weiblichkeit ergab, daß zwar kein Kunstdiskurs existiert, der unter dieser Perspektive systematisch Kunstwerke verschiedener Maler diachronisch oder synchronisch analysiert hätte. Doch werden sporadisch Kunstwerke beschrieben, die dieses Motiv im biblischen Kontext bearbeiten: August Wilhelm Schlegel widmet dem unterschiedlichen Ausdruck der »Gefühllosigkeit« von zwei Herodias-Figuren von Leonardo da Vinci einige Zeilen.[66] Seine Beschreibung von *Joseph und Potiphars Frau* von Cignani ähnelt der *Sylvester-Nacht* in der Problemkonstellation der sexuell offensiven Frau und des mit der Versuchung kämpfenden Mannes:

> Ihr schwarzes, nicht lockiges Haar ist vorn gescheitelt und hinten zusammengebunden, eine breite goldne Schnur durchschlingt es ein paarmal. Die aufgeworfne Nase, das runde vortretende Kinn, die starken Lippen des geöffneten Mundes, alles deutet auf jugendliche kühne Sinnlichkeit, und in dieser Rücksicht konnte Joseph nicht schlimmer versucht werden. Wie schön stechen seine edlen seelenvollen Züge gegen die ihrigen ab! [...] So ringt eine schöne Seele, die in Gefahr kommt, ihr theuerstes zu verlieren.[67]

Friedrich Schlegel beschreibt im Jahre 1805 in seiner Zeitschrift *Europa* die im Louvre ausgestellte *Judith* von Christoforo Allori.[68] Zwar ist diese Beschreibung von Judith als Heldin geprägt von Schlegels Diktum »von der ursprünglichen Bestimmung« der Kunst, »die Religion zu verherrlichen«.[69] Doch bietet die Sinnlichkeit in Schlegels Charakterisierung der Titelfigur sowie dessen abschließender Verweis, daß nach Fiorillos Kunstgeschichte der Künstler sich selbst und seine Geliebte in diesem Gemälde dargestellt habe, für Hoffmann einen ganz anderen, persönlichen Zugang zum Thema des Bildes: Im Medium des biblischen Kontextes von der für heroische Zwecke eingesetzten weiblichen sexuellen Attraktivität und dessen gefährlicher Konsequenz für den Mann wird hier der Weg bereitet für Hoffmanns Interesse an der Beziehung zwischen Künstler und Muse bzw. zwischen dem Künstler und der Kunst.

3.5.3 Diskurse über die in der Frau symbolisierten Gefahren der Sexualität im weiteren kulturellen Umfeld

Unter den zeitgenössischen Diskursen über die in der Frau symbolisierten Gefahren der Sexualität im weiteren kulturellen Umfeld, meiner dritten Fragestellung, ist an die sexuelle Initiation des Mönchs Ambrosio durch die skrupellose

---

66 Vgl. August Wilhelm Schlegel, Die Gemälde. Ein Gespräch, S. 99-103.
67 Ebd., S. 121f.
68 Friedrich Schlegel, Ansichten und Ideen von der christlichen Kunst, S. 86-87.
69 Ebd., S. 79.

Matilda in Matthew Lewis' Schauerroman *The Monk* zu denken, auf den Hoffmann sich in den *Elixieren des Teufels* bezogen hatte.[70]

Auch ein sehr komplexer Bezug auf das Werk Ludwig Tiecks mag hier zum Tragen kommen: Hoffmann lernte Tieck persönlich am 27. September 1814 in Berlin kennen,[71] doch war sein *Franz Sternbald* schon neun Jahre früher Gegenstand seiner Bewunderung. Am 26. September 1805 hatte Hoffmann aus Warschau an seinen Freund Hippel geschrieben: »Hast Du schon Sternbalds Wanderungen von Tiek gelesen? – *In casu quod non* – lies so bald als möglich dies wahre Künstlerbuch«.[72] Das Gartenfest der deutschen Maler mit italienischen Schönen im 4. Kapitel des 2. *Sternbald*-Buches scheint Pate gestanden zu haben beim Gartenfest, an dem Erasmus Spikher im 4. Teil der *Sylvester-Nacht* teilnimmt. Während nun aber in *Franz Sternbalds Wanderungen* der zweite Band dieses unabgeschlossenen Romans mit Franz' Vereinigung mit seiner Muse endet – also auf das Zusammenfallen von Ideal und Wirklichkeit hinausläuft, nachdem der Held, ohne Schaden an seiner Seele zu nehmen, etliche andere erotische Abenteuer erlebt hat – hat Tieck in verschiedenen Erzählungen der 1812 veröffentlichten ersten beiden Bände des *Phantasus* ein sehr dunkles Bild von sexueller Attraktivität gegeben. In *Der getreue Eckart und der Tannenhäuser*[73] fungiert die Chiffre vom Venusberg als dunkles Symbol der Gefährdung des Mannes durch sexuelles Begehren. In *Liebeszauber* ist die schöne Braut, von der der melancholische Emil sich unwiderstehlich angezogen fühlt, zugleich eine Mörderin – und diese Erkenntnis macht auch Emil zum Mörder.[74]

Hoffmann kann also an einen Diskurs über die Fatalität weiblicher sexueller Anziehung für den Mann anknüpfen, der neben und nach den frühromantischen Entwürfen von sexueller Vereinigung mit der Geliebten als utopischem Zu-sich-selbst-Kommen des Künstlers existierte. Im Falle Tiecks kommen sogar zwei konträre Diskurse im Werk des gleichen Autors zum Tragen. Man könnte fast sagen, im Erasmus-Spikher-Teil der Erzählung beschreibe Hoffmann das italienische Gartenfest des *Sternbald* durch die Brille des *Liebeszaubers* gesehen. Doch das Grausige, Abgründige der Tieckschen Erzählung ist in Erasmus Spikhers Bericht in die Burleske verschoben. Diese fungiert im Erkenntnisprozeß des Enthusiasten, der sie ja liest, als humorvoll verzerrte Selbstspiegelung, die zusammen mit den literarischen und malerischen Spiegelungen der Erzählung zu einer Distanzierung von der am Anfang der Erzählung vertretenen Kunst- und Liebesvorstellung führt.

70 Vgl. Matthew Lewis, The Monk und Hoffmann, Die Elixiere des Teufels, in: H2/2, S. 9-352.
71 Friedrich Schnapp, Namenregister., in: Hoffmann, Tagebücher, S. 667.
72 Hoffmann, Briefwechsel, Bd. I, S. 196; Vgl. Tieck, Franz Sternbalds Wanderungen.
73 Vgl. Tieck, Der getreue Eckart und der Tannenhäuser, in: Phantasus, S. 166, 171 u. 183.
74 Vgl. Tieck, Liebeszauber, in: Phantasus, S. 210-240.

3.5.4 Diskurse über die Ästhetik der Malerei

Für meine vierte Frage nach den Vermittlungsinstanzen bei Hoffmanns Rezeption malerischer Darstellungen – Diskursen über die Ästhetik der Malerei, die für Hoffmanns Auffassung der evozierten Gemälde in der *Sylvester-Nacht* eine Rolle gespielt haben – scheinen mir Friedrich Schlegels Aufsätze in der Zeitschrift *Europa* von Bedeutung zu sein. Schlegels Wertvorstellung von »jener ersten Bedingung der für den ernsten Styl der Kunst notwendigen Unterordnung des Reizenden unter das höhere Geistige«[75] scheint nicht nur die von mir identifizierten Gemälde zu charakterisieren, sondern prägt auch Hoffmanns Verarbeitung des Künstler-Muse-Topos in dieser Erzählung und in seinem übrigen Werk. Zwar will Schlegel die Darstellung sinnlicher Schönheit in der Malerei nicht gänzlich ausschließen. Jedoch wendet er sich gegen Sinnlichkeit als Selbstzweck:

> Wenn der Maler nämlich diese sinnlich reizenden Gegenstände ausschließend zum Ziele seiner Kunst wählt, so entsteht daraus eine abgesonderte Gattung wollüstiger Darstellungen, welche auch für die Sitten unstreitig schädlich wirken kann, für die Kunst selbst aber gewiß immer verderblich und zerstörend sein muß; und welche als eigne Gattung absichtlicher Wahl betrachtet, wohl niemand in Zweifel stehen wird, als die höchste Entwürdigung der Kunst, durchaus verwerflich zu finden. Eingeflochten aber in das Ganze einer größeren Darstellung, erhält der Sinnenreiz durch den höheren Ausdruck der übrigen Gegenstände und Gestalten schon ein heilsames Gegengewicht; so wie hingegen ein erhabenes und ergreifendes Gemälde durch jene stellenweise eingemischte Anmut gleichfalls erheitert und dadurch in die wahre Sphäre ruhiger Anschauung des reinen Schönen erhoben wird.[76]

Bei Schlegel kulminiert dies Konzept im Begriff der »hohen christlichen Schönheit«, dem Gegensatz zwischen einem »bloß äußerlichen, innerlich ganz wesenlosen und eigentlich nichtigen Dasein« und der »höheren, geistigen Welt«, in die die Kunst uns emporheben soll.[77] Besteht zwischen Schlegels und Hoffmanns ästhetischen Konzepten schon an sich eine Affinität, so läßt sich darüber hinaus auch noch auf eine konkrete Vermittlung verweisen. Friedrich Schlegels Anschauungen wirkten stark auf die junge deutsche Kunst, vor allem auf die Nazarener, zu denen auch sein Stiefsohn Philipp Veit zählte.[78] Hoffmann kannte diesen persönlich und nahm während der Arbeit an der *Sylvester-Nacht* laut Tagebucheintragung vom 2. Januar 1815 am »Abschiedsschmaus«[79] vor dessen Abreise nach Rom teil. Jener Maler Philipp, dessen Porträt einer Prinzessin in der *Sylvester-Nacht* als gelungenes Kunstwerk gelobt wird (vgl.

---

75 Friedrich Schlegel, Ansichten und Ideen von der christlichen Kunst, S. 112.

76 Ebd., S. 113.

77 Ebd., S. 149 u. 150.

78 Dorothea Schlegels Sohn aus ihrer ersten Ehe mit Simon Veit lebte zwischen 1798 und 1806 mit seiner Mutter und Friedrich Schlegel in Jena, Paris und Köln, kehrte 1806 zu seinem Vater Simon Veit nach Berlin zurück und studierte mit seinem Bruder Jonas Malerei in Berlin, Dresden und Wien, wo sie beide zum Katholizismus übertraten. Der Bruder ging 1811 nach Rom, Philipp folgte ihm 1815.

79 Hoffmann, Tagebücher, S. 258. Vgl. auch Friedrich Schnapps Identifizierung in seinen Erläuterungen zu den Tagebüchern (ebd., S. 462).

H2/1, S. 336), kann als Verweis darauf gelesen werden, daß Hoffmann Philipp Veit und sein durch seinen Stiefvater beeinflußtes Kunstkonzept schätzte.

3.6 Schlußbemerkung

Zusammenfassend läßt sich sagen, daß Hoffmanns *Sylvester-Nacht* den romantischen narrativen Diskurs der Liebe des Künstlers um 1800 mit Rückgriff auf ein Thema in der Malerei eines früheren Jahrhunderts modifiziert. Die Vermittlungsinstanzen für Hoffmanns Sicht auf dieses Thema sind jedoch wenig direkt: Über dieses malerische Thema gab es keinen kohärenten Diskurs. Hoffmann hat offenbar aus verstreuten Erwähnungen anerkannter Kunstkritiker über relevante biblische Motive in der Malerei, die gelegentlich für ihn persönlich eine besondere Relevanz hatten (wie Schlegels Hinweis auf die Selbstdarstellung des Malers Allori und seiner Geliebten in Alloris Judith-Gemälde), aus literarischen Motiven von der Gefährlichkeit der sexuell unwiderstehlichen Frau und aus der Vorstellung von der Rolle der Malerei und Kunst als Kunstreligion sehr eigenständig einen Blick auf die Malerei konstruiert, die er aus direkter Anschauung gut kannte. Da Hoffmann in der *Sylvester-Nacht* im Gegensatz zu anderen Erzählungen die evozierten Gemälde weder namentlich nennt, noch durch ihren Ausstellungsort eindeutig identifizierbar macht, noch auf ein im Kunstdiskurs seiner Zeit etabliertes Thema bezieht, sind die erzählerischen Anspielungen auf die diversen malerischen Weiblichkeitsdarstellungen wahrscheinlich zu seiner Zeit von nur wenigen angemessen verstanden worden. Die besten Chancen werden Kenner der Dresdener Galerie Alter Meister gehabt haben, die zumindest die von Hoffmann gekannten Gemälde von Mieris, Rembrandt und Rubens gesehen haben konnten. Die Originalität und Subtilität, mit der Hoffmann in der *Sylvester-Nacht* eine Interferenz von Malerei und Narration arrangiert, geht weit über die diskursiven Vorgaben hinaus, ohne jedoch ideologisch aus seiner Zeit völlig herauszutreten.

Mit seiner Akzentuierung der Gefährlichkeit weiblicher Sexualität trägt Hoffmann dazu bei, gegen den oft als sozialrevolutionär verstandenen frühromantischen Diskurs über die Vereinigung des Künstlers mit seiner Muse einen vor und nach diesem existierenden Diskurs über die Gefahren weiblicher Verlockung wiederzubeleben. Ein konservatives Weiblichkeitskonzept fungiert als Vehikel zur Umformulierung des frühromantischen Utopieversprechens und bahnt den Weg für eine moderne desillusionierte Anerkennung der Differenz zwischen Ideal und Wirklichkeit – ohne jedoch, im Unterschied zu vielen heutigen Diskursen, auf das Ideal zu verzichten. Wenn nämlich am Schluß der Enthusiast sich fragend des Vorhandenseins seines Spiegelbildes versichert, das in der Erzählung als Traum des Ichs, d.h. Ich-Ideal, konnotiert ist, signalisiert dies die – anders als in Erasmus Spikhers Geschichte – erfolgreich verlaufene Introjektion des Ideals. Hoffmanns Transformation des frühromantischen Diskurses über das Verhältnis des Künstlers zur idealen Frau in innovativer, offener narrativer Form, jedoch mit Rückgriff auf die malerische Ikonographie des 17. Jahrhunderts, bezeugt eine ähnlich verwirrende Mischung von progressiven und regressiven Kategorien wie der von Clifford Geertz zitierte Bericht des Dänen L.V. Helms über balinesische Witwenverbrennungen. Darin wird die moderne moralische Wertvorstellung von Frauenemanzipation, die der westliche Beobachter vertritt, zur Begründung der Legitimation imperialistischer Herrschaft eingesetzt.[80] Statt also Hoffmann (oder auch neuerdings Goethe[81]) für die Moderne oder Postmoderne zu vereinnahmen und so als »a source of remedial wisdom, a prosthetic corrective for a damaged spiritual life«[82] zu behandeln, sehe ich die Aufgabe von Literaturwissenschaft darin, die historisch spezifische Komplexität und Widersprüchlichkeit von Texten bewußt zu machen und dabei auch die Reaktion von heutigen Leserinnen und Lesern zu bedenken. In dieser doppelten Ausrichtung auf das Bewußtmachen von Widersprüchen in der Textgenese und der Textrezeption erweitere ich für die Literaturwissenschaft die von Geertz umrissene Aufgabe von Ethnographinnen und Ethnographen in Bezug auf die Wirkung einer fremden Mentalität auf sie selbst, nämlich

to try to penetrate somewhat this tangle of hermeneutical involvements, to locate with some precision the instabilities of thought and sentiment it generates and set them in a social frame. Such an effort hardly dissolves the tangle or removes the instabilities. Indeed, [...] it rather brings them more disturbingly to notice. But it does at least (or can) place them in an intelligible context [...].[83]

Eine Literaturwissenschaft, die ihrem Gegenstand allein dadurch Bedeutung zu verleihen vermag, daß sie ihn völlig aus seiner Zeit herauslöst und ihm statt dessen die Erfüllung heutiger theoretischer Bedürfnisse zuschreibt, beraubt ihren Gegenstand seiner Komplexität. Im Gegensatz zum eigenen Anspruch erzeugt sie so keine Bedeutungsfülle, sondern eine Bedeutungsverarmung. Der Versuch, einem Kunstwerk antizipatorische Qualitäten zuzuschreiben, bringt dagegen allzuoft das unerkannte Gestrige der dafür bemühten scheinbar avantgardistischen Theorie zu Tage. Bachtin selbst sah es als die Aufgabe von Historikern und Literaturtheoretikern, den grotesken Kanon »im Originalzustand zu rekonstruieren. Man darf ihn nicht im Geist der Normen der Neuzeit interpretieren, um dann nur seine Abweichungen zu messsen. Der groteske Kanon ist mit seinem eigenen Maß zu messen«.[84] Indem sie gegen diese historistische Grunderkenntnis Bachtins handeln, perpetuieren seine Nachfolgerinnen und Nachfolger nicht die Stärken seiner Theorie, sondern ihre Schwächen: die Tendenz zu homogenisierenden, universalistischen Verallgemeinerungen, zu binären Oppositionen und die Überbewertung literarischer Form als sozialrevolutionäre Handlung.

---

80 Vgl. Geertz, Local Knowledge, S. 36-44.
81 Vgl. Bohrer, Einsame Klassizität, S. 493-507.
82 Geertz, Local Knowledge, S. 44.
83 Ebd., S. 45.
84 Bachtin, Rabelais und seine Welt, S. 80.

4. Raphael und Salvator Rosa als Mentoren um 1800.
Die Jesuiterkirche in G. und *Signor Formica*

Die beiden Erzählungen, um die es hier gehen soll, imaginieren ein Mentor-Verhältnis mit sehr verschiedenen historischen Malern. In der 1816 verfaßten und noch im gleichen Jahr in den *Nachtstücken* veröffentlichten Erzählung *Die Jesuiterkirche in G.*, die in der unmittelbaren Gegenwart Hoffmanns um 1800 spielt, wird das wichtigste Gemälde des fiktionalen Protagonisten Berthold in die Nachfolge der erhabenen religiösen Gemälde Raphaels (1485-1521) gestellt.[1] Damit ist Berthold als Nazarener positioniert, der durch Kunst die Offenbarung des Göttlichen zu vermitteln strebt.[2] In der 1819 zunächst für das *Taschenbuch zum geselligen Vergnügen auf das Jahr 1820* geschriebenen Erzählung *Signor Formica* (Erscheinungsdatum September 1819), die 1821 dann im vierten Band der *Serapions-Brüder* wiederabgedruckt wurde, spielt dagegen der vor allem als Maler bizarr-bedrohlicher Landschaften bekannte Salvator Rosa (1615-1673) als Mentor des jungen Wundarztes und Malers Antonio eine quecksilbrige Hauptrolle.

4.1 Die literarische Synthese unterschiedlicher Maltraditionen

Auf den ersten Blick scheint sich in dem Wechsel von einer historischen Mentorfigur zur anderen, die mit jeweils unterschiedlichen ästhetischen Traditionen assoziiert werden, ein Wandel in Hoffmanns Ästhetik anzukündigen. Bei näherem Hinsehen zeigt sich jedoch, daß in beiden Erzählungen die historischen Maler Raphael und Salvator Rosa zugleich die Rolle von positiven ästhetischen Orientierungspunkten spielen, doch in jeweils komplementärer erzähltechnischer Gewichtung. In der *Jesuiterkirche in G.* liegt das Schwergewicht auf Bertholds Beziehung zu Raphael als seinem malerischen Vorbild, und Salvator Rosa wird nur en passant positiv erwähnt. In *Signor Formica* dagegen tritt Salvator Rosa als hilfreich tätiger Freund des jungen Malers Antonio in einer fiktionalen Hauptrolle auf, während zugleich in ihren Gesprächen beide Maler in eine ideelle genealogische Beziehung zu Raphael treten: Salvator Rosa nimmt in seinem jungen Freund nicht nur eine physische, sondern auch eine, sich in seinem Werk ausdrückende, geistige Ähnlichkeit mit Raphael wahr (vgl. H4, S. 934 und 942).

---

1 Vgl. Hoffmann, Die Jesuiterkirche, in: H3, S. 110-140. Teile dieses Kapitels beruhen auf meinem 2005 veröffentlichten Aufsatz: Schmidt, Raphaels Schüler um 1800.

2 Vgl. zum Nazarenertum: Eilert, Ästhetisierte Frömmigkeit. Vgl. zur Beziehung der historischen Nazarener (und besonders von Friedrich Overbeck) zu Raphael: Schlink, Heilsgeschichte, S. 101-106, 111.

4.1.1 Der himmlische Raphael

Diese Ähnlichkeit betont die spirituelle Komponente Raphaels, nämlich den ganzen »Himmel der göttlichen Gedanken« in seinen Werken (H4, S. 942), in deren Wertschätzung Salvator Rosa sich mit Antonio eins weiß. Dieses Göttliche wird explizit von der Priorität der »Karnation«, dem »Fleisch« im Werk eines Titian und Velasquez abgegrenzt und begründet Rosas Würdigung von Raphaels Werk als das »des größten Malers der Zeit« (H4, S. 942).

Raphael und sein Werk werden von Hoffmann also in beiden Erzählungen explizit in der frühromantischen Ästhetik von Wilhelm Heinrich Wackenroders Raphael-Erzählungen[3] tradiert, wenn Person und Werk Raphaels in der *Jesuiterkirche* mit den Adjektiven »einfach«, »himmlisch erhaben« (H3, S. 121) und in *Signor Formica* mit »göttlich[.]« (H4, S. 934 und 942) umrissen werden.

4.1.2 Der wilde Salvator

Salvator Rosas Werk dagegen wird einerseits aus der Perspektive des allgemeinen Publikums durch Adjektive wie ›rauh‹ in der *Jesuiterkirche* (vgl. H3, S. 127), und ›wild‹, ›trotzig‹, ›abenteuerlich‹ (vgl. H4, S. 922), ›düster‹, ›grauenvoll‹, ›bizarr‹ (vgl. H4, S. 923), ›fremd‹, ›entsetzlich‹ in *Signor Formica* evoziert (vgl. H4, S. 924). Andererseits aber wird seinem wild wirkenden Werk ein Seele zugesprochen, wenn der Binnenerzähler in der *Jesuiterkirche* in Rosas »Wüsteneien« (H3, S. 127) etwas wahrnimmt, was den Landschaftsgemälden Friedrich Hackerts fehlt, und wenn Rosas Werk seinem Bewunderer Antonio in *Signor Formica* als ›keck‹, ›kühn‹, ›wunderbar‹ (vgl. H4, S. 936), ›lebendig‹, ›erhaben‹ (vgl. H4, S. 937) erscheint. Die Perspektive der Menge auf Salvator Rosas Werk benennt Charakteristika, die gemeinhin auch Hoffmanns literarischem Werk zugesprochen werden. Die einfühlsame und von dem Urteil der Menge abweichende Wahrnehmung von Rosas Werk durch Antonio, von dem der fiktionale Salvator Rosa sich verstanden fühlt, evoziert dagegen nicht nur Hoffmanns individuelle Interpretation von Rosas Werk, sondern läßt sich auch als eine Evokation von Hoffmanns Selbstverständnis als Künstler lesen. In der Spannung zwischen der Wahrnehmung durch die Menge und durch einen begabten Künstler wird Salvator Rosa in seiner Funktion als Projektionsfigur für Hoffmanns ästhetische Fremd- und Selbstwahrnehmung kenntlich.

Im folgenden will ich zeigen, daß durch diese fiktionale Verdopplung der Perspektive auf Rosas Gemälde seine (und das heißt implizit auch Hoffmanns) Ästhetik nicht als glatter Bruch mit der Tradition Raphaels (bzw. der Deutung Raphaels durch die Frühromantik) oder ihre erfolgreiche Überwindung darge-

---

3 Vgl. Wackenroder, Raphaels Erscheinung, in: Sämtliche Werke und Briefe. Historisch-kritische Ausgabe, I, S. 55-58; vgl. auch Wackenroder, Der Schüler und Raphael, S. 66-69.

stellt wird.[4] Meine These ist vielmehr, daß bei Anerkennung ihrer Differenzen die Gemeinsamkeiten zwischen Raphael und Salvator Rosa in den Vordergrund gerückt werden, daß beide Maler in ihrer Koexistenz erst eigentlich als Markierung von Hoffmanns Poetologie zu entziffern sind und daß in dieser Koexistenz intermedialer Bezugspunkte Hoffmanns produktive Auseinandersetzung mit frühromantischen poetologischen Positionen zum Ausdruck kommt.

Um diese gleichzeitige Orientierung der Poetologie in den beiden Erzählungen an der Ästhetik von zwei scheinbar so entgegengesetzten historischen Malern auszuloten, soll am Beispiel der Funktion, die Raphael und Salvator Rosa in diesen beiden Erzählungen gegeben wird, und den kulturellen Diskursen, die mit ihnen evoziert werden, die Kontinuität und Diskontinuität von Hoffmanns intermedial inspirierten literarischen Texten zur Frühromantik diskutiert werden.

4.2 Hoffmanns Rosa- und Raphael-Bezug in der Forschung

Während Hoffmanns Bezug auf Callot breites Interesse in der Forschung gefunden hat (worauf ich im *Brambilla*-Kapitel eingehen werde), und auch seine Affinität zu Salvator Rosa zuerst von Schnitzler und neuerdings von Bomhoff kenntnisreich unter Auseinandersetzung mit der existierenden Forschungsliteratur untersucht wurde,[5] ist die Bedeutung von Raphael für Hoffmanns Ästhetik bisher gar nicht explizit diskutiert worden.[6]

Was Rosa anbelangt, kommt Bomhoff, ähnlich wie Schnitzler,[7] zu dem Schluß, daß Hoffmann zwar die philosophische Ausrichtung Rosas außer acht lasse,[8] daß Hoffmann jedoch Rosas Kunst keinem »verfälschenden Assimilationsprozeß«[9] unterwerfe. Vielmehr sieht Bomhoff eine ganze Reihe von Ähnlichkeiten zwischen Hoffmann und Rosa in den Themen, Darstellungsweisen und ästhetischen Konzeptionen. Als Gemeinsamkeiten nennt sie vor allem die Darstellung zerrissener Figuren und scharfer elementarer Gegensätze,[10] »verlebendigte, in ständigen Verwandlungen gesehene Elemente der Natur«,[11] und eine Vorstellung von Kunst nicht als Mimesis von Natur, sondern als »Aus-

---

4 Vgl. dagegen Bomhoff, die einen scharfen Bruch Hoffmanns mit der Frühromantik wahrnimmt. Hoffmanns Werke »verhalten sich in ihrer mit Zerrissenheit bekundenden Groteske« (S. 160) konträr zur frühromantischen Literatur, und diese Zerrissenheit sieht Bomhoff als eine Gemeinsamkeit Hoffmanns mit Rosa (vgl. S. 162).

5 Vgl. Schnitzler; Bomhoff, S. 148-149.

6 Bomhoff erwähnt Raphael nur en passant, vgl. S. 151 und 262.

7 Vgl. Schnitzler, S. 216-222. Ein durch Widersprüchlichkeit, Gegensätzlichkeit und Paradoxien gekennzeichnetes Werk, das Theaterhafte, Gehetzte, Getriebene, Zerrissene und Phantastische charakterisiere sowohl das Wesen von Rosas als auch von Hoffmanns Werk. Nach Schnitzler weist »die brüchig werdende Wirklichkeit und die damit verbundene Gefährdung des Ich als befestigende Gestalt« (S. 222) in beider Werk auf die Moderne voraus.

8 Vgl. Bomhoff, S. 151.

9 Vgl. ebd., S. 178.

10 Vgl. ebd., S. 162.

11 Vgl. ebd., S. 163.

druck der unverwechselbaren Subjektivität«[12] der Künstler in ihren Werken sowie einer konstruierten, idealisierten und durch die Phantasie belebten Natur.[13] Als Beispiele für die »übereinstimmenden Vorstellungswelten und greulichen Schilderungen Rosas und Hoffmanns«[14] führt Bomhoff besonders die Hexenbilder Rosas und die Hexenallusionen bei Hoffmann an.

In Berthold aus der *Jesuiterkirche* sieht Bomhoff »unverkennbar Züge Salvator Rosas« gestaltet.[15] Bomhoff nennt im einzelnen Rosas und Bertholds prometheisches Streben; eine aus dem Konflikt zwischen Wirklichkeit und Ideal produzierte bittere Ironie; ein Leben in Extremen, das zu Krankheitszuständen führt, insbesondere zu Paroxysmen; das Auftreten von Zeiten von Mutlosigkeit, Resignation, Selbstzweifel und Rückzug von der Gesellschaft.[16] Überdies nimmt Bomhoff ästhetische Charakteristika aus den Gemälden Salvator Rosas in Hoffmanns literarischer Darstellung des Malers Berthold wahr: die verdeckten Lichtquellen, das flackernde Licht, die düsteren Schatten und den Hell-Dunkel-Kontrast in Rosas Gemälden sieht sie als Inspiration zu der nächtlichen Malszene Bertholds.[17] Darüber hinaus sieht Bomhoff die Figur Bertholds als einen Zusammenklang von Rosa und Callot, was die Schnelligkeit und die kecke Faust beim Zeichnen sowie das dämonisch-groteske Vokabular betreffe.[18] All diese Beobachtungen sind überzeugend und dicht, doch vernachlässigt eine einseitige Orientierung der Interpretation dieser Erzählung an der Malweise Salvator Rosas die in der *Jesuiterkirche* so prominente Filiation Bertholds zu Raphael. Damit entgeht auch gerade die stilistische Spannung zwischen der ekphrastisch evozierten erhabenen Malweise des Protagonisten und der schaurig-düsteren (und teilweise komischen) erzählerischen Darstellung seines Lebens der interpretatorischen Aufmerksamkeit.

In einer der interessantesten Untersuchungen zu Hoffmanns *Jesuiterkirche*, Jörn Steigerwalds *Anschauung und Darstellung von Bildern* von 1999, wird die jesuitische Rhetorik als Hintergrund für die Darstellung des Kunstproblems in der *Jesuiterkirche* untersucht. Steigerwald sieht eine auffällige Strukturhomologie von Bertholds Bekehrungsgeschichte mit der jesuitischen Exerzitien- und Rhetorikpraxis, die nämlich sinnliche Wahrnehmung in die auf Gott gerichteten Sublimierungsprozesse einschließe.[19] Wie aber die religiöse Dimension der Erzählung mit der Kunstproblematik, und besonders mit der herausragenden Bedeutung von Raphael als Orientierungspunkt für einen zeitgenössischen Maler, strukturell und inhaltlich vermittelt ist, bedarf noch einer näheren Untersuchung. Denn weder Berthold noch der Erzähler sind ja Jesuiten, sondern beide äußern sich explizit ablehnend zum Welt- und Kunstverständnis des

---

12 Vgl. ebd., S. 164.
13 Vgl. ebd., S. 132 und 213.
14 Ebd., S. 199.
15 Vgl. ebd., S. 215.
16 Vgl. ebd., S. 215-216.
17 Vgl. ebd., S. 223-224.
18 Vgl. ebd., S. 221-223.
19 Vgl. Steigerwald, Anschauung und Darstellung von Bildern, S. 346.

Jesuitenprofessors und zu Jesuiten im allgemeinen (vgl. H3, S. 111, 112, 118, 123). Darüber hinaus konstituiert die Erzählung die Bedeutung der geheimnisvollen Geschichte des Malers Berthold ja gerade nicht einfach im Hinblick auf die jesuitische religiöse Praxis. *Die Jesuiterkirche* enthält eine von einem Jesuitenstudenten verfaßte Niederschrift über die berufliche Entwicklung und Katastrophe des Malers Berthold, die vieles im Dunkeln läßt. Die Rahmenhandlung, die die Begegnung des Ich-Erzählers mit Berthold nach dessen Lebens- und Kunstkatastrophe schildert und mit einem Bericht des Jesuitenprofessors an den Erzähler über Bertholds Vollendung seines Gemäldes und sein darauf folgendes Verschwinden endet, sucht zugleich die geheimnisvollen Vorgänge in Bertholds Leben, die der Jesuitenstudent aufgezeichnet hat, im Gespräch des Erzählers mit dem Jesuitenprofessor Aloysius Walther zu klären. Dabei handelt es sich um ein Gespräch, in dem nicht einfach der Erzähler als allwissender Garant für Wahrheit auftritt, sondern in ironischer Brechung als manchmal über das Ziel hinausschießender Enthusiast (er entpuppt sich als der reisende Enthusiast aus den Hoffmannschen *Fantasiestücken*, vgl. H3, S. 123f.). Die entgegengesetzten Kunst- und Weltvorstellungen des Jesuitenprofessors und des Enthusiasten prallen im Versuch, Bertholds Geschichte zu verstehen, aufeinander. Berthold wiederum weist Aspekte beider Deutungsversuche seines Problems zurück, so daß keine der entgegengesetzten dialogischen Positionen Deutungshegemonie erhält.

4.3 Die mit Raphael assoziierte Ästhetik bei Hoffmann im Verhältnis zum kulturellen Raphael-Diskurs um 1800

4.3.1 Raphael in der deutschen Klassik und Romantik

In Bezug auf Raphael und seine Rezeption in der Klassik und Romantik gibt es aus dem letzten Jahrhundert drei große Studien und einen Aufsatz: die Dissertation von Wilhelm Hoppe über *Das Bild Raffaels in der deutschen Literatur von der Klassik bis zum Ausgang des 19. Jahrhunderts. Eine stoffgeschichtliche Untersuchung* von 1935; Manfred Ebhardts Monographie *Die Deutung der Werke Raffaels in der deutschen Kunstliteratur von Klassizismus und Romantik* von 1972; Beate Reifenscheids mehr spezialisierte Studie über *Raffael im Almanach. Zur Raffaelrezeption in Almanachen und Taschenbüchern der Romantik und des Biedermeier* von 1991; und Roland Borgards und Harald Neumeyers Aufsatz von 1999 über Winckelmann und Wackenroders Raffael-Zitate. In keiner dieser vier Studien wird Hoffmann erwähnt. Denn weder Raphael noch sein Werk treten in der *Jesuiterkirche* und in *Signor Formica* direkt in Erscheinung, sondern nur vermittelt über einen deutschen Maler, der um 1800 in Rom unter den Einfluß von Raphaels Werk gerät, bzw. durch das Kunstgespräch von Salvator Rosa und Antonio.

In der *Jesuiterkirche* stellt Raphael den primären ästhetischen Orientierungspunkt sowohl für den Erzähler als auch für Berthold dar. In der Rahmenhandlung kommentiert der Erzähler Bertholds Gemälde folgendermaßen: »Die
Komposition war wie Raphaels Styl, einfach und himmlisch erhaben!« (H3,
S.121). Über Bertholds Mariendarstellung im besonderen urteilt er:

Maria's holdes himmlisches Gesicht, die Hoheit und Frömmigkeit ihrer ganzen Figur
erfüllten mich mit Staunen und tiefer Bewunderung. Sie war schön, schöner als je ein
Weib auf Erden, aber so wie Raphaels Maria in der Dresdner Galerie verkündete ihr Blick
die höhere Macht der Gottes-Mutter. Ach! mußte vor diesen wunderbaren, von tiefem
Schatten umflossenen Augen nicht in des Menschen Brust die ewigdürstende Sehnsucht
aufgehen? Sprachen die weichen halbgeöffneten Lippen nicht tröstend, wie in holden
Engels-Melodien, von der unendlichen Seligkeit des Himmels? (H3, S.121)

Bertholds in nazarenischer Nachfolge Raphaels gemaltes unvollendetes Gemälde findet aber nicht nur den überschwenglichen Beifall des Enthusiasten,
sondern interessanterweise gilt sogar dem rationalistischen Jesuitenprofessor
dieses Bild als »das schönste was wir besitzen« (H3, S.113), obwohl er in der
Erzählung eine ästhetische Gegenposition zum Erzähler einnimmt. Die über-
einstimmende Wertschätzung von Bertholds Gemälde durch Kritiker unterschiedlicher Provenienz läßt die ästhetische Qualität dieses fiktiven nazarenischen Werkes in der *Jesuiterkirche* als über jeden Zweifel erhaben erscheinen.
Aber heißt das, daß die Erzählung insgesamt eine nazarenische Programmatik
verficht von der Kunst als Dienerin der Religion?

Der Erzähler erweist sich in seinem Raphael-Verständnis mit der emphati-
schen Betonung einer religiösen Ästhetik, die im Betrachter die Sehnsucht nach
Transzendenz erweckt, primär als Schüler Wackenroders.[20] Im Gegensatz zu
Wilhelm Heinses *Düsseldorfer Gemäldebriefen*, die Raphaels technische
Kunstfertigkeit im einzelnen durchaus kritisch beurteilen und das Erotische
seiner Darstellungen hervorheben,[21] ordnet Wackenroder in den *Herzensergießungen* Raphaels Kunstenthusiasmus einer »göttliche[n] Eingebung«[22] zu und
stellt dies an Hand eines fiktiven Dokuments, nämlich den angeblichen Aufzeichnungen eines Freundes von Raphael, in der Erzählung *Raphaels Erscheinung* dar. Auffällig an Hoffmanns *Jesuiterkirche* ist die Tatsache, daß der Erzähler Raphaels Stil hier aus einem einzigen Gemälde herleitet, der Sixtinischen Madonna, die Hoffmann aus Dresden gut kannte (vgl. Abb. 8 im
Tafelteil) – übrigens das einzige Originalwerk Raphaels in Dresden, auch das
einzige Original, das Wackenroder kannte.[23] Eine eingehende, begeisterte Besprechung dieses Gemäldes wurde von A.W. Schlegel und Caroline Schlegel

---

20 Auch in dem von Hoffmann benutzten Almanach aus Rom wird Raphaels Ruhm als »Religions-
dichter« (Almanach, S. 126) besonders herausgehoben. Aber gleichzeitig werden seine erotischen
Werke und überhaupt die Verschiedenartigkeit seines Werkes gewürdigt (vgl. Almanach, S. 129 und
134).
21 Vgl. Heinse, Düsseldorfer Gemäldebriefe, S. 27-31.
22 Wackenroder, Herzensergießungen, in: Sämtliche Werke und Briefe, I, S. 56.
23 Vgl. Vietta, Anmerkungen, in: Wackenroder, Sämtliche Werke und Briefe, I, S. 313.

1799 in Gesprächsform im zweiten *Athenäumsband* veröffentlicht.[24] Darin lobt
Louise »das Höchste des Ausdrucks«, das unmittelbar »vom Auge in die Seele« gehe,[25] und schreibt Maria »Reinheit und Keuschheit« sowie Leidenschafts-
losigkeit zu.[26] Zwar sieht Louise in ihr keine Göttin, sondern nur »das Höchste
von menschlicher Bildung«; eine Figur, die »nichts Ätherisches« an sich habe,
sondern aus »gediegne[n] feste[n] Teile[n]« bestehe.[27] Die Wirkung des Bildes
auf die Betrachter sowie der Künstler, der es schuf, werden jedoch in einen
religiösen Kontext gestellt: Raphael wird als »Priester« und »Heiliger« apost-
rophiert.[28] Die von diesen Frühromantikern in ein sakral-religiöses Umfeld
gerückte Raphaelrezeption wird von den Kupferstichreproduktionen und den
beigegebenen kunsthistorischen Erörterungen in den Almanachen und Taschenbüchern weiter verstärkt. Im Höhepunkt der Raphaelrezeption, dem Zeitraum von 1810-25, dominierte nach Reifenscheid der Anteil an religiösen
Bildwerken, vor allem Mariendarstellungen, in den Almanachen.[29] Während
auch andere Autoren, auf die Hoffmann sich bezog, wie etwa Karl Philipp
Moritz, in manchen Bildern Raphaels »Eifer für die Kunst [...] an den Begriff
des Religiösen«[30] geknüpft sehen, hat eine breitere Kenntnis von Raphaels
Werk ihnen jedoch deutlich gemacht, daß es sich nicht in einer solchen religiösen Ästhetik erschöpft. So sah Moritz in Raphaels Villa in Rom, daß er sein
Schlafzimmer mit Bildern vom »Triumph der Liebe«[31] ausgemalt hatte, also
keineswegs so körperabgewandt war, wie die christlichen Madonnenbilder
vielleicht denken lassen. Achim von Arnims Erzählung *Raphael und seine
Nachbarinnen*,[32] die nach Hoffmanns Tod erschien, schöpft daraus. Durchaus
goetheanisch schreibt Moritz Raphael das Streben zu, »Die Gottheit in der
Menschheit zu verehren«,[33] während er ihn andererseits auch dem bloßen Spiel
hingegeben sieht, denn die Arabesken in Raphaels Logen begreift Moritz als
groteske Zierde, die »keinen Zweck hat, als den, zu vergnügen«.[34] In Tiecks
Sternbald glaubt der Titelheld in verklärender Verehrung, Raphael sei von den
menschlichen Torheiten, deren Ludoviko die Künstler zeiht, frei geblieben.[35]
Auch Sternbalds Freund Florestan nimmt in Raphaels Werk »erhabene Göttlichkeit«[36] wahr. Doch andererseits empfiehlt der lebensfrohe Sinnlichkeit
verkörpernde Florestan (der in der *Jesuiterkirche* in Florentin sein funktionelles

---

24 Vgl. August Wilhelm Schlegel, Die Gemälde, S. 55-61, 66 und 72.
25 Ebd., S. 56.
26 Ebd., S. 58, vgl. auch S. 59.
27 Ebd., S. 56.
28 Vgl. ebd., S. 59 und 72.
29 Vgl. Reifenscheid, Raffael im Almanach, S. 6, 33, 125.
30 Moritz, Reisen eines Deutschen in Italien, S. 226.
31 Ebd., S. 436.
32 Arnim, Raphael und seine Nachbarinnen, S. 259-315.
33 Moritz, Reisen eines Deutschen in Italien, S. 302.
34 Ebd., S. 451.
35 Vgl. Tieck, Sternbald, S. 313.
36 Ebd., S. 210.

und namensverwandtes Pendant hat[37]) seinem Freund die mehr irdischen Themen gewidmeten Fresken Raphaels in der Villa Farnesina, besonders die Darstellung von Amor und Psyche als »Verkündigung der Liebe und der Blumenschönheit [...] eine poetische Offenbarung über die Natur der Lieblichkeit.«[38] Damit bereitet Tiecks *Sternbald* einer weniger an die christliche Religion und ihre Körperfeindlichkeit gebundenen Idealisierung Raphaels den Weg, als Wackenroder sie in den *Herzensergießungen* geprägt hatte.

Auch Friedrich Schlegel kam nach Studien in Paris im Jahr 1803, wo in Folge des Napoleonischen Kunstraubs Raphaels Bilder einem neuen Publikum sowohl im Original als auch in Verbreitung durch Kupferstecher und Besprechungen in Journalen bekannter wurden, in der Zeitschrift *Europa* zu einem sehr viel facettenreicheren Bild von Raphael, als es wenige Jahre zuvor in *Athenaeum* entworfen wurde oder als Wackenroder es in den *Herzensergießungen* gegeben hatte. Nach Schlegel reichen Raphaels zahlreiche Madonnendarstellungen von »der möglichst irdischen Ansicht, bis zur höchsten Anbetung und Göttlichkeit«.[39] Die Sixtinische Madonna in Dresden ordnet Schlegel dem höchsten Ende dieser Reihe zu und beglaubigt so die Wertung des Hoffmannschen Erzählers von diesem Gemälde Raphaels. Doch Schlegel argumentiert explizit gegen eine Vereinnahmung Raphaels für eine ausschließlich idealische Ästhetik:

Andere haben den Charakter des Raffael gesetzt in die idealische Schönheit. Dagegen ist aber zu erinnern, daß nur einige seiner Werke diese Tendenz haben; [...]. In andern Werken hingegen strebt er nur eine bedeutende Allegorie oder auch den sinnlichen Liebreiz in ganz individuellen keineswegs idealischen Gestalten auszudrücken. Also ist auch diese Ansicht des Raffael einseitig und falsch.[40]

Schlegel glaubt in seiner späteren christlichen Phase, seine Forderungen nach einer christlichen Kunst im frühen Raphael verkörpert zu sehen und fordert die Maler seiner Zeit auf, an Raphael anzuknüpfen. Den späteren Raphael dagegen mißt er negativ an älteren christlichen Künstlern und handelt damit seinem eigenen historischen Ideal zuwider, ein Werk an dessen eigenen Intentionen zu messen. Er übt mit dieser christlichen Konzeption nicht nur auf die Nazarener nachhaltigen Einfluß aus, sondern Reifenscheid glaubt, die Dominanz von Raphaels Madonnen- und Heiligenbildern in den Almanachen in der Zeit von 1810-25 auch seinem Einfluß zurechnen zu können.

---

37 Mit dem Titelhelden von Dorothea Schlegels gleichnamigem Roman Florentin teilt Hoffmanns Florentin kaum mehr als das Motiv der Italienreise des Künstlers.
38 Tieck, Sternbald, S. 206.
39 Friedrich Schlegel, Vom Raffael, S. 52.
40 Ebd., S. 54-5. Vgl. zu Raphael auch Schlegel, Nachtrag italiänischer Gemälde, S. 67-8.

4.3.2 Hoffmanns romantisierter Raphael mit neuem Akzent

Eine solche einseitig idealische Sicht auf Raphael wird aber in Hoffmanns *Jesuiterkirche* nicht nur vom Erzähler, sondern auch vom Protagonisten vermittelt. Und sie bildet auch einen positiven Orientierungspunkt für die beiden Maler in *Signor Formica*. In beiden Erzählungen wird der himmlische oder göttliche Raphael positiv von den Malern abgegrenzt, die nur mit bloßer Darstellung des Körpers und der Fleischeslust beschäftigt sind, wie angeblich Titian und Velasquez (vgl. H3, S.117 und H4, S. 942). Damit ignoriert Hoffmann in beiden Erzählungen das Bild des sexuell ausschweifenden Raphael, wie es Vasari überliefert hat und nach ihm im *Almanach aus Rom* von 1810 und in Johann Heinrich Füßlis *Allgemeinem Künstlerlexikon* tradiert wurde, das zwischen 1779 und 1824 erschien, und das von Hoffmann nachweislich benutzt wurde. In dem 1814 erschienenen Anhang zum siebten Teil des Lexikons, der ausschließlich Raphael gewidmet ist, wird zwar ausführlich auf Raphaels Madonnenbilder eingegangen, doch Füßli übersetzt auch den folgenden Kommentar Vasaris:

»Es war nämlich Raphael sehr verliebter Natur, den Frauen ergeben, und stand immer zu ihren Diensten; und dieses ist die Ursache, daß, da er stets seiner Fleischeslust oblag, seine Freunde, zum Behuf solcher Dinge, ihm oft mehr, als sich's gebührte, zu Willen wurden.«[41]

Und weiter heißt es bei Füßli:

Was Raphaels ungemessene Liebe zum Geschlecht auf seine Arbeitslust bisweilen für Einfluß hatte, davon führt Vasari, gleich nach der oben angeführten Stelle ein Beyspiel an, und sagt uns: »Daher malte er so langsam an der Loggia seines Freundes Chigi, so daß dieser, durch mancherley eigene und fremde Unterhandlung, endlich, doch mit genauer Noth, es dahin brachte, daß die Frau, die der Künstler damals liebte sich zuletzt bequemte, in einem der Zimmer, wo er arbeitete, ihre ordentliche Wohnung aufzuschlagen: und nur so kam endlich das Werk zu Stande.« »Auch« (fährt dann eine Anmerkung in der Ausgabe von Siena fort) »klagte Raphael mehrmals seinem Castiglione: Daß die neuern Staaten nicht so, wie die alten, dem Künstler alle Blüthen ihrer Schönheiten vor Augen stellen, um aus ihrem Anschau'n sich das Ideal für ihre Götter zu bilden«. »Aber« (fügt der lose Vogel hinzu) »warum sieht man denn, mit Bedauern (?), in seiner Madonna della Sedia, und in mehr als Einer Figur des Göttermals, immer seine geliebte Beckerinn wieder?«[42]

Hoffmann schließt diese Seite Raphaels sowohl aus der *Jesuiterkirche* als auch aus *Signor Formica* aus und orientiert sich statt dessen deutlich an Wackenroders transzendentem Raphael-Bild. Dennoch erschöpft sich keine der beiden Erzählungen in einer simplen Apotheose religiöser Ästhetik, wie sie von Teilen der Frühromantik entwickelt wurde, sondern setzt das idealische Streben des

---

41 Vasari, übersetzt in [Johann Heinrich Füßli], Allgemeines Künstlerlexikon, Zürich MDCCCXIV, S. 25-6.
42 Ebd., S. 26.

Künstlers in Beziehung zum Dunklen, Abseitigen in ihm. Damit leuchten Hoffmanns Texte die frühromantische Kunstproblematik neu aus, wie ich im folgenden zeigen werde, ohne jedoch mit dem Idealischen grundsätzlich zu brechen. Denn wie der für die Zweckfreiheit von Kunst argumentierende Franz Sternbald sagt, für den Kunst »ein Unterpfand unserer Unsterblichkeit«[43] ist: »Auch kann es der Kunst zu keinem Vorwurfe gereichen, daß ihr unwürdige Menschen zu nahetreten und sich ihr als Priester aufdrängen. Eben daß es Abwege und Irrtümer geben kann, beweist ihre Erhabenheit.«[44]

4.4 Bertholds ästhetische Probleme in *Die Jesuiterkirche in G.* im Kontext zeitgenössischer Inspirationsdiskurse

In der vom Jesuitenstudenten verfaßten Binnenerzählung wird Bertholds Werdegang zunächst in der Nachfolge von Ludwig Tiecks *Sternbald* geschildert. Eine Italienreise soll die Ausbildung beider deutscher Künstler vollenden. Tiecks Erzählung spielt in der Dürerzeit, und für Sternbald fungiert neben seinen Zeitgenossen und persönlichen Freunden, nämlich Albrecht Dürer und Lucas van Leyden, von vornherein Raphael als dritter, durch Gespräche vermittelter, malerischer Orientierungspunkt.[45] Berthold dagegen erlebt in der fast 300 Jahre später, nämlich um 1800, angesiedelten Erzählung Hoffmanns eine künstlerische Orientierungskrise, in der er nacheinander verschiedene ästhetische Positionen ausprobiert und verschiedenen Meistern und Kollegen nachfolgt, ehe es ihm gelingt, zumindest zeitweise, wenn auch nicht dauerhaft, die Nachfolge Raphaels anzutreten.

Bertholds Landschaftsmalerei wird in den nazarenischen Künstlerkreisen in Rom der Historienmalerei untergeordnet. Verunsichert durch diese Entwertung und angeregt durch den »Eindruck, den Raphaels mächtige Fresco-Gemälde im Vatikan auf ihn machten« (H3, S. 125), gibt er die Landschaftsmalerei auf und kopiert Raphael – doch erfolglos, da »seinen Kopien alles Leben des Originals« (H3, S. 125) fehlt. Auch seine durch Raphaels »himmlische Gedanken« (H3, S. 125) inspirierten eigenen Werke scheitern, denn »so wie er sie in der Fantasie fest halten wollte, verschwammen sie wie im Nebel, und alles, was er auswendig zeichnete, hatte, wie jedes nur undeutlich, verworren Gedachte, kein Regen, keine Bedeutung« (H3, S. 125). Sein Leiden an dieser Diskrepanz zwischen Wollen und Können[46] motiviert Berthold, sich dem in Neapel lebenden historischen Landschaftsmaler Philipp Hackert anzuschließen, dessen »reine[.] Nachahmung der Natur« (H3, S. 126) damals Anerkennung fand. Obwohl Berthold in diesem Genre viel Erfolg hat, macht die Erzählung auf verschiedenen Er-

---

43 Tieck, Sternbald, S. 177.
44 Ebd., S. 179.
45 Vgl. ebd., S. 206.
46 Vgl. zu der Diskrepanz zwischen Absicht und Ausführung sowie der poetischen Absicht von Gemälden als der Darstellung des Göttlichen in der Natur auch Schlegel, Nachtrag italiänischer Gemälde, S. 75-8.

zählebenen unmißverständlich klar, daß bloße Naturnachahmung nicht das Ziel von Kunst sein kann. Die Erzählung bedient sich dafür der Kritik einer fiktionalen Figur, nämlich des Malthesers (vgl. H3, S.126-30), ferner der sarkastischen Kommentare des Binnenerzählers (vgl. »auch leistete er nicht Geringes in dem Dunstigen und Duftigen, wie es auf Hackertschen Gemälden zu finden« (H3, S. 127) und Berthold bekam »vorzüglich aber viel Nebel und Duft zu malen« (H3, S. 128)[47]), und schließlich beglaubigt sie die Zurückweisung der Nachahmungsästhetik durch Bertholds Annahme der Kritik des Malthesers.

Außer dem abgewerteten Hackert vertreten alle anderen Personen in der Erzählung die Vorstellung, daß es die Aufgabe der Kunst sei, eine Idee, ein Ideal auszudrücken. In dieser idealistischen Ausrichtung schließt Hoffmanns Erzählung an die um 1800 dominanten frühromantischen und klassischen Kunstdiskurse an. Goethe differenzierte 1804 im *Intelligenzblatt der Jenaischen Allgemeinen Literatur-Zeitung* zwischen dem »Landschaftsmaler im edelsten Sinne [, der] sich landschaftlicher Formen mit Freiheit bediente, um sein Gedicht darzustellen, und alle Springfedern der Kunst in Bewegung setzt, um durch Ton, Farbe, Beleuchtung, Anordnung und so weiter ein schönes Ganzes zu erzielen«[48] und dem bloßen »Maler von Aussichten«,[49] der genau nachahmt und keine andere Freiheit hat als die Wahl des Standpunkts und der Tageszeit. 1808 abstrahiert Goethe diesen Gedanken zu der Sentenz: »Die echte Kunst hat einen idealen Ursprung und eine ideale Richtung, sie hat ein reales Fundament, aber sie ist nicht realistisch.«[50] Ebenso urteilt auch Hofrat Meyer in seiner Würdigung Hackerts, die Goethe seiner 1811 bei Cotta erschienenen biographischen Skizze von Hackert beigegeben hat. Er preist Hackert als ersten Maler in dem untergeordneten Fach der »Prospektmalerei«,[51] doch in der höherrangigen »freien poetischen Landschaftsmalerei«[52] – zu der Meyer auch Salvator Rosa zählt[53] – sei er nicht erfolgreich gewesen.

Neben Wackenroder, Tieck und dem Kunstgespräch im *Athenaeum* im Hinblick auf Raphael – sowie auf Goethe und Hofrat Meyer im Hinblick auf Philipp Hackert – stützt sich Hoffmanns ästhetische Hochschätzung des Idealischen auf Carl Ludwig Fernow, auf dessen *Römische Studien* sich Hoffmann auch in seinen *Seltsamen Leiden eines Theater-Direktors* positiv bezieht.[54] Wie

---

47 Diese sarkastische Kritik ist direkt aus Hackerts eigenen theoretischen Fragmenten Über Landschaftsmalerei extrapoliert, in denen er das Kolorit in Claude Lorrains Gemälden folgendermaßen lobt: »Sein Dunst in verschiedenen Tagszeiten, sowohl in der Fernung als der Luft, ist außerordentlich. Man findet den sanften Nebel des Morgens und die Ausdünstungen des Abends nicht allein in der fernsten Entfernung, sondern alle Grade durch bis auf den Mittelgrund, wo der sanfte Nebel herrscht, ohne jedoch die Lokalfarben, welche die Natur zeigt, und ohne das Detail zu alterieren.« (Hackert, Über Landschaftsmalerei, S. 618.)

48 Goethe, Zwei Landschaften von Philipp Hackert, S. 398-99.

49 Ebd., S. 399.

50 Goethe, Einige einzelne Gedanken und Betrachtungen eines Kunstfreundes, S. 458.

51 Hofrat Meyer, Hackerts Kunstcharakter und Würdigung seiner Werke, S. 607 und 611. Vgl. auch Louises Kritik an Hackert in A.W. Schlegel, Die Gemälde, S. 22-24.

52 Ebd., S. 610.

53 Vgl. ebd., S. 607.

54 Vgl. Hoffmann, Seltsame Leiden eines Theater-Direktors, in: H3, S. 460.

die oben genannten Zeitgenossen weist Fernow die Nachahmungsästhetik zugunsten einer idealischen Ästhetik zurück. Das Schöne der Natur werde laut Fernow durch die Einbildungskraft vermittelt und hier den Bedürfnissen der menschlichen Natur gemäß umgebildet; es erhalte »in dieser Umbildung den Karakter der Idealität [...], da der Trieb zum Idealen ein Grundtrieb des menschlichen Gemüthes ist.«[55] Ein ästhetisches Produkt ohne eine solche idealische Umbildung wertet Fernow als bloßes Nachäffen der Natur ab, der es unterlegen sei, während ihm eine idealische Nachahmung als eigentliche Erfindung gilt, die über der Natur stehe, weil sie diese neu organisiere und vervollkommne:

Sie [= die idealische Naturnachahmung, RS] löst gleichsam die Natur in ihre Bestandtheile auf, sondert das Ungehörige davon, und bildet aus dem Wesentlichen neue volkomnere Gestalten, als die Natur hervorzubringen vermag. Sie geht dabei weder mechanisch, noch atomistisch, noch logisch wie der Verstand, sondern nach einem Vernunftprinzip *genialisch* und wahrhaft *schöpferisch* zu Werke; und in diesem Bilden neuer übermenschlicher Gestalten erscheint die Kunst als eine höhere Natur.[56]

Dies impliziert eine grundsätzliche Scheidung zwischen der Wirklichkeit und dem Ideal in der bildenden Kunst. Kunst, verstanden als die »schöne Darstellung einer Idee durch einen individuellen Fal«,[57] basiere zwar auf genauer Beobachtung der Natur, bringe aber »ein von allem Besonderen und zufälligen geläutertes Bild der Gattung hervor, das blos das Wesentliche, das Algemeine und Nothwendige derselben enthält«.[58]

Genau darum aber, wie Idee und individueller Fall zu vermitteln sind, kreist das Problem der Erzählung. Bei Fernow verläuft diese Vermittlung relativ problemlos über den Begriff der Begeisterung, der einen großen Einfluß auf Hoffmanns Ästhetik hatte. Fernow schreibt:

Die Begeisterung des Künstlers mus sich also immer auf *Ideen* beziehen; [...]. Auch das schönste Individuum der Natur, der schönste Mensch, die erhabenste Handlung, die reizendste Gegend, das volkommenste Kunstwerk selbst, ist ihm nur Stof, Veranlassung, Anreizung seines Darstellungstriebes, das Ideal der Vollkommenheit und Schönheit, das in seiner Sele lebt, und dessen lebhafte Gegenwart in der Fantasie ihn begeistert, auszudrücken, sonst würde es nur Nachahmungen, nicht Werke des Genies, hervorbringen.[59]

Die Begeisterung des Genies enthält nach Fernow sowohl Besonnenheit als auch Freiheit,[60] vereinigt alle Seelenkräfte zur höchsten Tätigkeit und bringt »Wirkungen hervor, die dem blossen Verstande eben so unbegreiflich als für den gewönlichen Menschen unnachahmlich sind. Es ist der Zustand der *Weihe*;

---

55 Fernow, Römische Studien, I, S. 307.
56 Ebd., S. 318-319.
57 Ebd., S. 64.
58 Ebd. S. 340.
59 Ebd., S. 264-5.
60 Vgl. ebd., II. Kapitel, Über die Begeisterung des Künstlers, S. 249-78; bes. S. 259.

der Moment der *geistigen Zeugung.*«[61] In Raphael findet Fernow in reichem Maße dieses Genie, »dem alle Formen zu Gebote stehen, der in jedem Fall die angemessenste zu finden, und in dem hellen Spiegel seiner Sele das treffende Idealbild jedes Karakters, jeder Situazion, jeder Individualiät welche die Handlung fordert, ins Dasein zu zaubern vermag.«[62]

In der *Jesuiterkirche* wird dem weniger begabten zeitgenössischen Künstler aber gerade die Abstraktion vom Individuum zur Idee zum Problem. Hierbei werden verschiedene Positionen der Frühromantik aufgegriffen und durch intertextuelle Verschränkung neu problematisiert. Vor allen Dingen Wackenroder und Tieck werden hier nicht einfach als ununterscheidbare Chiffren für die Frühromantik ins Spiel gebracht, wie die ältere Forschung glaubte. So behauptet Käthe Harnisch, daß Hoffmann in künstlerischen und malerischen Dingen »bei der Betrachtungsweise Tiecks und Wackenroders«[63] bleibe und in seiner theoretischen Kunstauffassung »lebensfern«[64] wie sie sei. Dagegen will ich im folgenden zeigen, daß die Erzählung auf Wackenroder und Tieck als Vertreter durchaus gegensätzlicher Vorstellungen des Kunstenthusiasmus Bezug nimmt, an deren Verwechselung Berthold scheitert.

Nachdem Berthold sich von der mit dem Namen Hackerts verbundenen Nachahmungsästhetik abgewandt hat, hat er das Problem, zwar selige Träume zu haben, aber im Wachen keine klare Vorstellung von seinem Ideal gewinnen zu können. Er klagt:

»Ich mühte mich, das, was nur wie dunkle Ahnung tief in meinem Innern lag, wie in jenem Traum hieroglyphisch darzustellen, aber die Züge dieser Hieroglyphen-Schrift waren menschliche Figuren, die sich in wunderlicher Verschlingung um einen Lichtpunkt bewegten. – Dieser Lichtpunkt sollte die herrlichste Gestalt sein, die je eines Bildners Fantasie aufgegangen; aber vergebens strebte ich, wenn sie im Traume von Himmelsstrahlen umflossen mir erschien, ihre Züge zu erfassen. Jeder Versuch, sie darzustellen, mißlang auf schmähliche Weise, und ich verging in heißer Sehnsucht.« (H3, S.133)

In den Schlüsselwörtern »dunkle Ahnung« und »Himmelsstrahlen« sowie der Erfahrung des Scheiterns beim Erfassen der Züge der Phantasiegestalt und der daraus folgenden Getriebenheit des Künstlers klingt Bertholds Dilemma deutlich an Wackenroders Erzählung *Raphaels Erscheinung* an. Wackenroders Raphael erleidet bei einer geplanten Mariendarstellung die folgenden Kunstprobleme:

In Gedanken habe sein Gemüth beständig an ihrem Bilde, Tag und Nacht, gearbeitet; allein er habe es sich gar nicht zu seiner Befriedigung vollenden können; es sey ihm immer gewesen, als wenn seine Phantasie im Finstern arbeitete. Und doch wäre es zuweilen wie ein himmlischer Lichtstrahl in seine Seele gefallen, so daß er die Bildung in hellen Zügen, wie er sie gewollt, vor sich gesehen hätte; und doch wäre das immer nur ein Augenblick gewesen, und er habe die Bilder in seinem Gemüthe nicht festhalten können.

---

61 Ebd., S. 262-3.
62 Fernow, Römische Studien III, S. 147.
63 Harnisch, Deutsche Malererzählungen, S. 52.
64 Ebd., S. 62.

So sey seine Seele in beständiger Unruhe herumgetrieben; er habe die Züge immer nur umherschweifend erblickt, und seine dunkle Ahnung hätte sich nie in ein klares Bild auflösen wollen.[65]

Auch Tiecks Sternbald wird in unruhiger Sehnsucht nach etwas Überirdischem, das er ahnt, ohne es klar fassen zu können, umhergetrieben, nachdem die Erinnerung an die kindliche Begegnung mit dem Mädchen, dem er vor vierzehn Jahren seine Blumen geschenkt hatte, in ihm wach geworden ist und sich mit allem Lieben, Holden und Schönen verbindet:

O mein Geist, ich fühle es in mir, strebt nach etwas Überirdischem, das keinem Menschen gegönnt ist. Mit magnetischer Gewalt zieht der unsichtbare Himmel mein Herz an sich und bewegt alle Ahndungen durcheinander, die längst ausgeweinten Freuden, die unmöglichen Wonnen, die Hoffnungen, die keine Erfüllung zugeben. Und ich kann es keinem Menschen, keinem Bruder einmal klagen, wie mein Gemüt zugerichtet ist, denn keiner würde meine Worte verstehen. Daher gebricht mir die Kraft, die den übrigen Menschen verliehen ist und die uns zum Leben notwendig bleibt, ich matte mich ab in mir selber und keiner hat dessen Gewinn, mein Mut verzehrt sich, ich wünsche, was ich selbst nicht kenne. Wie Jakob seh ich im Traume die Himmelsleiter mit ihren Engeln, aber ich kann nicht selbst hinaufsteigen, um oben in das glänzende Paradies zu schauen, denn der Schlaf hat meine Glieder bezwungen, und was ich sehe und höre, ahnde und hoffe und lieben möchte, ist nur Traumgestalt in mir.[66]

Nachdem aber Sternbald dem nun erwachsenen Mädchen ein zweites Mal begegnet ist, kämpft er zwar immer noch mit dem Schritt von Vorstellung zu Darstellung. Doch im Gegensatz zu Wackenroders Raphael und Hoffmanns Berthold ist das Ziel von Sternbalds Darstellung nun nicht mehr ein transzendentes Ideal, sondern die zum Ideal verklärte reale Frau, die er flüchtig gesehen hat. Die religiöse Rhetorik des »Engelsbildes« ist bei Tieck nur noch konventionell, das Ideal ist säkularisiert. Sternbald schreibt an seinen Freund Sebastian nach der zweiten Begegnung mit der Unbekannten:

Auf eine fast magische Weise, zaubrisch oder himmlisch (denn ich weiß nicht, wie ich es nennen soll), ist meine Phantasie mit dem Engelsbilde angefüllt, von dem ich Dir schon so oft gesprochen habe. Es ist wunderbar. Die Gestalt, die Blicke, der Zug des Mundes, alles steht deutlich vor mir und doch wieder nicht deutlich, denn es dämmert dann wie eine ungewisse, vorübergehende Erscheinung vor meiner Seele, daß ich es festhalten möchte und Sinnen und Erinnerung brünstig ausstrecke, um es wirklich und wahrlich zu gewahren und zu meinem Eigentum zu machen.[67]

Berthold teilt also seine Darstellungsprobleme mit den Protagonisten in den Schlüsselwerken der Frühromantik. Sodann scheinen sie nach dem Vorbild von Wackenroders Raphael durch eine Vision gelöst zu werden. In der Grotte eines Parks

---

65 Wackenroder, Herzensergießungen, S. 57.
66 Tieck, Sternbald , S. 46.
67 Ebd., S. 200.

saß er eines Tages, von glühender Sehnsucht, die seine Brust zerriß, gemartert, und weinte heiße Tränen, daß der Stern des Himmels seine dunkle Bahn erleuchten möge; da rauschte es im Gebüsch, und die Gestalt eines hochherrlichen Weibes stand vor der Grotte.

»Die vollen Sonnenstrahlen fielen in das Engelsgesicht. – Sie schaute mich an mit unbeschreiblichem Blick. – Die heilige Katharina – Nein, mehr als sie – mein Ideal, mein Ideal war es! – Wahnsinnig vor Entzücken stürzte ich nieder, da verschwebte die Gestalt freundlich lächelnd! – Erhört war mein heißestes Gebet! –« (H3, S.133-4)

Während Berthold seine hier in direkter Rede mitgeteilte Vision am hellen Mittag hatte, läßt Wackenroder seinen Raphael ein nächtliches Gesicht haben:

Einst, in der Nacht, da er, wie es ihm schon oft geschehen sey, im Traume zur Jungfrau gebetet habe, sey er, heftig bedrängt, auf einmal aus dem Schlafe aufgefahren. In der finsteren Nacht sey sein Auge von einem hellen Schein an der Wand, seinem Lager gegenüber, angezogen worden, und da er recht zugesehen, so sey er gewahr geworden, daß sein Bild der Madonna, das, noch unvollendet, an der Wand gehangen, vom mildesten Lichtstrahle, und ein ganz vollkommenes und wirklich lebendiges Bild geworden sey. Die Göttlichkeit in diesem Bilde habe ihn so überwältigt, daß er in helle Thränen ausgebrochen sey. Es habe ihn mit den Augen auf eine unbeschreiblich rührende Weise angesehen, und habe in jedem Augenblick geschienen, als wolle es sich bewegen; und es habe ihn gedünkt, als bewege es sich auch wirklich. Was das wunderbarste gewesen, so sey es ihm vorgekommen, als wäre dies Bild nun gerade das, was er immer gesucht, obwohl er immer nur eine dunkle und verwirrte Ahnung davon gehabt.[68]

Sowohl bei Wackenroders Raphael als auch bei Hoffmanns Berthold öffnet die Vision die Tür zu künstlerisch erfolgreichem Schaffen. Bei Wackenroder ist die Verallgemeinerung von einer Raphaelschen Madonna auf alle seine Werke vorgeprägt:

Am andern Morgen sey er wie neugebohren aufgestanden; die Erscheinung sey seinem Gemüth und seinen Sinnen auf ewig fest eingeprägt geblieben, und nun sey es ihm gelungen, die Mutter Gottes immer so, wie sie seiner Seele vorgeschwebt habe, abzubilden, und er habe immer selbst vor seinen Bildern eine gewisse Ehrfurcht gefühlt.[69]

Bei Hoffmann trägt die »Vision« nicht nur künstlerisch Früchte, sondern verändert den ganzen Menschen:

Florentin trat in die Grotte, er erstaunte über Berthold, der mit verklärtem Blick ihn an sein Herz drückte. – Tränen stürzten ihm aus den Augen – Freund – Freund! stammelte er: ich bin glücklich – selig – sie ist gefunden – gefunden! Rasch schritt er fort, in seine Werkstatt – er spannte die Leinwand auf, er fing an zu malen. Wie von göttlicher Kraft beseelt, zauberte er mit der vollen Glut des Lebens das überirdische Weib, wie es ihm erschienen, hervor. – Sein Innerstes war von diesem Augenblick ganz umgewendet. Statt des Trübsinns, der an seinem Herzmark gezehrt hatte, erhob ihn Frohsinn und Heiterkeit. Er studierte mit Fleiß und Anstrengung die Meisterwerke der alten Maler. Mehrere Kopien gelangen ihm vortrefflich, und nun fing er an selbst Gemälde zu schaffen, die alle Kenner in Erstaunen setzten. (H3, S. 134)

---

68 Wackenroder, Herzensergießungen, S. 57-8.
69 Ebd., S. 58.

Wie sich aber später herausstellt, hat Berthold keine überirdische Vision à la Wackenroder gehabt, sondern eine wirkliche Frau gesehen, wenn auch der Name der Muse, Prinzessin Angiola, sie dem Geschlecht der Engel zuschlägt. In der beim Herannahen der Napoleonischen Armee ausbrechenden Revolution rettet Berthold Angiola vor dem Mord durch den Pöbel, und sie heiratet ihn aus Dank dafür. Er glaubt, seine »glühende dürstende Sehnsucht« (H3, S. 136) werde in der Ehe mit dem »Ideal seiner wonnigsten Künstlerträume« (H3, S. 137) gestillt. Damit geht er den entgegengesetzten Weg von Theodor in *Die Fermate*, der zwar in seiner Jugend von zwei italienischen Sängerinnen, die er idealisiert hatte, zu seinem künstlerischen Schaffen als Komponist inspiriert wurde, sich aber von ihnen trennte. Erst bei einem späteren zufälligen Wiedersehen werden Theodor die menschlichen und künstlerischen Grenzen der Frauen augenfällig.[70] Während jedoch Theodor den Widerspruch zwischen Ideal und Wirklichkeit aus der sicheren Distanz eines gereiften Künstlers erkennt, der selbstironisch auf seine jugendlichen Irrtümer und Projektionen zurückblicken kann, erlebt Berthold diesen Widerspruch auf der Gegenwartsebene als Tragödie, aus der er sich nicht zu befreien vermag. Im Alltag mit der konkreten Frau kann Berthold in ihr sein transzendentes Streben nicht mehr erkennen. So wird Angiola ihm bei dem Versuch, sie zu malen, »auf der Leinwand zum toten Wachsbilde, das ihn mit gläsernen Augen anstierte« (H3, S. 138). Unfähig, das Kollabieren der Differenz von Realität und Ideal in der engelsschönen Ehefrau zu ertragen, sieht Berthold in Angiola die Ursache seines künstlerischen Scheiterns. Er mißhandelt Frau und Kind, wünscht ihren Tod und entledigt sich ihrer auf unbekannte Weise. Erst die Abwesenheit seiner Frau ermöglicht ihm später, sie als Madonna idealisiert in dem Bild zu malen, das der Erzähler eingangs mit der Raphaelschen Sixtinischen Madonna vergleicht, und das auch der Jesuitenprofessor uneingeschränkt lobt. Eine offenbar durch Schuldgefühle hervorgerufene Krankheit hindert Berthold jedoch an der Vollendung des Bildes, und er verdingt sich fortan als bloßer Architekturmaler. Nach der Begegnung mit dem Erzähler vollendet er das Gemälde und verschwindet dann für immer – wahrscheinlich in den Tod.

Das heißt, daß die von Wackenroder am Modell Raphaels vorgeführte Auslösung der künstlerischen Begeisterung durch eine überirdische Vision bei Hoffmann säkularisiert wird und als serapiontische Verkennung der Außenwelt kenntlich gemacht wird, die als Hebel auf die Innenwelt wirkt. Denn Berthold wird ja keine transzendente Erfahrung zuteil, sondern nur das, was Tieck in *Sternbald* vorgeführt hatte, nämlich die künstlerische Inspiration durch eine flüchtig erblickte unerreichbare Frau, die für Sternbald den Schritt von Imagination zu Darstellung ermöglicht:

Es war beim Malen unaufhörlich derselbe Kampf zwischen Deutlichkeit und Ungewißheit in mir, und darüber ist es mir vielleicht nur gelungen. Die Gestalten, die wir wahrhaft anschauen, sind eben dadurch in uns schon zu irdisch und wirklich, sie tragen zu viele Merkmale an sich und vergegenwärtigen sich darum zu körperlich. Geht man aber im Gegenteil auf das Erfinden aus, so bleiben die Gebilde gewöhnlich luftig und allgemein

---

70 Vgl. dazu Schweitzer und Klier.

und wagen sich nicht aus ihrer ungewissen Ferne heraus. Es kann sein, daß diese meine Geliebte (denn warum soll ich sie nicht so nennen?) so das Ideal ist, nach dem die großen Meister gestrebt haben und von dem in der Kunst so viel die Rede ist. Ja, ich sage sogar, Sebastian, daß sie es sein muß und daß diese Unbekanntschaft, dies Fernsein von ihr, dies Streben meines Geistes, sie gegenwärtig zu machen und zu besitzen, meine Begeisterung war, als ich das Bild malte.[71]

Im Gegensatz zu Wackenroders Raphael siedelt also Tiecks Sternbald die Inspiration für das Ideal im Irdischen an, wenn er das Begehren des Abwesenden zum charakteristischen Moment künstlerischer Begeisterung macht. So malt auch der Eremit in *Sternbald* das Bild der Unbekannten, d.h. Sternbalds Ideal, signifikanterweise nach ihrem Besuch: »sie habe ihn besucht, und ihr holdseliges Gesicht habe sich seinem Gedächtnis dermaßen eingeprägt, daß er es nachher mit Leichtigkeit habe zeichnen können.«[72] Folgerichtig stellt sich Sternbald die Frage: »Wenn ich sie einst finden sollte, würde dann vielleicht mein Künstlertalent seine Endschaft erreicht haben?«[73] Sternbald will das nicht glauben, Tieck jedoch hat nach Sternbalds Wiedervereinigung mit Marie den Roman nicht vollenden können. Bertholds Schicksal scheint auf Sternbalds Frage eine düstere Antwort zu geben. Hoffmann stellt in seinem Werk immer wieder die Frage, wie sich der Künstler zu seiner Muse verhalten muß, um produktiv zu bleiben. Die Frage, durch welchen Fehler der Lebenskonflikt, in den Berthold durch die Erfahrung gerät, daß das, was ihm als überirdische Vision erschien, tatsächlich nur eine reale Frau war, die dann seine Frau wird und in der er fälschlich sein künstlerisches Ideal zu besitzen meinte, ausgelöst wird, gibt die Erzählung an die Leserinnen und Leser weiter. Liegt der Grund darin, daß er sich nicht ausschließlich dem Transzendenten zugewandt hat (so die ästhetische Position des Enthusiasten (vgl. H3, S. 111))? Oder besteht sein Fehler darin, daß er unfähig war, im Irdischen eine Hindeutung auf das Transzendente zu erkennen (so die Position des Professors (vgl. H3, S. 111f.))? Die Tatsache, daß sowohl die Positionen des Professors als auch des erzählenden Enthusiasten in ihren Irrtümern und Einseitigkeiten vorgeführt werden, deutet darauf hin, daß die Leserinnen und Leser eingeladen werden, eine Synthese jenseits der antagonistischen Erklärungsversuche der Protagonisten zu finden.

Unter Bezug auf Tieck stellt Hoffmann also den schöpferischen Prozeß psychologisch so viel moderner dar, nämlich einschließlich seiner möglichen Fehlentwicklung, daß man versucht ist, von einer radikalen Abwendung von dem bei Wackenroder imaginierten Raphaelschen Schöpfungs*prozeß* (im Gegensatz zu Wackenroders Verständnis von Raphaels *Werk*) zu sprechen. Daß dies jedoch nicht mit einer völligen Ablehnung frühromantischer Positionen per se gleichzusetzen ist, ergibt sich zum einen aus der Tatsache, daß Hoffmann Tiecksche Positionen nutzt, um Wackenroder zu relativieren – also eine spezifische frühromantische Position gegen eine andere ausspielt. Zum anderen vertreten sowohl Protagonist als auch Erzähler und Jesuitenprofessor in der *Jesui-*

---

71 Tieck, Sternbald, S. 201-2.
72 Ebd., S. 265.
73 Ebd., S. 202.

terkirche eine sich eng an Wackenroder anlehnende Vorstellung von Raphaels *Werk* als Darstellung idealischer Geschöpfe, die im Betrachter eine Ahnung von Transzendenz erwecken. Wie ich oben gezeigt habe, ist diese sentimentalische Sicht auf Raphael zu Hoffmanns Zeit zwar weit verbreitet, doch kein allgemeiner Konsenz. Vielmehr markiert sie Hoffmanns bewußte Entscheidung für ein Wackenroder folgendes idealisches Ziel von Kunst.[74]

Darüber hinaus deutet die Tatsache, daß die gleiche idealische Vorstellung vom Wesen von Raphaels Werk auch von den beiden Protagonisten in der drei Jahre später erschienenen Erzählung *Signor Formica* artikuliert wird, darauf hin, daß Hoffmann hier einen Aspekt ästhetischer Wertschätzung zum Ausdruck bringt, in dem er sich bis zuletzt mit Wackenroder einig weiß: nämlich die Aufgabe der Kunst, auf das Ideal zu zielen. In der eng an Wackenroder anschließenden Hochschätzung Raphaels bestätigt die Erzählung also die idealische Zielrichtung von Kunst als Teil der Poetologie Hoffmanns. Was in Frage steht, ist jedoch das Problem, wie der Künstler sie gewinnen und gestalten kann und welche Schwierigkeiten ihn bei diesem Versuch bedrohen. Diese Frage wird nicht allein in der Binnenerzählung, sondern vor allem auch durch die Deutungsversuche in der Rahmenerzählung behandelt.

4.5 Die interpretatorische Funktion der Rahmenerzählung in *Jesuiterkirche*

Der Ich-Erzähler und der Professor deuten das, was mit Berthold geschehen ist, aus ihrem unterschiedlichen Kunstverständnis ganz verschieden. Der Erzähler gibt zunächst dem Transzendenten in der Kunst unumschränkte Priorität, wenn er gegen den anmutigen italienischen Stil des Jesuitenkollegios polemisiert und allein die Gotik als christliche Bauform gelten lassen will:

»Sollte aber«, erwiderte ich, »nicht eben jene heilige Würde, jene hohe zum Himmel strebende Majestät des gotischen Baues recht von dem wahren Geist des Christentums erzeugt sein, der, übersinnlich, dem sinnlichen, nur in dem Kreis des Irdischen bleibenden Geiste der antiken Welt geradezu widerstrebt?« (H3, S.111)

Professor Walther dagegen empfindet die Gotik als düster und niederschmetternd und tritt ironischerweise als Ordensmitglied der Jesuiten für ein Gleichgewicht zwischen Irdischem und Transzendentem in der Kunst ein:

»Ei«, sprach er, »das höhere Reich soll man erkennen in dieser Welt und diese Erkenntnis darf geweckt werden durch heitere Symbole, wie sie das Leben, ja der aus jenem Reich ins irdische Leben herabgekommene Geist, darbietet. Unsere Heimat ist wohl dort droben; aber so lange wir hier hausen, ist unser Reich auch von dieser Welt.« (H3, S. 111-2)

---

74 Vgl. auch Walter Jost, Von Ludwig Tieck zu E. T. A. Hoffmann: »Hoffmanns Märchen [...] verbieten es, in ihrem Schöpfer lediglich den nächtlichen Pessimisten zu sehen, da Idyll und absoluter Pessimismus unvereinbar sind. Denn die Idylle erträumt ein Paradies; die Fähigkeit, ein Paradies träumen zu können, bricht aber dem Pessimismus die Spitze ab, mag auch der Idylliker immer wieder zur Elegie erwachen.« (Jost, S. 132).

Dies vom Professor proklamierte Gleichgewicht wird vom Erzähler als rhetorische Camouflage einer ausschließlichen Diesseitigkeit denunziert. Und tatsächlich bestätigen Bertholds Äußerungen über des Professors mechanistisches Weltbild (vgl. H3, S. 118) sowie des Erzählers Bericht, wie der Professor alles geistige Streben »aus gewissen Konjunkturen der Eingeweide und des Magens« (H3, S. 123) herleitet, daß ein Mißtrauen dem Professor gegenüber angebracht ist. Andererseits jedoch vergallopiert sich auch der idealistische Erzähler. Er neigt zu vorschnellen, melodramatischen Schlüssen, denen der Professor mit Ironie begegnet. Als der Erzähler erfährt, daß Berthold mit einem Paroxismus auf den Anblick seines unvollendeten Gemäldes reagiert habe, ruft er pathetisch aus: »Armer – armer unglücklicher Mann! [...] welch' eine Teufelsfaust griff so grimmig zerstörend in dein Leben« (H3, S. 122), worauf der Professor erwidert: »O! [...] die Hand samt dem Arm ist ihm an den Leib gewachsen – Ja ja! – er selbst war gewiß sein eigner Dämon – sein Luzifer, der in sein Leben mit der Höllenfackel hineinleuchtete« (H3, S. 122). Später nimmt der Erzähler – wie übrigens auch mehrere Kritiker[75] – nicht nur vorschnell an, daß Berthold seine Frau und sein Kind ermordet habe (vgl. H3, S. 139), sondern er ist darüber hinaus so unvorsichtig, Berthold mit dieser Anschuldigung auf dem Gerüst zu konfrontieren, und zieht sich dabei den lebensbedrohlichen Zorn des Malers zu (vgl. H3, S. 140). Beiden Gesprächspartnern in der Rahmenhandlung muß der Leser also ein gewisses Mißtrauen entgegenbringen und sich eine Position erschließen, die sich nicht mit einer der Figuren der Erzählung identifiziert, sondern aus dem Mit- und Gegeneinander der Positionen auf den verschiedenen Erzählebenen eine eigene Position erarbeitet. Weder die ausschließlich transzendente Position des Erzählers, noch die mechanistisch-rationale des Professors, noch Bertholds Versuch, Ideal und Wirklichkeit zur Deckung zu bringen, erweisen sich als haltbare Positionen. Vielmehr scheint es darum zu gehen, wie es der Professor formuliert, aber nicht praktiziert, die Erkenntnis des höheren Reichs durch Symbole zu wecken, »wie sie das Leben, ja der aus jenem Reich ins irdische Leben herabgekommene Geist, darbietet« (H3 S. 112).

Eine Absage an den künstlerischen Prometheusmythos, d.h. den Genie-Gedanken, und ein Plädoyer für eine Kunst innerhalb der Grenzen des Berechenbaren, wie Steigerwald meint,[76] stellt diese Erzählung jedoch nicht dar. Denn was Berthold zum Lobe der Regel und des Meßbaren sagt (vgl. H3, S. 116-118), ist ja die Reaktion eines auf den Tod verwundeten Gemüts:

Wie herrlich ist die Regel! – alle Linien einen sich zum bestimmten Zweck, zu bestimmter deutlich gedachter Wirkung. Nur das Gemessene ist rein menschlich; was darüber geht, vom Übel. Das Übermenschliche muß Gott, oder Teufel sein; sollten beide nicht von der Mathematik übertroffen werden? Sollt' es nicht denkbar sein, daß Gott uns ausdrücklich erschaffen hätte, um das, was nach gemessen erkennbaren Regeln darzustellen ist, kurz das rein Kommensurable, zu besorgen für seinen Hausbedarf, so wie wir unserer-

---

75 Vgl. von Matt, Die Augen der Automaten, S. 5; Ringel, Realität und Einbildungskraft, S. 196.
76 Vgl. Steigerwald, Anschauung und Darstellung von Bildern, S. 342.

seits wieder Sägemühlen und Spinnmaschinen bauen, als mechanische Werkmeister unseres Bedarfs. Professor Walther behauptete neulich, daß gewisse Tiere bloß erschaffen wären, um von andern gefressen zu werden, und das käme doch am Ende zu unserm Nutzen heraus, so wie z.B. die Katzen den angebornen Instinkt hätten, Mäuse zu fressen, damit diese uns nicht den Zucker, der zum Frühstück bereit läge, wegknappern sollten. Am Ende hat der Professor Recht – Tiere und wir selbst sind gut eingerichtete Maschinen, um gewisse Stoffe zu verarbeiten, und zu verkneten für den Tisch des unbekannten Königs – (H3, S. 118).

Diese bittere Schlußfolgerung Bertholds aus seinem Scheitern als Künstler darf nicht als Aussageintention der Erzählung über den wahren Künstler und über Kunst gelesen werden. Die durch die materialistischen und utilitaristischen Thesen des Jesuitenprofessors inspirierte Gleichsetzung von Menschen mit Maschinen in Bezug auf ihre Zwecksetzung durch eine übergeordnete Instanz desavouiert die Position des Professors und bringt Bertholds Verletzung über sein gescheitertes Streben nach dem Idealen sowie sein Gefühl von Degradierung zum Ausdruck. Denn zur Zeit dieses Gesprächs ist Berthold unfähig, Bilder zu malen und verdingt sich als bloßer Wandmaler, der falschen Marmor und *trompe l'œil* Dekorationen auf Kirchenwände malt. Dieses sich in mathematischen Regeln erschöpfende Dekorieren kann nun, Bertholds Lob der Regel zum Trotz, keineswegs als gleichrangig mit den besten seiner Gemälde gelten. Bestätigt wird in der Erzählung zwar die Gleichrangigkeit von Historien- und Landschaftsmalerei, nicht aber die von Dekoration und Kunst, die Berthold hier im Gespräch mit dem Enthusiasten behauptet.

Zusammenfassend würde ich sagen, daß sich die Erzählung auf widersprüchliche Art auf frühromantische Positionen bezieht. Sie knüpft einerseits eng an Wackenroders religiöse Verklärung des Werks von Raphael an, und zwar unter Vernachlässigung zahlreicher anderer zeitgenössischer Würdigungen seines Werkes, die wesentlich informierter waren. Andererseits unterminiert sie Wackenroders Konzept von künstlerischer Inspiration auf eine Weise, daß man, wenn man sich auf dieses Motiv allein konzentrieren würde, leicht zu dem Schluß kommen könnte, daß Hoffmann Wackenroder dekonstruiere und seine religiöse Ästhetik völlig durch realistische Psychologisierung ersetze. Statt dessen hoffe ich gezeigt zu haben, daß Hoffmann in der *Jesuiterkirche* das Scheitern eines Künstlers gestaltet, der sich allzu eng an den christlich-jenseitigen Postulaten Wackenroders oder des späteren Friedrich Schlegel orientiert, daß er aber gleichzeitig an der Aufgabe der Kunst, das Idealische, Transzendente anzustreben, festhält und ihr das Erkennen und Gestalten der Verbindung zwischen konkreter Gegenwart und dem Transzendenten zur Aufgabe macht. Diese Spannung artikuliert sich nicht zuletzt in dem Widerspruch zwischen dem Stil des evozierten malerischen Gegenstandes und seiner literarischen Darstellung: nämlich der Erhabenheit des allseits gelobten, an Raphael orientierten fiktiven Werkes des Protagonisten einerseits und andererseits des Unheimlichen, Bedrohlichen und Spannungsreichen des eher an Salvator Rosa gemahnenden Stils der Erzählung.

4.6 Salvator Rosas Ambivalenz

Die *Jesuiterkirche* und *Signor Formica* setzen Raphaels Werk einseitig als
Signatur für das Transzendente in der Kunst ein, vor dem sich in der *Jesuiterkirche* das Scheitern Bertholds an dem Ziel, eine vergleichbare religiös moti-
vierte Idealität darzustellen, desto schauriger ausnimmt. Hingegen wird Salvator Rosas Werk in beiden Erzählungen als komplex und offen für Mißverständnisse präsentiert. Das Wilde seiner Landschaftsdarstellungen wird vor allem
betont, sei es indirekt, wenn von seinen »rauhen Wüsteneien« (H3, S. 127) oder
»Einöden« (H4, S. 923, 934) die Rede ist, oder durch die direkte Apostrophe
des Gegenstandes seiner Gemälde als wild (vgl. H4, S. 922, 923, 924). Auch in
anderen Erzählungen Hoffmanns, in denen Salvator Rosa erwähnt wird, wie in
Der Einsiedler Serapion (vgl. H4, S. 23-39, bes. S. 24) und *Die Brautwahl*
(vgl. H4, S. 639-722, bes. S. 696), wird vor allem auf das Wilde in Rosas Gemälden angespielt. Hierin rekurriert Hoffmann auf eine seiner Quellen, Füßlis
Allgemeines Künstlerlexicon von 1812, wo es über Rosa heißt: »Je die wildes-
ten Wildnisse, wie Dante sagt (selve selvagge), Alpengebürg, Höhlen, von
Wurzeln und Gesträuch strotzenden Ebenen sind die Gegenstände, welche er am
liebsten dem Auge darstellt.«[77] Hat Raphael laut Hoffmanns Erzählungen im
Betrachter die Sehnsucht nach dem transzendenten Zustand erweckt, so kommen, meint der Erzähler des *Signor Formica* in enger Anlehnung an den bei
Füßli zitierten Taillasson,[78] beim Anblick von Rosas Gemälden »von selbst die
unheimlichen Gedanken« an Mord, Abgründe und blutende Leichname (H4, S.
924). Das mit Raphael assoziierte Erhabene und das von Rosa evozierte Schauerliche (vgl. Abb. 9-10 im Tafelteil) scheinen auf den ersten Blick ganz unvereinbar zu sein. Und dennoch ist der als spirituell begriffene Raphael für den
fiktionalen Salvator Rosa in *Signor Formica* der größte Maler (vgl. H4, S.
942), was auf eine geheime Verwandtschaft zwischen ihnen deutet. Darüber
hinaus erfaßt der sensible Malerschüler Antonio mehr das Erhabene als das
bloß Wild-Pittoreske im Werk Rosas. Obwohl Antonio von Malern gänzlich
anderer Provenienz gelernt hat, nämlich Annibal und Guido Reni, ist er so frei
davon, seine Lehrer nachzuahmen, daß er die ganz anderen ästhetischen Ab-
sichten Rosas verstehen und schätzen kann. Antonios Sicht auf Salvator Rosa
ist verwandt mit Rosas Wertschätzung in A.W. Schlegels *Die Gemälde*, wo
Louise eine von Rosas Landschaften lobt, weil darin alles »des Geistes voll«
sei, »rege« und »erhabenes Leben, nicht wildes Gemüt« sowie eine »begeisterte[.] Seele« ausdrücke.[79] In seiner Würdigung Rosas bestaunt Antonio »die oft
übermenschliche Größe der Gedanken« (H4, S. 936), Rosas Erfassen der »tiefs-
ten Geheimnisse der Natur« (H4, S. 936), sein Erschauen des Menschen »in
dem Kreise der Natur, [...] insofern sein innerstes Wesen durch ihre Erscheinungen bedingt ist« (H4, S. 936). Er nimmt also eine Idealisierung der Natur in

---

77 Füßli, Allgemeines Künstlerlexicon (1812), Zweyter Theil, sechster Abschnitt, S. 1341.
78 Vgl. Taillasson zitiert bei Füßli, ebd, S. 1342.
79 A.W. Schlegel, Die Gemälde, S. 17

Rosa wahr hin zum Kühnen, Wunderbaren und zur lebendigen Bewegung (vgl. H4, S. 937). Hierin, sowie in der Beschreibung von Salvator Rosa als Person, zeigt sich die Selbstprojektion Hoffmanns auf seine Erzählfigur. Der Erzähler will Salvator Rosa darstellen »in Feuer und Leben glühend und sprühend, aber dabei mit dem treusten, herrlichsten Gemüt begabt, das oft selbst die bittre Ironie zu beherrschen weiß, die sich, wie bei allen Menschen tiefen Geistes, aus der klarsten Anschauung des Lebens gestaltet« (H4, S. 924).

Im Gegensatz zu dem nach dem Erhabenen strebenden Werk des Malers Berthold wird dessen Leben als primär wild und düster dargestellt, mit kleinen komischen Einsprengseln durch den Erzähler. Man könnte sagen, daß der wie Raphael malen wollende Berthold erzählerisch auf eine Weise dargestellt wird, die an Salvator Rosas Landschaftsbilder gemahnt. Der fiktionale Salvator Rosa dagegen, der in seinen Gemälden das Wilde und Schaurige gestaltet, ist der Held einer humoristischen Erzählung, die eine Episode aus seinem Leben nach dem Modell der *commedia dell'arte* heiter behandelt. In beiden Fällen besteht also ein stilistischer Gegensatz zwischen der Ästhetik im Werk des dargestellten Malers und der Ästhetik in der erzählerischen Inszenierung eines Lebensabschnittes dieses Künstlers. Dieser Gegensatz entwertet nicht das Werk der betreffenden fiktionalen Künstler oder des historischen Vorbildes, dem sie folgen – Hoffmann hat sowohl das Werk Raphaels als auch Salvator Rosas aufrichtig bewundert. Aber es signalisiert, daß eine intermediale Beziehung nicht einfach in der Nachahmung eines thematisierten Stils in einem anderen Medium besteht. Vielmehr streben sowohl *Die Jesuiterkirche* als auch *Signor Formica* danach, durch den Kontrast zwischen Mal- und Erzählstil eine Spannung zwischen Leben und Werk der dargestellten Künstler auszuloten und damit vorschnelle Schlußfolgerungen vom Werk auf die Person in Frage zu stellen.

Im Falle von Salvator Rosa thematisiert der Erzähler explizit die prinzipielle Trennung zwischen Werk und Leben, auf Grund derer er sich gegen die Gerüchte wendet, Salvator Rosa habe unter Banditen gelebt und der mörderischen Bande des Falcone in Neapel angehört (vgl. H4, S. 922-924). Darin folgt Hoffmann dem in Füßlis *Künstlerlexicon* zitierten Fiorillo:

»Rosa kann als Beyspiel dienen, daß der oft durch auffallende Aehnlichkeiten bestätigte Schluß von den Kunstwerken auf die Gemüthsart nicht immer gilt. Rosa war zwar satyrisch, jedoch auf eine lustige Art, und überhaupt zur Freude geneigt. In seinen Landschaften dagegen herrscht ein gewisser Schauer, und eine so öde Wildheit, daß seine Wälder dem Betrachter jene Art von panischer Furcht erregen, die zuweilen den entschlossensten Wanderer überfällt, wenn er bei einbrechender Nacht sich auf einmal verirrt zu haben glaubt. [...] Diese wilde und schauerliche Natur wird dann gewöhnlich durch einige Figuren in schönen Stellungen gehoben, die aber oft ein so schreckliches Wesen an sich haben, daß sie das Unheimliche des Eindrucks noch vermehren.«[80]

---

80 Fiorillo zitiert nach Füßli, Allgemeines Künstlerlexicon (1812), S. 1342.

4.6.1 Die erzählerische Umdeutung von Salvator Rosas Gemälden

Was Salvator Rosas Gemälde angeht, so geht die namentliche Erwähnung von Rosas *Vergänglichkeit* (Abb. 11 im Tafelteil) und *Fortuna* (Abb. 12 im Tafelteil) in *Signor Formica* ebenfalls auf den bei Füßli zitierten Fiorillo zurück sowie auf Jagemanns *Magazin der Italienischen Litteratur und Künste*. Von Fiorillo stammt die in der Erzählung aufgegriffene Kontextualisierung dieser beiden Gemälde Rosas als »Produkte seines beißenden Witzes«, die ihm die Feindschaft der Akademie von St. Lucas zuzogen und seinen Umzug von Rom nach Florenz motivierten.[81] Allerdings scheint Hoffmann die Gemälde nicht selbst gesehen zu haben, denn er schmückt Fiorillos und Jagemanns Hinweis auf die satirische Stoßrichtung der Gemälde frei aus. Bomhoff merkt in einer Fußnote das Fehlen der Menschen in zerrissenen Kleidern an und schreibt es einem Erinnerungsfehler zu oder einer eventuellen Änderung in Stichen des Gemäldes, die Hoffmann als Vorlage gedient haben mögen.[82] Bomhoff diskutiert allerdings nicht die andere Änderung, die die Erzählung in der ekphrastischen Beschreibung von Rosas *Fortuna* vornimmt: Daß die Gesichter der Tiere, auf die die Güter der Glücksgöttin herunterfallen, »die ähnlichsten Züge dieser, jener vornehmen Person« aus Rom trugen (H4, S. 1000), wie der Erzähler in *Signor Formica* behauptet, entspricht nicht den Tatsachen.[83] Vielleicht geht diese Erfindung auf eine Interferenz in Hoffmanns Erinnerung zurück von der Beschreibung zweier verschiedener satirischer Werke Rosas bei Jagemann: der Beschreibung der *Fortuna* sowie einer Serie von Karikaturen. Über letztere heißt es bei Jagemann:

Aber zum Spott derer, die seine Stärke in der Malerkunst nur auf Seestücke, ländliche Aussichten, und Batallien einschränkten, malte er sie mit lächerlichen Karikaturen ab; und damit sie ihm nichts anhaben könnten, malte er sich selbst in einer lächerlichen Stellung dabei. Er brachte aber diese Bilder nicht alle zu Ende. Denn er wurde an der Wassersucht krank, die ihn in Zeit von sechs Monaten, im Jahr 1673, auf die Baare brachte.[84]

In Salvator Rosas *Fortuna* dagegen liegt die Karikatur nur darin, daß Tiere, die ikonographisch diverse menschliche Sünden symbolisieren, mit den Insignien weltlicher Würden und Güter überschüttet werden. Doch tragen die Tiere keine menschlichen Züge und karikieren deshalb keine bestimmten römischen Würdenträger. In Hoffmanns Umdeutung von Rosas Karikatur mag auch seine eigene zeichnerische Praxis hineinspielen: nämlich zum einen seine Versetzung nach Plock, nachdem er 1802 Karikaturen der höheren Gesellschaft in Posen gezeichnet hatte, zum anderen seine Zeichnung der Regierungsräte Marggraf

---

81 Ebd., S. 1343. Vgl. auch Jagemann (Hg.), Magazin der Italienischen Litteratur und Künste, Bd. 4, S. 9
82 Vgl. Bomhoff, S. 202, Anm. 187.
83 Vgl. die Analyse dieses Gemäldes bei Scott, Salvator Rosa, S. 120-124 (Abb. 124, S. 122) und bei Roworth, »Pictor Succesor«. A Study of Salvator Rosa, S. 193-226.
84 Jagemann (Hg.), Magazin der Italienischen Litteratur und Künste, Bd. 4, S. 15.

und von Klöber als Hunde mit menschlichen Gesichtern, die zwischen 1804 und 1806 entstand (vgl. H1, Abb. 19 im Tafelteil).

Eine Unstimmigkeit ergibt sich auch aus der erzählerischen Darstellung von Salvator Rosas *Vergänglichkeit (L'Umana Fragilita)*. Bomhoff glaubt, daß in Hoffmanns Erzählung eine Manipulation der Chronologie von Rosas Werken stattfindet, da die Erzählung sowohl die *Fortuna* als auch die *Vergänglichkeit* Rosas römischer Periode zuschreibt, während laut Bomhoff die *Vergänglichkeit* auf die nach-florentinische Periode Rosas von 1651/52 datiert, und die *Fortuna* auf die römische Zeit um 1659.[85] Bomhoff sieht in der Zusammengruppierung dieser Gemälde die Absicht Hoffmanns, Realität und Ideal durch die Orte Rom und Florenz klar zu scheiden. Allerdings datiert Scott die *Fortuna* auf 1658 und die *Vergänglichkeit* auf 1657/58, d.h. also beide in die römische Periode Rosas, und biographische Daten lassen es unwahrscheinlich erscheinen, daß die *Vergänglichkeit* vor 1656 entstand.[86] Denn die Frau auf diesem Gemälde stellt, laut Scott, Rosas Lebensgefährtin Lucretia dar. Rosa malte das Bild, nachdem im Sommer 1656 die Pest in Neapel Rosalvo, den Sohn von Salvator Rosa und Lucretia, und darüber hinaus Rosas Schwester, seinen Schwager sowie fünf ihrer Kinder hinweggerafft hatte. Der Rosenkranz auf dem Haar der weiblichen Hauptfigur des Gemäldes macht ihre Familienzugehörigkeit zu Rosa ikonographisch sinnfällig. Daß sie dagegen, wie der Erzähler in *Signor Formica* behauptet, »eine leichtsinnige Weibsperson, die alle Zeichen des niederträchtigen Gewerbes an sich trug, die Geliebte eines Kardinals« (H4, S. 999) ist, geht aus dem Gemälde nicht hervor. Wiederum mag eine Interferenz mit anderen Informationen aus Hoffmanns Quellen diese unzutreffende Beschreibung von Rosas Gemälde motiviert haben. In diesem Falle liegt ein Einwirken der negativen Beschreibung von Rosas Lebensgefährtin Lucretia bei Anton Joseph Dezallier d'Argensville nahe, dessen *Leben der berühmtesten Maler* 1767 auf deutsch erschien und von Hoffmann benutzt wurde. D'Argensville berichtet, daß Rosa erst während seiner letzten Krankheit seine Mätresse heiratete,

eine Florentinerinn, mit Namen Lucretia, die ihm zum Modell gedienet, und einige Kinder geboren hatte. Er gieng diese Heyrath sehr ungern ein, weil er wußte, daß die Person von schlechten Leuten, und einer niederträchtigen Denkungsart war, und weil sie bey ihm mehr die Rolle einer Befehlshaberinn, als einer Bedientinn spielte; über dieses hatte sie nicht nur ihm, sondern auch seinen Freunden ihre Gunstbezeugungen, ohne ein Geheimniß daraus zu machen, genießen lassen. Sie kam ihm also in den letzten wichtigen Augenblicken, als ein verhaßtes Geschöpf vor, wodurch seine Ehre, auf die er jederzeit so viel gehalten, leiden würde. Seine Freunde und der Beichtvater stellten ihm alle Gründe der Religion und des Gewissens auf das bündigste vor; allein ihr dringendes Bitten half nichts. Endlich sagte einer von ihnen in der Hitze: Ey! Herr Rosa, ihr müßt es thun, wenn ihr anders in den Himmel zu kommen gedenkt; worauf dieser zur Antwort gab: Wenn ich,

---

85 Vgl. Bomhoff, S. 203.
86 Vgl. Scott, Salvator Rosa, S. 117. Vgl. auch die Darstellung des biographischen Kontexts bei Scott, S. 108-117, und die Abbildung 119, S. 116.

ohne Hörner zu tragen, nicht in den Himmel kommen kann, so muß ich mich wohl dazu entschließen.[87]

4.6.2 Die Inspiration des Künstlers in doppelter Beleuchtung

In *Signor Formica* wird einerseits d'Argensvilles negative Darstellung von Lucretia indirekt in der Deutung von Salvator Rosas Vergänglichkeitsdarstellung als Hure weitergetragen, andererseits jedoch wird der fiktionalisierte Salvator Rosa nicht nur ohne persönliche sexuelle Beziehungen dargestellt, sondern er äußert sich auch Antonio gegenüber prinzipiell skeptisch hinsichtlich der Ehe (vgl. H4, S. 990). Daran erweist sich, daß Hoffmann Aspekte der Geschlechterbeziehungen aus dem Leben Rosas aufgreift und sie dann, zum Teil im Gegensatz zu den Fakten des Lebens des historischen Vorbildes, für sein eigenes obsessives Thema, nämlich die Beziehung des Künstlers zu der ihn inspirierenden Frau, umfunktionalisiert. Es ist anzumerken, daß Hoffmann nicht nur d'Argensvilles misogyne Anekdote eigenständig weiterspinnt, sondern daß Rosas Briefe zur Zeit der Abwesenheit Lukretias von Rom (als sie bei Rosas Schwester in Neapel war), aus denen Scott zitiert, ein grundsätzlich anderes Bild als d'Argensville von der Beziehung Salvator Rosas zu Lukretia, die über 33 Jahre lang sein Leben teilte, geben, und auch im Gegensatz zu Hoffmanns zölibatärem Signor Formica (alias Salvator Rosa) stehen. Doch der Band unveröffentlichter Briefe, aus dem Scott zitiert, erschien erst über ein Jahrhundert nach Hoffmann, nämlich 1950.[88] Der fiktionale Rosa ist sexuell enthaltsamer als sein historisches Vorbild, zugleich aber auch dem verliebten Maler Antonio gegenüber, was die sexuelle Verbindung zwischen Maler und Muse anbetrifft, toleranter als die Erzählaussage aller früheren Erzählungen Hoffmanns. In dieser Aufspaltung von sexueller Askese und sexueller Erfüllung auf zwei verschiedene Maler bahnt sich, zusammen mit der Aufspaltung in eine unerreichbare Muse und eine ihr aufs Haar gleichende (Ehe-) Frau in der 1815 entstandenen Erzählung *Der Artushof* (vgl. H4, S. 177-206), eine unter dem Einfluß der *commedia dell'arte* stehende komische Lösung des Problems künstlerischer Inspiration an, die Hoffmann in *Prinzessin Brambilla* gedanklich und ästhetisch vertieft. Durch die komödienhafte Darstellung von Salvator Rosas fiktiven Handlungen, die von Rosas dichterischen Satiren ebenso wie von Carlo Gozzis moralisch-komischen *fiabe* beeinflußt sind, gelingt es Hoffmann, Rosas Kunstverständnis primär als einem moralischen Impetus folgend darzustellen.

---

87 d'Argensville, Leben der berühmtesten Maler, S. 378.
88 Vgl. Scott, S. 108-110. Als Quelle gibt Scott: U. Limentani, Poesie e Lettere inedite di Salvator Rosa, [ohne Ort] 1950.

4.7 Schlußbemerkung

Ähnlich etwa wie Freud sexuelle Abirrungen von seinem Leitmodell der genitalen Heterosexualität analysiert, so erforscht Hoffmann, ohne die Vorstellung von Kunst als der Vermittlung eines Ideals aufzugeben, in welche Fallstricke ein idealischer Künstler geraten kann. Nazarenerhaftes Ideal und phantastische Verzerrung sind bei Hoffmann untrennbar aufeinander bezogen. Allerdings hinkt der Vergleich mit Freud in einer Hinsicht: Während bei Freud Sexualität als Kern des Menschlichen im Zentrum seiner Analyse steht, fungiert bei Hoffmann (mit Ausnahme seiner letzten Werke) Sexualität als Chiffre für die Realität, die sublimiert werden müßte, um dem Ideal der Kunst zu genügen. Ex negativo jedoch wird in Hoffmanns fiktionaler Welt die mangelnde Sublimierung mit ihren fatalen Folgen oft zum Thema gemacht. In der *Jesuiterkirche* gelingt es Hoffmann überdies, erzähltechnisch Bertholds Fehltritt in der Schwebe zu halten, statt durch einen auktorialen Erzähler festzuhalten. Wie in vielen anderen Texten Hoffmanns auch liegt in dieser erzähltechnischen Ambiguität mehr als in der inhaltlichen Position zur Aufgabe des Künstlers das noch heute so Faszinierende an dieser Erzählung.

Die Erzählungen rücken die Gemeinsamkeiten der beiden historischen Maler in den Vordergrund. In der erzählerischen Darstellung basiert sowohl Raphaels als auch Rosas Werk auf einem »wahrhaften Schauen« und zielt auf das Erhabene. Mit einer solchen Interpretation von Rosas Ästhetik als subjektivistisch motiviert und idealistisch in der Zielsetzung wendet sich die Erzählung explizit gegen den zeitgenössischen Kunstdiskurs über Rosa und implizit gegen manche Vorurteile gegenüber Hoffmann. Hoffmann schafft seiner eigenen Ästhetik durch diese Verbindung von Raphael und Rosa einen Platz in der romantischen Tradition.

5. »Capitan Pantalon Brighella«.
Prinzessin Brambilla und die *commedia dell'arte* in Callots *Balli di Sfessania*

5.1 Der Geist oder die Manier Callots? Hoffmanns Callot-Beziehung und die Forschung

Die in Hoffmanns *Prinzessin Brambilla* gestaltete Identitätsproblematik hat die unterschiedlichsten, einander ausschließenden, Interpretationen inspiriert. Der Text gilt den einen als »Weg einer Heilung [...], [...] Weg zu einer persönlichen Identität«.[1] Andere lesen das Capriccio als selbstreferente »Endlosschleife«, die jede Form der endgültigen Identifikation unterlaufe und einer Figur der Differenz verpflichtet bleibe.[2] Drittens heißt es, *Prinzessin Brambilla* »rehabilitiert die Materie und den Körper« im Gegensatz zur negativen Ästhetik in Hoffmanns frühen Texten.[3] Das in der Forschung so kontrovers diskutierte Konzept von Identität in *Prinzessin Brambilla* soll in diesem Kapitel von einem Aspekt her erhellt werden, der scheinbar mit der Identitätsproblematik wenig zu tun hat, nämlich dem Bezug von Hoffmanns Text auf sein malerisches Vorbild, Jacques Callots Stiche *Balli di Sfessania* (Abb. 13-20 im Tafelteil).

Hoffmanns Affinität zum Werk des fast zweihundert Jahre älteren Lothringer Kupferstechers Jacques Callot (1592-1635) begann früh in seiner literarischen Laufbahn, war andauernd und ist wiederholt von ihm selbst explizit gemacht worden. Dennoch hat erst Siegbert Prawer 1976 das einleitende Fantasiestück »Jaques Callot« (H2/1, S. 17-18) in Hoffmanns 1814 erschienenen *Fantasiestücken in Callot's Manier* als poetologisches Programm gelesen.[4] Prawer weist auf die »ungewöhnlich große Anzahl von Schlüsselworten der romantischen Literatur- und Kunstbetrachtung« in diesem Text hin, nämlich: »die Fantasie und das Fantastische, das Wunderliche und das Wunderbare, Originalität und geprägte Form, die Ironie, das Groteske und das Skurrile, gewöhnliche Welt und ›inneres romantisches Geisterreich‹«, ferner die Bilder von Schleier und Schimmer sowie die romantische Tendenz zum Gesamtkunstwerk, die die Scheidung der Künste zu überwinden sucht.[5] Nach Prawer stellt sich Hoffmann mit diesem Fantasiestück »in eine Tradition, die auf Novalis, Tieck, Wackenroder und die Brüder Schlegel zurückschaut« und die »das

---

1 Tunner, Besonnenheit und tolles Spiel, S. 275.
2 Kremer, Romantische Metamorphosen, S. 298.
3 Liebrand, Aporie des Kunstmythos, S. 300.
4 Vgl. Prawer, Die Farben des Jacques Callot, S. 392-401.
5 Ebd., S. 399.

Geheimnisvolle und nur Andeutende« besonders liebt.[6] Diesen Ansatz weiter
verfolgend, hat Katrin Bomhoff 1999 gezeigt, wie Schlüsselbegriffe, mit denen
Callot in diesem Fantasiestück beschrieben wird, von Hoffmann später immer
wieder in der Explikation des poetologischen Verfahrens in verschiedenen
Erzählungen verwendet werden, mithin der Callot-Text tatsächlich bereits
Hoffmanns ästhetisches Selbstverständnis *in nuce* enthält.[7] Olaf Schmidt argumentiert 2003, daß die in Hoffmanns Callot-Aufsatz enthaltene Ästhetik sich
weniger Hoffmanns eigenständiger Betrachtung von Callots Stichen verdanke,
sondern vielmehr »eine intertextuelle Montage«[8] sei. Sie sei aus seiner Lektüre
von Lichtenbergs Schriften über Hogarth[9] und Wielands Inanspruchnahme
Callots für groteske Darstellung (in *Don Sylvio von Rosalva*) gespeist,[10] sowie
aus einer Rückprojektion der Ästhetik des für Wielands Roman *Don Sylvio von
Rosalva* zentralen Referenztextes, der gleichzeitig auch in Hoffmanns Werk
omnipräsent sei, nämlich Cervantes' *Don Quijote*, auf Callot.[11]

Im folgenden soll es jedoch nicht um die Affinität von Hoffmanns literarischen Texten zur Kunst Callots im allgemeinen gehen oder um den Nachweis
eines von Callot beeinflußten malerischen Stils in Hoffmanns Texten,[12] sondern
am Beispiel der *Prinzessin Brambilla* soll untersucht werden, wie ein Hoff-
mannscher Text sich an konkreten Werken Callots entzündet und welche
Transformationen an den historischen und ästhetischen Parametern Callots
Hoffmann in dem Prozeß der Inspiration durch Werke einer anderen Kunstgat-
tung, aus einer anderen Kultur und aus einer anderen Zeit vornimmt. Der Frage,
welche Vermittlungsinstanzen Hoffmanns Sicht auf Callot beeinflußten, soll
dabei besondere Beachtung geschenkt werden, um den ästhetischen Stellenwert
des Textes innerhalb eines Geflechts kultureller und interkultureller Positionen
zu bestimmen.

Hoffmann hat die Idee für seine *Prinzessin Brambilla* bekanntlich aus dem
Geschenk seines Freundes Daniel Ferdinand Koreff zu seinem 44. Geburtstag
am 24. Januar 1820 geschöpft, nämlich einer Mappe mit 24 Radierungen von
Jacques Callot zum Thema der *commedia dell'arte*, den *Balli di Sfessania* von
1622. Der Text gibt zahlreiche Verweise auf die Bedeutung dieser Stiche für
die Erzählung. Sie reichen vom Untertitel »Ein Capriccio nach Jakob Callot«,
über das Vorwort, das den Leser explizit bittet, Callots »fantastisch karikierte
Blätter« als »die Basis des Ganzen« (H3, S. 769) nicht aus den Augen zu verlieren, bis hin zur ironischen Begründung des Schlusses der Geschichte mit
dem Versiegen der »Quelle« (H3, S. 912), aus der sie geschöpft wurde, und

---

6 Ebd.
7 Vgl. Bomhoff, S. 47-69. Vgl. auch Pikulik, Die Hieroglyphenschrift von Gebärde, Maske Spiel,
S. 145-157, der die Zeichensprache Callots und der commedia dell'arte in Hoffmanns literarischem Stil
verfolgt. Wie Bomhoff betrachtet Pikulik Hoffmanns Beziehung zu Callot nur unter dem Aspekt der
Affinität, nicht unter dem der aktiven, verändernden Aneignung.
8 Olaf Schmidt, »Callots fantastisch karikierte Blätter«, S. 128.
9 Ebd., S. 108-111.
10 Vgl. ebd., S. 126-128
11 Vgl. ebd., S. 146-150.
12 Vgl. Reher, S. 59-101.

dem Verweis auf Meister Callot als allwissender Instanz. Acht von Callots *Balli*-Radierungen wählte Hoffmann aus und ließ sie von Carl Friedrich Thiele für die Erstausgabe der *Prinzessin Brambilla* nachstechen (Abb. 21-28 im Tafelteil), wo sie jeweils zu Beginn jedes der acht Kapitel standen (der erste Stich noch vor dem Vorwort). Zu dieser allseits bekannten intermedialen Verbindung gibt es mehrere neuere Untersuchungen.[13] Bernard Dieterle diskutiert 1988 in einer detaillierten Studie die Veränderungen, die in den Thieleschen Stichen gegenüber der Callotschen Vorlage vorgenommen worden sind, Hoffmanns Auswahlprinzipien sowie die Verbindung zwischen Bildern und Text. Katrin Bomhoff hat sich 1999 mit den prinzipiellen Affinitäten zwischen Callot und Hoffmann befaßt und nennt besonders:

die Vorliebe für Ausdrucksformen der Commedia dell'arte, für Maskierung, Kostümierung und Figurengestaltung grotesker Art, die Freude am Kapriziösen, an der Verve, die Affinität zum Theater und zu Italien, die Prinzipien von Kontrastierung und Spiegelverkehrtheit, der Illusionscharakter, die beabsichtigte gleiche Wirkung auf den Leser bzw. Betrachter, die Unmittelbarkeit der Darstellung, der Erzählcharakter und das Spiel von Phantasie und Wirklichkeit.[14]

Bomhoff sieht »Hoffmann in völliger Übereinstimmung mit Callot«,[15] was die oben genannten Stilmittel angeht. Dieterle hebt stärker auf die erzählerische Umsetzung der Stiche ab, bei der Hoffmann »den *Balli* einen narrativen Zusammenhang unterschiebt«,[16] sie »dialogisch belebt«,[17] motivisch und thematisch entfaltet und in Handlung auflöst. Nach Dieterle werden alle acht Stiche bei Hoffmann »immer zugleich beschrieben und erzählt, szenisch-dialogisch ausgedehnt und verzeitlicht, ja *extemporierend* behandelt«.[18] Doch auch Dieterle kommt zu dem Schluß, daß bei aller Unterschiedlichkeit der Medien die »Manier« von Hoffmanns Capriccio der Callots entspreche. Dieterle nennt besonders »einen Wirrwarr von Gestalten und Begebenheiten, ein Netz von disparaten, heterogenen, anagrammatischen Elementen«[19] als ästhetische Ge-

---

13 Am intensivsten hat sich Dieterle mit der konkreten Text-Bild-Beziehung in Prinzessin Brambilla auseinandergesetzt. Bomhoff konzentriert sich auf die poetologischen Auswirkungen Callots auf Hoffmanns Texte im allgemeinen. Reher geht es mehr um Hoffmanns Malerfiguren sowie malerisches Beschreiben als um die nur en passant erwähnte Prinzessin Brambilla. Olaf Schmidt nutzt die Text-Bild-Beziehung in Prinzessin Brambilla zu einer von der konkreten Beziehung zwischen der Erzählung und den Stichen völlig absehenden Theoretisierung des künstlerischen Produktionsprozesses und der Autoreflexion. Klier dagegen befaßt sich in ihrem Buch zwar mit konkreten Text-Bild-Beziehungen bei Hoffmann, jedoch nicht mit Prinzessin Brambilla.

14 Bomhoff, S. 71.

15 Ebd., S. 76.

16 Dieterle, S. 84.

17 Ebd., S. 88.

18 Ebd., S. 96.

19 Ebd., S. 98. Vgl. auch Eilert, die behauptet, allerdings ohne den Nachweis zu führen, daß jüngere kunstgeschichtliche Forschungen keinen Zweifel daran lassen, daß Hoffmann Callot nicht mißverstanden habe. Eilert betont: »die Stilmerkmale, die man an Callot hervorhebt, treffen mutatis mutandis auch auf Hoffmanns Werk zu, so vor allem die Verbindung von schärfster realistischer Wiedergabe mit einer Verfremdung ins Groteske und Artifizielle, die Vorliebe für das Phantastische und Dämonische und nicht zuletzt der starke Einfluß theatralischer Elemente.« (Eilert, S. 101f.).

meinsamkeiten zwischen Callot und Hoffmann. Im Anschluß an Dieterle bezeichnet Olaf Schmidt *Prinzessin Brambilla* als »narratives Äquivalent« von Callots *Balli*, als »umsetzende Nachahmung seiner zeichnerischen Technik«.[20] Olaf Schmidt mischt sowohl in seinem Aufsatz von 1999 als auch in seinem Buch von 2003 diametral entgegengesetzte theoretische Ansätze in Bezug auf Autorschaft. Einerseits meint er, der Tradition des Poststrukturalismus folgend, in Hoffmanns Bezug auf Callots Bildmaterial in *Prinzessin Brambilla* eine Dezentrierung der Autorschaft wahrzunehmen.[21] Andererseits verfolgt er den dem Poststrukturalismus entgegenstehenden traditionellen Diskurs einer Supponierung von Autorintention, wie sie in der Behauptung, die »inneren Bilder Callots und Hoffmann [sic.] sind im Grunde identisch«,[22] zum Ausdruck kommt. Wie aber diese privilegierte Einsicht in das Innere Callots und Hoffmanns gewonnen wurde, bleibt offen. Wenn Olaf Schmidt dagegen das konkrete Produktionsstadium abtut als »nichts weiter als das ›mechanische Geschäft‹ der Nachkonstruktion des inneren Bildes im materiellen Bereich«,[23] reduziert er die materielle Seite des Kunstschaffens ganz unzulässig – sowohl von der Perspektive Hoffmanns aus, dem handwerkliches Können als unabdingbar für Kunstproduktion galt, als auch vom poststrukturalistischen Standpunkt, der doch gerade die Bedeutung des Ideellen und Intentionalen dezentriert. Die Behauptung, daß »Hoffmann Callots zeichnerische Verfahrensweise in der Literatur realisieren« wollte,[24] macht nicht nur das supponierte Wollen des Autors wiederum zum Zentrum der Beschreibung einer intermedialen Beziehung, sondern ignoriert Schmidts eigene wertvolle Funde von der intertextuellen Vermitteltheit der Hoffmannschen Wahrnehmung Callots in früheren Kapiteln seines Buches.

Diametral entgegengesetzt zu dem Konstatieren einer tiefen Identität des künstlerischen Ansatzes von Callot und Hoffmann in der neueren Forschung ist hingegen der Befund von zwei älteren Untersuchungen zu Hoffmanns Reaktion auf Callot. In seiner Studie zu Callots *Balli*-Serie bemängelt Victor Manheimer 1921 die Beziehung zwischen Text und Bild in der *Prinzessin Brambilla* als nur paraphrasierend.[25] Hoffmanns Text sei mißlungen, weil seine Neigung zu Callot

auf einem Mißverständnis beruhte. Der Dichter kam zu dem Radierer offenbar vom Stofflichen her, das ihn namentlich an den *balli* reizte. Aber es begegnete ihm, daß er in die *commedia dell'arte* des Callot die von Gozzi hineinsah, also die *commedia dell'arte* der Romantik, denn Gozzis Theater ist als eine bereits romantische Reaktion gegen die Reformen Goldonis zu verstehen und wurde auch von anderen Romantikern wie Brentano im »Ponce de Leon« so verstanden. So geht auch das Neben- und Ineinander von italienischen Maskentypen und orientalischen Märchenfarben in der »Prinzessin Brambilla« auf Gozzi zurück, ohne eine tiefere Verwandtschaft mit den Bildbeigaben nach Callot [...].[26]

---

20 Olaf Schmidt, »Die Wundernadel des Meisters«, S. 52.
21 Vgl. Olaf Schmidt, »Callots fantastisch karikierte Blätter«, S. 232.
22 Ebd., S. 104.
23 Ebd.
24 Ebd., S. 239.
25 Vgl. Manheimer, S. 53.
26 Ebd., S. 55.

Im Anschluß an Manheimer urteilt Richard von Schaukal 1923 noch schärfer, »daß die Dichtung vom Geiste der Callotschen ›Balli‹ keinen Hauch verspürt hat«.[27] Nicht nur eine solche Diskrepanz im Urteil ist verblüffend, sondern auch, daß dies in der neueren Forschung gar nicht als Problem diskutiert wird. Worauf nun beruht diese Diskrepanz im Urteil?

Manheimer urteilt offenbar sehr puristisch: Nur eine Rückübersetzung der Stiche in ein *commedia dell'arte*-Szenario, so wie es zur Zeit Callots gespielt wurde, ohne Beachtung der späteren Änderungen dieser Gattung – sei es in der *Comédie italienne*, sei es durch Goldoni oder Gozzi – und ohne jegliche Beimischung von Parametern der eigenen Zeit des die Stiche betrachtenden Schriftstellers, könnten nach seinem Wertmaßstab als dem Geist Callots entsprechend erscheinen. Manheimer begründet seine Auffassung von Hoffmanns Mißverstehen von Callot ästhetisch nur mit dem Hinweis auf die Gozzischen Märchenelemente, die ja in der *commedia dell'arte* zu Callots Zeit nicht vorhanden waren, urteilt aber hauptsächlich auf der Basis einer von ihm behaupteten Differenz im Charakter von Callot und Hoffmann:

Callot besaß ja fast lauter Eigenschaften, die Hoffmann eher abgingen, oder die er sogar verachtete; er war klar und präzis, überlegen und weltmännisch, er war resigniert und pessimistisch, dabei ein Realist, der nicht auf Illusionen ausging wie gerade Hoffmann [...].[28]

Daß die neuere Forschung sich einer solchen reduktiven biographischen Methode nicht anschließen will, ist nur zu offensichtlich. Bedauerlich aber ist es, daß Manheimers Hinweis auf Hoffmanns ästhetische Kontaminierung von Callot und Gozzi in der Forschung so wenig aufgegriffen wurde.[29]

Schaukal argumentiert inhaltlich-historisch, wenn er klagt:

Hoffmann hat die Gestalten, die ihm die Folge der »balli« bot, nicht nur in gewaltsamer und oft recht ungeschickter Weise für mühsame Situationen der »Brambilla«-Erzählung ausgebeutet und ausgedeutet, sondern auch ihr kultur-historisches Wesen heillos verwirrt.[30]

Diese kulturhistorische Verwirrung besteht nach Schaukal in der Tatsache, daß Hoffmann die feststehenden Typen der *commedia dell'arte* nicht als solche erkannt und gewürdigt habe. Daß Giglio sowohl den Callotschen Capitano-

---

27 Schaukal, Jacques Callot und E. T. A. Hoffmann, S. 165.

28 Manheimer, S. 56.

29 Den Bezug Hoffmanns auf Gozzi untersuchen Rusack; Starobinski, Ironie et melancholie (II); Cramer; Feldmann; Eilert. Feldmann jedoch beschäftigt sich nur mit Prinzessin Blandina, nicht mit Brambilla. Hinweise auf Gozzis Bedeutung für Hoffmann geben auch Segebrecht, Hoffmanns imaginäre Bibliothek italienischer Literatur, S. 19-21 und Steinecke, »Ein Spiel zum Spiel«, S. 127-137. Keiner der Genannten jedoch thematisiert die Vermischung von Callot und Gozzi in Hoffmanns Verständnis der commedia dell'arte. In seinem Buch nennt Olaf Schmidt Goethe und Gozzi als Quellen des Karnevalesken in Brambilla (vgl. O. Schmidt, »Callots fantastisch karikierte Blätter«, S. 210-212), doch geht er über die bloße Benennung der in der Forschung bereits als gesichert anzusehenden Bekanntschaft Hoffmanns mit Gozzis L'amore delle tre melarance nicht hinaus.

30 Schaukal, Jacques Callot und E. T. A. Hoffmann, S. 163.

Figuren Zerbino, Cerimonia, Taglia Cantoni als auch seinen Pierrot-Figuren Metzetin, Fritellino, Gian Farina, Pulliciniello und Trastulla zugeordnet wird, merkt Schaukal sichtlich beunruhigt an.[31] Sodann trenne Hoffmann die Rolle der weiblichen Liebenden (im allgemeinen eine sozial höher stehende Dame) nicht von dem Dienerinnen-Typ der Columbine, wenn er Giglio in der Dienerin Riciulina die Prinzessin Brambilla erblicken lasse.[32] Der in der *commedia dell'arte* stets maskenlosen Liebenden dagegen habe »der unglückselige Deuter eine Wachsmaske vor dem Gesicht an[ge]dichtet«.[33] Peinlich empfindet Schaukal vor allem die »Verquickung zweier in der Commedia dell'arte feststehender Gestalten«,[34] nämlich des aufschneiderischen feigen Soldaten (des Capitanos) und des alten venezianischen Kaufmanns (der Pantalone-Figur), in Hoffmanns Neubenennung »Capitan Pantalon« für Callots Pierrot-Figur Fracasso, d.h. also einen dritten der *commedia dell'arte*-Typen. Als Ursache für die Verwechselung der Maskentypen nennt Schaukal Hoffmanns Selbstprojektion auf die Gestalten, seine Fantasie sowie die durch Gozzi geprägte Vorstellung der Romantik von der *commedia dell'arte*.[35] Diesem Werturteil liegt bei Manheimer und Schaukal die Erkenntnis der Intention und historischen Eigenart des älteren Werkes sowie seiner historisch getreuen Verarbeitung als Norm zu Grunde, wobei die historisch adäquate Referenz auf den Gegenstand des Dargestellten von entscheidender Bedeutung ist. Verkennung der Referenz, Kontamination und stilistische Umformung gelten als Schwäche. Intention und Effekt der Transformation sowie deren historischer Kontext bleiben weitgehend unbeachtet.

　　Dieterle und Bomhoff dagegen konzentrieren sich in ihren Analysen auf Stilmittel Callots, die extreme Gefühle darstellen, und zwar in einer Weise, die den Stil völlig vom Gegenstand der Darstellung trennt, den historischen Bedeutungshorizont des dargestellten Objektes vernachlässigt und in Unkenntnis des Dargestellten zum Teil falsche Deutungen der Gestalten gibt. So behauptet Bomhoff, daß Callot in seiner *Balli*-Serie die »Fritellino«-Figur »von den dargestellten am häufigsten mit einem weiblichen Pendant versehen«[36] habe und daß der »Coviello«-Typus »die überwiegende Zahl seiner [...] Handlungen in Tanzfiguren austrägt«.[37] Dabei übersieht sie jedoch, daß Callots Figuren alle verschiedene Namen tragen und sowohl Fritellino als auch Coviello nur je einmal dargestellt werden. Ebenso ist die bei Hoffmann im ersten Stich der Giglio-Figur gegenübergestellte Gestalt keine »Pantalone-Figur« (traditionell ein reicher venezianischer Kaufmann),[38] wie Bomhoff in Anlehnung an Hoff-

---

31 Ebd., S. 163.
32 Vgl. ebd., S. 164.
33 Ebd., S. 165.
34 Ebd., S. 164.
35 Vgl. ebd., S. 163-165.
36 Bomhoff, S. 75.
37 Ebd., S. 75.
38 Ebd., S. 82. Hoffmanns historisch unrichtige Bezeichnung (nämlich Pantalon) für zanni-Figuren der Callotschen Vorlage wird in der Forschung weitgehend übernommen, und zwar sowohl in der historisch als auch der poststrukturalistisch orientierten Forschung. Vgl. u.a. Eilert, S. 106 und 149;

manns Text behauptet, sondern eine *zanni*-Figur (also ein Diener, der bei Callot den Namen Scapino trägt). Und entgegen Dieterles Behauptung ist die Gestalt im ersten Stich, die die Vorlage zur Beschreibung Giglios bietet, nicht in das Kostüm eines Pantalone gekleidet, sondern eindeutig in das eines *capitano* (und trägt bei Callot den Namen Capitano Zerbino).[39]

Olaf Schmidt dagegen beschäftigt sich erst gar nicht mit den Details des konkreten Verhältnisses der Callotschen Bildvorlagen zu Hoffmanns Capriccio, sondern stellt allgemeine theoretische Erwägungen darüber an, welche Folgen der Bezug des Textes auf Bildvorlagen per se für die Poetologie des Hoffmannschen Textes hat, und welche kulturpolitischen Signale die Wahl von Callot als Bezugspunkt beinhaltet. Er sieht in dem Text-Bild-Bezug die Vorführung des poetischen Schaffensprozesses »in seiner Prozeßhaftigkeit«,[40] der sich als Kunstwerk erst in der freien »Phantasietätigkeit ihres Rezipienten«[41] vollende. Der Text selbst sei nur »ein unverbindlicher subjektiver Vorschlag«, der durch seinen Rekurs auf eine darstellerische Quelle »auf seine Autorität verzichtet, die Autorität von Texten überhaupt hinterfragt«[42] und »Identitätsverweigerung«[43] vorführe.

Olaf Schmidts Urteil, daß Hoffmann mit seiner Wahl des Manieristen Callot als Vorbild »das klassizistische Kunstideal der zeitgenössischen Romantik«[44] kompromittieren wollte, unterstellt Hoffmann eine singuläre Orientierung an Callot und eine programmatische Gegnerschaft zur Kunstvorstellung der Romantik und Klassik, die beide in solcher Ausschließlichkeit gar nicht gegeben waren. Denn Hoffmann orientierte sich in der Malerei u.a. auch an dem von der Romantik in den Rang eines Klassikers gehobenen Raphael (vgl. mein Kapitel zur *Jesuiterkirche*). Hoffmanns Raphael-Verehrung widerspricht übrigens auch Olaf Schmidts von Sarah Kofman übernommener These, die Malerei sei bei Hoffmann »mit einem bösen Prinzip kontaminiert«.[45] Überdies zeigt Hoffmanns Verehrung für Musiker, die heute als klassisch gelten (wie Johann Sebastian Bach, Christoph Willibald Gluck, Joseph Haydn, Wolfgang Amadeus Mozart, Ludwig van Beethoven), daß Hoffmann keineswegs ein grundsätzlicher Gegner des Klassischen war.

Scheffel, Formen selbstreflexiven Erzählens, S. 130 und Olaf Schmidt, »Callots fantastisch karikierte Blätter«, S. 213. Sdun nennt gar einerseits sämtliche männliche Figuren der Callotschen Stiche »Pantalon« (vgl. Sdun, S. 38), andererseits bezeichnet er den Callotschen zanni mit Holzpritsche als »Ritter« (vgl. Sdun, S. 70). Liebrand behauptet, Giglio lege, »zunächst widerstrebend und halbherzig, die ›Larven‹ des Personals der commedia dell'arte an, des Pantalon oder des Brighella« (Liebrand, S. 283), obwohl, wie ich im folgenden zeigen werde, weder bei Callot noch in den Thieleschen Stichen, die der Brambilla beigegeben wurden, diese beiden Typen vorkommen.

39 Vgl. Dieterle, S. 86-87.
40 Olaf Schmidt, »Die Wundernadel des Meisters«, S. 61.
41 Ebd., S. 57.
42 Ebd., S. 62.
43 Ebd., S. 54.
44 Olaf Schmidt, »Callots fantastisch karikierte Blätter«, S. 105f.
45 Ebd., S. 162.

Olaf Schmidts Herausstellung von Skizzenhaftigkeit als dem Grundprinzip von Hoffmanns Poetologie[46] übersieht eine Reihe von ästhetischen Praktiken und Werturteilen in Hoffmanns Werk, die damit nicht zu vereinbaren sind: nämlich die oben schon erwähnte Verehrung Hoffmanns für die Vollendung Raphaels sowie vieler heute als klassisch geltender Komponisten; Hoffmanns Inspiration zu Erzählungen durch vollendete Gemälde (vgl. *Die Fermate*, *Doge und Dogaresse*, *Meister Martin*); und vor allem die Bedeutung des Konzepts von »Gerundetheit«, d.h. einem ästhetischen Ganzen, das nur auf den ersten Blick wirr erscheint, für Hoffmanns Poetik. Olaf Schmidt bemerkt eine positive Bewertung des Konzepts der ästhetischen Geschlossenheit ausschließlich in Hoffmanns *Briefen über die Tonkunst* (1814) und leitet daraus ab, daß Hoffmann der Musik als der für ihn höchsten Gattung eine Sonderstellung einräumt: in der Musik gelte Hoffmann einzig der wahre »Stil« als angemessen, in den anderen Kunstgattungen dagegen sei die »Manier«, das Manieristische kein Fehler. Malerei und Erzählung sind laut Olaf Schmidt für Hoffmann vielmehr legitime »Experimentierfelder kapriziöser Einfälle«,[47] und gerade in der Erzählkunst gehe es »nicht um Authentizität, sondern um Inszenierung«.[48] Zugespitzt formuliert Olaf Schmidt: »Nach Hoffmanns Romantik-Verständnis kann Dichtung in der Gegenwart überhaupt nur noch manieristisch sein. [...] Dichterische Innovation besteht für Hoffmann allein in der manieristischen Neukombination vorgängigen Textmaterials, als intertextuelles Spiel.«[49]

Dieser Behauptung scheint mir eine Vermengung von ähnlich klingenden Begriffen mit völlig verschiedenem Bedeutungsgehalt zugrundezuliegen: nämlich von Hoffmanns pejorativer Verwendung des Begriffs »Manier« in seinem Tonkunst-Essay einerseits (im Sinne einer unselbständigen, epigonalen Kunstform) mit der Verwendung des Begriffs manieristisch in der Traditionslinie Ernst Robert Curtius, Jakob Burckhardt, Kurt Wölfflin und Rüdiger Zymner andererseits (im Sinne einer sich quer durch alle Epochen manifestierenden antiklassischen Stilrichtung[50]), sowie einer Identifizierung des Begriffs Intertextualität (der im Poststrukturalismus zu einer revolutionären positiven Qualität aufgewertet wird) mit dem Begriff Manierismus im Sinne von Curtius. Eine weitere Differenzierung der Bedeutungsebenen des Begriffs »Manier« nimmt Jörn Steigerwald durch die Gegenüberstellung von »Stil« und »Manier« vor:

»Stil« und »Manier« können auf mehreren Ebenen einander gegenübergestellt werden; so kann man »Stil« der Dichtung, »Manier« aber der Malerei zuordnen, dann impliziert »Manier« »Ausdruck«, »Stil« hingegen »Darstellung'« (im vor-kantischen Verständnis) und letztlich kann »Manier« pejorativ als »manieristisch« oder »schwulstig«, »Stil« hingegen positiv verstanden werden.[51]

---

46 Vgl. ebd., S. 134.
47 Ebd., S. 152.
48 Ebd.
49 Ebd., S. 153.
50 Vgl. die Referenz auf diese Traditionslinie der Bestimmung des Begriffs »manieristisch« ebd., S. 153, Anmerkung 24 und 25.
51 Steigerwald, Anschauung und Darstellung von Bildern, S. 331, Anmerkung 9.

Callot wird heutzutage von manchen Kunsthistorikern und Kunsthistorikerinnen dem Manierismus im Sinne von Curtius et al. zugerechnet. Dies ist allerdings ein Begriff, der sich erst in der Mitte des 19. Jahrhunderts etablierte. Hoffmann konnte also Callot noch nicht in diesem Sinne als manieristisch auffassen. Und er hat ihn nicht in dem in seinem Tonkunst-Essay entwickelten pejorativen Sinne als einer bloßen Manier folgend gesehen. Vielmehr war er für Hoffmann ein originärer Künstler. Aus Hoffmanns Kritik an der »Manier« im Tonkunst-Essay zu schließen, daß Hoffmann originären Stil nur in der Musik für möglich hält, nicht jedoch in der Malerei und Dichtkunst, da er seinen *Fantasiestücken* das Epithet »in Callots Manier« beigegeben hat, halte ich für abwegig. Denn Hoffmanns Texte thematisieren immer wieder, daß eine bloße »Neukombination vorgängigen Textmaterials«[52] keineswegs ausreicht, um wahre Dichtung oder wahre Malerei zu produzieren (vgl. Kater Murrs ironisch behandelte Schriften und Bertholds Schaffenskrise in *Die Jesuiterkirche*), daß vielmehr die jungen Künstler von den alten Meistern lernen müßten, um ihren eigenen Stil zu finden. Das Lernen von den alten Meistern und das Finden eines eigenen Stils sind für Hoffmann nicht Antagonismen (wie Olaf Schmidt impliziert), sondern vielmehr ist das erste die Voraussetzung des zweiten. Der Behauptung, daß Hoffmann in der Dichtung nur noch manieristische Neukombination für möglich hält, widerspricht aber vor allem das serapiontische Prinzip des wirklichen Schauens einer inneren Wirklichkeit, das in Hoffmanns Ästhetik so zentral ist (vgl. H4, S. 67-68). Der scheinbare Widerspruch zwischen Hoffmanns positiver Verwendung des Begriffs »Manier« in seinen *Fantasiestücken* und der pejorativen Verwendung im Ton-Kunst-Aufsatz läßt sich meines Erachtens durch die oben von Steigerwald zitierten gattungs- und kontextspezifischen Differenzen in der Begriffsextension überzeugender erklären als durch die Unterstellung, Hoffmann habe in der Literatur das postmoderne Prinzip der Bricolage als die einzige Möglichkeit moderner Literatur antizipiert.

In Olaf Schmidts Buch wird in einem Zirkelschluß ein poststrukturalistisches Konzept des Autors als Intention des Autors der *Prinzessin Brambilla* unterstellt (»reflektieren diese Texte permanent ihre eigene kommunikative Insuffizienz«, ja in ihnen komme »eine medienhistorische Krisenlage zum Austrag«[53]). Eine Intention, eine derartige Insuffizienz und Krisenlage zum Ausdruck zu bringen, ließe sich aber, wenn überhaupt, erst erschließen, wenn man Hoffmanns Text in seiner konkreten Vernetzung mit den Bildvorlagen Callots sowie den Vermittlungsinstanzen, die die von Callot dargestellten Typen der *commedia dell'arte* weiterentwickelt haben, untersuchte. Gerade diese konkrete Vernetzung untersucht Olaf Schmidt nicht, wie sich an seiner Übernahme der Hoffmannschen Bezeichnung Pantalone für den *zanni* der Callotschen Vorlage zeigt.[54] Seine Argumentation rekurriert auf Hoffmanns Text und

---

52 Olaf Schmidt, »Callots fantastisch karikierte Blätter«, S. 153.
53 Ebd., S. 240f.
54 Vgl. ebd., S. 213.

Callots Radierungen nur, um vorgängige postmoderne Thesen zu Autorschaft und Intermedialität zu bestätigen.

Die neueren Studien vernachlässigen also die konkrete historisch-spezifische Bedeutung der dargestellten Gestalten in den Callotschen Radierungen und den kulturellen Kontext der in Bewegung ausgedrückten Emotionen, die älteren dagegen die Stilmittel der Radierung und des Textes. Um den Gegenstand der Darstellung von Callots *Balli* in seinem historischen Kontext mit einer Analyse von Stil zu vereinen und durch diesen doppelten Fokus sowohl Affinitäten als auch Differenzen zwischen Callot und Hoffmann zu untersuchen, soll zunächst analysiert werden, wie Callots Radierungen *Balli di Sfessania* sich auf die *commedia dell'arte* beziehen.

5.2 Callots *Balli di Sfessania*

Nach Vorstudien während seines Aufenthaltes in Florenz seit 1612 und einem Besuch in Neapel um 1620 arbeitet Callot den Zyklus der *Balli di Sfessania* erst nach seiner Rückkehr nach Nancy etwa um 1622 aus. Einem Titelblatt mit fünf Gestalten der Komödie auf einer Bühne mit Vorhang und einigen Köpfen sich herandrängender Zuschauer folgen 23 kleinformatige Radierungen, auf denen im Vordergrund jeweils zwei Gestalten (die per Untertitel schriftlich benannt werden) miteinander agieren vor einem Mittelgrund von vielerlei sehr kleinen Gestalten. Häuser, Bäume und noch kleinere Gestalten bilden den Hintergrund. Es handelt sich dabei stets um namentlich verschiedene Figuren – nur bei »Gian Fritello« des siebenten Stichs könnte man eventuell eine Identität mit dem »Fritellino« des 23. Stichs vermuten. Die Forschung ist an diesem Punkt zu keinem klaren Ergebnis gelangt. Nach Georges Sadoul handelt es sich bei Fritellino um den Sohn von Piero Cecchini, der als Fritello berühmt wurde; dagegen betrachtet Duchartre Gian-Fritello und Fritellino als identische Kreationen des Schauspielers Pietro Maria Cecchini.[55] Während diese rund 50 verschieden benannten Gestalten auf den ersten Blick eine überwältigende Vielfalt vermitteln, macht ein Vergleich mit den Typen der *commedia dell'arte* deutlich, daß sich tatsächlich hinter dieser Vielfalt ein Verdrängen tragender Charaktere der *commedia dell'arte* verbirgt und statt dessen eine Konzentration auf einige wenige Typen in ihren Ausprägungen durch verschiedene Schauspieler.[56]

---

55 Vgl. Sadoul, S. 98: »Callot paraît y avoir surtout représenté la troupe de Fritellino fils de Fritello (Piero Cecchini). Sa compagnie séjourna à Florence fin 1615 et peut-être en 1618.« (vgl. Duchartre, S. 177).

56 Vgl. zu dieser Identifikation von Schauspielern mit ihrer Rolle Richards und Richards, S. 116-117: »In many of the early letters and documents the actors' given names and their stage names are often interchangeable. Some players assumed the names of the roles they performed, while others, like Isabella Andreini, gave their own names to their roles. Many were better known by their stage name than by their actual names – by virtue of his publications we know Pier Maria Cecchini by his baptismal name, but to his contemporaries he was equally well-known by his stage name, Frittelino«.

5.2.1 Die traditionellen Typen der *commedia dell'arte*

Die *commedia dell'arte* bildete sich in der Renaissance in der Toskana aus »zwei verschiedenen kulturellen Zonen«,[57] nämlich einerseits dem komisch-mimischen Bereich volkstümlicher Prägung mit buffonesken Schauspielern, die das Obszöne komisch extravertierten, und andererseits dem Bereich des humanistischen Akademismus mit geistig kultivierten Schauspielern, die besonders in den Rollen der *innamorati* glänzten. Die *commedia dell'arte* war also nie nur eine reine Volkskomödie oder nur als solche ihrem Wesen treu.[58] Sie blühte als Stegreifspiel mit maskierten Figurentypen von der Mitte des 16. bis Mitte des 18. Jahrhunderts. Während des 17. Jahrhunderts verbreitete sie sich besonders durch gastierende italienische Theatertruppen in Frankreich, wo sie als *théâtre italien* in fruchtbarem Bezug auf die französische Tradition eine eigenständige Form gewann, die wiederum auf die deutsche Kultur wirkte. Obwohl sich in der zweihundertjährigen Geschichte der *commedia dell'arte* gewisse typische Merkmale erhalten haben, ist es wichtig, gleichzeitig ein Bewußtsein ihrer Plastizität zu entwickeln, denn in diesem langen Zeitraum gewann sie manche Eigenschaften und Kennzeichen hinzu, während sie andere verlor.[59] Traditionellerweise wurde die *commedia dell'arte* von einer kleinen Schauspieltruppe von 10-12 Spielern aufgeführt. Aufgrund von festen (zum Teil maskierten) Figurentypen, die die Schauspieler oft ein Leben lang spielten, festen komischen Einlagen (den sogenannten *lazzi*), die jederzeit beliebig eingeschaltet werden konnten, und einem Szenario (Handlungsplan) konnte das Spiel improvisiert werden. Zum Grundpersonal der *commedia dell'arte* gehören die folgenden Figurentypen:

Zwei *vecchi* (die Alten)

  a) Pantalone

Pantalone ist ein alter venezianischer Händler, geizig, verliebt in junge Frauen. Er trägt rote Leggings oder Kniebundhosen, einen scharzen langen Mantel, eine Maske mit grauem Bart, Dolch und oft einen Riesenphallus.

  b) *Il dottore*

Er ist ein Rechtsanwalt oder Arzt aus Bologna, ein akademischer Groß- und Vielsprecher, ein Windbeutel, der ein unverständliches Gemisch aus Latein und Italienisch spricht, oft stottert. Schwarz und vornehm gekleidet, hat er eine Gesichtsmaske und oft eine Geldbörse umgehängt.

Mindestens zwei *zanni* (Diener)

Die Diener kommen typischerweise aus Bergamo und sind maskiert. Sie erscheinen meist als charakterlich entgegengesetzte Typen.[60] Die Attribute der

---

57 Hinck, S. 12.
58 Vgl. ebd., S. 13.
59 Vgl. Krömers Insistenz auf der »Commedia dell'arte als historische Größe« (Krömer, S. 20).
60 Vgl. Perrucci, Dell'arte rapresentativa, 1699, zitiert nach Richards und Richards, S. 135: »There are two servants called first and second Zanni. The first should be amusing, quick, lively, witty, and able to devise intrigues, confusions and strategems, which might deceive the world. [...] The role of the

frühen *zanni* sind weite, weiße Hosen und Jacken und ein breites Holzschwert. Im Laufe der Zeit differenziert sich der generische Typus des Dieners, und er wird nicht nur durch Eigennamen, sondern auch durch spezifische, nur für den namentlich ausgezeichneten Diener typische, Kostüme gekennzeichnet. Der früheste spezifische Dienertyp ist der Arlecchino. Der Harlekin zeichnet sich durch akrobatische Geschicklichkeit aus und trägt anfangs ein eng anliegendes Kostüm mit bunten Flicken, die später als Rhomben formalisiert werden. Er wird die bekannteste der *commedia dell'arte*-Masken. Der generische Typus des *zanni* tritt zum Teil neben einem der spezifischen Dienertypen auf. Die generischen *zanni*-Typen werden im allgemeinen folgendermaßen beschrieben:

a) der erste Diener

Er ist amüsant, schnell, schlau, aber schurkisch, intrigant, hinterhältig. Aus diesem generischen Typ entwickelt sich später der Charakter des Brighella. Viele Schauspieler, die ihn verkörperten, besaßen musikalisches Talent, so daß dieser Typus oft mit einem Musikinstrument assoziiert ist, meistens einer Laute oder Gitarre. Brighella trägt lockere weiße Hosen und eine niedrig gegürtete Jacke, die beide mit grünen horizontalen Streifen besetzt sind.

b) der zweite Diener

Er ist in der Regel der dumme Diener, der aber im Verlaufe der historischen Entwicklung dieser Rolle viele liebenswert sanfte, gutmütige Züge erhält. Laut Walter Hinck wird der Name Arlecchino erst Ende des 17. Jahrhunderts für diesen Dienertypus durch aus Frankreich zurückkehrende Schauspieler in Venedig populär.[61]

Diener in der *commedia dell'arte* firmierten auch unter den Namen Bagatino, Bertoldo, Bertoldino, Beltrame, Bigolo, Birrichino, Burattino, Cacasseno, Cavicchio, Cicciabuccia, Coviello, Cucurucu, Fenocchio, Figaro, Flautino, Franca Trippa, Fritellino, Frontin, Gandolin, Gian Farina, Gian-Fritello, Giglio, Gilles, Gilotin, Gradelino, Grattelard, Guazzetto, Il Sitonno, Labranche, La Montagne, Marco-Pepe, Mascarille, Mezzetino (Metzetin), Meo-Patacca, Narcisino, Pagliaccio, Paillasse, Pasquariel, Pedrolino, Peppe Nappa, Piero, Pierrot, Pulcinella, Punch, Trivellino, Truccagnino, Truffaldino, Turlupin, Sbrigani, Scapin(o), Sganarelle, Zaccagnino.[62]

Die *innamorati*

Die Liebenden erscheinen unter unzähligen verschiedenen Namen, jeweils zwei Frauen und zwei Männer; zwei von ihnen sind meist Sohn und Tochter der *vecchi*. Die Liebenden tragen in der Regel keine Masken, sie bringen romanzen- oder märchenhafte Elemente in die *commedia dell'arte* und setzen die humanistische Tradition der *commedia dell'arte* fort.

---

second servant [...] should be foolish, dumb and witless«. Nicoll hält dagegen: »Instead of thinking rigidly of clever and stupid, we should rather regard these characters as akin to Laurel and Hardy, concerning whom it is difficult to determine which partner is less foolish, which more astute.« (Nicoll, S. 67)

61 Vgl. Hinck, S. 17.
62 Vgl. Duchartre, S. 120, 123, 156, 165, 177, 208, 221, 251, 261, 291.

Die *servette* (weibliche Dienerin)
Während die Alten, die Diener und die Liebenden paarweise auftreten, gibt es
nur eine Dienerin. Sie ist, wie die Liebhaber, maskenlos. Im 16. Jahrhundert
war sie eine ältere, oft krude, mit allen Wassern gewaschene Frau. Im Verlauf
des 17. Jahrhunderts wird sie nicht nur jünger und attraktiver, sondern auch im
Charakter verfeinert: schlagfertig, kokett, voller Witz, Esprit und Raffinesse.
Sie ist nun häufig in den Diener verliebt. Erst gegen Ende des 17. Jahrhunderts
wird sie vor allem unter dem Namen Columbina bekannt. Vorher heißt die
Dienerin Franceschina, Lesbino, Ricciolina, Diamantina; neben Columbina
werden um die Wende zum 18. Jahrhundert Olivetta, Spinetta, Violetta von
berühmten Schauspielerinnen geschaffen; in den Stücken von Goldoni bekommt diese Rolle den Namen Corallina und in denen von Gozzi Smeraldina.[63]
Gegen Ende des 17. Jahrhunderts macht sich eine Verbürgerlichung dieses
Typus bemerkbar: in manchen Scenarios überwindet die Dienerin die Standes-
schranken durch Heirat.[64]

Il capitano
Der *capitano* ist ein neapolitanischer prahlender, aber feiger, Söldner. Er ist
maskiert und wird oft in Kniehosen oder geschlitzten Renaissance-Hosen abgebildet. Sein Attribut ist der Degen. Richards und Richards kommentieren:
»There were numerous Captains, as the plethora of names indicates – Spavento,
Fracassa, Spezzaferro, Terremoto, Rinoceronte, Coccodrillo«.[65] Es ist eine
Rolle, die nach den ersten Jahrzehnten des 17. Jahrhunderts zurücktrat und
schließlich in der Rolle des Liebhabers subsumiert wurde. Duchartre führt
neben den oben zitierten Namen auch noch die folgenden als dem Familien-
stammbaum des *capitanos* zugehörig an: Ariararche, Bella-Vita, Boudouffle,
Cerimonia, Crispin, Engoulevent, Escobombardon, Giangurgolo, Grillo, Horri-
bilifibrax, Il Vappo, Leucopigo, Mala-Gamba, Matamoros, Meo-Squaquara,
Melampigo, Papirotonda, Pasquariello, Pasquino, Rodomonte, Rogantino,
Sangue y Fuego, Scaramuccia, Spezza Monti, Taglia-Cantoni, Taille-Bras,
Zerbino.[66] Allerdings wird bei Duchartre, im Gegensatz zu Richards und Ri-
chards, Fracassa nicht unter dem Stammbaum der *capitani* angeführt. Zwei
Figuren mit sehr ähnlich klingenden Namen erscheinen dagegen bei Callot im
typischen Kostüm seiner Dienerfiguren, nämlich Fracasso in Stich Nr. 24 und
Fricasso in Nr. 11.

---

63 Vgl. ebd., S. 284.
64 Vgl. Hinck, S. 51.
65 Richards und Richards, S. 120.
66 Vgl. Duchartre, S. 225, 230, 233, 234, 235, 247, 249.

5.2.2 Callots *commedia dell'arte*-Typen

Callot ignoriert in seinen *Balli* die Figuren der beiden Alten völlig und stellt keinen der traditionellen männlichen *innamorati* dar, obwohl er in *Les trois Pantalons* sowohl den geizigen Alten in *Le Pantalon ou Cassandre* als auch den Liebhaber als eine Mischfigur in *Le Capitan ou l'Amoureux* darstellt (Abb. 29-31 Tafelteil).[67] Darüber hinaus stellt er wenige Frauen dar, konzentriert sich dagegen auf die *capitano*-Figur und die *zanni*-Gestalt. Letztere erscheint jedoch bei Callot nicht in ihren zu Hoffmanns Zeiten (wie auch heutzutage) bekanntesten Ausprägungen, also als Arlecchino im bunten Anzug, als Brighella mit horizontalen grün-weißen Streifen an seinem Anzug, oder in der französischen Form des Pierrot mit großer Halskrause. Die *zanni* bei Callot führen weder diese Namen, noch sind sie ihnen durch ihre Kostüme oder Attribute ähnlich. Auffällig ist vielmehr, daß sie viele verschiedene Namen, aber fast identische Kostüme tragen.[68] Sie sind alle in weite Hosen und weite, niedrig gegürtete Jacken gekleidet. Sie tragen ein kurzes Cape und einen Hut mit vorne extrem breiter Krempe, der meist mit langen Federn geschmückt ist. Ihr Attribut ist in der Regel das breite Holzschwert und je einmal eine Mandoline (in Nr. 8) und eine Gitarre (in Nr. 23). Sie stellen also nicht unterschiedliche Typen dar, sondern Erscheinungsformen des gleichen Figurentyps durch verschiedene Schauspieler. Nur eine von Callots zanni-Figuren ist heute noch namentlich allgemein bekannt: Pulcinello, hier »Pulliciniello« geschrieben (in Stich Nr. 9). Die anderen zwölf zanni-Darstellungen benennt Callot folgendermaßen: Gian Fritello in Nr. 6, Guatsetto und Mestolino in Nr. 7, Metzetin in Nr. 8, BaGattino in Nr. 10, Fricasso in Nr. 11, Scapino[69] in Nr. 12, Gian Farina in Nr. 17, Trastullo in Nr. 21, Franca Trippa und Fritellino in Nr. 23, und Fracasso in Nr. 24.

Der *capitano*-Typ tritt bei Callot in zwei Erscheinungsformen auf. Er trägt entweder Kniehosen oder enge, ja oft sogar hauteng, trikotartige Kleidung, die seinen muskulösen Körper maximal zur Geltung bringt, ihn in vielen Stichen sogar nackt wirken läßt. Nach Duchartre folgte die Geschichte des *capitano*-Kostüms der Geschichte der militärischen Uniformen, und Duchartre erwähnt einen Schauspieler am Anfang des 17. Jahrhunderts, der den *capitano* »in tight-

---

67 Vgl. Kahan, S. 20-23.

68 Nicoll folgert, daß Callots Balli nur unter Vorbehalt als historische Zeugnisse der *commedia dell'arte* betrachtet werden sollten (vgl. Nicholl, S. 75). Er weist darauf hin, daß die Figur des Scapino in der Regel anders als bei Callot dargestellt wurde, nämlich dem Brighella ähnlich, in »white trousers or breeches, jacket and cloak, all edged with green bands or striped« (Nicholl, S. 76). Des weiteren macht Nicholl darauf aufmerksam, daß Callots Trastullo, der in Nr. 21 als zanni im weiten, weißen Kostüm dargestellt wird, auf einer historischen Darstellung von 1618 in einem eng anliegenden Kostüm abgebildet wird (vgl. Abbildung 53 in Nicholl, S. 81). Nicholl folgert: »Once more we can assume only that Callot saw fit to dress all his comic servants alike, or that he was depicting a non-theatrical figure, or else that the Neapolitan actors had abandoned all nice differences in their parts, levelling the whole group under the single clownish costume.« (Nicholl, S. 82).

69 Die Rolle des Scapino wurde durch den Schauspieler Francesco Gabrielli (1588-1636) berühmt. Vgl. Richards und Richards, S. 65 und 123.

fitting, striped clothes and a plumed felt hat« darstellte.[70] Der Wams von Callots *capitani* ist stets mit riesigen Knöpfen geschlossen – ein Attribut, das später in der französischen Version der *commedia dell'arte* dem Pierrot zukommt.
Ein kurzes Cape, Federn am Hut und ein Degen, der ihm mehrmals als phal-
lisch-obszönes Instrument dient, sind seine typischen Attribute. Seine Gesten
demonstrieren akrobatisches Talent; sie sind meist extrem angespannt und
bringen seinen oft erigierten Phallus zur Geltung. Callot gibt jedoch nicht allen
diesen Figuren den Titel *capitano*. Als solcher benannt werden: Cap.
Cerimonia in Nr. 3, Cap. Spessa Monti in Nr. 10, Cap. Zerbino in Nr. 12, Cap.
Bonbardon und Cap. Grillo in Nr. 13, Cap. Esgangarato und Cap. Cocodrillo in
Nr. 14, Cap. Mala Gamba und Cap. Bellavita in Nr. 15, Cap. Babeo in Nr. 16,
Cap. Cardoni in Nr. 22 – also elf Figuren. Die folgenden Figuren vom gleichen
Erscheinungstyp erhalten von Callot Namen ohne Titel: Cucorogna und
Pernoualla in Nr. 2, Smaraolo cornuto und Ratsa di Boio in Nr. 4, Cicho Sgarra
und Collo Francisco in Nr. 5, Ciurlo in Nr. 6, Scaramucia in Nr. 11, Cucuba in
Nr. 16, Bello Sguardo und Coviello in Nr. 18, Razullo (mit Mandoline) und
Cucurucu in Nr. 19, Pasquariello Truonno und Meo Squaquara in Nr. 20,
Taglia Cantoni in Nr. 24 – also weitere sechzehn Figuren, von denen zumindest
Scaramucia, Pasquariello Truonno, Meo Squaquara und Taglia Cantoni nach
Duchartre als *capitano*-Figuren bekannt sind.[71] Die übrigen Namen sind bei
Duchartre nicht aufgeführt, mit Ausnahme von Coviello als wenig bekanntem
Charakter[72] und Cucurucu, der jedoch dem Stammbaum des Pulcinella ent-
stammt.[73] Sodann gibt es bei Callot den Apotheker Maramao mit der Klistier-
spritze in Nr. 22, der vor sein hautenges, dem *capitano*-Typ entsprechendes,
Trikot eine Schürze vorgebunden hat. Callots Faszination von dem 27 mal dargestellten *capitano*-Typ ist also offensichtlich. In der Forschung herrscht jedoch Unsicherheit darüber, ob der im hautengen Trikot nackt wirkende Typ ein
capitano oder ein *zanni* ist. Callot hat diesen Typ noch in drei weiteren Radierungen dargestellt, die den Titel *Les deux Pantalons* tragen (vgl. Abb. 32 Tafelteil), wobei jedoch anzumerken ist, daß Callot den Begriff *pantalon* generisch
für *commedia dell'arte*-Schauspieler verwendete, nicht begrenzt auf den Typ
des Pantalone. Kahan kommentiert: »The two major figures are akin to the
zanni and several of the raggle-taggle Capitani of the *Balli* and are not
Pantalones.«[74] Wenn es zutrifft, daß die auf Callots Stichen gleich gekleideten
Figuren, wie etwa Cap. Esgangarato (in Nr. 14) und Bello Sguardo (in Nr. 18),
zum Teil *capitani*, zum Teil *zanni*-Typen darstellen, dann wäre das ein Zeichen, daß in der *commedia dell'arte*-Darstellung Callots eine Vermischung von
grundverschiedenen Typen stattgefunden hat. Dies würde das Konzept von der

---

70 Duchartre, S. 230.
71 Vgl. ebd., S. 225-250. Hinck dagegen nennt den Scaramouche die Variante des Capitano im
Dienerstand (vgl. Hinck, S. 50).
72 Vgl. Duchartre, S. 291.
73 Vgl. ebd., S. 221.
74 Kahan, S. 23. Vgl. auch die drei Abbildungen dieser Gestalten in Kahan auf S. 24 unter den
Nummern 28, 30 und 31.

commedia dell'arte als einer sich historisch ständig entwickelnden und verändernden Tradition bestärken, in der die angeblich festen Typen gar nicht so unveränderlich waren, wie etwa Manheimer und Schaukal annahmen.

Nach den elf namentlich benannten *capitani*, den sechzehn ihnen gleichenden Gestalten und den dreizehn *zanni*-Gestalten folgen mit großem Abstand die weiblichen *commedia dell'arte*-Typen in zwei Versionen: als vornehme Damen, nämlich Sig.ᵃ Lavinia in Nr. 3, Sig.ᵃ Lucretia in Nr. 9, Sig.ᵃ Lucia in Nr. 21, und als Dienerinnen, nämlich Riciulina in Nr. 8 und Fracischina in Nr. 17. Außer an dem Titel Signora ist die höhere soziale Stellung der Damen vor allem am langen Kleid, das den Boden schleift, zu erkennen. Die Dienerinnen tragen dagegen knöchelkurze Kleider. Riciulina jedoch, mit Federhütchen, Kette und hohem Kragen, wirkt so vornehm, daß sie gar nicht auf den ersten Blick als Dienerin zu erkennen ist. Auch dieser soziale Aufstieg der Dienerin gewinnt im Verlauf der historischen Entwicklung der Gattung an Momentum: Die Dienerinnenfigur der Columbina, die Catherine Biancolelli Ende des siebzehnten Jahrhunderts berühmt machte, heiratet in gutbürgerliche Familien ein, somit Richardsons Pamela antizipierend.[75]

In Callots paarweiser Darstellung dominiert die rivalisierende, obszöne Begegnung von zwei *capitani*-Typen mit erigierten Phalli, sie ist elfmal vertreten. Die Begegnung von *zanni* und *capitano* wird fünfmal dargestellt, davon viermal als Kampf mit Waffen. Die Damen (bzw. die Dienerinnen Riciulina und Fracischina) erscheinen viermal mit der *zanni*-Figur und nur einmal mit der *capitano*-Gestalt. Inhaltlich vorgeprägt sind also bei Callot die folgenden Momente aus Hoffmanns Capriccio: erstens die ins Komische getriebene, exaltiertbewegte Kampfatmosphäre; zweitens die wiederholte Gegenüberstellung von einander gleichenden Gestalten; drittens der Kontrast zwischen aggressiver, phallischer *capitano*-Gestalt in physisch extremen Positionen und der entspannt stehenden, tanzenden oder spielenden *zanni*-Gestalt; und viertens die privilegierte Beziehung zwischen der *zanni*-Gestalt und den Frauen. Eine Verwandlung eines Schauspielers vom einen Typ in den anderen läßt sich nicht feststellen – es sei denn, man nimmt an, daß die *zanni*-Gestalt des Titelblattes, unter der der Name Bernoualla steht, identisch ist mit der *capitano*-Figur namens Pernoualla in Stich Nr. 2. Das explizit Sexuelle und Obszöne an Callots Darstellung ist dagegen in Hoffmanns Capriccio und den ausgewählten Bildvorlagen gänzlich ausgespart. Das »Prinzip der Obszönität« (H3, S. 814) der *commedia dell'arte*-Masken wird überdies von dem Maler Reinhold im Gespräch mit Celionati kritisiert, weil es Wut, Haß und Verzweiflung errege. Dieses intentionale Fehlen des Obszönen in *Prinzessin Brambilla* macht deutlich, daß das Karnevalistische hier nicht im Sinne von Bachtin zu verstehen ist.[76]

---

75 Vgl. Richards und Richards, S. 260.

76 Vgl. die diesen zentralen Tatbestand ignorierende Lesweise des Capriccios in einem Bachtinschen Sinne bei Kremer, Literarischer Karneval, S. 15-30, sowie die dagegen die Differenzen zwischen Hoffmann und Bachtin konturierende Interpretation von Saße, Die Karnevalisierung der Wirklichkeit, S. 55- 69. Zu Hoffmanns Bezug auf die Tradition von Karnevalsberichten deutscher Italienreisender (Goethe, Fernow und Moritz) vgl. Robert Mülher, Prinzessin Brambilla. Ein Beitrag zum Verständnis

In der Reflexion von Callots kunsthistorischer Position kommt Daniel Ternois zu dem Schluß, daß Callot vom Barock und Manierismus geprägt sei. Er
führt dazu die folgenden Merkmale bei Callot an: Realismus des Details innerhalb eines grundlegenden Irrealismus; disparate und widersprüchliche Elemente, die schwer in eine Einheit zusammenzufassen sind; Dominanz von Imagination über Beobachtung; Spiel mit Perspektiven und Proportionen; Kontraste;
eine Vorliebe für das Burleske und Präziöse.[77] Ternois sieht jedoch Callot über
Manierismus und Barock hinauswachsen zu einer harmonischen Vereinigung
von Stil und Wahrheit. Er benennt als durchgehendes Charakteristikum von
Callots Kunst »ni idéalisation au sens classique, ni réalisme littéral, mais
affirmation du caractère«.[78] Indem Callot die Freude der *commedia dell'arte* am
Exzentrischen in paarweisen Gegenüberstellungen einfängt, in denen die Linien
extremer Körperbewegung der einen Gestalt von der anderen spiegelbildlich
oder kontrastierend zu einem harmonisch bewegten Ganzen ergänzt werden,
vermitteln seine *Balli* sowohl die Bizarrerie der dargestellten Charaktere als
auch Leichtigkeit, Schönheit, Harmonie.

5.3 Hoffmanns Arbeit mit Callot

Meine These ist, daß die Beziehung zwischen Callot und Hoffmann eine viel-
fältig vermittelte ist, daß Hoffmann sich der charakteristischen Merkmale der
Radierungen Callots bedient und sie in neuem Geiste gedeutet und verändert
hat, so wie auch Callot selbst sich bestimmter Formen bedient hat, sie aber mit
einem anderen Geist belebt hat. Es ist dies ein immer wieder zu bemerkendes
Phänomen der Formensprache, das an sich weder Lob noch Tadel verdient,
sondern das als die Dynamik künstlerischer Entwicklung verstanden werden
will. Der folgende Abschnitt will die einzelnen Aspekte der Hoffmannschen
Anverwandlung der Callotschen Formensprache in *Prinzessin Brambilla* untersuchen. In einem darauffolgenden Schritt sollen sodann die historischen und
ästhetischen Voraussetzungen identifiziert werden, die Hoffmanns Blick auf
Callot geprägt haben. Das heißt, daß das Erkenntnisinteresse unserer Untersuchung die Frage, inwieweit Hoffmann Callot historisch getreu verstanden hat
und erzählerisch adäquat wiedergibt, nur als Vorstufe zu den Hauptfragen
verfolgt, nämlich: welche Elemente er von Callot aufgreift, in welche Richtung
er sie verändert, wodurch diese Änderung beeinflußt wurde und wie sie litera-
turhistorisch zu verorten ist.

Hoffmann ordnet jedem der acht Kapitel seines Capriccios jeweils einen
Stich zu. Während Callot auf seinen 24 Stichen Momente mit 50 verschiedenen
Schauspielern festhält, die jeweils für sich durch die Ausdrucksstärke der Be-

der Dichtung, S. 5-24; Gerhard R. Kaiser, E. T. A. Hoffmanns Prinzessin Brambilla als Antwort auf
Goethes Römisches Carneval, S. 215-242.
  77 Vgl. Ternois, S. 202-206.
  78 Ebd., S. 210.

wegungen fesseln, aber keine fortlaufende Geschichte erzählen, erfindet Hoffmann einen Erzählzusammenhang zwischen den acht ausgewählten Stichen, indem er die verschiedenen Figuren als Erscheinungsformen von nur zwei Personen umdeutet (wobei eine dritte Figur, der Scharlatan Celionati, sozusagen als Katalysator fungiert, der der Hauptfigur qua Kostümierung den erst noch zu entwickelnden Aspekt der eigenen Persönlichkeit konkret vor Augen führt). Die fünf verschiedenen Frauengestalten bei Callot reduziert er auf die beiden Typen, die ihnen zugrunde liegen, nämlich vornehme Dame und armes Mädchen. Diese fungieren bei Hoffmann als externalisierte Erscheinungsbilder ein und derselben Frau, nämlich als die arme Näherin Giacinta Soardi und ihr karnevalistisches, idealisiertes Alter ego sowie Traumbild Giglios, Prinzessin Brambilla. Aus dem *capitano*-Typus bei Callot wird bei Hoffmann der eitle Giglio Fava, und aus dem *zanni*-Typus Callots werden Giglios karnevalistisches *commedia dell'arte*-Pendant Prinz Cornelio im *zanni*-Kostüm und der Scharlatan Celionati, der in diesem Kostüm als Giglios Doppelgänger fungiert und ihn zu seiner Verwandlung vom eitlen tragischen zum selbstironischen komischen Schauspieler anregt. Das heißt, daß aus einem sozial und regional verankerten Unterschied der Typen in der *commedia dell'arte* und aus dem Kontrast extremer Körperbewegungen von zwei konkreten, miteinander agierenden Gestalten bei Callot bei Hoffmann ein intrapsychischer Konflikt wird. Eine solche Verschiebung des Konflikt-potentials vom Sozialen und Physischen ins Psychische signalisiert, daß Hoffmann Callots Stiche tatsächlich nicht einfach im Geiste seines Schöpfers literarisch umsetzt, sondern daß sie ihn zu einer Modernisierung anregen. Er verwendet die Formensprache Callots, beseelt sie aber mit dem Geist eines anderen Zeitalters, höhlt also Callots Formensprache der *commedia dell'arte* von innen her aus. Hoffmanns Internalisierung des Konflikts verweist einerseits auf Elemente, die später in der Moderne virulent werden. Wie sich jedoch andererseits in der Art von Hoffmanns Umgang mit Callots bildlichen Anregungen Denkmodelle und ästhetische Muster seiner Zeit bemerkbar machen, soll Thema des Abschnitts über die *commedia dell'arte* bei Gozzi, Brentano und Tieck sein. Zunächst aber soll im Detail untersucht werden, wie bei Hoffmanns Umsetzung der bildlichen Anregungen Callots in Literatur eine enge Anlehnung an Callot mit einer Transposition des Dargestellten in grundsätzlich andere Parameter einhergeht.

Alle für Hoffmanns Capriccio angefertigten Stiche reproduzieren die jeweiligen Hauptgestalten der Callotschen Vorbilder in Haltung, Kleidung und Attributen getreu der Vorlage, jedoch seitenverkehrt und ohne Namensnennung sowie ohne Hintergrund. Damit fehlt also in den Bildbeigaben des Capriccios ausgerechnet ein Element, das Hoffmann bei Callot bewunderte, nämlich die »Fülle von Gegenständen« (H2/1, S. 17), die in einem kleinen Raum zusammengedrängt sind. Statt dessen werden die Callotschen Hauptfiguren aus ihrem Kontext herausgelöst und auf einen im leeren Raum schwebenden Grund gestellt. Man könnte ihn als den Raum der Imagination bezeichnen, in dem die gleichen Figuren eine andere Funktion erfüllen können als in der Callotschen Vorlage. Den Eindruck von überwältigender Figurenfülle, der für Callot so charakteristisch ist, erzeugt der Text dagegen dadurch, daß die beiden Hauptfiguren in verschiedenen Verkleidungen und mit verschiedenen Namen erscheinen, ohne daß für sie selbst, ihren Partner und den Leser von vornherein klar ist, daß es sich jeweils um Konkretisierungen von psychischen Facetten ihrer selbst handelt. Diese Differenz in der Behandlung der Menge ist zwar klein, aber bezeichnend für das unterschiedliche ästhetische Verfahren und Interesse von Callot und Hoffmann. Callots Interesse an der Menge als solcher und seine Bilder ohne Protagonisten (wie *L'impruneta, L'évantail, Parterre de Nancy, Carrière*) finden bei Hoffmann keine Entsprechung. Hoffmanns Interesse ist auf das Individuum gerichtet, und zwar besonders auf das psychische Leben des Individuums. Der Körper dient ihm als Vehikel, um seelische Erfahrungen darzustellen. Callot dagegen ist mehr am Physischen und an Typen als an Individuen interessiert.[79]

Hatte Hoffmann auf der Bildebene durch die Isolierung der Protagonisten aus ihrem Kontext und das Eliminieren der in ihrem Namen enthaltenen Referenz bereits eine entscheidende Verschiebung vom historisch Konkreten zum Imaginären vorgenommen, so setzt der Text diese Tendenz weiter fort. Im Text werden die Protagonisten zwar in Stellung und Kleidung genau der jeweiligen Bildvorlage entsprechend beschrieben, aber die erklärenden Zusätze des Erzählers überführen die relativ eindeutigen *commedia dell'arte*-Typen aus Callots Stichen in Mischgestalten. Hoffmann läßt sich von Callots Stich Nr. 12, der eine freundliche Begegnung zwischen der *zanni*-Figur Scapino und dem mit seinem Titel benannten *capitano* Zerbino über einer Korbflasche darstellt, zu dem Beginn seiner Erzählung inspirieren. Der eitle Giglio, der von Celionati aus pädagogischer Intention aufgefordert wurde, sich möglichst abenteuerlich und abscheulich zu verkleiden, tritt auf wie der *capitano* Zerbino bei Callot:

Eine seltsame mit zwei hohen Hahnfedern geschmückte Kappe, dazu eine Larve mit einer roten, in hakenförmigem Bau und unbilliger Länge und Spitze alle Exzesse der ausgelassensten Nasen überbietend, ein Wams mit dicken Knöpfen, dem des Brighella nicht unähnlich, ein breites hölzernes Schwert – Giglios Selbstverleugnung, alles dieses anzulegen, hörte auf, als nun erstlich ein weites, bis auf die Pantoffeln herabreichendes Beinkleid, das zierlichste Piedestal verhüllen sollte, auf dem jemals ein primo amoroso gestanden und einhergegangen. (H3, S. 787-788)

Der *zanni* Brighella, dem Giglio in seiner oberen Hälfte gleichen soll, taucht jedoch bei Callot überhaupt nicht auf. Die für Callots *capitano*-Gestalten typischen Kniebundhosen, die Giglio der Callotschen Vorlage folgend trägt, werden dagegen ummotiviert als eitle Weigerung Giglios, sich die weiten Hosen der Dienergestalt anzuziehen, um statt dessen in angeblich nicht zu seinem Oberteil passenden Kniebundhosen seine schönen Beine vorzuzeigen. Aus einem Prototyp der *commedia dell'arte* zur Zeit Callots wird hier also durch die erzählerische Deutung ein in sich zerrissener Mensch, dessen angeblich heterogene Kleidungsstücke seine entgegengesetzten Neigungen ausdrücken.

---

79 Vgl. Ternois, S. 199.

Während aus der *capitano*-Gestalt Zerbino ein Zwitter zwischen *primo amoroso* und *zanni* wird, wird die *zanni*-Gestalt des Scapino auf dem Callotschen Stich ebenfalls trotz der getreuen Wiedergabe auf Thieles Stich umgedeutet in eine widersprüchliche Figur, die Züge ganz verschiedener Typen der *commedia dell'arte* in sich vereinigt:

Ein Kerl stand vor ihm, der in toller Possierlichkeit alles überbot, was er jemals von dergleichen gesehen. Die Maske mit dem spitzen Bart, der Brille, dem Ziegenhaar, so wie die Stellung des Körpers, vorgebeugt mit krummem Rücken, den rechten Fuß vorgeschoben, schien einen Pantalon anzudeuten; dazu wollte aber der vorne spitzzulaufende, mit zwei Hahnfedern geschmückte Hut nicht passen. Wams, Beinkleid, das kleine hölzerne Schwert an der Seite, gehörte offenbar dem werten Pulcinell an. (H3, S. 788-789)

Bart und gebeugte Stellung sowie vorgeschobener rechter Fuß charakterisieren nun tatsächlich eine Pantalon-Figur, die Callot (außerhalb der *Balli*-Serie) stach (vgl. Abb. 29 im Tafelteil).[80] Entgegen der Behauptung des Erzählers jedoch sind Bart und gebeugte Stellung auch für den Lasten tragenden *zanni* sehr wohl typisch, wie zahlreiche Abbildungen dieser *commedia dell'arte*-Figur belegen. Obwohl die *zanni*-Attribute selbst in des Erzählers Beschreibung überwiegen, wird Giglios Gegenüber in der Erzählung dennoch Pantalon genannt. Hinter diesem Kostüm verbirgt sich eine Gestalt, die erst im Verlauf der Erzählung als der Scharlatan Celionati erkenntlich wird, der hier Giglio genau in dem Karnevalskostüm entgegentritt, in dem Giglio sich später als Prinz Cornelio di Chiapperi selbst findet. Celionati hatte nämlich Giglio zu einer möglichst grotesken Verkleidung motiviert mit der Andeutung, daß dies die Vorbedingung sei, sein Traumbild auf dem Korso zu sehen (vgl. H3, S. 787). Er treibt jetzt Giglios Verwandlungsprozeß voran, indem er ihm suggeriert, er erkenne in ihm ein Familienmitglied, und zwar den assyrischen Prinzen Cornelio di Chiapperi. Nun steht aber der Begriff der Familienzugehörigkeit in der *Prinzessin Brambilla* nicht in einem genealogischen Kontext von Blutsverwandtschaft oder, moderner gedacht, von psychischer Verwandtschaft, sondern, wie in dem folgenden Abschnitt über Gozzi ebenfalls zu zeigen ist, in einem literarischen Kontext. Die Familienzugehörigkeit, die hier angesprochen wird, besagt nicht, daß Giglio bereits an dieser Stelle seinem Alter ego Cornelio gegenüber steht, sondern daß der, nach Deutung des Erzählers als Pantalon oder Pulcinell verkleidete, Scharlatan Celionati in dem zur Zeit laut Erzähler nur halb als Brighella verkleideten Giglio ein Mitglied der Familie der *commedia dell'arte* begrüßt, zu dem er Giglio erst noch ganz zu machen sucht. Indem er dem von Giglio als häßlich empfundenen Kostüm der angeblichen Dienerfigur der *commedia dell'arte* eine aristokratische Deutung unterlegt, schmeichelt er seinem Selbstideal und stachelt gleichzeitig die Bereitschaft Giglios an, sich der Äußerlichkeiten seiner Eitelkeit zu entledigen. Mit dieser Doppelstrategie wird der Grundstein zu Celionatis Ziel gelegt, komische Degradierung und idealistische Transzendenz in Giglio zusammenzubringen. Daß Celionati hinter dieser Mas-

---

80 Vgl. Kahan, Abbildung 25, S. 21.

ke steckt, erweist sich auch daran, daß diese hier Pantalone genannte *zanni*-Gestalt als echter Scharlatan agiert: Er läßt in dem Duft, der aus einer – in Callots Stich vorgegebenen – Korbflasche aufsteigt, Giglio ein Bild der Prinzessin Brambilla sehen, verhöhnt aber seine halbherzige Verkleidung, indem Giglio von Brambilla nur genau so viel zu sehen bekommt, wie Giglio bereit war, von seinem eitlen Selbstbild aufzugeben. Bernhard Dieterle irrt sich in der Benennung von Giglios Kostüm in dieser Szene ebenso wie in der Identifizierung seines Gegenübers und der Begründung für die Umdeutung der *zanni*-Gestalt auf Callots Stich in einen Pantalone, wenn er schreibt:

Während Giglio, dessen Kostüm dasjenige eines Pantalon ist (die Brille stammt allerdings eher von einem Tartaglia), in einen lächerlichen primo amoroso verwandelt wird, wird die Chiapperi-Gestalt zum Pantalone umgedeutet, weil diese Maske, wegen ihrer Lächerlichkeit, ihres Alters und ihrer Eitelkeit beim selbst äußerst eitlen Giglio nur Abneigung hervorrufen kann. Die Chiapperi-Gestalt stellt bei Callot in der Tat einen Zanni – am ehesten eine Fritellino – dar, welcher aber als solcher für den eingebildeten Giglio keinen Kontrahenten darstellen kann. [81]

Giglio entspricht jedoch im ersten Stich in seiner Aufmachung eindeutig der *capitano*-Gestalt auf Callots Vorgabe und nicht einem Pantalone, der in Callots *Balli* gar nicht vorkommt. Er wird auch nicht in einen *primo amoroso* verwandelt, sondern als Mischwesen zwischen *primo amoroso* und dem *zanni* Brighella vorgeführt. Die Benennung seines Gegenübers als Pantalon dagegen stammt nicht von Giglio, sondern vom Erzähler, der sich parenthetisch bemerkbar macht: »redete Pantalon (so wollen wir die Maske, trotz des veränderten Costums, nennen)« (H3, S. 789). Sie ist also nicht figurenpsychologisch motiviert, sondern durch das Ziel der Erzählung. Der Erzähler schafft eine Verbindung zwischen diesen beiden grundverschiedenen Typen der *commedia dell'arte*, indem er beide als Mischfiguren mit *zanni*-Zügen deutet, weil er ein Interesse daran hat, das Zwitterhafte, Uneindeutige, sich Transformierende hervorzuheben. Er legt damit die Grundlage für die Verwandlung Giglios in eine komische *zanni*-Figur, die sich gleichzeitig als Prinz fühlt. Eine solche Verwandlung von einem sozialen Typ in einen anderen und die Gleichzeitigkeit von plebejischem Kostüm und aristokratischer Seele ist nun aber weder in der traditionellen *commedia dell'arte* vorgegeben, noch in Callots Darstellung von ihr – ganz im Gegensatz zu Dieterles Urteil, daß Hoffmann zwar die Masken forciere, »es aber durchaus im Geist der Commedia dell'Arte«[82] tue und daß seine Umdeutung und Vermengung der Figuren mit Giglios am Schluß erworbener Fähigkeit, »*sämtliche* Rollen eines Stückes zu übernehmen«, im Sinne der *commedia dell'arte* ausreichend begründet sei.[83]

Die Illustration für das zweite Kapitel der *Prinzessin Brambilla* basiert auf Callots drittem Stich, der Cap. Cerimonia und Signora Lavinia darstellt. Aus

---

81 Dieterle, S. 86-87. Nach Dieterle trägt die zanni-Figur auf allen Stichen ein Pantalon-Kostüm (vgl. S. 89, 90, 91).

82 Ebd., S. 87.

83 Ebd.

Callots *capitano*-Gestalt, die dieses Mal lange, recht enge Hosen trägt, wird in der Schilderung des Erzählers eine gegenüber dem ersten Kapitel nun vollkommene *zanni*-Verkleidung Giglios. Nur der unter dem Mantel verbor-gene Degen des Callotschen *capitanos* muß als Stock bezeichnet werden, um die bereits in Kapitel 1 begonnene Umdeutung der Callotschen *capitano*-Gestalten zu vollenden:

> Der Anzug den er schon einmal angelegt, schien dem Giglio hinlänglich fratzenhaft; nur verschmähte er diesmal auch nicht das lange seltsame Beinkleid, und trug außerdem noch den Mantel hinterwärts auf einen Stock gespießt, so daß es beinahe anzusehen war, als wüchse ihm eine Fahne aus dem Rücken. (H3, S. 809)

Aus Callots Dame wird »eine hohe edle Gestalt [...] in jenen prächtigen Kleidern, in denen ihn einst Giacinta überrascht hatte, oder besser, als er sein Traumbild im hellen wahrhaften Leben vor sich erblickte« (H3, S. 809). Giglio identifiziert sie zweifelsfrei als Prinzessin Brambilla. Seiner bisherigen Rolle als tragischem Schauspieler gemäß und auch – entgegen seiner Deutung als *zanni* – dem sprechenden Namen der Callotschen Gestalt Rechnung tragend (*Capitano* Ceremonia), die dieser neuen Erscheinungsform von Giglio zugrunde lag, verhält sich Giglio sehr zeremoniell gegenüber der schönen Dame. Er redet sie in der dritten Person an, und Superlative und Apostrophen als überirdisches Wesen übersetzen das Zeremoniell-Gestelzte seines Callotschen Vorbildes in Sprache:

> [...]die holdeste der Feen, die hehrste der Göttinnen wandelt auf der Erde; ein neidisches Wachs verbirgt die siegende Schönheit ihres Antlitzes, aber aus dem Glanz, von dem sie umflossen, schießen tausend Blitze und fahren in die Brust des Alters, der Jugend und alles huldigt der Himmlischen, aufgeflammt in Liebe und Entzücken. (H3, S. 810)

In dieser pompösen Ansprache dichtet er der *innamorata*, die bei Callot, der Tradition der *commedia dell'arte* entsprechend, maskenfrei ist, eine Wachsmaske an, wie Schaukal kritisch bemerkt hatte. Während Hoffmann hier tatsächlich zu Callots Stich etwas hinzuerfindet, was im Widerspruch zur Tradition der *commedia dell'arte* steht, ist er dennoch wohl nicht ganz so weit von Callot entfernt, wie es den Anschein hat. Denn eine andere Radierung Callots hat wahrscheinlich kontaminierend gewirkt. Masken waren ja in Italien nicht nur in der *commedia dell'arte*, sondern auch im Karneval weit verbreitet, und Callot hat eine Radierung einer maskierten adligen Dame angefertigt, die Hoffmann zu dieser Kontamination inspiriert haben mag.[84] Daß Hoffmann neben den *Balli* noch andere Radierungen Callots kannte, geht auch aus der Antwort der maskierten Dame hervor. Sie greift nämlich Callots oben bereits erwähnte Eigenheit auf, die Schauspieler der *commedia dell'arte* generisch als *Pantalone* zu bezeichnen (vgl. Abb. 29-32 im Tafelteil),[85] wenn sie den ver-

---

84 Vgl. Ternois, Abbildung 34 c
85 Vgl. Kahan, S. 20-25, Abbildungen Nr. 25-28, 30-31. Alle Figuren werden von Callot als Pantalons bezeichnet, doch sie stellen verschiedene Typen dar, nämlich Pantalon, den capitano oder Liebha-

kleideten Giglio anredet als »mein Herr Pantalon Capitano, oder wer Ihr sonst sein wollen möget?« (H3, S. 810). Hier referiert sie – im Gegensatz zum Bemühen des Erzählers, die *capitano*-Attribute der Bild-Vorlage erzählerisch zu eliminieren – nicht nur auf den *capitano*-Titel der Callotschen Vorlage für diese Erscheinungsform Giglios, sondern setzt ihr auch noch die typisch Callotsche Gattungsbezeichnung für alle *commedia dell'arte*-Schauspieler hinzu sowie die deutsche Anredeform. Weitere Verwandlungen werden vorbereitet, als die Prinzessin Giglio auffordert, »das breite gute Schwert« (H3, S. 810) zu ergreifen, d. h. also, die Verwandlung zum *zanni* zu vollenden. Er wiederum wünscht, ohne selbst zu begreifen, was er sagt, ja, ohne sich selbst als Subjekt seiner Rede zu empfinden, sie möge ihren »prunkenden Schmuck« (H3, S. 810) ablegen. Beide wünschen also voneinander die Überwindung der Eitelkeit des anderen und die Bereitschaft zur komischen Selbstdegradierung.

Diese Akzentuierung der Verwandlung des Subjekts signalisiert eine grundlegende Änderung der historisch überlieferten *commedia dell'arte*-Tradition. Denn die *commedia dell'arte*-Typen im 17. Jahrhundert durchlaufen keine Läuterung, sondern bringen die Komödie zu einem glücklichen Ende, ohne je ihre ins Lächerliche überzeichneten rollentypischen sozialen Schwächen zu überwinden. Callot greift in seinen *Balli* das Prinzip der Übertreibung von Charakteren und des Kontrastes auf, das er in der *commedia dell'arte* vorfand. Entwicklung und Verwandlung stellen seine 24 Radierungen von *commedia dell'arte*-Schauspielern nicht dar. Die schauspielerischen Rollen der *commedia dell'arte*, die soziale Typen in regionaler Verankerung darstellen, werden in *Prinzessin Brambilla* dagegen als individuelle psychische Möglichkeiten im Verhalten zu sich selbst interpretiert. Erst diese Umdeutung von sozialer Funktion zu psychischer Disposition macht die Verwandlung von einem *commedia dell'arte*-Typen in einen anderen möglich, wie sie in Hoffmanns Capriccio vorgeführt wird.

In Kapitel 3 hat Giglio seine Verkleidung mit dem breiten Holzschwert und der Sturmhaube vervollständigt, die Prinzessin Brambilla gefordert hatte (vgl. H3, S. 810 und 827). Er hat also in drei Schritten/Kapiteln seine Verwandlung vom eitlen tragischen zum sich selbst verlachenden komischen Schauspieler vollzogen. Allerdings ist dies eine Verwandlung, die zwar sein Äußeres, aber noch nicht sein Inneres ergriffen hat. Denn was in Callots Vorlage für die Illustration des dritten Kapitels, dem Tanz des Mandoline spielenden *zanni* Metzetin mit der Dienerin Riciulina (Callots *Balli*, Nr. 8), dargestellt wird, erlebt er nicht selbst, sondern als Zuschauer seines Doppelgängers:

Ein possierlicher Kerl, bis auf die geringste Kleinigkeit gekleidet, wie Giglio, ja was Größe, Stellung u.s. betrifft, sein zweites Ich, tanzte nämlich, Chitarre spielend, mit einem sehr zierlich gekleideten Frauenzimmer welche Castagnetten schlug. Versteinerte den Giglio der Anblick seines tanzenden Ichs, so glühte ihm wieder die Brust auf, wenn er das Mädchen betrachtete. Er glaubte nie so viel Anmut und Schönheit gesehen zu haben; jede

ber, den *zanni* Scapin sowie drei Paare von namenlosen Gestalten, die Kahan entweder als *zanni* oder *capitano* deutet.

ihrer Bewegungen verriet die Begeisterung einer ganz besonderen Lust und eben diese Begeisterung war es, die selbst der wilden Ausgelassenheit des Tanzes einen unnennbaren Reiz verlieh. (H3, S. 828)

Hier hat Hoffmann Callots Spiel mit dem Verwischen der Grenze zwischen Subjekt und Objekt des Betrachtens, zwischen Schauspieler und Zuschauer, das Callot in *Le premier Intermède* (1617) und *L'évantail* (1619) entwickelte,[86] als er einige Betrachter des dargestellten Schauspiels groß in den Vordergrund stellte und damit das betrachtende Subjekt zum Objekt des Bildbetrachters machte, aufgegriffen und weiterentwickelt. Durch den Kunstgriff der spiegelbildlichen Verdopplung des Protagonisten transformiert Hoffmann wieder physisch konkrete Gestalten bei Callot in abstrakte psychische Phänomene. Als Giglio hört, daß Umstehende die beiden Tanzenden als Prinzessin Brambilla und Prinz Cornelio bezeichnen (vgl H3, 828 und 830), glaubt er, daß er selbst Prinz Cornelio sei und mit Brambilla tanze (vgl. H3, S. 831). Daß das von Giglio bewunderte tanzende Mädchen von Zuschauern als Prinzessin Brambilla bezeichnet wird, während Riciulina in der Tradition der *commedia dell'arte* eine Dienerin ist, ist durch Callots Darstellung selbst motiviert: Kette und Federhut hat sie nämlich tatsächlich mit Callots Damen Signora Lavinia aus dem dritten Stich sowie Signora Lucia aus dem 21. Stich gemeinsam. Darüber hinaus geben ihr der stehende Halskragen und die zierlichen Ärmelspitzen ein durchaus edles Aussehen. Ihr Kleid schleift zwar nicht den Boden wie das der edlen Damen, doch dieser Eindruck der Kürze mag darauf zurückgehen, daß sie auf der Fußspitze tanzt. Rein visuell ist also ihre Deutung als edle Dame nicht völlig verfehlt, auch wenn Kenner der *commedia dell'arte* wissen, daß die Figur dieses Namens komödienhistorisch der unteren Klasse zugehört.

Giglios Selbstprojektion auf den Mandoline spielenden *zanni* stellt zugleich den Übergang zum vierten Kapitel dar, das auf Callots Stich Nr. 23 vom Tanz der beiden *zanni* Franca Trippa und Fritellino beruht. In Hoffmanns viertem Kapitel beginnt Giglio genauso zu tanzen, wie die Gestalt in Kapitel drei, in der er sich selbst erkannt hatte. Hoffmann nutzt das fast identische Kostüm von Callots Metzetin, Franca Trippa und Fritellino, um die drei Gestalten als Versionen von Giglio und seinem Doppelgänger darzustellen. Daß der Text aus der Mandoline, die Callots Textvorlage Metzetin spielt, im vorherigen Kapitel eine Gitarre gemacht hat, wird nun verständlich als Versuch, eine engere Verzahnung zwischen Kapitel 3 und 4 herzustellen, ja eine Identität der Callotschen Vorlagen von Metzetin und Fritellino zu suggerieren, denn Callots Fritellino spielt tatsächlich Gitarre. Callots konkreter Tanz der beiden *zanni* wird in Kapitel 4 als Tanz Giglios mit seinem spiegelbildlichen Ich gedeutet:

Also für den assyrischen Prinzen, Cornelio Chiapperi, hielt sich Giglio; und war dies eben auch nichts besonderes, so möchte doch schwerer zu erklären sein, woher die seltene, nie empfundene Lust kam, die mit flammender Glut sein ganzes Inneres durchdrang. Stärker und stärker schlug er die Saiten der Chitarre, toller und ausgelassener wurden die Grimas-

---

86 Vgl. Ternois, S. 170.

sen, die Sprünge des wilden Tanzes. Aber sein Ich stand ihm gegenüber und führte, eben so tanzend und springend, eben solche Fratzen schneidend, als er, mit dem breiten hölzernen Schwert Streiche nach ihm durch die Luft. (H3, S. 831)

Die verschiedenen Callotschen Vorlagen für Kapitel 3 und 4 werden kausal miteinander verbunden, als Giglio während seines Tanzes das (wie in Kapitel 1 und 2) märchenhaft plötzliche Verschwinden der eben noch anwesenden Prinzessin Brambilla bemerkt. Denn Giglio interpretiert diese Abwesenheit als dadurch motiviert, daß sein Alter ego ein konkretes Sichthindernis darstellt:

»Hoho«, dachte Giglio, »nur mein Ich ist Schuld daran, daß ich meine Braut, die Prinzessin, nicht sehe; ich kann mein Ich nicht durchschauen und mein verdammtes Ich will mir zu Leibe mit gefährlicher Waffe, aber ich spiele und tanze es zu Tod und dann bin ich erst ich, und die Prinzessin ist mein!« (H3, S. 831)

Durch die Referenz auf zwei verschiedene, in der Vorlage konkret sichtbare, Gestalten mit dem gleichen Pronomen ›ich‹ wird hier Callots visuelle Darstellung physischer Bewegung in eine literarische Darstellung sinnverwirrender psychischer Gespaltenheit transformiert. Das heißt, hinter Giglios scheinbar konkretem Bezug auf die Wirklichkeit des Tanzes mit einer ihm gleichenden Gestalt schimmert eine metaphorische Wahrheit durch: Er selbst als eitler tragischer Schauspieler steht seinem eigenen Glück im Wege. Daß die Gespaltenheit an dieser Stelle noch nicht in ein harmonisches Gleichgewicht aufgelöst ist, erweist sich daran, daß Giglio seinen grotesken Fall von der Hand seines Alter egos als »für einen tragischen Schauspieler höchst unschicklich« (H3, S. 832) empfindet und zu Hause sein *commedia dell'arte*-Kostüm schnell ablegt. Der Rest des vierten Kapitels entwickelt diesen Rückfall Giglios in seine Rolle als tragischer Schauspieler sowie seine und Giacintas Träume von Grandiosität.

In dieser literarischen Umsetzung von Callots Vorbild wird ein Merkmal der Callotschen *Balli*, nämlich der Eindruck von Freiheit und Harmonie in der exzentrischen Bewegung von zwei miteinander agierenden Charakteren, die Callots Stich im Festhalten eines flüchtigen Moments vermittelt, als teleologische Bewegung auf eine intrapsychische Ebene übertragen. Er macht so einen Aspekt der Callotschen Formensprache, nämlich die harmonische Ausgewogenheit in der Linienführung bei der Darstellung von zwei in sich selbst keineswegs harmonischen Gestalten, im Widerspruch zum konkreten Gegenstand seiner Darstellung als das Ideal individueller Perfektibilität fruchtbar.

In Kapitel 5 enden Giglios Versuche, sich als Prinz gleißend auszustaffieren, in seiner Gefangenschaft als Gelbschnabel in einem Vogelbauer. Durch diese Demütigung seines eitlen Selbsts wird er motiviert, nun endlich in dem *zanni*-Kostüm der *commedia dell'arte* sein wahres Selbst zu sehen:

»Ja«, rief er ganz außer sich, als er, in seinem Stübchen angekommen, den närrischen Anzug erblickte, in dem er mit seinem Ich gekämpft; »ja, der tolle Unhold, der dort körperlos liegt, das ist mein Ich und diese prinzlichen Kleider, die hat der finstre Dämon dem Gelbschnabel gestohlen und mir anvexiert, damit die schönsten Damen in unseliger Täuschung mich selbst für den Gelbschnabel halten sollen! – Ich rede Unsinn, ich weiß es;

aber das ist recht, denn ich bin eigentlich toll geworden, weil der Ich keinen Körper hat –
Ho ho! frisch darauf, frisch drauf, mein liebes holdes Ich!« – Damit riß er sich wütend die
schönen Kleider vom Leibe, fuhr in den tollsten aller Maskenanzüge und lief nach dem
Corso. (H3, S. 868)

Wiederum verknüpft Hoffmann hier die Bildvorlagen der Callotschen Stiche
kausal, wenn er Giglio das gleiche Kostüm anlegen läßt, das er im vorigen
Kapitel getragen hat und ihn darauf in dieser Kostümierung das Tambourin-
mädchen treffen läßt. Denn dadurch konstituiert Hoffmann nicht nur eine Identität von Callots Fritellino aus Stich 23 (der Vorlage für die Illustration im
vierten Kapitel des Capriccios) und Gian Farina aus Stich 17, der mit Fracischina tanzt (der Vorlage für das fünfte Kapitel). In Giglios Selbstgespräch
über seine diversen Kleiderwechsel setzt Hoffmann auch das Thema der psychischen Ichspaltung fort, das bei Callot gar nicht vorgegeben ist.

Daß Kapitel 6 mit inneren Monologen der Protagonisten, die in der Illustration zum fünften Kapitel erschienen, sowie ihrer Attribute (Schwert und Tambourin) beginnt, verdeutlicht einmal mehr Hoffmanns kunstvolle Verzahnung
der Bildvorlage mit dem Textprozeß. Entwickelt wird in diesen inneren Monologen auf der Basis des graziösen Tanzes von Callots Fracischina und Gian
Farina eine metaphysische Reflexion des Tanzes, die auf zwei mal zwei Rollen
verteilt, was Hoffmann andernorts als die unabdingbare Polarität von Kunst
verstand, nämlich die Gleichzeitigkeit von Enthusiasmus und Besonnenheit
(vgl. H3, S. 460). Im Tanzgespräch privilegiert die nur als »Sie« bezeichnete
weibliche Figur »die Strudel wilder Lust« (H3, S. 870) gegenüber dem
Verstand, während hingegen »Er« »das rechte Gleichgewicht« und »Verstand«
(H3, S. 871) als unabdingbar gerade für die gewagtesten Figuren des Tanzes
hält. Diese Verabsolutierung des jeweiligen Anspruchs wird von Schwert und
Tambourin wiederholt, von denen jedes behauptet, es allein halte den jeweils
anderen »in Ton und Takt« (H3, S. 872). Doch entgegen diesem Absolutheits-
anspruch auf beiden Seiten entwickelt sich der Tanz erst durch die Ergänzung
ihrer jeweiligen Positionen zu immer höherem »Einklang« (H3, S. 872) weiter,
bis Schwindel sie erfaßt und Giglio glaubt, »der Schönsten in die Arme« (H3,
S. 872) zu sinken. Als er sein Bewußtsein wiedergewinnt, findet er sich jedoch
an der Brust Celionatis liegend. Während Giglio glaubt, mit der Prinzessin
Brambilla getanzt zu haben, hält Celionati dagegen, es sei »eine Person gemei-
nes Standes« (H3, S. 873) gewesen – wie es ja auch der Callotschen Vorlage
entspricht. Celionati identifiziert sie als Giacinta Soardi (vgl. H3, S. 875). Den
als *zanni* verkleideten Giglio dagegen redet Celionati schmeichlerisch als
»fürstlicher Herr« (H, S. 873) an und führt ihn in Giglios Palast. Da Giglio dort
in einem prächtigen Zimmer von einem Pulcinella bedient wird und er das
Zimmer als im Auftrage seines Impresarios ausgemalt erkennt (vgl. H3, S.
875), kann dieser Palast als der imaginäre Ort der *commedia dell'arte* gelten.
Von daher wird deutlich, auf welcher Basis der Scharlatan dem als *zanni* verkleideten Giglio die Überzeugung einflößen will, ein Fürst zu sein. Denn in der
commedia dell'arte ist ja der *zanni* trotz des niedrigen sozialen Standes, den er

darstellt, die vom Publikum geliebte und bewunderte Hauptgestalt, also ein Herrscher über die Aufmerksamkeit des Publikums.

In Kapitel 6 beruht die Thielesche Illustration auf Callots Stich Nr. 24, der den Kampf mit Degen und Holzschwert zwischen einer *capitano*-Gestalt namens Taglia Cantoni und einer *zanni*-Figur namens Fracasso darstellt. Es handelt sich also um die gleiche Konstellation von Typen der *commedia dell'arte*, die schon in der Illustration des ersten Kapitels auftraten. Die Callotsche *capitano*-Figur wird wiederum mit Giglio identifiziert, der in der gleichen Verkleidung wie im ersten Kapitel auftritt. Während er aber im ersten Kapitel erzählerisch als eine Zwittergestalt aus dem Diener Brighella und dem *primo amoroso* gedeutet wurde, wird er im sechsten Kapitel ausschließlich mit seinem Eigennamen bezeichnet. Es handelt sich also um einen zweiten, erzählerisch nicht begründeten Rückfall Giglios in die durch die Callotsche *capitano*-Gestalt markierte Eitelkeit. Sein Gegenüber ist eine *zanni*-Gestalt, wie sie bereits mehrmals in diesem Capriccio aufgetreten ist. In Kapitel 1 wurde sie als Mischwesen zwischen Pantalon und Pulcinell gedeutet und dann vom Erzähler als Pantalon ausgegeben. Dort trat der Scharlatan Celionati in dieser Maske auf, die er Giglio anzuziehen aufgegeben hatte, und zu deren Annahme er ihn im Verlauf des Capriccios zu lenken sucht. Die *zanni*-Gestalt in Kapitel 3 dagegen wird zuerst von Zuschauern und dann auch von Giglio als Prinz Cornelio Chiapperi identifiziert. Die *zanni*-Figuren in Kapitel 4 und 5 waren Giglio im *commedia dell'arte*-Kostüm und sein Alter ego, Prinz Cornelio, d.h. wohl wiederum der Scharlatan im gleichen Kostüm. Diese Vielfalt von Personen und Rollen wird nun in Kapitel 6 auf die Charaktere der *commedia dell'arte* übertragen, denn die *zanni*-Gestalt bekommt die Namen von drei grundverschiedenen Typen der *commedia dell'arte* gleichzeitig, nur nicht den der Callotschen Vorlage (nämlich des *zanni* Fracasso). Sie heißt: »Capitan Pantalon Brighella« (H3, S. 877). Das heißt, daß prahlender Soldat, geiziger Alter und schurkischer Diener unhistorisch in einer einzigen Gestalt vereint werden, die aber, wie in der Callotschen Vorlage, nur mit dem *zanni*-Attribut des breiten Holzschwertes geschildert wird, nicht mit dem Degen des Capitanos oder als die vom Alter gebeugte Gestalt des Pantalone. Im nun folgenden Zweikampf zwischen Giglio und dieser *zanni*-Figur wird letztere durchgehend als »Capitan Pantalon« (H3, S. 877-879) bezeichnet, damit immer noch zwei unvereinbare Gestalten der *commedia dell'arte* unter einen Hut zwingend – noch dazu einen Hut, der laut der bildlichen Vorlage einer dritten *commedia dell'arte*-Figur eignet, nämlich dem Diener Fracasso. Wurde in Kapitel 2 der Begriff Pantalon, in Anlehnung an Callot, als generische Berufsbezeichnung für *commedia dell'arte*-Schauspieler zusammen mit dem spezifischen Typ des *capitano* in der hybriden Anredeform »Herr Pantalon Capitano« verwendet, so erscheint jetzt die Reihenfolge spiegelbildlich verkehrt: »Capitan« fungiert als Anredeform, ganz wie bei der deutschen Berufsbezeichnung »Kapitän«, der scheinbar der Eigenname folgt. Nur ist Pantalon eben nicht der Name der bildlich dargestellten Figur in der Vorlage Callots. Das Prinzip musikalischer Umkehrung sowie die Kontaminierung einer eigentümlichen Sprachverwendung Callots (Pantalon als generische Bezeichnung für *commedia dell'arte*-Schauspieler) und einer deutschen homophonen Anredeform für einen anderen *commedia dell'arte*-Typ (Kapitän) machen wohl aus dem »Herrn Pantalon Capitano« im zweiten Kapitel einen »Capitan Pantalon« im sechsten Kapitel. Es sind Namen, die zwar dem Klang nach der *commedia dell'arte* verpflichtet sind, die aber in dieser Zusammensetzung weder in der *commedia dell'arte* noch in der Darstellung Callots von einigen *commedia dell'arte*-Typen in den *Balli* je vorkommen und die tatsächlich die historische Eigenart der *commedia dell'arte* verfehlen.

In der komischen Schilderung des Kampfes zwischen Giglio und seinem Gegner, dem sogenannten »Capitan Pantalon« im *zanni*-Kostüm, kontrastiert das banale Faktum mit dessen pompöser Beschreibung. So werden Kleidungsstücke antropomorphisiert, um die nicht einmal die Haut kratzenden Verletzungen dieses Schaukampfes verbal aufzublasen und so den an Rittertragödien orientierten Edelmut der Kombatanten komisch zu unterhöhlen. Giglio wird schließlich vom hölzernen Schwert seines Gegners tödlich getroffen, und sein Leichnam wird unter dem Gelächter der Zuschauer davongetragen (vgl. H3, S. 879).

In Kapitel 7 weiß der artige junge Mensch, der seines Aussehens halber für Giglio gehalten wird, der aber diese Identität abstreitet, zu berichten, daß die Obduktion des Giglio Fava ergeben habe,

daß sein ganzes Inneres [...] mit Rollen aus den Trauerspielen eines gewissen Abbate Chiari erfüllt gefunden wurde, und daß die Ärzte nur der schrecklichen Übersättigung, der völligen Zerrüttung aller verdauenden Prinzipe durch den Genuß gänzlich kraft- und saftloser Nährmittel, die Tödlichkeit des Stoßes, den Giglio Fava vom Gegner erhalten, zuschrieben. (H3, S. 889)

Der Bühnentod des im *capitano*-Kostüm agierenden eitlen Giglio Fava erhält hier also vom innerlich verwandelten Giglio eine Deutung, die das Metaphorische mit dem Konkreten verquickt. Nachdem Giglios Eitelkeit in seinem metaphorischen Tod endgültig besiegt worden ist, ist es folgerichtig, daß der überlebende Teil aus diesem Zweikampf zwischen Aspekten des Selbst nun in der Maske auftritt, die Celionati Giglio von Anfang an nahegelegt hatte, nämlich im *zanni*-Kostüm. Auf dem Corso trifft diese Gestalt Prinzessin Brambilla, hier Callots Stich Nr. 9 von Pulliciniello und Signora Lucretia aufgreifend. Hinter der Maske der im Dienerkostüm auftretenden, doch wie im vorhergehenden Kapitel als »Capitan Pantalon« benannten, *commedia dell'arte*-Figur soll nun die fiktionale Figur des Prinzen Cornelio Chiapperi stecken. Die Verwirrung, die durch dieses Spiel mit so vielen Fiktionsebenen entsteht, wird noch ironisch auf die Spitze getrieben, wenn Eindeutigkeit von Identität suggeriert wird in der Behauptung: »Der geneigte Leser erriet es schon früher, weiß es aber jetzt mit Bestimmtheit, wer hinter dieser Maske steckt. Niemand anders nämlich, als der Prinz Cornelio Chiapperi, der glückselige Bräutigam der Prinzessin Brambilla.« (H3, S. 898). Die seltsame Geste des rückwärts zur Dame ausgestreckten Hutes der *zanni*-Figur in Callots Stich und das Festhalten der Dame am Ärmel des *zanni* wird vom Erzähler zum Anlaß genommen, einen Streit mit Versöhnungsversuch zwischen dem sogenannten »Capitan Pantalon« und Prinzessin Brambilla zu entwickeln. Dieser Streit dreht sich um den Wert von »Illusion und Fantasterei« (H3, S. 899). »Capitan Pantalon« will beiden, wie auch den Damen überhaupt, nun ganz absagen, Prinzessin Brambilla beharrt dagegen auf dem Wert der Fantasterei. Die beiden trennen sich im Streit. Dies läßt sich poetologisch entziffern als Giglios falschen Schluß von der gerade erst erfolgten Ablehnung des hohlen tragischen Stils auf die Negierung jeglichen nichtrealistischen Stils.

In Kapitel 8 wird noch einmal die Identität von Capitan Pantalon und Prinz Cornelio Chiapperi bestätigt (vgl. H3, S. 901), und von nun an wird diese Figur im *zanni*-Kostüm durchgehend als Prinz bezeichnet. Da Giglio sich mit dem Prinzen identifiziert hatte, ist dies als seine nun endlich erfolgreiche Veränderung von einem eitlen tragischen in einen komischen Schauspieler zu verstehen. Dieser Bedeutungshorizont wird verstärkt, als der Prinz sich in öffentlichen Klagen über den Verlust von Prinzessin Brambilla im possierlichen Gebärdenspiel einer *commedia dell'arte*-Figur ergeht und den einer solchen Komödie gebührenden Beifall erhält. Durch den komischen Blick auf sich selbst gewinnt Giglio also die Herrschaft über sein Publikum, kann in diesem Sinne *zanni* und Prinz zugleich sein. Das dieser inneren Verwandlung folgende märchenhaft glückliche Ende seiner Vereinigung mit der begehrten Prinzessin Brambilla ist dem Callotschen Stich Nr. 21 von Signora Lucia und dem *zanni* Trastullo nachgebildet. Zum Zeichen seiner Unterwerfung küßt er ihren Pantoffel. Wenn man in Erinnerung behält, daß Prinzessin Brambilla im Streit mit Capitan Pantalon im vorherigen Kapitel auf Illusion und Fantasterei beharrt hatte, so wird diese Unterwerfung auch als seine Anerkennung des Wertes von Fantasterei erkenntlich. Die eigentliche Heimat, die Prinzessin Brambilla ihm bietet (vgl. H3, S. 902), läßt sich somit als die symbolische Heimat der *commedia dell'arte* entziffern. Die *commedia dell'arte* wird hier aber verstanden als der phantastisch-komische Blick auf die eigenen Unzulänglichkeiten, deren Erkenntnis zu ihrer Überwindung führt – also Imagination und Ironie für das Ziel individueller Perfektibilität nutzbar macht. Damit ist, bei enger Anlehnung an Callots Bildlichkeit, diese Bildlichkeit in einen romantischen Kontext gestellt.

5.4 Hoffmanns Blick auf Callot durch die Brille Gozzis und der deutschen *commedia dell'arte*-Rezeption um 1800

Seit Walter Hincks bedeutender Untersuchung von 1965 über den Einfluß der *commedia dell'arte* auf das deutsche Lustspiel des 17. und 18. Jahrhunderts hat sich erst kürzlich das Interesse der Forschung dem über Einzelbeziehungen hinausgehenden weiteren Thema zugewandt, welchen Niederschlag die *commedia dell'arte* im deutschen Sprachraum des späten 18. und frühen 19. Jahrhunderts gefunden hatte und wie Hoffmann – über Callots Stiche hinaus – diese italienische Form aufgenommen und verarbeitet hat. Wulf Segebrecht weist anhand des Kunzeschen Katalogs für seine Leihbibliothek, dessen italienischen Teil Hoffmann erstellte, auf Hoffmanns Kenntnisse von Carlo Gozzi (im Original, in der Übersetzung von Friedrich August Clemens Werthes sowie in der Schillerschen Bearbeitung der *Turandot*, die er ablehnte[87]) und Carlo Goldoni hin.[88] Hartmut Steinecke nennt Gozzi, Goethe, Tieck und Brentano als Vermittler von Zügen der *commedia dell'arte* in verschiedenen Werken, die Hoffmann kannte.[89] Ohne aber den Nachweis von Hoffmanns Rekurs auf die Werke dieser verschiedenen Dichter im Detail zu führen, konzentriert Steinecke sich sodann (wie Feldmann vor ihm) auf das Herausarbeiten des italienischen Komödienstils in Hoffmanns lange vernachlässigtem Fragment *Prinzessin Blandina* aus den *Fantasiestücken*.

Ich möchte hier mein Augenmerk auf die Vermittlungsinstanzen richten, über die Hoffmann Callots Thema, die *commedia dell'arte*, rezipiert hat, um die kulturgeschichtliche Situierung von Hoffmanns kühner und sprühender intermedialer Kreation *Prinzessin Brambilla* sowie die Veränderungen, die Hoffmann an Callots Version der *commedia dell'arte* vornahm, genauer ins Auge zu fassen; denn bisher sind von der neueren Forschung vornehmlich die Ähnlichkeiten zwischen Hoffmann und Callot untersucht worden.

Dafür, daß Hoffmanns Wahrnehmung der *commedia dell'arte*-Darstellungen Callots vom Anfang des 17. Jahrhunderts gefiltert ist durch die Formen, die die *commedia dell'arte* in Literatur und Kunst seit der Mitte des 18. Jahrhunderts angenommen hatte, gibt Hoffmanns Text selbst einen direkten Hinweis, nämlich in der Nennung von Carlo Gozzi im Vorwort der *Prinzessin Brambilla*:

Wagt es der Herausgeber an jenen Ausspruch Carlo Gozzi's (in der Vorrede zum Ré de'geni) zu erinnern, nach welchem ein ganzes Arsenal von Ungereimtheiten und Spuckereien nicht hinreicht, dem Märchen Seele zu schaffen, die es erst durch den tiefen Grund, durch die aus irgend einer philosophischen Ansicht des Lebens geschöpfte Hauptidee erhält, so möge das nur darauf hindeuten, was er gewollt, nicht was ihm gelungen. (H3, S. 769).[90]

---

87 Vgl. zur Kritik an Schillers Turandot Hoffmann, Seltsame Leiden eines Theater-Direktors, in: H3, S. 469: »Auch hier beweist der Mißgriff eines großen Dichters meinen Satz, daß es mit dem Bearbeiten überhaupt eine mißliche Sache ist. Mit dem Original verglichen begreift man nicht, wie es dem deutschen Bearbeiter möglich war, die herrlichsten Züge zu verwischen, vorzüglich aber die charaktervollen Masken so fade und bleich hinzustellen«.

88 Vgl. W. Segebrecht, Hoffmanns imaginäre Bibliothek italienischer Literatur, S. 19-21.

89 Vgl. H. Steinecke, »Ein Spiel zum Spiel«, S. 127-137.

90 Vgl. Gozzi, Der König der Geniusse, S. 163f.: »Ich glaube ungescheut behaupten zu können, daß ein jeder, der ein Werk von der Art der zehn Märchen, die ich auf das Theater gebracht habe, mit Geringschäzung dieser Art unternehmen wird, und blos mit der Idee, ein Arsenal von Ungereimtheiten, Decorationen, Verwandlungen und Teufeleyen zusammen zu sezen, die verdiente Strafe der Verachtung von einem nur halbweg gebildeten Publikum einerndten werde. Ein moralischer Grund und Endzwek, eine anziehende Verwiklung, starke und wolbearbeitete Situationen, eine mit Weisheit durchgewebte Hauptleidenschaft, müssen immer das wesentliche, müssen die Seele aller der Verzierungen, Wunder und Decorationen machen, wenn auch die Weisen diese Art ihrer Achtung würdigen

Carlo Gozzi ist natürlich in der Forschung als sogenannte Quelle für *Prinzessin Brambilla* bekannt.[91] Es gibt mehrere Untersuchungen zum Einfluß Gozzis auf die deutsche Romantik im allgemeinen und Hoffmann im besonderen, an die wir anknüpfen können.[92] Eine negative Bewertung von Gozzis Werk als reaktionär, ja sogar als unschöpferisch, in weiten Teilen der Forschung wirft jedoch die Frage auf, inwieweit die Romantik im allgemeinen und Hoffmann im besonderen von dieser Wertung infiziert wird.[93] Manche Untersuchungen gehen entweder nicht über eine durchaus kenntnisreiche Materialsammlung von Motiven hinaus (wie bei Rusack) oder beschränken sich analytisch auf Hoffmanns Fragment *Prinzessin Blandina* (wie bei Feldmann und Steinecke). Nur Starobinski, Cramer und Eilert befassen sich mit Hoffmanns produktiver Verwendung von Gozzischen Elementen in der *Prinzessin Brambilla*. Starobinski führt das Interesse der Romantik an Gozzi auf deren Wahrnehmung von drei Aspekten im Werk Gozzis zurück: erstens die glückliche Mischung aus freier Ironie (die die Kräfte des subjektiven Geistes bestärke) und fabulöser Poesie (die die Präsenz eines objektiven Geistes ausdrücke), zweitens die Wahrnehmung von Tiefe, drittens Gozzis Feindschaft gegen eine als trocken und mechanistisch aufgefaßte Aufklärung.[94] Zu Gozzis Umgang mit der Tradition der *commedia dell'arte* merkt Starobinski kritisch an, daß für ihn die Volkskultur ein Objekt der Nostalgie gewesen sei, die nur noch ästhetischen Wert besessen habe und ein geschlossenes Universum vermittelte, das die psychologische Entwicklung

---

sollen«. Angesichts der Differenz zwischen Hoffmanns konziser und eleganter Formulierung des Gozzischen Gedankens und Werthes' holperiger Übersetzung Gozzis in Deutsche, läßt sich vermuten, daß Hoffmann seine Wertschätzung Gozzis aus dem italienischen Orignal geschöpft hat, nicht aus der schwerfälligen deutschen Übertragung.

91 Vgl. H. Steinecke, Quellen, in H3, S. 1142-1147, hier S. 1142: »Hoffmann benutzte Quellen für (a) die Topographie Roms (Fernow, Moritz, Volkmann) und für (b) die Darstellung des Karnevals (Goethe). Als Quellen in einem weiteren Sinn kann man einige Werke aus dem Bereich der Literatur ([c] Gozzi, Chiari; [d] Hamilton) und (e) der Naturphilosophie (Schubert) bezeichnen. Eine Sonderstellung nimmt das Werk Callots ein, das im Capriccio selbst als ›Quelle‹ (S. 912,8) genannt wird«.

92 Vgl. Dahmen, der auf eine allgemeine Affinität zwischen Hoffmann und Gozzi hinweist: Gozzi und Hoffmann »wissen den Schwärmer zu verhöhnen wie den Philister« (Dahmen, S. 445) und beide glauben »an ihre Wunderwelt« (Dahmen, S. 446). Eine detailliertere Untersuchung nimmt Rusack vor. Nach Rusack weisen die folgenden Texte Hoffmanns Gozzis Einfluß auf: Der Dichter und der Komponist, Seltsame Leiden eines Theaterdirektors, Nachrichten von den neuesten Schicksalen des Hundes Berganza, Prinzessin Brambilla, Prinzessin Blandina, Signor Formica, Der goldene Topf, Meister Floh, Nußknacker und Mausekönig, Klein Zaches genannt Zinnober, Der Magnetiseur, Doge und Dogaresse, Die Irrungen, Der unheimliche Gast, Spielerglück, Der Zusammenhang der Dinge [sic.], Kater Murr (vgl. Rusack, S. 144-175). Vgl. auch Starobinski, Ironie et melancholie (I) und (II), S. 291-308 und 438-457; Thomas Cramer, S. 158-178; Feldmann, S. 141-154; Eilert, S. 110-117; McGlathery, Mysticism and Sexuality: E. T. A. Hoffmann, Bd. 1, S. 93-103; Steinecke, »Ein Spiel zum Spiel«, S. 127-143.

93 Vgl. Feldmann, S. 35: »Das Neue an Gozzi besteht lediglich darin, daß er die Commedia dell'arte zu einem Bollwerk der Reaktion gegen ein umstürzlerisch angehauchtes bürgerliches Theater macht.« Vgl. auch Feldmann, S. 61f.: »Gozzis Abhängigkeit von seinen Märchenvorlagen ist die eines im Grunde unschöpferischen Geistes.«

94 Vgl. Starobinski, Ironie et melancholie (I), S. 298.

von Charakteren überflüssig gemacht und jegliche Freiheit ausgeschlossen habe.[95]

Konkret auf *Prinzessin Brambilla* bezogen, sehen sowohl Rusack als auch Starobinski und Cramer in Gozzis Marktschreier Cigolotti aus *Il re cervo (König Hirsch)* das Vorbild für den Scharlatan Celionati.[96] Ebenso weisen Rusack, Starobinski, Cramer und Eilert auf Parallelen in der melancholischen Erkrankung von Prinz Tartaglia in Gozzis *L'amore delle tre melarance (Die Liebe zu den drei Orangen)* und Giglios Erkrankung an chronischem Dualismus hin sowie deren Ursache in schlechter Literatur.[97] Starobinski hebt jedoch hervor, daß im Unterschied zur traditionellen *commedia dell'arte* als auch zu Gozzi bei Hoffmann die äußere Handlung verinnerlicht werde.[98] Die Rolle des Truffaldino sei bei Hoffmann nicht mehr zufällig oder extern, sondern ein Akt des Bewußtseins, eine innere Instanz. Starobinski deutet sie nach Freudschem Muster als Ausdruck des Es, der die Vaterfiguren Celionati und Hermod als Repräsentanten eines wohlwollenden Über-Ich entgegen-stehen, welches die Versöhnung des Ichs mit den primitiven Regungen des Es anstrebe und ihre harmonische Integration begrüße.[99] Die von Starobinski konstatierte Differenz in der Funktion von Motiven oder Gestalten, die Hoffmann von Gozzi übernommen hat, gibt einen wichtigen Hinweis, der im folgenden aufgegriffen und modifiziert werden soll. Thomas Cramer führt darüber hinaus den Kampf mit dem Doppelgänger auf Gozzis *Mostro turchino* zurück.[100] Ferner verweist er auf Gozzis kontrastierende Sprachschichten als Inspiration für Hoffmanns »Technik des plötzlichen Umschwungs«,[101] und auf Gozzis »Verquickung von Märchen und Alltag« sowie Komik und Tragik als prägend für Hoffmann.[102] Allerdings kommt Cramer zu dem Schluß, daß Hoffmann Gozzi und die *commedia dell'arte* mißverstanden habe, weil die Dualismen jeweils gänzlich verschiedene Funktionen haben:

Der Dualismus der commedia ist Selbstzweck. Er soll Komik erzeugen und nicht mehr und diese Komik ist um ihrer selbst willen da. Hier spricht sich bei Hoffmann ein bedeutender Umwandlungsprozeß ab: Der Dualismus des Stils wird als zeichenhaft für einen Zustand der Welt erachtet, er soll über sich hinausweisen, wird also metaphysisch gedeutet und belastet mit Weltanschauung. Die zwei kontrastierenden Stilebenen sind nun nicht mehr Mittel bloßer Komik, sondern Zeichen für die Zerfallenheit der Welt.[103]

Es ist dies eine Änderung in der Funktion, die Cramer nur negativ betrachtet als Belastung, Befrachtung, Irrationalität, ja als »letztes Zeichen eines literarisch

---

95 Vgl. ebd., S. 301.
96 Vgl Rusack, S. 151 und Starobinski, Ironie et melancholie (II), S. 439; Cramer, S. 162.
97 Vgl. Rusack, S. 153-154; Starobinski, Ironie et melancholie (II), S. 453; Cramer, S. 162; Eilert, S. 110-130.
98 Vgl. Starobinski, Ironie et melancholie (II), S. 439, 451-453.
99 Vgl. ebd., S. 454.
100 Vgl. Cramer, S. 163.
101 Ebd., S. 167.
102 Ebd., S. 169.
103 Ebd., S. 171.

scheiternden Idealismus«.[104] Auf diese Wertung wird noch zurückzukommen sein, wenn wir das Element des Dualistischen oder Anti-Thetischen genauer betrachtet haben. Eilert behandelt die Gozzi-Hoffmann-Beziehung primär als Folie für die von ihr herausgearbeitete Karikatur des Goetheschen Schauspielstils in *Prinzessin Brambilla*.

Auffällig ist bei all diesen Untersuchungen, daß sie die Beziehung Hoffmann-Gozzi als eine binäre untersuchen, während sie Gozzis kulturelle Mittlerfunktion für Hoffmanns Wahrnehmung von Callot einerseits sowie die Aufnahme von Gozzischen Elementen in den von Hoffmann bewunderten Texten der Frühromantik nicht als konstitutiv für die Ausprägung der *commedia dell'arte*-Züge in *Prinzessin Brambilla* wahrnehmen. Wie eine sogenannte Quelle Hoffmanns Rezeption einer anderen Quelle modifiziert hat, ist also bisher noch nicht ausreichend in den Blick gefaßt worden.

Die im vorigen Abschnitt analysierten Veränderungen Hoffmanns an der Bedeutung der von Callot dargestellten *commedia dell'arte*-Typen legen nahe, daß Walter Hincks Urteil über den freien Umgang der romantischen Komödie mit den Typen der *commedia dell'arte* auch auf Hoffmanns Prosa-Text zutrifft:

In der romantischen Komödie tauchen Figuren mit den Namen italienischer Masken auf, ohne für das, was der Name bedeutete, unbedingt einstehen zu müssen. Während in der Commedia dell'arte der Schauspieler seine Rolle innerhalb des feststehenden Rahmens einer unzweideutigen Gestalt (nämlich der Maske) improvisierte, wird jetzt der Rahmen selbst für die Improvisation verfügbar. Die Maske kann bis zur Unkenntlichkeit oder in eine andere Maskenrolle hinüber extemporiert werden, so daß der Name gar nicht eine Gestalt, sondern nur eine allgemeine Spielatmosphäre beschwört. Die Masken repräsentieren das Prinzip der Improvisation, aber nicht sich selbst. Solche Subjektivierung des Stegreifspiels und solcher Gestaltverlust entrückt die Commedia dell'arte ins Schemenhafte.[105]

Wenn auch die historische *commedia dell'arte* aus der Zeit Callots nur schemenhaft in *Prinzessin Brambilla* erscheint, so bleibt dennoch genauer zu bestimmen, welche Traditionslinien der *commedia dell'arte* in das Capriccio eingegangen sind, wie Hoffmann sie verändert hat und welche Funktion den *commedia dell'arte*-Elementen in ihrem neuen Kontext zukommt. Hinck weist darauf hin, daß

in der Romantik die Reminiszenzen an die Commedia dell'arte in ein Geflecht vielfach sich überschneidender und einander brechender Anregungen ein[gehen], in ein unentwirrbares Mosaik von Reminiszenzen an die aristophanische, spanische, Shakespearsche und Holbergsche Komödie, an die deutsche Fastnachtspiel- und Hanswursttradition, an das Théâtre italien und die Fiabe Gozzis (um nur die wichtigsten zu nennen). Und es gehört zum Wesen der romantischen Komödie, romantischer Ironie, daß es ihr nicht um

---

104 Ebd., S. 178.
105 Hinck, S. 382. Vgl. dagegen Eilert, die Hoffmann von dieser allgemeinen romantischen Tendenz, wie Hinck sie formuliert hat, ausnimmt und behauptet, er greife »entschiedener auf die historische Erscheinungsform der Commedia dell'arte zurück« (Eilert, S. 67) als seine romantischen Zeitgenossen.

den »konstruktiven« Einbau von Entlehnungen, sondern um ihre Aufnahme zum Zwecke der Wiederaufhebung geht.[106]

Nun hat jedoch Hoffmann in der *Prinzessin Brambilla* selbst bereits diese romantische Tradition beerbt. Deshalb ist im folgenden das Anliegen nicht die Entwirrung der einzelnen Traditionslinien, die in der deutschen Romantik mit der *commedia dell'arte* verschmolzen wurden, sondern nur die Diskussion neuerer *commedia dell'arte*-Varianten, die Hoffmanns künstlerische Reaktion auf Callots *commedia dell'arte*-Darstellung prägte, nämlich ihre italienische Weiterentwicklung bei Gozzi und die *commedia dell'arte*-Elemente in der deutschen Literatur um 1800. Eine solche kulturhistorische Situierung Hoffmanns will seinen Ort nicht nur im Bezug auf die *commedia dell'arte*, sondern auch auf die Romantik bestimmen.

Am Beispiel der Namengebung, der antithetischen Darstellung, der Verwandlung und Verkleidung, der Figur des Scharlatans und der Art des glücklichen Endes soll gezeigt werden, daß Hoffmanns Bezug auf Callot keineswegs so einlinig, direkt und verläßlich ist, wie Hoffmanns Untertitel »Ein Capriccio nach Jakob Callot«, seine Verwendung der Callotschen Stiche als Basis des Capriccios sowie die ironische Referenz auf Callot als »Quelle« (H3, S. 912) glauben machen. Vielmehr geht Callot in *Prinzessin Brambilla* mit Gozzi, den frühromantischen Komödien Tiecks und Brentanos sowie Goethes Satire *Triumph der Empfindsamkeit* eine kulturhistorisch einzigartige Verbindung ein, in der Hoffmann Elemente dieser unterschiedlichen Formen der *commedia dell'arte* fusioniert und in eine neue Richtung weiterentwickelt.

5.4.1 Namengebung

Hoffmann war mit Elementen der *commedia dell'arte* vertraut, lange bevor er die Callotschen *Balli* geschenkt bekam. Nicht nur hat er Clemens Brentanos Komödie *Die lustigen Musikanten*, in der das Gozzische Maskenpersonal von Pantalon, Tartaglia und Truffaldin auftritt, bereits 1803 vertont. Er hat auch 1808 das Ballett *Arlequin* komponiert, in dem sechs namentlich genannte Masken aus der *commedia dell'arte* auftreten.[107] Die Namen der beiden Alten sind in der handschriftlichen Partitur in der italienischen Form als Dottore und Pantalone gegeben. Zum Teil entstammt das Personal aus der französischen Tradition der *comédie italienne*, wie neben der gallischen Namensform der Titelgestalt ein Pierrot signalisiert. Der Prototyp des *capitano* dagegen wird in deutscher Schreibweise als Skaramuz gegeben, so wie sie bei Tieck in *Die verkehrte Welt* erscheint.[108] Ein Barbier tritt als die deutsche Form eines französischen Figaro auf. Auffällig ist ferner, daß keine weiblichen Figuren nament-

---

106 Hinck, S. 381.
107 Vgl. W. Keil, Ballettmusik Arlequin, AV 41, Text zur CD cpo 999 606-2, S. 9.
108 Vgl. Tieck, Die verkehrte Welt, in: Phantasus, S. 572.

lich erwähnt werden, und daß das Ballett mit einem nicht zur Tradition der *commedia dell'arte* gehörigen »Furientanz« beginnt. Ein eklektizistischer Umgang mit der Tradition der *commedia dell'arte* macht sich also bereits in diesem musikalischen Werk bemerkbar.

Die Namengebung der *commedia dell'arte*-Figuren in *Prinzessin Brambilla* ist ähnlich international, und an ihr erweist sich zu allererst, daß trotz ihrer visuellen Präsenz im Text Callots *Balli* nicht allein die Darstellung der *commedia dell'arte*-Gestalten inspiriert haben, ja daß die Wahrnehmung der Callotschen Figuren sogar durch andere literarische Darstellungen der *commedia dell'arte* überlagert wird, von denen an erster Stelle die *fiabe* von Carlo Gozzi zu nennen sind. Gozzi wurde in der deutschen Romantik seinem Rivalen Carlo Goldoni bei weitem vorgezogen.[109] August Wilhelm Schlegels Urteil in den 1809 zuerst veröffentlichten *Vorlesungen über dramatische Kunst und Literatur*, daß Goldoni »das Leben von der Oberfläche abgeschöpft« und »zu wenig aus dem Gebiete des Alltäglichen hinausgespielt«[110] habe, kann wohl als repräsentativ für die Romantiker gelten. Gozzis Feenmärchen dagegen wurden wegen ihrer »kecke[n] Anlage«, ihrer »grillenhaften Kühnheit«,[111] mit der die ernsthaften poetischen Teile und die derb-handfesten, volksmäßigen komischen Teile seiner *fiabe* verbunden waren, bewundert:

Dem abenteuerlichen Wunderbaren der Feenmärchen diente die ebenso stark aufgetragene Wunderlichkeit der Maskenrollen vortrefflich zum Gegensatz. Die Willkür der Darstellung ging in dem ernsthaften Teile wie im beigesetzten Scherz gleich weit über die natürliche Wahrheit hinaus. Gozzi hatte hieran fast zufällig einen Fund getan, dessen tiefere Bedeutung er vielleicht selbst nicht einsah: seine prosaischen, meistens aus dem Stegreif spielenden Masken bildeten ganz von selbst die Ironie des poetischen Teils.[112]

Daß einen so schnell zwischen Pathos und Ironie hin- und herspringenden Geist wie Hoffmann derartige Kontraste anzogen, ist offensichtlich.

In der Illustration für das erste Kapitel der *Prinzessin Brambilla* wird Callots *capitano*-Figur in eine Mischgestalt aus einem *primo amoroso* und dem Diener Brighella umgedeutet. Da der Name Brighella in Callots *Balli*-Serie überhaupt nicht vorkommt, dagegen in Carlo Gozzis Märchenkomödien (und auch in Carlo Goldonis bürgerliche Moral verbreitenden Komödien) eine Standardfigur bezeichnet, liegt es nahe, die Wahl dieses Namens auf den von Hoffmann verehrten Gozzi zurückzuführen. Motiviert ist Hoffmanns Umbenennung der Callotschen *capitano*-Gestalt wohl auch noch dadurch, daß das Attribut der dicken Knöpfe am Wams weder Hoffmann noch einem breiten Publikum mehr als *capitano*-Merkmal vertraut war, war doch der *capitano* als Figur seit dem

---

109 Eine Sonderstellung nimmt Tieck ein. Feldmann weist darauf hin, daß Tieck sich in seinen frühen Schriften sehr negativ über Gozzi geäußert habe, später aber sein Urteil gemildert habe und Gozzis *Il mostro turchino* (*Das blaue Ungeheuer*) zur Grundlage für sein Opernlibretto *Das Ungeheuer und der verzauberte Wald* (1798) benutzt habe (vgl. Feldmann, S. 117-141).
110 August Wilhelm Schlegel, *Vorlesungen*, S. 247.
111 Ebd., S. 248.
112 Ebd.

Ende des 17. Jahrhunderts aus der *commedia dell'arte* verschwunden. Bekannt dagegen waren die dicken Knöpfe vor allem von post-Callotschen Manifestationen der *zanni*-Figuren (als Pierrot und Pulcinella) in der bildenden Kunst.[113] Von der Assoziation der dicken Knöpfe mit der Dienerfigur ist es dann nur ein kleiner Schritt, in dem nicht mit photographischer Genauigkeit gezeichneten Degen des *capitano* ein breites Holzschwert wahrzunehmen, wie es für den *zanni* typisch ist. Hoffmann sieht also Callots Gestalten tatsächlich durch Gozzis Brille, wie Manheimer zuerst monierte. Er sieht sie auch durch die Brille von zahllosen Darstellungen von *commedia dell'arte*-Clowns in der bildenden Kunst und in der Literatur in den 200 Jahren nach Callot, in denen die Namen Harlekin, Pierrot und Pulcinella dominieren.

Die beiden *zanni*-Figuren heißen bei Gozzi stets Truffaldino und Brighella. Sie haben untergeordnete Stellen am Hofe der märchenhaften aristokratischen Hauptfiguren. Der dumme, aber liebenswerte Truffaldino bewegt sich als Jäger, Vogelfänger, Wurstverkäufer oder Eunuchenaufseher im Bereich der animalischen Befürfnisse. Der intrigante Brighella ist als Meister der Pagen, Kammerdiener des Königs, Diener des Visirs, Dichter und Weissager meist in einer seiner größeren Intelligenz entsprechenden etwas gehobeneren Dienstposition. Die weibliche Dienerfigur heißt bei Gozzi stets Smeraldina; sie ist charaktermäßig am wenigsten festgelegt und reicht in Gozzis verschiedenen Stücken von der eitlen, dummen und sexuell ausschweifenden Schwester Brighellas in *Il re cervo (König Hirsch)* zur gutherzigen und großzügigen Frau von Truffaldino in *L'augellin belverde (Das grüne Vögelchen)*. Wenn Giglio am Schluß des Capriccios sowohl die Rolle des Brighella als auch des Truffaldino (der bei Callot ebenfalls nicht genannt wird) spielt, während Giacinta neben anderen Rollen vor allem als Smeraldina (vgl. H3, S. 908) brilliert (die in den *Balli* keinen Auftritt hat), zeigt sich, daß hier die modernen Gegebenheiten des Schauspielertums zu Hoffmanns Zeit mit ihrem Ideal der vielfältigen Darstellungsmöglichkeiten eines Schauspielers über die Namen des Gozzischen Personals auf die *commedia dell'arte*-Figuren Callots projiziert werden. Denn für die historische *commedia dell'arte* war es ja charakteristisch, daß Schauspieler sich auf einen der Rollentypen spezialisierten, nicht etwa alle Rollen spielten.

Bei Gozzi ist Pantalone vom traditionell selbständigen, geizigen Kaufmann, der die Liebenden eifersüchtig auseinanderbringen will, zum guten, großzügigen und warmherzigen Staatsdiener mutiert, der den jungen Märchenprinzen gegenüber eine Erziehungsposition einnimmt. Er tritt in verschiedenen Stücken entweder als Admiral, Minister, Sekretär, Hofmeister oder Premierminister des Königs auf, hat also eher eine bürgerliche Position inne zwischen den aristokratischen Märchenfiguren einerseits und den plebejischen niederen Masken Truffaldino und Brighella andererseits. Von dieser Gutmütigkeit und dem pädagogischen Ethos des Gozzischen Pantalone hat auch Hoffmanns sogenannter

---

113 Vgl. Nicoll, die Abbildungen von Pulcinella (Abb. 58, S. 86) und Pierrot (Abb. 61, S. 90) aus dem 18. Jahrhundert sowie von Fritellino (Abb. 94, S. 157) und Pulcinella (Abb. 95, S. 157) aus dem 17. Jahrhundert.

Capitan Pantalon etwas abbekommen, obgleich das für diese Figur auch bei Gozzi noch konstitutive Merkmal des Alters in Hoffmanns Capriccio gänzlich verschwindet.

Aus Pantalones Gegenstück, dem windbeuteligen, stotternden *dottore*, wird bei Gozzi die böse, eigensüchtige Tartaglia-Figur: ein Minister, Kanzler oder Rat. Allerdings ist Tartaglia auch zweimal der Name von positiven Hauptfiguren Gozzischer Stücke, nämlich des melancholischen Prinzen in *L'amore delle tre melarance (Die Liebe zu den drei Orangen)* und des schwachen – von seiner bösen Mutter Tartagliona manipulierten – Königs von Monterotondo in *L'augellin belverde (Das grüne Vögelchen)*. Daß der Scharlatan Celionati aber Prinzessin Brambilla ausgerechnet Gozzis böse, intrigante Tartagliona als Taufpatin gibt (vgl. H3, S. 783), entbehrt nicht der Ironie und läßt eine Namenverwechslung des Autors vermuten. Denn mit der Familienzugehörigkeit ist in *Prinzessin Brambilla* primär eine literarische Genealogie gemeint, und von der Gozzischen Tartagliona hat die im positiven Sinne den Traum vom Ideal-Ich verkörpernde Prinzessin Brambilla so gar nichts. Celionati macht Prinzessin Brambilla den Bürgern Roms unter dem Deckmantel einer Darstellung ihrer Familiengeschichte als literarische Kunstfigur kenntlich, die vor allem der *commedia dell'arte* angehört, wenn er ausführt:

Ich weiß es, unter euch befinden sich gar viele, die keine Esel sind, sondern bewandert in der Geschichte. Die werden wissen, daß die durchlauchtigste Prinzessin Brambilla eine Urenkelin ist des weisen Königs Cophetua, der Troja erbaut hat und daß ihr Großonkel der große König von Serendippo, ein freundlicher Herr, hier vor S. Carlo unter euch, ihr lieben Kinder, sich oft in Maccaroni übernahm! – Füge ich noch hinzu, daß niemand anders die hohe Dame Brambilla aus der Taufe gehoben, als die Königin der Tarocke, Tartagliona mit Namen, und daß Pulcinella sie das Lautenspiel gelehrt, so wißt ihr genug, um außer euch zu geraten – tut es, Leute! (H3, S. 783)

Die Anmerkungen der kritischen Hoffmann-Ausgabe zur Shakespeare-Genealogie dieses sogenannten Familienstammbaums (nämlich des Königs Cophetua, der ein Bettlermädchen heiratete) sowie zu den *commedia dell'arte*-Figuren Tartagliona und Pulcinella sind noch dahingehend zu ergänzen, daß der König von Serendippo der Held in Gozzis *Il re cervo (König Hirsch)* ist. Gozzi greift hier das alte Märchen vom armen Mädchen, das den Prinz heiratet, auf und gibt ihm eine neue psychologische Wendung, auf die im Abschnitt »Verkleidung und Verwandlung: Identität als Problem?« noch näher eingegangen wird.

An der Namengebung erweist sich auch, daß über Callot und Gozzi hinaus die *commedia dell'arte*-Elemente der deutschen Romantiker Hoffmanns Capriccio gespeist haben. Als Giglio in sein altes Theater zurückkehrt, sieht er sich nämlich »von Pantalon und Arlecchino, von Truffaldino und Colombine, kurz von allen Masken der italienischen Komödie und Pantomime umschwärmt« (H3, S. 796). Keiner dieser Namen wird in Callots *Balli* erwähnt, und nur Pantalon und Truffaldino kommen in Gozzis *fiabe* vor. Arlecchino und Truffaldino sind komödienhistorisch verschiedene Namen für den gleichen Dienertypen.

Obwohl Arlecchino gegen Ende des 17. Jahrhunderts die bekanntere Ausprägung wurde, die in zahlreichen bildlichen Darstellungen erscheint, hat Gozzi den Namen nie verwendet, sondern diesen Typ durchgehend Truffaldino genannt – wohl zu Ehren des großen Mimen Antonio Sacchi, der um die Mitte des 18. Jahrhunderts unter diesem Namen die Harlekin-Figur berühmt machte und für dessen Truppe Gozzi seine Stücke schrieb. Der Arlecchino figuriert dagegen unter seinem deutschen Namen Harlekin bei Tieck in *Die verkehrte Welt* (4. Akt, 4. Szene) und bei Brentano als Maske einer Hauptfigur in *Ponce de Leon*,[114] während in Brentanos *Die lustigen Musikanten* der Gozzische (und Goldonische) Truffaldin erscheint. Die bei Gozzi unbekannte Colombine ist dagegen eine Maske für Valeria in Brentanos *Ponce de Leon*.[115]

Das *commedia dell'arte*-Szenario, dem Giglio zusieht, antizipiert zum einen mit der glücklichen Vereinigung von Arlecchino und Colombina und ihrer Herrschaft im Bereich der Phantasie die Entwicklung, die Giglio und Giacinta erst noch durchzumachen haben. Zum anderen erweckt eine merkwürdige, für die historisch gewachsene Personenkonstellation der *commedia dell'arte* untypische, Verwandtschaft den Verdacht, daß diese Theateraufführung primär von der Brentanoschen Komödie inspiriert wurde. Colombina wird nämlich als die Tochter des alten reichen Pantalons vorgestellt, die keinen anderen als Arlecchino heiraten will und seinetwegen die Hand des Ritters und des Dottores ausschlägt (vgl. H3, S. 800). In der *commedia dell'arte* jedoch entstammt die *servette* Colombine nicht der gleichen sozialen Schicht wie Pantalon. Zwar steigt im Verlauf des 18. Jahrhunderts Colombine durch Heirat auf und überspringt die Klassenschranken, doch ist sie in der *commedia dell'arte* nie die Tochter Pantalons. Das Rätsel dieser Genealogie löst sich jedoch, wenn man bedenkt, daß in Brentanos *Ponce de Leon* Valeria sich als Colombine verkleidet und ihr Vater Valerio als Pantalon.[116] In der Vertauschung von Maske und Person, mit der Brentanos Komödie spielt, kann somit Colombine als Tochter Pantalons gesehen werden.

Wir haben also an der Genealogie der Namen gesehen, daß keine der Masken, die Giglio auf dem Theater sieht, ihren Ursprung in einer der 50 Figuren aus Callots *Balli* hat. Sie bezeugen eine Mischung aus Gozzischen und frühromantischen Elementen der *commedia dell'arte*-Tradition, die mit den hoffmannesk ausgedeuteten Callotschen Protagonisten des Capriccios eine spezifische Synthese eingehen. Im folgenden soll untersucht werden, welche ästhetischen und ideologischen Elemente aus diesen Weiterentwicklungen der *commedia dell'arte* in *Prinzessin Brambilla* zum Tragen kommen und wie sie von Hoffmann neu modelliert werden.

---

114 Vgl. Brentano, Ponce de Leon, in: Sämtliche Werke, Bd. 12, Dramen I, S. 390.
115 Vgl. ebd., S. 374.
116 Vgl. ebd., S. 374 und 393.

5.4.2 Antithetische Darstellung und Synthese als Ziel

Ein antithetisches Element wohnt allen *commedia dell'arte*-Varianten inne, doch wandeln sich Form und Inhalt der Antithese beträchtlich. In der ursprünglichen italienischen *commedia dell'arte* liegen die Antithesen auf den Achsen Alter (die Alten gegen die jungen Liebenden), soziale Klasse (die reichen Alten gegen die Diener), Geschlecht (das Begehren der jungen Liebenden für einander, sowie der Alten für die jungen Frauen), Region (die bergamaskischen Diener gegen den venezianischen Pantalone, den Bologneser Dottore, und den neapolitanischen *Capitano*) Charakter (der dumme Diener gegen den intelligenten, schurkischen Diener; der prahlerische, feige *capitano* gegen den ernsthaften Liebhaber). Darüber hinaus gibt es eine Antithese zwischen den Masken und den nicht-Maskierten, zwischen der obszönen, akrobatischen Komik der Masken und der stilisierten Idealität der Liebenden, zwischen dem Satirischen und Phantastischen. Ein glückliches Ende wird erreicht, ohne daß sich gesellschaftliche Bedingungen oder Charaktere ändern, d.h. die Antithesen werden nicht in einer Synthese überwunden.

In Callots *Balli* konzentriert sich die Antithese nicht auf die Repräsentanten von sozialen Gruppen, sondern auf die exaltierte, karikierte Körpersprache von je zwei mit- und gegeneinander agierenden Schauspielern, die oft der gleichen sozialen Gruppe angehören. Maskuline Rivalität und aggressive, prononciert sexuelle, obszöne Selbstbehauptung ist das primäre Movens der physisch antithetischen Bewegungen, eine sekundäre Rolle spielt das sexuelle Begehren zwischen Frauen und Männern. Stark unterrepräsentiert ist bei Callot die Idealität der Liebenden, denn von den fünfzig Figuren sind nur fünf weiblich, und diese fünf treten nicht mit den männlichen *innamorati* auf, sondern mit den komischen Masken der *zanni* und *capitani*. Aus Callots antithetischen Gegenüberstellungen von zwei Körpern entwickelt Hoffmann in einer doppelten literarischen Verschiebung zum einen unter gänzlicher Aussparung der obszönen Körperlichkeit die theatralisch externalisierte antithetische Gegenüberstellung verschiedener psychischer Dispositionen innerhalb eines Individuums. Zum anderen verschiebt er Callots harmonische Balance in der Linienführung von in sich selbst jeweils extremen, exzentrischen Bewegungen zweier Körper zu der Zielvorstellung eines in sich selbst psychisch ausbalancierten Individuums. Durch die nur in der Literatur mögliche Verzeitlichung von Callots bildlicher Momentaufnahme der exaltierten Bewegung zweier Körper wird so das Antithetische in die Vorstellung einer aus der Balance erwachsenden Synthese, d.h. einer individuellen Perfektibilität überführt, die weder in der ursprünglichen *commedia dell'arte* noch in Callots *Balli* vorhanden war. Die Idee der Perfektibilität ist jedoch in post-Callotschen Versionen der *commedia dell'arte*, auf die sich Hoffmann bezog, ansatzweise angelegt, nämlich bei Gozzi, Tieck und Brentano.

In Gozzis phantastischen Märchenkomödien, die gegen Goldonis bürgerlich-realistische Reform der *commedia dell'arte* von der widersprüchlichen Position politischen Konservativismusses einerseits und ästhetischer Verve andererseits

polemisieren, sind die Hauptfiguren märchenhafte Könige, Prinzen, Prinzessin-
nen, Magier und Feen, die in gehobener, gebundener Sprache sprechen. Darin
unterscheiden sie sich von der einfachen Sprache seiner maskierten *commedia
dell'arte*-Charaktere, die ursprünglich auch Raum zum Improvisieren hatten, da
Gozzi nur die Dialoge der Märchenfiguren fixierte und die der Masken als
bloße Szenarien schrieb, die er erst nach mehreren Aufführungen so nieder-
schrieb, wie sie aufgeführt wurden. Hoch und Niedrig entfaltet sich also auf
sprachlicher, sozialer, ideologischer und stilistischer Ebene in raschem Wechsel als Pathos und Burleske der einander entgegengesetzten Gruppen von Charakteren. Feldmann kommt zu dem Schluß, daß in Gozzis Märchenkomödien
die *innamorati* als Exponenten einer idealen Welt die Masken an den Rand
drängen,[117] und er moniert, daß »Scherz und Ernst, Prosa und Poesie, Niederes
und Hohes [...] in den Fiabe strengstens voneinander getrennt« sind.[118]

Gozzi vereinigt zwei verschiedene Typen der *commedia dell'arte*: nämlich
den Konzentrations-Typus (eine Verkleidungskomödie, die überwiegend auf
die satirisch-komische Erfassung von Wirklichkeit zielt) und den phantastischen Typus (mit überwiegend märchenhaften Elementen, wobei das Menschliche im Lichte der Nachsicht in einer entgrenzten Wirklichkeit gezeigt wird).[119]
Durch die Kombination von bissiger Zeitsatire und märchenhafter Exploration
von Tugend, von komischen und tragischen Elementen, rettet Gozzi die *commedia dell'arte* in das Zeitalter der Empfindsamkeit hinüber mit seinem Interesse an ethischen Handlungen, ohne jedoch in Empfindelei zu verfallen. In
diesem Kontrast von gemütsgebundenen Handlungsmotiven und satirischer
Kritik an der Wirklichkeit seiner Zeit, die Gozzi auf Handlungsträger von sozial unterschiedlichem Rang mit ästhetisch streng voneinander getrenntem Stil
verteilt, erblickt Hoffmann eine Erscheinungsweise romantischer Ironie. Er
überträgt diese antithetischen Elemente als psychische Dimensionen auf identische Handlungsträger, die er auf verschiedenen Realitätsebenen agieren läßt:
Theater, Alltag, Märchen, Karneval, Mythos. Indem Hoffmann Maske und
Märchenheld als die psychische Ausfaltung der gleichen Person zeigt, also
Gozzis soziale und gattungsmäßige Antithesen internalisiert, kann er die Kon-
frontation zwischen beiden zuspitzen und in eine Synthese münden lassen.
Gleichzeitig fügt er so, von Gozzi kommend, aber ihn modernisierend, den
Callotschen *Balli* eine märchenhafte, ideale Dimension als verdeckte Kehrseite
der physischen Kontorsion bei, die in ihnen historisch nicht vorhanden war.
Unter der verwirrenden Vielfalt des Capriccios verbirgt sich also eine Tendenz
zur Synthese, wie sie so weder in Callots *Balli* noch Gozzis *fiabe* zu finden ist.
Indem Hoffmann die antithetischen Elemente von Callot und Gozzi internalisiert, verzeitlicht und auf verschiedene, jedoch komplementäre, einander über-
schneidende Wirklichkeitsebenen überträgt, schafft er im expliziten Rekurs auf
durchaus verschiedene Ausformungen der *commedia dell'arte* etwas der *com-*

---

117 Vgl. Feldmann, S. 87.
118 Ebd., S. 102.
119 Vgl. Hinck, S. 20.

media dell'arte Fremdes: die Phantasie einer Identitätsfindung mit Hilfe der Kunst.

Diese wiederum ist von frühromantischen Vorstellungen geprägt. Zum einen spielen Ludwig Tiecks Komödien *Der gestiefelte Kater* und *Die verkehrte Welt* in der Sammlung *Phantasus* sowie *Prinz Zerbino* mit ihrer satirischen Kritik an den literarischen Tendenzen ihrer Zeit hier eine Rolle. Es ist eine Kritik, der »die frühbürgerlich-idealistische Überzeugung von der Notwendigkeit und der realen Funktion kritischer wie poetischer Literatur auf dem Wege zur Humanisierung, zur Vervollkommnung der ›Menschheit‹«[120] zugrunde liegt, und die ins Zentrum ihres Interesses die Frage stellt, wie denn die Illusion auf der Bühne beschaffen sein müsse, um diese Funktion zu erfüllen. Zu diesem Zweck wird bei Tieck die Illusionsdurchbrechung immer wieder auf der Bühne praktiziert, Rollen werden nicht nur gespielt, sondern als Spiel thematisiert und kommentiert. Alltagscharaktere und Märchenhelden stehen sich gegenüber, und zwar auf eine Art, deren Strukturprinzip Ernst Ribbat als »die Permanenz des Wechsels, nämlich zwischen Alltag und Wunderbarem, Illusion und Erkenntnis, Resignation und Scherz«[121] identifizierte. In *Prinzessin Brambilla* wird die Tiecksche Kritik an falschen Tendenzen auf der Bühne, der ihr inhärente Kontrast von Albernem und Geistvollem, das selbstreflexive Spiel mit mehreren Spielebenen, das Auseinanderfallen von gemeiner Wirklichkeit und idealischer Welt,[122] aufgegriffen, doch im Gegensatz zu Tieck zu einem harmonischen Finale geführt.

Ein harmonisches Ende, im Sinne einer Synthese aus den vorgeführten Antithesen, konnte Hoffmann in Brentanos *Ponce de Leon* präfiguriert finden. Im Gegensatz zu den Tieckschen Antithesen ästhetischer Provenienz thematisiert *Ponce de Leon* eher anthropologische Antithesen: von Melancholie und Mutwillen, Melancholie und Liebe. In der Titelgestalt, einem Edelmann, der von Geburt her nicht für die komische Gattung bestimmt ist, wird eine Vereinigung des Komischen und Edlen innerhalb einer Person realisiert.[123] Eine innere Verwandlung des Protagonisten zum Positiven, die durch Liebe motiviert wird, bringt die Komödie zu einem guten Ende. Für Ponce wird ein Traum von Liebe Wirklichkeit, während dagegen Giglio das Traumbild seiner Liebe zusammen mit der banalen Wirklichkeit zu akzeptieren lernt. Elemente des Antithetischen von Callot, Gozzi, Tieck und Brentano aufgreifend, vermischend und transzendierend, entfaltet Hoffmann aus der Antithese der in körperlicher Bewegung ausgedrückten Rivalität bei Callot eine neue Antithese aus komischer Degradierung und idealischer Transzendenz sowie aus literarischer Satire und phantastischer Tugend in der Psyche seiner Protagonisten. Es ist eine Antithese, die auf einer imaginären Bühne der *commedia dell'arte* externalisiert werden kann und gleichzeitig im Urdargartenmythos dem um 1800 dominanten triadischen

---

120 Ribbat, Ludwig Tieck, S. 18.
121 Ebd., S. 205f.
122 Vgl. Rosenkranz, S. 34.
123 Vgl. Wille, S. 92-93.

Modell der Geschichtsphilosophie Rechnung trägt, das sich auf eine Synthese hin ausrichtet.

5.4.3 Verwandlung und Verkleidung: Identität als Problem?

Zwar basiert die *commedia dell'arte* auf der Verkleidung und Maskierung von Schauspielern in feststehende soziale Typen, und auch bei den maskenfreien *innamorati* kommt es im Verlauf der Liebesintrige häufig zu Verkleidungen, die die Schranken der Geschlechterrollen übersteigen. Dennoch erwächst aus diesen feststehenden Rollentypen und den Verkleidungen der Liebenden in der frühen *commedia dell'arte* bis einschließlich Callots Zeit kein Identitätsproblem, d.h. niemand wird sich selbst fraglich und niemand will prinzipiell aus seiner Rolle heraus. Am Schluß kehren all Personen zu ihren ursprünglichen Rollen zurück, sie haben sich durch das Verkleiden nicht verändert. Identität als psychologisches Problem, das in Identitätsverwirrung und Identitätsverwandlung zum Ausdruck gebracht wird, kommt zuerst durch Carlo Gozzis phantastische *fiabe* mit der *commedia dell'arte* in Berührung.

Unter der Form der märchenhaften Überschreitung von Realitätsgrenzen stellt Gozzi die Frage nach dem Verhältnis zwischen Körper und Geist für die Bestimmung von Identität. Von hervorragender Bedeutung ist hierbei Gozzis oben schon erwähnter *Il re cervo (König Hirsch)*, dessen Protagonist als Prinzessin Brambillas Ahnherr eingeführt wird. König Deramo von Serendippo heiratet, wie Shakespeares König Cophetua die Klassenschranken überspringend, eine Frau aus einem niedrigeren sozialen Stand. Er wählt Angela, die schöne Tochter seines Ministers Pantalone, wegen ihrer Aufrichtigkeit und Integrität. Als in zaubrischer Verwandlung der böse Tartaglia in den Körper ihres Mannes schlüpft und ihr Mann den Körper eines alten Mannes annimmt, beweist Angela ihre Integrität durch ihre Fähigkeit, nicht nur die Diskrepanz von Körper und Geist bei beiden wahrzunehmen, sondern auch das eigentliche Wesen ihres Mannes selbst im Körper des alten Mannes zu lieben und den von Tartaglias bösem Geist beseelten schönen Körper Deramos entsetzt zurückzuweisen. Angela sagt zu Tartaglia, dessen Geist den Körper Deramos bewohnt:

Ich finde meinen Deramo nicht mehr in Ihnen. [...] die Schönheit Ihres Körpers war nicht die Ursache meiner wahren Neigung. Die schönen Formen Ihrer Gedanken, die reizenden Bilder Ihres Geistes, das edle Wesen Ihrer Seele; was ich itzt nicht mehr finde, oder zu meinem Unglück nicht mehr zu finden glaube, dies, dies hatte mich bezaubert.[124]

Brambilla wird durch ihre Verwandtschaft mit Gozzis König von Serendippo als Erbin einer märchenhaften Tradition von Verwandlung charakterisiert, die einerseits mit einer faszinierend dargestellten Spaltung zwischen Geist und Körper moderne Spaltungserfahrungen zu antizipieren scheint, sie aber andererseits in der idealistischen Dominanz des Geistes über den Körper sowie der

---

124 Gozzi, Der König Hirsch, in: Theatralische Werke, Teil I, S. 438f.

glücklichen Wiedervereinigung von Körper und Seele konservativ befriedet. Daß auch in *Prinzessin Brambilla* dem Geist die Priorität über den Körper gegeben wird, zeigt sich, als der Maler Reinhold sich über die Ähnlichkeit zwischen dem fremden Prinzen und Giglio, der im Duell von seinem Doppelgänger getötet wurde, folgendermaßen äußert:

> daß Mund, Nase, Stirn, Auge, Wuchs beider sich in der äußern Form gleichen könnten; aber der geistige Ausdruck des Antlitzes, der eigentlich die Ähnlichkeit erst schaffe und den die mehrsten Portraitmaler, oder vielmehr Gesichtabschreiber, nicht auffassen und daher wahrhaft ähnliche Bilder nicht zu liefern vermöchten, eben dieser Ausdruck sei zwischen beiden so himmelweit verschieden, daß er seiner Seits den Fremden nie für den Giglio Fava gehalten hätte. Der Fava habe eigentlich ein nichtssagendes Gesicht, wogegen in dem Gesicht des Fremden etwas Seltsames liege, dessen Bedeutung er selbst nicht verstehe. (H3, S. 891f.)

Während in Gozzis *Il re cervo* (ebenso wie in *Il mostro torchino (Das blaue Ungeheuer)*[125]) der Geist sich selbst in der Hülle eines anderen Körpers als Hauptmerkmal von Identität durchsetzt, hat also in *Prinzessin Brambilla* ein neuer Geist im gleichen Körper eine andere Identität konstituiert. Nicht Zauberei wie bei Gozzi, sondern Verkleidung und das Spiel eines Scharlatans sind die Mittel, Identität in *Prinzessin Brambilla* zu erkunden und, im Gegensatz zu Gozzis Rückkehr zum Status quo, auch zu verändern. Besiegelt wird die Findung der neuen Identität durch die glückliche Vereinigung mit der Geliebten und die gemeinsame lustvolle Theaterarbeit. Im entscheidenden Unterschied zu Gozzis König von Serendippo findet bei Hoffmann der Protagonist nicht in einem märchenhaften Raum zu seiner Identität, sondern der Ort des Märchens ist das Theater, ist die Kunst.

In dieser Assoziierung der Identitätsproblematik mit Verkleidung, Rollenspiel, Theater (besonders den *commedia dell'arte*-Masken) und der glücklichen Vereinigung mit der Geliebten greift Hoffmann auf ein Motiv aus einer anderen Fabel Gozzis zurück sowie auf dessen Weiterentwicklung in den Komödien Tiecks und Brentanos und einer Goetheschen Satire, akzentuiert aber die Lösung der Identitätsfrage deutlich anders. In Gozzis *L'amore delle tre melarance (Die Liebe zu den drei Orangen)* wird der Prinz durch die schlechten Verse Chiaris vergiftet. Auch eine an Gozzis *L'amore delle tre melarance* anknüpfende und durch Rollenspiel vermittelte kritische Sicht Goethes auf die Funktion von Literatur in der Identitätskonstitution hat in der *Prinzessin Brambilla* als Anregung fungiert. Heide Eilert hat überzeugend nachgewiesen, daß Hoffmann in der *Prinzessin Brambilla* die Goethesche Spielweise am Weimarer Theater verspottet hat. Doch daraus auf eine pauschale Abwertung Goethes zu schließen, wäre voreilig. Hoffmann hat sich wiederholt auch positiv oder an ihn

---

125 Vgl. Gozzi, Das blaue Ungeheuer, in: Theatralische Werke, Teil II, S. 378. Dardane sagt zu dem häßlichen Ungeheuer, in das ihr Mann, Prinz Taer (dessen märchenhaft tragische Rolle übrigens Giglio seiner eigenen Meinung nach vortrefflich spielt (vgl. H3, S. 776)) verwandelt wurde: »ich habe keine Abscheu mehr ... hasse diese häßliche Gestalt nicht mehr [...]. Ich fühle mich gezwungen, deine schöne Seele zu lieben.« (Gozzi, Theatralische Werke, Teil II, S. 378)

anschließend auf Goethe bezogen. So erwähnt er in den *Seltsamen Leiden eines Theater-Direktors* durchaus im konstruktiven Sinne Goethes sogenannte »dramatische Grille« von 1778, *Der Triumph der Empfindsamkeit*, als Chiffre für eine allgemeingültige Wahrheit: »O man hat köstliche glänzende Schleier gewebt so daß wir, wie der Prinz im Triumph der Empfindsamkeit mit der Puppe zufrieden sind die dahinter sitzt und die Königin selbst nicht mehr mögen.« (H3, S. 463). In diesem heute unter der Rubrik »Gelegenheitsdichtungen« firmierenden Stück verspottet Goethe seine eigene frühere Empfindsamkeit in der Gestalt des Prinzen Oronaro, der statt einer lebendigen Frau eine Puppe verehrt, die er in die Kleider der sich geistreich dünkenden Frau seines Freundes gesteckt und mit Häcksel und allerlei Büchern ausgestopft hat. Namentlich erwähnt werden die Titel »Siegwart, eine Klostergeschichte«, »Die neue Heloise« sowie »Die Leiden des jungen Werthers« (vgl. Goethe 6, S. 541). Dieses mit der Liebe zur Puppe und ihrem büchernen Innenleben bezeichnete Motiv einer narzistischen Persönlichkeitsstruktur, die das Tote, Künstliche, die äußere Schale, das nur Widerspiegelnde an die Stelle des Lebendigen setzt, hat Hoffmann gleich zweimal aufgegriffen.

Einmal hat er sich primär auf den Puppenaspekt des Motivs konzentriert und es ins Unheimliche und Psychologische gewendet, als er nämlich die Liebe des Studenten Nathanael für das Automatenmädchen Olimpia aus einem Kindheitstrauma herleitete und mit der erzählerischen Umsetzung verschiedener Formen der Realitätswahrnehmung in dem Nachtstück *Der Sandmann* die Unsicherheit der Erkenntnis der Wirklichkeit an seine Leser vermittelte.

Das zweite Mal hebt Hoffmann vor allem auf das Spiel mit dem Wörtlichwerden des Buchinhalts ab. Hoffmann setzt Goethes zwar selbstkritische, jedoch literarisch recht pedantische und fade Kritik an einer literarischen Strömung ins Humoristische um. In dem Duell Giglio Favas, des Schaupielers in schlechten Tragödien, mit seinem anderen Selbst, wird Giglio von seinem Alter ego Capitan Pantalon Brighella niedergestochen. Später heißt es aber, die Todesursache sei in Wahrheit gänzliche Auszehrung mangels verdaulicher Nahrung gewesen, fand man den sogenannten Leichnam doch angefüllt mit den schalen Tragödienrollen des Abbate Chiari, also des Namensvetters von Gozzis realem literarischen Gegner (vgl. H3, S. 889).[126]

Um eine Thematisierung von theatralischen Konventionen geht es auch bei Tiecks Rollenspielen in *Der gestiefelte Kater, Die verkehrte Welt* und *Prinz Zerbino*. Tieck greift hauptsächlich den literarisch-satirischen Aspekt von Gozzis *fiabe* auf. In der Durchbrechung der Distanz zwischen Bühne und Zuschauer zielt Tieck auf das Lächerlichmachen von hohem Bühnenpathos, auf die Subversion einer banalen theatralischen Identität, die durch das (von Kritikern unterstützte) Verlangen des Publikums nach veredelnder Widerspiegelung ihres Alltags und dessen Befriedigung durch Rührstücke à la Iffland und Kotzebue

---

126 Darüber hinaus klingt der Name der Protagonistin aus Goethes Stück, Mandandane, nach in Manandane, der Liebenden in Hoffmanns 1799 verfaßtem Libretto Die Maske, das er auch selbst vertonte (vgl. H1, S. 811-873).

konstituiert wird. Während im *Gestiefelten Kater* ein Stück zerstört wird, kommt dagegen *Die verkehrte Welt* »ganz ohne ›Stück‹ aus«.[127] In *Die verkehrte Welt* will der prahlerische Söldner aus der *commedia dell'arte*, der Skaramuz, nicht nur selbst die Funktion des Dichters übernehmen, sondern auch die tragisch-heroische Rolle des Apollo spielen. Der Pierrot möchte in die Passivität des Zuschauers schlüpfen, der Zuschauer Grünhelm wiederum möchte auf der Bühne in der komischen Rolle agieren. Doch die Diskrepanz zwischen dem hohen Anspruch ihrer Rollen und dem kleinen Geist, mit dem sie sie beseelen, ist groß: Grünhelm findet es anstrengend, immer lustig zu sein. Skaramuz spielt den Apollo wie einen Unternehmer, der den Parnaß in ein gewinnbringendes Geschäft verwandeln will. Für Pegasus ordnet er Stallfütterung an, den auf dem Parnaß heimischen Musen knöpft er Miete ab, die Einrichtung einer Bäckerei und einer Brauerei am Fuße des Parnaß soll ihm Abgaben erwirtschaften. Gegen eine solche utilitaristisch reduzierte Aufklärung, die das Theater zu einer Widerspiegelung banalen bürgerlichen Alltags degradiert, wird von dem entthronten und in die Idylle vertriebenen Apollo ein Theaterkrieg angezettelt, der aber Skaramuz nicht stürzt. Der Krieg motiviert den empfindelnden Zuschauer Grünhelm nur, sich von den Gefahren der Bühne wieder in den Zuschauerraum zu retten. Aktiviert werden letztlich die fiktionsimmanenten Zuschauer lediglich zu einer Identifikation mit dem haushälterisch wirtschaftenden Skaramuz: Sie wollen das Reich dieses banalen pseudo-apollonischen Skaramuz beschützen und seine Untertanen sein. In Tiecks Komödien über das Theater wird in dem Ausagieren von anspruchsvollen Rollen durch banale Charaktere die Identität der fiktionalen Rollen, d.h. der Sinn von Kunst, für den Leser fraglich, doch eine neue positive Identität ist auf der Bühne nicht in Sicht. Hoffmann greift auf die Lächerlichkeit von falschem Pathos, die in Tiecks *Verkehrter Welt* behandelt wird, zurück. Doch indem er die Richtung der Rollenvertauschung des Tieckschen Skaramuz (vom komischen zum tragischen Schauspieler) umkehrt und seinen Giglio von tragischen zu komischen Rollen wechseln läßt, ist mit dem erfolgreichen Persiflieren des Pathos eine neue positive Identität für den Schauspieler und ein positives Konzept von der Funktion von Kunst gewonnen.[128]

Die idealistische Tendenz der Gozzischen Verwandlungen und Verkleidungen entwickelt Brentano weiter. Verkleidung als Weg, die Geliebte zu gewinnen und gleichzeitig zu sich selbst zu finden, spielt in den Komödien Brentanos eine zentrale Rolle. In *Die lustigen Musikanten*, die Hoffmann wohl auf Grund

---

127 Ribbat, S. 194.
128 Vgl. Jost, der die sentimentalische Sehnsucht und den Widerspruch zur objektiven Welt als Gemeinsamkeit der Ausgangsbasis zwischen Tieck und Hoffmann sieht, aber unterschiedliche Zielpunkte ihrer Dichtung konstatiert: »Hoffmann gelangte als sentimentalischer Dichter bis zur Idylle, Tieck dagegen nicht.« (Jost, S. 134) Diese Differenz begründet er mit dem Übermaß an Innerlichkeit und Weltabgewandtheit bei Tieck im Gegensatz zu Hoffmanns »Kraft und Befähigung zum tätigen Leben« (ebd.). Vgl. auch Gravier, der, gegen die übliche Sichtweise auf Hoffmann als einen Phantasten, Prinzessin Brambilla als seine ethisch und ästhetisch wohldurchdachte Meditation über die Psychologie des Schauspielers liest.

seiner heute verschollenen Vertonung des Textes am besten kannte, befinden sich die von Beruf lustigen Musikanten tatsächlich in der traurigen Situation des Exils. Ursache dafür ist das grundlose Mißtrauen des Fürsten von Famagusta seiner Frau gegenüber, das zum Aussetzen der beiden Kinder des Fürsten führte. Die Tochter Fabiola ist eine der Musikanten. Ihr Bruder Rinaldo ist ein Feldherrr, der, ohne es zu wissen, seine Vaterstadt erobert hat. Als er dort einer ihm gleichenden Statue gegenübersteht, die seine Mutter nach einer Vision von ihrem Sohn errichten ließ, flieht er, in dem Glauben an seine Selbstbestimmung erschüttert, in den Wald. Fabiola und Rinaldo werden von dem fürstlichen Geschwisterpaar Ramiro und Azelle geliebt, die sich als fahrender Flötenspieler und als Zigeunerin verkleiden, um der geliebten Person, die unter ihrem eigenen Stand zu sein scheint, nahe zu sein. Ihre poetologische Rechtfertigung erfährt diese Mißachtung von Standesgrenzen, wenn Ramiro in sprachspielerischer Sophistik Armut und Reichtum umdefiniert vom Materiellen hinüber ins Ideelle (vgl. B, S. 843) – ein Muster, dem auch Hoffmann folgt in der entmaterialisierenden Umdeutung der Begriffe Prinz, Prinzessin, Herrschaft und Reich in *Prinzessin Brambilla*. Doch während *Die lustigen Musikanten* einerseits durch den geistreichen Witz von Sprachspielen konventionelles Sprechen und konventionelle Realitätswahrnehmung aufbrechen, zementieren sie andererseits die Konvention im soziologischen Sinne. Denn die Bereitschaft, sich in ihrem Begehren und per Kostümierung unterhalb ihres eigenen Standes zu begeben, erwirbt den beiden Protagonisten nicht nur die geliebte Person, sondern trägt auch zur Enthüllung der wahren hohen Herkunft der Geliebten bei. Während bei Brentano also das Moment des Rangunterschiedes zwischen den Liebenden scheinhaft ist und auf märchenhaft-konventionelle und aristokratische Weise gelöst wird, setzt Hoffmann es sehr viel innovativer als Chiffre für die widersprüchlichen psychischen Tendenzen nach Idealisierung und Selbstkritik ein, die theatralisch veräußerlicht werden.

Zu einer neuen Verschränkung zwischen Masken der *commedia dell'arte* und aristokratischen Hauptfiguren kommt es in Brentanos *Ponce de Leon*. Es ist eine Komödie, in der sämtliche Hauptfiguren sich als *commedia dell'arte*-Masken und auch als Phantasiefiguren verkleiden und in dem Versuch, einer geliebten Person nahe zu sein oder ihr Glück durch Intrige zu stiften, Standes- und Geschlechtsgrenzen überschreiten. Verkleidung hat hier vor allem bei der Titelfigur eine Funktion in der psychischen Verwandlung von Identität. Der anfangs kalte, lieblose Ponce geht »in einer reichen venetianischen Maske«,[129] in die ihn die unglücklich liebende Valeria kleidet, auf einen Ball. Dort verliebt er sich in das Bild eines Mädchens, das seinem Ideal einer Frau gleicht (vgl. B, S. 409). Ponce hatte sich aber auf Grund von den Erzählungen seines Freundes Felix bereits in dessen Schwester Isidora verliebt. Er fühlt sich nun zwischen diesen beiden Leidenschaften für zwei Frauen zerrissen, von zwei Seiten gebraten und sehnt sich nach der Ruhe, die eine Vereinigung der beiden bringen würde. Die Nachricht, daß das Bild der Unbekannten Felix' Schwester darstellt,

---

129 Brentano, Ponce de Leon, S. 359.

erlöst ihn aus seinem Gefühlszwiespalt und verändert durch die Synthese seiner Leidenschaften ihn und seine Sicht vom Leben grundsätzlich. Als Pilger maskiert, gelingt es dem durch Liebe verwandelten Ponce, seine Kräfte zu sammeln und seine Geliebte zu erobern. Hier ist also die Tendenz in Hoffmanns *Prinzessin Brambilla*, das Antithetische in eine Synthese zu überführen, vorgebildet. In *Brambilla* liegt die Synthese jedoch nicht einfach darin, daß die Referenz zweier Konzepte der Geliebten sich als identisch erweist und so den Mann aus seinem Zwiespalt befreit, sondern daß entgegengesetzte Konzepte als abhängig von der Perspektive des Wahrnehmenden erkannt werden müssen, dem es zukommt, diese Gegensätze als komplementäre Wahrheiten auszuhalten und diese doppelte Perspektive auch auf sich selbst zu wenden.

Die Verkleidungen der übrigen Charaktere in *Ponce de Leon*, die das glückliche Ende herbeiführen helfen, spielen nicht nur mit den Markierungen von sozialer Klasse, sondern auch von Rasse und Geschlecht. Doch werden dabei mehr das Spiel selbst und seine Möglichkeit zu Sprachwitz ausgeschöpft, als die Normen sozialer Identitätszuschreibungen in Frage gestellt.

Die Verkleidung der Hauptfiguren (unter anderem als *commedia dell'arte*-Masken) mit dem Ziel der Glücksfindung oder -stiftung und dem Effekt der psychischen Verwandlung sind also bei Brentano vorgebildet. Sie werden bei Hoffmann zu Symbolen ungleich modernerer psychischer Komplexität weiterentwickelt. Hoffmann setzt zum einen durch die Vermittlung des Karnevals die Maske als ideales Wunschbild in Szene: Giacinta in reicher Kleidung ist Prinzessin Brambilla, die *zanni*-Maske Giglios wird als Prinz Cornelio identifiziert, der fähig ist, seine Eitelkeit zu überwinden. Daraus ergibt sich in Verkehrung sowohl von der Tradition der *commedia dell'arte* als auch von deren Umformung bei Gozzi, daß in *Prinzessin Brambilla* sich vornehmlich in den Nicht-Maskierten das niedere Triebleben entfaltet (Eitelkeit, Stolz, Machtstreben), in karnevalesker Verkleidung und Maskierung dagegen vor allem das Streben nach dem Idealen. Der Konflikt ist nicht mehr, wie im Konzentrationstyp der *commedia dell'arte*, ein Kampf aller gegen alle, sondern vielmehr ein Kampf zwischen Traumbild und banaler Wirklichkeit, zwischen Größenwahn und Beschränktheit, zwischen dem Streben nach dem Idealen und kritischer Selbstsicht. Er wird zwischen Giglio und Giacinta sowie deren Idealisierungen Prinz Cornelio und Prinzessin Brambilla geführt, sowie zwischen Celionati als weisem Magier und Giglio als eingebildetem Schauspieler.

Der Liebe wird von allen Protagonisten in *Ponce de Leon* eine charakterverbessernde, verwandelnde Funktion zugesprochen. So sagt Felix über Ponce: »Ich glaube diesen Menschen könnte die Liebe vortrefflich machen.« (B, S. 424) Sarmiento: »wenn Ponce ernstlich liebt, so wird er ein Anderer« (B, S. 442). Diese Ahnung wird von Valerias Beobachtung bestätigt, daß Ponce durch Isidora »lebendig und sanfter geworden« (B, 497) sei. Selbst eine Regieanweisung nimmt seine Verwandlung durch Liebe als Tatsache auf (vgl. B, S. 426). Den frühromantischen Topos der synthetisierenden, allverwandelnden Kraft der Liebe nun nimmt Hoffmanns Capriccio aber nicht auf. Sehr viel nüchterner kommt der Erkenntnis durch Reflexion, symbolisiert in der Spiegelung im

Urdarsee, diese verwandelnde, synthetisierende Funktion zu (vgl. H3, S. 906 und 908). Der Effekt der Reflexion ist wiederum ein doppelter: nämlich Distanz zu sich selbst (die die Wahrnehmung der lächerlichen Seiten des Selbst als auch seiner idealen Strebungen erlaubt) und jauchzende Lust. Im Gegensatz zu Brentanos Komödien sind die vielen Verkleidungen nicht einfach ein Durchgangsstadium auf dem Wege zu einer sogenannten wahren Identität, die alle unedlen Schlacken abstreift. Vielmehr postuliert Hoffmann in *Prinzessin Brambilla*, über die Frühromantik hinausgehend, doch auf ihre Phantasmen rekurrierend, durch die vielen Kostümierungen eine grundsätzliche Ambiguität des Selbst. Doch im Gegensatz zur Moderne ist es eine Ambiguität, die in harmonischer Ausgewogenheit in der Kunst eine beglückende und befreiende Synthese erreicht.

In seinem theatralischen Prosarollenspiel mit *commedia dell'arte*-Figuren verschränkt Hoffmann also zwei verschiedene Tendenzen: zum einen eine von Gozzi, Tieck und Goethe inspirierte (und sich auch an Goethe wiederum entzündende) satirische Kritik an literarischen Strömungen und theatralischen Konventionen; zum anderen eine phantastische Exploration von Identitätskonstitution, die durch Gozzis und Brentanos Verwandlungen stimuliert wurde, die den Nexus zwischen Liebe und Identität teleologisch auf eine glückliche Lösung hin entfalten. In *Prinzessin Brambilla* werden diese Verwandlungen jedoch in eine neue Form überführt, die Gegensätze weder auflöst noch unabhängig voneinander bestehen läßt, sondern sie in Balance erhält. Als Prinz Cornelio di Chiapperi und Prinzessin Brambilla verkörpern Giglio und Giacinta sowohl in märchenhaft-idealistischer Tendenz (die den *Balli*-Stichen Callots abgeht) ihr Traumbild für sich und den anderen, als auch die der *commedia dell'arte* eigene humoristische Sicht auf ihre menschlichen Schwächen.

5.4.4 Der Scharlatan Celionati und seine Präfigurationen in der *commedia dell'arte*, bei Gozzi, Brentano und Goethe

Einerseits markiert Hoffmanns Spiel mit der psychischen Gespaltenheit ein Thema, das in der Moderne virulent wird. Andererseits jedoch manifestiert sich in der Organisation der Intrige nicht etwa durch die Diener (wie es der Tradition der *commedia dell'arte* entspräche), sondern durch die überlegen alles lenkende Gestalt des Scharlatans Celionati eine Anknüpfung an Denkmodelle der Zeit um 1800.

In Callots *Balli* kommt gar kein Zauberer, Magier oder Scharlatan vor. Daß es jedoch in der *commedia dell'arte* eine solche Figur durchaus gab, geht aus einer Bemerkung Gozzis hervor. Im Vorwort zu *Il corvo (Der Rabe)* artikuliert er seine Intention, ganz im Unterschied zu »the silly magicians of the commedia dell'arte«,[130] mit der Gestalt des Norondo einen edlen Zauberer zu schaffen. Diesem Muster entspricht auch Durandarte in *Il re cervo (König Hirsch)*. Ob-

---

130 Gozzi, Vorwort zu The Raven, in: Ders., Five Tales for the Theatre, S. 22.

wohl Norondo und Durandarte selbst einem Schicksal unterworfen sind, daß sie nicht ändern können, ist es bei Gozzi vor allem die Aufgabe des Magiers, »geeignete Konstellationen im Handlungsgeschehen herbeizuführen, in denen der Tugendheroismus der Helden aufleuchten konnte«.[131]

In Hoffmanns *Prinzessin Brambilla* vereint der Scharlatan Celionati in sich Züge des populistischen Gozzischen Marktschreiers Cigolotti (in *Il re cervo*) und seiner edlen Zauberer Norondo und Durandarte. Damit erweist sich einmal mehr, daß Hoffmann das bei Gozzi auf Personen unterschiedlichen sozialen Standes verteilte Niedrige und Hohe als verschiedene Facetten einer Person verklammert, somit Pathos und Ironie als konstitutiv für jegliche Identität setzt. Unterstützt von seinem Freund, dem Magier Hermod, kommt Celionati ebenfalls die Funktion zu, die Tugenden der Protagonisten zur Wirkung zu bringen. Doch im Gegensatz zu Gozzis Märchenprinzen ist Hoffmanns Held nicht von vornherein tugendhaft, sondern muß diese Qualität erst unter der Regie des Scharlatans erwerben.

Die pädagogische Funktion des Scharlatans und sein Mittel, in Verkleidung und unter dem Schein der Allwissenheit dem Objekt seiner Belehrung kryptische Anweisungen zu geben, ist in Brentanos *Ponce de Leon* präfiguriert, wo eine Autoritätsfigur als Drahtzieher des Geschehens und gleichzeitig als Meister der Verkleidung fungiert: Sarmiento tritt als Automat und als Zigeunerin auf, um den moralischen Wert seiner Kinder zu prüfen, die Zögernden anzustacheln und ihnen zu ihrem Glück zu verhelfen. Sarmiento hat die Spielfäden in seiner Hand, ohne daß seine spielerisch angenommene Enthumanisierung und Feminisierung seine patriarchalische Autorität je in Frage stellen würde.

Neben dem alles zu einem guten Ende führenden Zauberer in Gozzis Märchenkomödien und dem in Verkleidung seine Kinder zu ihrem wahren Glück führenden weisen Vater in Clemens Brentanos *Ponce de Leon*, läßt sich auch die Turmgesellschaft in Goethes *Wilhelm Meister* als verwandte Erscheinung zu Celionati entziffern. Die Turmgesellschaft manifestiert sich in einer Reihe von geheimnisvollen Unbekannten, die Wilhelm in belehrenden Gesprächen lenken und fürsorglich überwachen. Wilhelms Interaktion mit seiner Umwelt ist so der bloßen Kontingenz entrückt, Bildungskräfte werden personifiziert und einer absichtsvoll planenden Vernunft unterstellt. Celionati ist so gesehen Hoffmanns unter dem Einfluß der *commedia dell'arte* geformte spielerisch-ironische Variante der Turmgesellschaft und des in ihr verkörperten Bildungsgedankens. Daraus läßt sich folgern, daß Hoffmann nicht die Konzepte von Bildung, Ratio, Tugend, Zielgerichtetheit an sich infragestellt, also sich wiederum nicht in grundsätzlicher Gegnerschaft zu Goethe befindet.[132] Jedoch akzentuiert er diese Konzepte inhaltlich anders, nämlich auf den Gedanken der

---

131 Feldmann, S. 92.
132 Auch Wellbery hat kürzlich die Verwandtschaft von Prinzessin Brambilla zu Goethes Wilhelm Meister akzentuiert, und zwar was die Figurenkonstellation Giacinta-Beatrice als Wiederholung von Mariane-Barbara betrifft, die szenische Konfiguration (acht Kapitel bzw. acht Bücher), die narrative Problemstellung eines Initiationsweges und die Gestalt ihrer Lösung in Heirat und Karriere (vgl. Wellbery, Rites de passage, S. 322-324).

Balance des Entgegengesetzten, und in ihrer Darstellung ist er stärker dem Witz, dem Nicht-Realistischen, dem Zauberischen und Magischen, wie es auch in Mozarts *Zauberflöte* zum Ausdruck kommt, verpflichtet als dem Realismus des Goetheschen Bildungsromans.

Der Scharlatan Celionati wie auch seine Ahnen, die Gozzischen Zauberer, Brentanos Sarmiente, Mozarts Sarastro und Goethes Turmgesellschaft, sie alle stehen für eine teleologische Entwicklungsrichtung und eine für die Protagonisten lange undurchschaubare, geheimnisvolle, doch wohlwollende Autoritätsfigur hinter all dem scheinbaren Chaos. Diese Autorität verbürgende Gestalt dokumentiert ein für die Zeit um 1800 typisches Denkmuster in einem Text, der in seiner zunächst verwirrenden Komplexität nur scheinbar aller Verankerung in seiner Zeit entbehrt.

5.4.5 Das glückliche Ende

In der frühen *commedia dell'arte* besteht das glückliche Ende in der Vereinigung der Liebenden, die aber das soziale Gefüge sowie die karikierten Charakterschwächen der handelnden Personen unangetastet läßt. Bei Callot dagegen handelt es sich in den *Balli* um eine Serie von Momentaufnahmen von Bewegungen, denen weder Handlungszusammenhang noch Anfang und Ende zukommt, die deshalb also gerade nicht »Plan, Handlung und Szeneneinteilung [der Erzählung] im wesentlichen vorgegeben haben«[133] können, wie Scheffel meint. Vorbilder für das glückliche Ende des Capriccios lassen sich dagegen bei Gozzi und Brentano finden.

Gozzi läßt seine Protagonisten durch phantastische Prüfungen ihre Tugenden bewähren und in einem glücklichen Ende belohnt finden, somit das Muster des Märchens erfüllend.

In Brentanos *Die lustigen Musikanten* fungiert der Traum von Rinaldos Mutter als Prophezeiung und Wahrheit, denn Sehnsucht und Phantasie werden als Leben schaffend dargestellt.[134] Daran knüpft das Leitmotiv des Hoffmannschen Capriccios an: die Aufforderung, »Gedenke deines Traumbildes«, zieht sich als Motto durch den Text, das auf eben diese produktive realitätsbildende Kraft der Phantasie verweist, und sie mit einem glücklichen Ende krönt und bestätigt. Eine Umdefinition von Begriffen bereitet dieser idealistischen Tendenz des Brentanoschen und des Hoffmannschen Textes den Weg. So wie Ramiro die Termini Armut und Reichtum sprachspielerisch umdefiniert vom Materiellen ins Ideelle,[135] werden in *Prinzessin Brambilla* die Begriffe Reich, Herrschaft und Herrschaftsraum aus einem politisch-geographischen und monetären Begriffsradius hinübergespielt in einen ideellen. Im vierten Kapitel sind Giglio und Giacinta noch überzeugt, daß sie, seien sie erst einmal mit Prinzessin Brambilla

---

133 Scheffel, Formen selbstreflexiven Erzählens, S. 150.
134 Vgl. Brentano, Die lustigen Musikanten, in: Sämtliche Werke, Bd. 12, S. 864-865.
135 Vgl. ebd., S. 843.

und Prinz Cornelio vereint, materiellen Reichtum erwerben würden. Ganz wie Smeraldina ihrem langjährigen Geliebten Truffaldino in Gozzis *Il re cervo* herablassend zu-gesteht, sie werde ihm materielle Zuwendungen zukommen lassen, wenn sie die Frau von König Deramo von Serendippo sein werde,[136] so versichert auch Giacinta gönnerhaft, daß sie als Gemahlin des Prinzen »durchaus nicht in übermäßigen Stolz verfallen und Giglios Gesicht ganz und gar vergessen, vielmehr, solle er sich ihr von ferne zeigen, sich ganz gewiß seiner erinnern und ihm manchen Dukaten zufließen lassen werde« (H3, S. 848). In der geographischen Lokalisierung ihrer künftigen Herrschaftsbereiche jedoch wird den Lesern bereits ein Wink für ihre ideelle Umdeutung gegeben. Denn Giglio weiß, daß das Fürstentum seiner »angebeteten Prinzessin über Indien weg, gleich linker Hand um die Erde nach Persien zu« (H3, S. 849) liegt, während Giacinta berichtet, daß das Reich ihres fürstlichen Gemahls dicht bei Bergamo liegen soll. Den an Gozzi geschulten Leserinnen und Lesern ist sofort klar, daß damit einerseits die orientalische Herkunft von Gozzis Märchenfiguren, andererseits die Herkunftsregion der *zanni*-Figuren der *commedia dell'arte* bezeichnet ist – literarische Figuren, die unter dem Mantel des Phantastischen allgemeine Wahrheiten und satirische Seitenhiebe vermitteln. Wenn Giglio und Giacinta übereinkommen, daß »ihre künftigen Reiche durchaus in die Gegend von Frascati verlegt werden müßten« (H3, S. 849), also in die Nähe Roms, d.h. auch in die Nähe des Theaters, an dem Giglio (später auch Giacinta) spielt, kündigt sich bereits an, was die beiden erst im achten Kapitel selbst begreifen, daß nämlich in *Prinzessin Brambilla* mit Reich und Herrschaft von Brambilla und Cornelio die theatralische Manifestation unterschiedlicher ästhetischer Einflüsse gemeint ist, die sich gegenseitig ergänzen zu einem neuen Ganzen, das ebenso wie der Urdarmythos fähig ist, Wahrheit durch verkehrte (will meinen: humorvolle) Spiegelung auszudrücken. Am Schluß können Giglio und Giacinta ihre humorvolle Selbsterkenntnis, die das Streben nach dem Idealen mit der Erkenntnis der eigenen Schwächen vereint, für ihre theatralische Darstellung fruchtbar machen. Lustvoll treten sie ihre Herrschaft im Bereich der Kunst an, während sie im Alltag mit nur bescheidenem materiellen Wohlstand zufrieden sind:

»O«, erwiderte Giacinta, »mein teuerster Prinz!« – Und nun umarmten sie sich aufs neue und lachten laut auf und riefen durcheinander! »dort liegt Persien – dort Indien – aber hier Bergamo – hier Frascati – unsere Reiche grenzen – nein nein, es ist ein und dasselbe Reich, in dem wir herrschen, ein mächtiges Fürstenpaar, es ist das schöne herrliche Urdarland selbst – Ha, welche Lust! –« (H3, S. 908)

---

136 Vgl. Gozzi, Der König Hirsch, in: Theatralische Werke, Teil I, S. 379: »Smeraldina wird gerührt, tröstet ihn herzbrechend; verspricht ihm ihre Gnade, wann sie Königin seyn werde«. Vgl. auch die komischere und das Original besser treffende englische Übersetzung in Gozzi, The King Stag, in: Five Tales for the Theatre, S. 83: »When we are queen, we shall shed favor upon you.«

5.5 Schlußbemerkung

Die Charakteristika der Hoffmannschen Callot-Ausdeutung, die wir herausge-
arbeitet haben – nämlich die Akzentuierung des Märchenhaften neben dem
Alltäglichen; die Umdeutung von klaren Typen in uneindeutige Mischfiguren;
die Verlagerung der skurrilen Kontraste vom Sozialen und Physischen ins
Psychische; die Umdeutung von konkreter Interaktion in das psychische Drama
von Identitätsspaltung, Identitätsverwandlung sowie Identitätsfindung; die
Transformation von Vorder-, Mittel- und Hintergrund in Callots Stichen in die
Überlagerung verschiedener Realitätsebenen (Alltag, Theater, Karneval,
Traum, Mythos); die Tendenz zum Geheimnis ebenso wie zu rationaler Ein-
sicht und zur Überwindung des Grotesken und Rätselhaften; die teleologische
Richtung hin zur Gewinnung eines harmonisch ausbalancierten Zustandes; das
Zusammentreffen von Idealismus und Ironie, freiem Spiel und Abstraktion,
Phantasie und Durchbrechung der Illusion – all dies sind Aspekte, die die exal-
tierten und kontrastierenden *commedia dell'arte*-Figuren Callots in einen neuen
Bedeutungskontext stellen und der Konzeption einer unmittelbaren Umsetzung
der malerischen Eigenart Callots in Hoffmanns Schrift widersprechen. Es sind
Differenzen, die zum einen dem Gattungsunterschied von darstellender Kunst
und Literatur geschuldet sind. Denn durch Verzeitlichung und die Darstellung
psychischer Erfahrungen kann Literatur andere Aspekte vergegenwärtigen als
die darstellende Kunst, von der sie inspiriert wurde. In der Art von Hoffmans
Bezug auf Callot macht sich zum anderen Carlo Gozzis Reform der *commedia
dell'arte* bemerkbar sowie dessen, vor allem an romantische Positionen anver-
wandelte, Rezeption in Deutschland um 1800. Dieser Anverwandlung liegt das
romantische Prinzip einer Perfektibilität zugrunde, die ironische Selbstkritik
und spielerische Selbstdegradierung ebenso einschließt wie transzendente
Sehnsucht. Dies ist ein Prinzip, das die historische *commedia dell'arte* zur Zeit
Callots nicht teilte und welches eine Lesweise des Capriccios als »Abschied
von der romantischen Kunstmetaphysik«[137] zumindest als überzogen erscheinen
läßt. Reflexion und Humor sind für die Selbstfindung der Protagonisten zentral,
nicht Körper und Sexus, wenn auch beide einen Platz im Leben des glücklichen
Paares haben. Doch Hoffmann geht auch spielerisch über die Positionen der
Frühromantik hinaus: Selbsterkenntnis und künstlerische Arbeit sind die Voraussetzung, nicht die Folge, einer geglückten Liebesbeziehung. Hoffmann
modelliert in der *Prinzessin Brambilla* ein über die Frühromantik hinausgehen-
des Identitätskonzept, das in der Balance des Gegensätzlichen beruht, nicht in
der Überwindung des Gegensatzes. Insofern diese Balance am Schluß des
Capriccios erreicht ist, ist der Text, trotz aller spielerisch-komplexen Verwirr-
spiele, durch Teleologie, Synthese, Geschlossenheit der Struktur und Sinner-
fülltheit charakterisiert, die einer Deutung des Text-Bild-Verhältnisses in
Hoffmanns *Prinzessin Brambilla* als ein postmodernes widerstrebt.

---

137 Liebrand, S. 298f.

Schlußwort

Es ist eine weitverbreitete Mode in der Literaturwissenschaft, besonders nach dem Verdikt vom Tod des Autors, Interpretationen, die bei historischen Autoren eine Antizipation heutiger theoretischer Positionen herausarbeiten, als avantgardistisch zu bewerten. Interpretationen, die bei historischen Autoren das Vorhandensein theoretischer Prämissen betonen, die gegenwärtig aus der Mode sind, gelten dagegen selbst als altmodisch und konventionell. Demgegenüber habe ich in dieser Arbeit ein literaturwissenschaftliches Vorgehen gewählt, das literarische Produkte ins Zentrum stellt und im Kontext historischer Diskurse analysiert. Statt in historischen Texten die positive Präfiguration der gegenwärtig aktuellen Werte von Differenz und Diskontinuität zu suchen (und damit historische Diskurse uns gleich zu machen), habe ich versucht, auf Differenz und Diskontinuität *zwischen* historischen und gegenwärtigen Diskursen abzuheben, um deutlich zu machen, daß zum Teil identische Begriffe in jeweils anderen Diskurszusammenhängen stehen.

Eine kulturwissenschaftlich inspirierte Analyse sollte also nicht nur synchron verfahren, sondern auch diachron.[1] Ohne ausreichende Kenntnis der kulturellen Bezugspunkte besteht die Gefahr, die schwebende Bedeutungskonstitution der romantischen Texte aus ihrer Zeit herauszureißen und als eine heute gängige Negierung von Sinn und Transzendenzstreben und als Privilegierung des Körpers zu lesen. Interpretationen, die dieser Tendenz folgen, fallen gerade der Universalisierung anheim, die zu bekämpfen sie angetreten waren. Um die Projektion heutiger theoretischer Annahmen auf historische Texte einzuschränken, wäre für mich eine Verknüpfung von Literaturwissenschaft und Kulturwissenschaft wünschenswert, jedoch nicht als globale Disziplinverschmelzung, sondern hinsichtlich genau definierter spezifischer Themen und mit dem Ziel, zu einer Kultur des Erinnerns und des Gedächtnisses beizutragen. Auf diese Weise würden universalistische Paradigmen nicht auf positivistische Weise widerlegt, sondern auf methodologischer Ebene unterlaufen.

Mein Verständnis von einer kulturwissenschaftlich inspirierten Literaturwissenschaft richtet sich so gegen die weit verbreitete Tendenz, heutige Erkenntnisse bereits als konkrete Praktiken oder Ziele in historischen literarischen Produkten vorgeformt zu sehen. Dies scheint mir aus zwei Gründen verfehlt: Es stellt zum einen eine rückwärtsgerichtete kulturanthropologische Homogenisierung und Universalisierung dar, gegen die ich eine Lesweise von Texten als Spuren historisch bedingter anderer Konzepte vom Selbst, von kulturellen Idealen und Handlungsspielräumen setze. Zum anderen vermengt es Ebenen,

---

1 Vgl. Haug, Literarturwissenschaft als Kulturwissenschaft?, S. 70.

die wissenschaftlich unvereinbar sind. Denn eine moderne Theorie kann wohl auf einen Gegenstand angewandt werden, wenn es darum geht, dessen Charakteristika wissenschaftlich genauer zu fassen – so kann z.B. die moderne Phonologie das Lautsystem einer Sprache genau beschreiben. Man kann nun aber nicht einer bestimmten Sprache die Antizipation der phonologischen Theorie zuschreiben oder behaupten, daß das Mittelhochdeutsche mit dem heutigen Hochdeutschen phonologisch identisch sei. Vergleichbares ist aber leider in der Literaturwissenschaft verbreitet, die ihren Avantgardeanspruch nur zu oft dadurch zu rechtfertigen glaubt, daß sie zeitgenössische theoretische Konzepte von Subjektivität oder Kunst in historischen Produkten ›nachweist‹.

Verwahren möchte ich mich auch gegen eine Moralisierung der Kulturwissenschaft, wenn sie in Opposition zur Geisteswissenschaft gesetzt wird und die beiden Termini mit einer weiteren binären Opposition gepaart werden: pluralistischer Kontext versus Einheitsentwurf.[2] Wenn man einen dieser Begriffe auf seine Fahnen schreibt, hat man damit noch lange nicht all die darunter proklamierten Werte verwirklicht. Nicht nur narrative Texte, auch Interpretationen beziehen sich in komplexer und widersprüchlicher Weise auf die diachronen und synchronen Elemente ihrer Kultur. Aus meiner Arbeit läßt sich also weniger ein verallgemeinerbares Modell zur Rekonstruktion kultureller Kontexte und zur Vermittlung zwischen Literatur und diesen Kontexten ableiten, sondern vielmehr ein Plädoyer für die Beachtung des je spezifischen, aber nicht monolithischen Bezuges zwischen Literatur und ihrem kulturellen Kontext.

---

2 Vgl. Graevenitz, S. 98.

Literatur

Quellen

Allgemeine Musikalische Zeitung (Jg. 1798-1810).

Almanach aus Rom für Künstler und Freunde der bildenden Kunst. Erster Jahrgang. Hg. von F. Sickler und C. Reinhart in Rom. Mit Kupfern und Charten, Leipzig 1810; repr.: Leipzig 1984.

Anon.: Fortsetzung der Rezension von *Cours Complet d'Harmonie et de Composition d'après une théorie etc. par Momigny*, in: Allgemeine Musikalische Zeitung, Nr. 2 (12. October 1808), Spalte 19-27.

Anon.: Anekdoten zur Karakterisierung Suwarows, in: Der Neue Teutsche Merkur, Julius 1799, S. 193-206.

d'Argensville, Anton Joseph Dezallier: Leben der berühmtesten Maler, nebst einigen Anmerkungen über ihren Charakter, der Anzeige ihrer vornehmsten Werke und einer Anleitung die Zeichnungen und Gemälde großer Meister zu kennen. Zweyter Theil. Von den Lombardischen, Neapolitanischen, Spanischen und Genuesischen Malern. Aus dem Französischen übersetzt, verbessert und mit Anmerkungen erläutert, Leipzig 1767.

Arnim, Achim von: Raphael und seine Nachbarinnen, in: Ders., Achim von Arnim. Werke, IV, hg. von Renate Moering, Frankfurt/Main 1992, S. 259-315.

Brentano, Clemens: Dramen I, in: Ders., Sämtliche Werke und Briefe. Historisch-kritische Ausgabe veranstaltet vom Freien Deutschen Hochstift, hg. von Jürgen Behrens, Wolfgang Frühwald, Detlev Lüders, Bd. 12, hg. von Hartwig Schultz, Stuttgart 1982.

Carus, Carl Gustav: Neun Briefe über Landschaftsmalerei. Geschrieben in den Jahren 1815 bis 1824. Zuvor ein Brief von Goethe als Einleitung, hg. und mit einem Nachwort von Kurt Gerstenberg, Dresden 1927 (Erstausgabe 1831).

Chamisso, Adelbert von: Peter Schlemihls wundersame Geschichte, in: Ders., Sämtliche Werke, Band 1, hg. von Jost Perfahl, München 1975, S. 13-67.

D'Hulst, Roger-Adolf / Vandenven, M.: Rubens The Old Testament, übersetzt von P.S. Falla, London 1989.

Diderot, Denis: Rameaus Neffe. Ein Dialog von Diderot. Aus dem Manuskript übersetzt und mit Anmerkungen begleitet, übersetzt v. Johann Wolfgang Goethe, in: Ders., Sämtliche Werke, hg. von Ernst Beutler, Bd. 15: Übertragungen, München/Zürich 1977, S. 927-1079.

–: Essais sur la peinture, in: Ders., Œuvres Esthétiques, hg. von Paul Vernière, Paris 1959, S. 657-740.

–: Pensées détachées sur la peinture, ebd., S. 741-840.

Eckermann, Johann Peter: Gespräche mit Goethe in den letzten Jahren seines Lebens, mit einer Einführung, hg. von Ernst Beutler, München 1976 (dtv-Bibliothek. Literatur, Philosophie, Wissenschaft).

Fernow, Carl Ludwig: Römische Studien, Erster Theil, Zürich 1806.

–: Römische Studien, Dritter Theil, Zürich 1808.

Fiorillo, Johann Dominik: Geschichte der zeichnenden Künste von ihrer Wiederauflebung bis auf die neuesten Zeiten. Dritter Band, die Geschichte der Mahlerey in Frankreich enthaltend. Göttingen 1805.

–: Geschichte der zeichnenden Künste in Deutschland und den vereinigten Niederlanden. 4 Bde. Hannover 1815-1820.

Forkel, Johann Nicolaus: Musikalisch-kritische Bibliothek, Erster Band, Gotha 1778.

–: Musikalischer Almanach für Deutschland auf das Jahr 1789, Leipzig 1788.

Füßli, Johann Heinrich: Allgemeines Künstlerlexikon, oder: Kurze Nachricht von dem Leben und den Werken der Maler, Bildhauer, Baumeister, Kupferstecher, Kunstgießer, Stahlschneider etc. etc. Nebst angehängten Verzeichnissen der Lehrmeister und Schüler, auch der Bildnisse, der in diesem Lexikon enthaltenen Künstler. Zweyter Theil, welcher die Fortsetzung und Ergänzung des ersten enthält. Anhang zum siebenten Abschnitt, welcher das Leben Raphael Sanzio's, und die Litteratur von dessen Werken in sich faßt, Zürich MDCCCXIV, S. 1-95.

Fouqué, Friedrich de la Motte: Undine. Eine Zauber Oper in drei Aufzügen, in: E. T. A. Hoffmann. Sämtliche Werke, Bd. 2/2: Die Elixiere des Teufels. Werke 1814-1816, hg. von Hartmut Steinecke unter Mitarbeit von Gerhard Allroggen, Frankfurt am Main 1988, S. 467-518.

Gluck, Christoph Willibald: Iphigénie en Aulide, in: Ders., Sämtliche Werke, hg. von Gerhard Croll. Abteilung I: Musikdramen, Bd. 5, Teilband a: Notenband, hg. von Marius Flothuis, Kassel / Basel / London / New York 1987.

–: Iphigénie en Tauride, Tragédie en quatre actes par N.F. Guillard, mise en musique par le Ch[er] Christoph Willibald Gluck, hg. von Hermann Abert, London/Mainz/Zürich/New York o. J.

–: The Collected Correspondence and Papers of Christoph Willibald Gluck, hg. von Hedwig und E. H. Mueller von Asow, übersetzt von Stewart Thomson, London 1962.

–: Widmung der Oper »Alceste«, in: Alfred Einstein, Ritter von Gluck. Sein Leben – seine Werke, Zürich, Stuttgart 1954, S. 144-147.

Goethe, Johann Wolfgang: Anmerkungen (zu Goethes Übersetzung von *Rameaus Neffe*), in: Ders., Sämtliche Werke in 18 Bänden, hg. von Ernst Beutler, Bd. 15: Übertragungen, München 1977, (Nachdruck der Artemis-Gedenkausgabe, Zürich), S. 1025-1063.

–: Der Triumph der Empfindsamkeit. Eine dramatische Grille, in: Ders., Sämtliche Werke, VI, S. 502-553.

–: Einige einzelne Gedanken und Betrachtungen eines Kunstfreundes, in: Ders., Sämtliche Werke, XIII, S. 457-458.

–: Philipp Hackert. Biographische Skizze, meist nach dessen eigenen Aufsätzen entworfen von Goethe, in: Ders., Sämtliche Werke, XIII, S. 459-627.

–: Das Römische Karneval, in: Ders., Sämtliche Werke, XI, S. 533-567.

–: Zwei Landschaften von Philipp Hackert, in: Ders., Sämtliche Werke, XIII, S. 397-400.

Goldoni, Carlo: Il Servitore di due Padroni. Der Diener zweier Herren, Übersetzung und Nachwort von Heinz Riedt, Stuttgart 1979.

Gozzi, Carlo: Five Tales for the Theatre, hg. und übersetzt von Albert Bermel und Ted Emery, Anmerkungen von Ted Emery, Chicago und London 1989. [Enthält die Theaterfabeln: The Raven, The King Stag, Turandot, The Serpent Woman, The Green Bird]

–: Theatralische Werke. Aus dem Italiänischen übersetzt von Friedrich August Klemens Werthes, 5 Bände, Bern 1777-1779.

–: Der König Hirsch. Ein tragikomisches Mährchen für die Schaubühne, in drey Akten, in: Ders., Theatralische Werke, Erster Theil, Bern 1777, S. 353-477.

–: Das blaue Ungeheuer. Ein tragikomisches Mährchen in fünf Akten, in: Ders., Theatralische Werke, Zweyter Theil, Bern 1777, S. 243-380.

–: Der König der Geniusse: Oder Die treue Magd. Ein ernsthaft komisches Mährchen in fünf Akten, in: Ders., Theatralische Werke, Dritter Theil, S. 153-310.

–: Turandot. A cura die Carlachiara Perrone, Minima 10, Rom 1990.

Hackert, Philipp: Über Landschaftsmalerei, in: Goethe, Philipp Hackert. Biographische Skizze, meist nach dessen eigenen Aufsätzen entworfen von Goethe, in: Ders., Sämtliche Werke, XIII, hg. von Ernst Beutler et al., Nachdruck der Artemis-Gedenkausgabe, Zürich 1977, S. 611-622.

Heinse, Wilhelm: Düsseldorfer Gemäldebriefe. Mit einem Nachwort, hg. von Helmut Pfotenhauer, Frankfurt/Main und Leipzig 1996.

–: Hildegard von Hohenthal, in: Ders., Sämmtliche Werke, Bd. 5, hg. von Carl Schüddekopf, Leipzig 1903.

Hoffmann, E. T. A.: Sämtliche Werke in sechs Bänden, hg. von Hartmut Steinecke u.a., Frankfurt am Main 1985-2004.

–: Bd. 1: Frühe Prosa, Briefe, Tagebücher, Libretti, Juristische Schrift, Werke 1794-1813, hg. von Gerhard Allroggen u.a., Frankfurt am Main 2003.

–: Bd. 2/1: Fantasiestücke in Callot's Manier, Werke 1814, hg. von Hartmut Steinecke unter Mitarbeit von Gerhard Allroggen und Wulf Segebrecht, Frankfurt am Main 1993.

–: Bd. 2/2: Die Elixiere des Teufels, Werke 1814-1816, hg. von Hartmut Steinecke unter Mitarbeit von Gerhard Allroggen, Frankfurt am Main 1988.

–: Bd. 3: Nachtstücke, Klein Zaches, Prinzessin Brambilla, Werke 1816-1820, hg. von Hartmut Steinecke unter Mitarbeit von Gerhard Allroggen, Frankfurt am Main 1985.

–: Bd. 4: Die Serapionsbrüder, hg. von Wulf Segebrecht unter Mitarbeit von Ursula Segebrecht, Frankfurt am Main 2001.

–: Bd. 5: Lebens-Ansichten des Katers Murr, Werke 1820-1821, hg. von Hartmut Steinecke unter Mitarbeit von Gerhard Allroggen, Frankfurt am Main 1992.

–: Bd. 6: Späte Prosa, Briefe, Tagebücher und Aufzeichnungen, Juristische Schriften, Werke 1814-1822, hg. von Gerhard Allroggen, Friedhelm Auhuber, Hartmut Mangold, Jörg Petzel und Hartmut Steinecke, Frankfurt am Main 2004.

–: Briefwechsel, gesammelt und erläutert von Hans von Müller und Friedrich Schnapp, 2 Bd., hg. von Friedrich Schnapp, München 1967-1968.

–: Schriften zur Musik. Neubearbeitete Ausgabe, hg. von Friedrich Schnapp, München 1977.

–: Tagebücher, nach der Ausgabe Hans von Müllers mit Erläuterungen hg. von Friedrich Schnapp, München 1971.

Hofrat Meyer: Hackerts Kunstcharakter und Würdigung seiner Werke, in: Goethe, Philipp Hackert. Biographische Skizze, meist nach dessen eigenen Aufsätzen entworfen von Goethe, in: Ders., Sämtliche Werke, XIII, hg. von Ernst Beutler et al., Nachdruck der Artemis-Gedenkausgabe, Zürich 1977, S. 607-611.

Jacques Callot. Das gesamte Werk. Druckgraphik. Einleitung von Thomas Schröder, München 1971.

Jacques Callot und sein Kreis. Werke aus dem Besitz der Albertina und Leihgaben aus den Uffizien, Wien 1968 (Die Kunst der Graphik V, Graphische Sammlung Albertina).

Jagemann, C.J. (Hg.): Magazin der Italienischen Litteratur und Künste. Vierter Band: Freye Uebersetzungen und Auszüge in Prosa, Weimar 1780.

Jan Breughel der Jüngere (1601-1678). Die Gemälde mit kritischem Œuvrekatalog, hg. von Klaus Ertz, Freren 1984 (Flämische Maler im Umkreis der großen Meister 1).

Kirnberger, Johann Philipp: Die Kunst des reinen Satzes in der Musik aus sicheren Grundsätzen hergeleitet und mit deutlichen Beyspielen erläutert. Zweyter Theil. Zweyte Abtheilung, Berlin und Königsberg 1777.

Lessing, Gotthold Ephraim: Laokoon: oder über die Grenzen der Malerei und der Poesie, in: Gotthold Ephraim Lessing. Werke und Briefe in zwölf Bänden, hg. von Wilfried Barner u.a., Bd. 5/2: Werke 1766-1769, hg. von Wilfried Barner, Frankfurt a. M. 1990, S. 11-321.

Lewis, Matthew: The Monk, hg. von Howard Anderson mit Einleitung u. Anmerkungen von Emma McEvoy, Oxford 1995 (The World's Classics).

Moritz, Karl Philipp: Reisen eines Deutschen in Italien in den Jahren 1786 bis 1788, in: Ders., Werke, II, hg. von Horst Günther, Frankfurt/Main 1981, S. 125-485.

Mozart, Wolfgang Amadeus: Il dissoluto punito ossia il Don Giovanni, in: Ders., Neue Ausgabe sämtlicher Werke, hg. von der Internationalen Stiftung Mozarteum Salzburg. Serie II: Bühnenwerke, Werkgruppe 5, Bd. 17, hg. von Wolfgang Plath und Wolfgang Rehm, Kassel 1968.

Der Neue Teutsche Merkur, Julius 1799.

Ortheil, Hanns-Josef: Die Nacht des Don Juan, München 2000.

Rembrandt. The Complete Edition of the Paintings, hg. von A. Bredius, überarbeitet von H. Gerson, London 1969.

Rembrandt: The Complete Paintings, Bd. 1, hg. von Christopher Brown, London 1980.

The Complete Work of Rembrandt. History, Description and Heliographic Reproduction of all the Master's Pictures with a Study of his Life and his Art, von Wilhelm Bode (mit Unterstützung von C. Hofstede de Groot), übersetzt von Florence Simmonds, Bd. 3, Paris 1899; Bd. 4, Paris 1900; Bd. 6, Paris 1901.

Riedel, Friederich Justus (Hg.), Über die Musik des Ritters Christoph von Gluck, verschiedene Schrifften gesammlet und herausgegeben von Friederich Just. Riedel, Wien 1775.

Rochlitz, Friedrich: Der Besuch im Irrenhause, in: Allgemeine Musikalische Zeitung 39 (27.6.1804), Spalte 645-654; 40 (4.7.1804), Spalte 661-672; 41 (11.7.1804), Spalte 677-685; 42 (18.7.1804), Spalte 693-706.

[Rochlitz, Friedrich (Übersetzer)]: Don Juan oder Der steinerne Gast. Komische Oper in zwey Aufzügen, in Musik gesetzt von W.A. Mozart. Mit unterlegtem deutschen Texte nebst sämmtlichen von dem Komponisten später eingelegten Stücken. In Partitur, Leipzig o. J. [1801].

Rousseau, Jean-Jacques: Bekenntnisse, übers. von Ernst Hardt, mit einer Einführung von Werner Krauss, Frankfurt am Main / Leipzig 1985.

Schiller, Friedrich: Gedanken über den Gebrauch des Gemeinen und Niedrigen in der Kunst, in: Friedrich Schiller. Werke und Briefe in zwölf Bänden. hg. von Otto Dann u.a., Bd. 8: Theoretische Schriften, hg. von Rolf-Peter Janz u.a., Frankfurt/Main 1992, S. 452-459.

–: Philosophische Briefe, in: Friedrich Schiller. Werke und Briefe in zwölf Bänden, hg. von Otto Dann u.a., Bd. 8: Theoretische Schriften, hg. von Rolf-Peter Janz u.a., Frankfurt/Main 1992, S. 208-233.

–: Turandot, Prinzessin von China. Ein tragikomisches Märchen nach Gozzi, in: Friedrich Schiller. Werke und Briefe in zwölf Bänden, hg. von Otto Dann u.a., Bd. 9: Übersetzungen und Bearbeitungen, hg. von Heinz Gerd Ingenkamp, Frankfurt am Main 1995, S. 371-465.

–: Über das Erhabene, in: Friedrich Schiller. Werke und Briefe in zwölf Bänden, hg. von Otto Dann u.a., Bd. 8: Theoretische Schriften, hg. von Rolf-Peter Janz u.a., Frankfurt/Main 1992, S. 822-840.

–: Versuch über den Zusammenhang der tierischen Natur des Menschen mit seiner geistigen, in: Friedrich Schiller. Werke und Briefe in zwölf Bänden, hg. von Otto Dann u.a., Bd. 8: Theoretische Schriften, hg. von Rolf-Peter Janz u.a., Frankfurt/Main 1992, S. 118-163.

Schlegel, August Wilhelm: Vorlesungen über dramatische Kunst und Literatur. Erster Teil, in: August Wilhelm Schlegel. Kritische Schriften und Briefe, hg. von Edgar Lohner, Bd. 5, Stuttgart 1966.

–: Die Gemälde. Gespräch, in: Athenaeum. Eine Zeitschrift. Hg. von August Wilhelm und Friedrich Schlegel, 2. Bd., 1. Stück, S. 39-151. Reprographischer Nachdruck: Darmstadt 1983.

Schlegel, Dorothea: Florentin. Ein Roman herausgegeben von Friedrich Schlegel, Lübeck und Leipzig 1801; Stuttgart 1993.

Schlegel, Friedrich: Ansichten und Ideen von der christlichen Kunst, in: Ders., Kritische Friedrich-Schlegel-Ausgabe, hg. von Ernst Behler et al., 4. Bd., 1. Abt., hg. und eingeleitet von Hans Eichner. München / Paderborn / Wien 1959.

–: Die Entwicklung der Philosophie in zwölf Büchern [Köln 1804-1805], in: Ders., Kritische Friedrich-Schlegel-Ausgabe, hg. von Ernst Behler et al., 12. Bd., 2. Abt.: Philosophische Vorlesungen [1800-1807]. Erster Teil, mit Einleitung und Kommentar hg. von Jean-Jacques Anstett, München/Paderborn/ Wien 1964, S. 107-480.

–: Ideen [1800], in: Ders., Kritische Friedrich-Schlegel-Ausgabe, hg. von Ernst Behler et al., 2. Bd., 1. Abt.: Charakteristiken und Kritiken I (1796-1801), hg. und eingeleitet von Hans Eichner, München / Paderborn / Wien 1967, S. 256-272.

–: Georg Forster. Fragment einer Charakteristik der deutschen Klassiker, in: Ders., Kritische Friedrich-Schlegel-Ausgabe, hg. von Ernst Behler et al., 2. Bd., 1. Abt.: Charakteristiken und Kritiken I (1796-1801), hg. und eingeleitet von Hans Eichner, München / Paderborn / Wien 1967, S. 78-99.

–: Nachtrag italiänischer Gemälde, in: Ders., Kritische Friedrich-Schlegel-Ausgabe, hg. von Ernst Behler et al., 4. Bd., 1. Abt.: Ansichten und Ideen von der christlichen Kunst, hg. u. eingeleitet von Hans Eichner, München / Paderborn / Wien 1959, S. 61-78.

–: Transcendentalphilosophie. [Jena 1800-1801], in: Ders., Kritische Friedrich-Schlegel-Ausgabe, hg. von Ernst Behler et al., 12. Bd., 2. Abt.: Philosophische Vorlesungen [1800-1807]. Erster Teil, mit Einleitung und Kommentar hg. von Jean-Jacques Anstett, München / Paderborn / Wien 1964, S. 1-105.

–: Vom Raffael, in: Ders., Kritische Friedrich-Schlegel-Ausgabe, hg. von Ernst Behler et al., 4. Bd., 1. Abt.: Ansichten und Ideen von der christlichen Kunst, hg. u. eingeleitet von Hans Eichner, München / Paderborn / Wien 1959, S. 48-60.

Schleiermacher, Friedrich Daniel Ernst: Fünfte Rede. Über die Religionen, in: Ders., Über die Religion (2.-) 4. Auflage, Monologen (2.-)4. Auflage, hg. von Günter Meckenstock, Berlin / New York 1995, S. 250-298.

Schubert, G.H.: Die Symbolik des Traumes, zweite verbesserte und vermehrte Auflage, Bamberg 1821.

Der Teutsche Merkur, May 1791, S. 53-62; Juni 1791, S. 147-157; May 1793, S. 79-88; November 1793, S. 303-308; zu Rubens: Juni 1791, S. 147-157.

Tieck, Ludwig: Phantasus, in: Ders., Schriften in zwölf Bänden, hg. von Manfred Frank et al., Bd. 6, hg. von Manfred Frank, Frankfurt am Main 1985.

–: Franz Sternbalds Wanderungen, Stuttgart 1979.

–: Prinz Zerbino, in: Ders., Werke in einem Band. Mit einem Nachwort von Richard Alewyn, Hamburg 1967, S. 305-510.

Wackenroder, Wilhelm Heinrich: Sämtliche Werke und Briefe. Historisch-kritische Ausgabe, hg. von Silvio Vietta und Richard Littlejohns. Bd. 1: Werke, hg. von Silvio Vietta. Heidelberg 1991.

–: Herzensergießungen eines kunstliebenden Klosterbruders, in: Ders., Sämtliche Werke und Briefe, I, S. 51-145.

Walther, Angelo et al. (Hg.): Gemäldegalerie Dresden Alte Meister. Katalog der ausgestellten Werke, Leipzig 1992.

Zulehner, Karl: Il Dissoluto Punito o Sia Il D. Giovanni. Drama giocoso. La Musica del Signore Wolfgango Mozard, messa per il Piano Forte Del Carlo Zulehner, Mainz 1793 (No. 138, B. Schott).

Forschungsliteratur

Abert, Anna Amalie: Die Opern Mozarts, Wolfenbüttel / Zürich 1970.

Abert, Hermann: W.A. Mozart. Neubearbeitete und erweiterte Ausgabe von Otto Jahns Mozart, Zweiter Teil (1783-1791), Leipzig [6]1924 (1921).

Adorno, Theodor W.: Huldigung an Zerlina, in: Ders., Musikalische Schriften IV. *Moments Musicaux. Impromtus*, Frankfurt am Main 1982 (Theodor W. Adorno, Gesammelte Schriften 17) , S. 34-35.

Aichinger, Ingrid: E. T. A. Hoffmanns Novelle »Der Sandmann« und die Interpretation Sigmund Freuds, in: Zeitschrift für deutsche Philologie 95 (1976, Sonderhaft E. T. A. Hoffmann), S. 113-132.

Allanbrook, Wye Jamison: Rhythmic Gesture in Mozart. Le Nozze di Figaro and Don Giovanni, Chicago / London 1983.

Allert, Beate: Romanticism and the Visual Arts, in: Dennis Mahoney (Hg.), The Literature of German Romanticism, Rochester NY 2004 (The Camden House History of German Literature 8), S. 273-306.

Asche, Susanne: Die Liebe, der Tod und das Ich im Spiegel der Kunst. Die Funktion des Weiblichen in Schriften der Frühromantik und im erzählerischen Werk E. T. A. Hoffmanns, Königstein/Ts. 1985 (Hochschulschriften Literaturwissenschaft 69).

Bachmann-Medick, Doris: Einleitung, in: Dies. (Hg.), Kultur als Text. Die anthropologische Wende in der Literaturwissenschaft, Frankfurt am Main, 2. Aufl. 1998 [zuerst 1996], S. 7-64.

Bachtin, Michail M.: Literatur und Karneval. Zur Romantheorie und Lachkultur. Aus dem Russischen übersetzt und mit einem Nachwort versehen von Alexander Kaempfe, Frankfurt am Main 1996 [zuerst auf deutsch: München 1969].

Bachtin, Michail: Rabelais und seine Welt. Volkskultur als Gegenkultur. Übersetzt von Gabriele Leupold, hg. und mit einem Nachwort versehen von Renate Lachmann, Frankfrut am Main 1995 [zuerst auf deutsch 1987].

Barkhoff, Jürgen: Magnetische Fiktionen. Literarisierungen des Mesmerismus in der Romantik, Stuttgart / Weimar 1995.

Barner, Wilfried: Kommt der Literaturwissenschaft ihr Gegenstand abhanden? Vorüberlegungen zu einer Diskussion, in: Jb. der Deutschen Schiller-Gesellschaft 41 (1997), S. 1-8.

Barthes, Roland: S/Z, Paris 1970.

Bauch, Kurt: Rembrandts Gemälde, Berlin 1966.

Beardsley, Christa-Maria: Warum Hoffmanns *Prinzessin Brambilla* manchem »den Kopf schwindlicht macht«, in: Mitteilungen der E. T. A. Hoffmann-Gesellschaft 21 (1975), S. 1-5.

Beckerman, Michael: Mozart's Duel with Don Giovanni, in: Mozart-Jahrbuch 1984/95, S. 9-15.

Behler, Ernst: German Romantic Literary Theory, Cambridge 1993 (Cambridge Studies in German).

Bell, Matthew: The Idea of Fragmentariness in German Literature and Philosophy, 1760-1800, in: Modern Language Review 89, 2 (1994), S. 372-392.

Bergström, Stefan: Between Real and Unreal: A Thematic Study of E. T. A. Hoffmann's *Die Serapionsbrüder*, New York 2000 (Studies on Themes and Motifs in Literature 49).

Bermel, Albert: Afterword, in: Albert Bermel / Ted Emery (Hg.), Gozzi, Carlo: Five Tales for the Theatre, Anmerkungen von Ted Emery, Chicago und London 1989, S. 309-313.

Bitter, Christof: Wandlungen in den Inszenierungsformen des *Don Giovanni* von 1787 bis 1928. Zur Problematik des musikalischen Theaters in Deutschland, Regensburg 1961.

Blackall, Eric A.: The Novels of the German Romantics, Ithaca and London 1983.

Bode, Wilhelm (mit Unterstützung von C. Hofstede de Groot): The Complete Work of Rembrandt. History, Description and Heliographic Reproduction of all the Master's Pictures with a Study of his Life and his Art, übersetzt von Florence Simmonds, Bd. 3, Paris 1899; Bd. 4, Paris 1900; Bd. 6, Paris 1901.

Böhme, Hartmut / Scherpe, Klaus R.: Zur Einführung, in: Dies. (Hg.), Literatur und Kulturwissenschaften. Positionen, Theorien, Modelle, Reinbek 1996, S. 7-24.

Böschenstein, Renate: Namen als Schlüssel bei Hoffmann und bei Fontane, in: Colloquium Helveticum 23 (1996), S. 67-91.

Bohrer, Karl Heinz: Das absolute Präsens: die Semantik ästhetischer Zeit, Frankfurt am Main 1994.

–: Einsame Klassizität. Goethes Stil als Vorschein einer anderen Moderne, in: Merkur 53 (1999), S. 493-507.

–: Das Ethische am Ästhetischen, in: Merkur 54 (Dezember 2000), S. 1149-1162.

–: Die Kritik der Romantik. Der Verdacht der Philosophie gegen die literarische Moderne, Frankfurt am Main 1989.

Bomhoff, Katrin: Bildende Kunst und Dichtung. Die Selbstinterpretation E. T. A. Hoffmanns in der Kunst Jacques Callots und Salvator Rosas, Freiburg i. Br. 1999 (Rombach Wissenschaften, Reihe Cultura 6).

Borgards, Roland / Neumeyer, Harald: Die Macht, die Kunst macht: Winckelmann und Wackenroder zitieren Raffael, in: Athenäum. Jahrbuch für Romantik 9 (1999), S. 193-225.

Braun, Theodore E.D. / McCarthy, John E. (Hg.): Disrupted Patters. On Chaos and Order in the Enlightenment, Amsterdam / Atlanta, GA 2000 (Internationale Forschungen zur Allgemeinen und Vergleichenden Literaturwissenschaft 43).

Bredius, A. (Hg.), überarbeitet von H. Gerson: Rembrandt. The Complete Edition of the Paintings, London 1969.

Brinkmann, Richard (Hg.): Romantik in Deutschland. Ein interdisziplinäres Symposion, Stuttgart 1978 (Sonderband der »Deutschen Vierteljahrsschrift für Literaturwissenschaft und Geistesgeschichte«).

Brophy, Brigid: Mozart the Dramatist. A New View of Mozart, his Operas and his Age, London 1964.

Brown, Christopher: Rembrandt: The Complete Paintings, Bd. 1, London 1980.

Butler, Judith: Gender Trouble. Feminism and the Subversion of Identity, New York/London 1990.

Caduff, Corina: Die Kunst-Paare »Maler-Modell« und »Komponist-Sängerin« in literarischen Texten der Romantik und der Gegenwart, in: E. T. A. Hoffmann-Jahrbuch 9 (2001), S. 125-148.

Cercignani, Fausto: E. T. A. Hoffmann, Italien und die romantische Auffassung der Musik, in: Sandro M. Moraldo (Hg), Das Land der Sehnsucht. E. T. A. Hoffmann und Italien, Heidelberg 2002 (Beiträge zur neueren Literaturgeschichte 186), S. 191-201.

Cibotto, G.A. (Hg.): Carlo Goldoni. Il Teatro Illustrato. Nelle Edizione del Settecento. Con un saggio di D.A. Cibotto e schede informative di F. Pedrocco, Venedig 1981.

Cixous, Hélène: Prénoms de personne, Paris 1974.

Collini, Patrizio: *Die Fermate*: Zeit der Musik, Zeit der Liebe, in: Sandro M. Moraldo (Hg), Das Land der Sehnsucht. E. T. A. Hoffmann und Italien, Heidelberg 2002 (Beiträge zur neueren Literaturgeschichte 186), S. 159-165.

Cometa, Michele: Hoffmann und die italienische Kunst, in: Sandro M. Moraldo (Hg), Das Land der Sehnsucht. E. T. A. Hoffmann und Italien, Heidelberg 2002 (Beiträge zur neueren Literaturgeschichte 186), S. 105-126.

Cramer, Thomas: Das Groteske bei E. T. A. Hoffmann, München 1966 (Zur Erkenntnis der Dichtung, Bd. 4).

Dahlhaus, Carl: Die Idee der absoluten Musik, Kassel 1978.

–: Romantische Musikästhetik und Wiener Klassik, in: Archiv für Musikwissenschaft 29 (1972), Heft 3, S. 167-181.

–: Klassische und romantische Musikästhetik, Laaber 1988.

Dahmen, Hans: E. T. A. Hoffmann und Carlo Gozzi, in: Hochland 12 (1928/29), S. 442-446.

Da Ponte, Lorenzo: Mein abenteuerliches Leben. Die Memoiren des Mozart-Librettisten. Deutsche Neufassung mit einem Essay *Zum Verständnis des Werkes* und einer Bibliographie von Walter Klefisch, Reinbek bei Hamburg 1960 (Rowohlts Klassiker der Literatur und der Wissenschaft, Biographien Band 6). [zitiert nach Mozart, Wolfgang Amadeus: Il dissoluto punito ossia il Don Giovanni, in: Neue Ausgabe sämtlicher Werke, hg. von der Internationalen Stiftung Mozarteum Salzburg. Serie II: Bühnenwerke, Werkgruppe 5, Bd. 17, hg. von Wolfgang Plath und Wolfgang Rehm, Kassel 1968, S. VII].

Deetz, Maria: Anschauungen von italienischer Kunst in der deutschen Literatur von Winckelmann bis zur Romantik, Berlin 1930 (Germanische Studien 94,).

Degler, Frank: Aisthetische Subversionen des Wissens. Analysen zur Phantastik zwischen *Der Goldene Topf* und *Matrix*, in: Athenäum. Jahrbuch für Romantik 12 (2002), 155-173.

Deterding, Klaus: Die Poetik der inneren und äußeren Welt bei E. T. A. Hoffmann, Frankfurt am Main 1991.

–: Das allerwunderbarste Märchen. E.T. A. Hoffmanns Dichtung und Weltbild, Band 3, Würzburg 2003.

Dieckmann, Friedrich: Die Geschichte Don Giovannis. Werdegang eines erotischen Anarchisten, Frankfurt am Main / Leipzig 1991.

Dieterle, Bernard: Erzählte Bilder. Zum narrativen Umgang mit Gemälden, Marburg 1988 (Schriften zur Soziosemiotik und Komparatistik. Artefakt 3).

Dobat, Klaus Dieter: Musik als romantische Illusion. Eine Untersuchung zur Bedeutung der Musikvorstellung E. T. A. Hoffmanns für sein literarisches Werk, Tübingen 1984.

Dotzler, Bernhard J.: »Dem Geist stehen die Geister bei«. Zur »Gymnastik« E. T. A. Hoffmanns, in: Jürgen Fohrmann / Harro Müller (Hg), Diskurstheorien und Literaturwissenschaft, Frankfurt am Main 1988, S. 365-399.

Duchartre, Pierre Louis: The Italian Comedy. The Improvisation Scenarios Lives Attributes Portraits and Masks of the Illustrious Characters of the Commedia dell'Arte. Authorized translation from the French by Randolph T. Weaver. With a New Pictorial Supplement reproduced from the »Recueil Fossard« and »Composistions de rhétorique«, New York 1966.

Ebhardt, Manfred: Die Deutung der Werke Raffaels in der deutschen Kunstliteratur von Klassizismus und Romantik,,Baden-Baden 1972 (Studien zur deutschen Kunstgeschichte 351).

Egli, Gustav: E. T. A. Hoffmann. Ewigkeit und Endlichkeit in seinem Werk, Zurich 1927.

Eilert, Heide: Theater in der Erzählkunst. Eine Studie zum Werk E. T. A. Hoffmanns, Tübingen 1977 (Studien zur deutschen Literatur 52).

–: Ästhetisierte Frömmigkeit – religiöse Ästhetik. Zur Dialektik der romantisch-nazarenischen Kunstprogrammatik und ihrer Fortwirkung im 19. Jahrhundert, in: Aurora 57 (1997), S. 93-111.

Einstein, Alfred: Mozart. His Character. His Work, übersetzt von Arthur Mendel und Nathan Broder, London [6]1966.

–: Ritter von Gluck. Sein Leben – seine Werke, Zürich / Stuttgart 1954.

Ellinger, Georg: E. T. A. Hoffmann. Sein Leben und seine Werke, Hamburg und Leipzig 1894.

Emery, Ted: Carlo Gozzi in Context, in: Albert Bermel/ Ted Emery (Hg), Gozzi, Carlo: Five Tales for the Theatre, Anmerkungen von Ted Emery, Chicago und London 1989, S. 1-19.

Engel, Manfred: Einleitung zur Teilsektion »Interdisziplinarität und Medialität«, in: Peter Wiesinger / Hans Derkits (Hg), Akten des X. Internationalen Germanistenkongresses Wien 2000 »Zeitenwende – Die Germanistik auf dem Weg vom 20. ins 21. Jahrhundert«, Bd. 9: Literaturwissenschaft als Kulturwissenschaft: Interkulturalität und Alterität, betreut von Ortrud Gutjahr; Interdisziplinarität und Medialität, betreut von Manfred Engel; Konzeptualisierung und Mythographie, betreut von Wolfgang Braungart, Bern 2003 (Jahrbuch für Internationale Germanistik, Reihe A, Kongreßberichte 61), S. 143-147.

–: Die Erfindung der Verdrängung? Literarische Träume der Spätaufklärung, in: Andrew Strugnell (Hg), Transactions of the Ninth Congress on the Enlightenment, Oxford 1996. Bd. 3, S. 1050-1054.

–: Die Rehabilitierung des Schwärmers. Theorie und Darstellung des Schwärmers in Spätaufklärung und früher Goethezeit, in: Hans Jürgen Schings (Hg), Der ganze Mensch: Anthropologie und Literatur im 18. Jahrhundert. DFG-Symposium 1992, Stuttgart / Weimar 1994, S. 469-498.

–: Romantische Anthropologie – Romantische Literatur, in: Peter Wiesinger (Hg), Akten des X. Internationalen Germanistenkongresses Wien 2000 »Zeitenwende – Die Germanistik auf dem Weg vom 20. ins 21. Jahrhundert«, Bd. 9: Literaturwissenschaft als Kulturwissenschaft: Interkulturalität und Alterität, betreut von Ortrud Gutjahr; Interdisziplinarität und Medialität, betreut von Manfred Engel; Konzeptualisierung und Mythographie, betreut von Wolfgang Braungart, Bern 2003 (Jahrbuch für Internationale Germanistik, Reihe A, Kongreßberichte 61), S. 363-368.

–: »Träumen und Nichtträumen zugleich«. Novalis' Theorie und Poetik des Traumes zwischen Aufklärung und Hochromantik, in: Herbert Uerlings (Hg), Novalis und die Wissenschaften, Tübingen 1997, S. 143-168.

Ertz, Klaus: Jan Breughel der Jüngere (1601-1678). Die Gemälde mit kritischem Œuvrekatalog, Freren 1984 (Flämische Maler im Umkreis der großen Meister 1).

Feldges, Brigitte / Stadler, Ulrich: E. T. A. Hoffmann. Epoche – Werk – Wirkung, München 1986 (Beck'sche Elementarbücher, Arbeitsbücher zur Literaturgeschichte).

Feldt, Michael: Ästhetik und Artistik am Ende der Kunstperiode, Heidelberg 1982.

Feldmann, Helmut: Die Fiabe Carlo Gozzis. Die Entstehung einer Gattung und ihre Transposition in das System der deutschen Romantik, Köln 1971.

Felzmann, Fritz: Bemerkungen zu E. T. A. Hoffmanns italienischer Lokalkoloristik, in: Mitteilungen der E. T. A. Hoffmann-Gesellschaft 2 (1976), S. 13-24.

–: Die Sängerin Elisabeth Röckel. »Donna Anna« in Hoffmanns »Don Juan«. Persönlichkeit und Familie, Mitteilungen der E. T. A. Hoffmann-Gesellschaft 21 (1975), S. 27-37.

Fetzer, John: Ritter Gluck's »Unglück«: the Crisis of Creativity in the Age of the Epigone, in: The German Quarterly XLIV (Mai 1971), Nr. 3, S. 317-330.

Finscher, Ludwig: *Don Giovanni* 1987, in: Mozart-Jahrbuch 1987/89, S. 19-27.

Fischer, Robert: Adelbert von Chamisso. Weltbürger, Naturforscher und Dichter, München 1990.

Fischer, Stephan: E. T. A. Hoffmanns *Prinzessin Brambilla*. Auf der Suche nach der verlorenen Lust, in: Mitteilungen der E. T. A. Hoffmann-Gesellschaft 34 (1988), S. 11-34.

Foucault, Michel: Archäologie des Wissens, übersetzt von Ulrich Köppen, Frankfurt am Main 1981.

–: The Archaeology of Knowledge, übersetzt von A.M. Sheridan Smith, London 1995.

Frank, Manfred: Zum Diskursbegriff bei Foucault, in: Jürgen Fohrmann / Harro Müller (Hg), Diskurstheorien und Literaturwissenschaft, Frankfurt am Main 1988, S. 25-44.

Galli, Matteo: »Die Schrecken der entsetzlichen Zeit«: *Signor Formica*, in: Sandro M. Moraldo (Hg), Das Land der Sehnsucht. E. T. A. Hoffmann und Italien, Heidelberg 2002 (Beiträge zur neueren Literaturgeschichte 186), S. 167-177.

Gastreich, Volker: Kindheit und absolute Musik. Eine literaturwissenschaftliche Untersuchung romantischer Ideale, Frankfurt am Main / Berlin / Bern 2002 (Medien und Fiktionen 3).

Gay, Peter: The Father's Revenge, in: Jonathan Miller (Hg), The Don Giovanni Book. Myths of Seduction and Betrayal, London / Boston 1990, S. 70-80.

Geertz, Clifford: Local Knowledge. Further Essays in Interpretative Anthropology, New York 1983.

Genette, Gérard: Palimpsestes. La littérature au second degré Paris 1982.

Gier, Albert / Gruber, Gerold W. (Hg.): Musik und Literatur. Komparatistische Studien zur Strukturverwandtschaft, Frankfurt am Main / Berlin / Bern 1995 (Europäische Hochschulschriften: Reihe 36, Musikwissenschaften 127).

Gier, Albert: »Parler, c'est manquer de clairvoyance«. Musik in der Literatur: vorläufige Bemerkungen zu einem unendlichen Thema, in: Albert Gier / Gerold W. Gruber (Hg), Musik und Literatur. Komparatistische Studien zur Strukturverwandtschaft, Frankfurt am Main / Berlin / Bern 1995 (Europäische Hochschulschriften: Reihe 36, Musikwissenschaften 127), S. 9-17.

Giraud, Jean: E. T. A. Hoffmann: »Die Abenteuer der Silvester-Nacht«. Le double visage, in: Recherches Germaniques 1 (1971), S. 109-145.

–: Hoffmanns Vergangenheitswendung in der Kirchenmusik. Zu dem grundlegenden Buch von Werner Keil, in: E. T. A. Hoffmann-Jahrbuch 3 (1995), S. 31-47.

Gloor, Arthur: E. T. A. Hoffmann. Der Dichter der entwurzelten Geistigkeit, Zürich 1947.

Gnüg, Hiltrud: Don Juan. Ein Mythos der Neuzeit, Bielefeld 1993.

Görner, Rüdiger: Schattenrisse und andere Ansichten vom Ich. Zur Identitätsproblematik als ästhetischem Gegenstand romantischen Bewußtseins, in: Nicholas Saul (Hg), Die deutsche literarische Romantik und die Wissenschaften, München 1991, S. 1-18.

Graevenitz, Gerhart von: Literaturwissenschaft und Kulturwissenschaften. Eine Erwiderung, in: Deutsche Vierteljahrsschrift 73 (1999), S. 94-115

Gravier, Maurice: E. T. A. Hoffmann et la psychologie du comédien, in: Revue de la Société d'Histoire du Théâtre 7, 3-4 (1955), S. 255-277.

Greenblatt, Stephen: Shakespearean Negotiations. The Circulation of Social Energy in Renaissance England. Berkeley / Los Angeles 1988.

Greither, Aloys: Die sieben großen Opern Mozarts. Versuche über das Verhältnis der Texte zur Musik, Heidelberg [3]1977 (1956).

Grimminger, Rolf: Die Ordnung, das Chaos und die Kunst. Für eine neue Dialektik der Aufklärung, Frankfurt am Main 1986.

Gröble, Susanne: E. T. A. Hoffmann, Stuttgart 2000.

Gruber, Gerold W.: Literatur und Musik – ein komparatives Dilemma, in: Musik und Literatur. Komparatistische Studien zur Strukturverwandtschaft, Frankfurt am Main / Berlin / Bern 1995 (Europäische Hochschulschriften: Reihe 36, Musikwissenschaften 127), S. 19-33.

Guthmüller, Bodo / Osthoff, Wolfgang (Hg.): Carlo Gozzi. Letteratura e musica. Atti del convegno internazionale Centro tedesco di studi veneziani. Venezia, 11-12 ottobre 1995, Rom 1997 (La Fenice Dei Teatri 4. Collana a cura di Franca Angelini e Carmelo Alberti).

Haimberger, Nora E.: Die symbolische Funktion des Akkords in E. T. A. Hoffmanns dichterischem Werk, Diss. Washington 1970.

–: Vom Musiker zum Dichter, Bonn 1976.

Halliwell, Michael: Narrative Elements in Opera, in: Walter Bernhart / Steven Paul Scher / Werner Wolf (Hg), Word and Music Studies: Defining the Field, Amsterdam / Atlanta, GA 1999, S. 135-153.

Handlos, Martha: Die Verführung des Don Giovanni. Versuch einer Deutung, in: Studien zur Musikwissenschaft. Beihefte der Denkmäler der Tonkunst in Österreich. Unter der Leitung von Othmar Wessely 42 (1993), S. 191-201.

Harich, Walther: E. T. A. Hoffmann. Das Leben eines Künstlers, 2 Bd., Berlin 1920.

Harms, Wolfgang (Hg.): Text und Bild, Bild und Text. DFG-Symposium 1988, Stuttgart 1990.

Harnisch, Käthe: Deutsche Malererzählungen. Die Art des Sehens bei Heinse, Tieck, Hoffmann, Stifter und Keller, Berlin 1938 (Neue Deutsche Forschungen. Abteilung Neuere Deutsche Literaturgeschichte 13).

Harnischfeger, Johannes: Die Hieroglyphen der inneren Welt. Romantikkritik bei E. T. A. Hoffmann, Wiesbaden 1988.

Haug, Walter: Literaturwissenschaft als Kulturwissenschaft? in: DVjs 73 (1999), S. 69-93.

Hausdörfer, Sabrina: Rebellion im Kunstschein. Die Funktion des fiktiven Künstlers in Roman und Kunsttheorie der deutschen Romantik, Heidelberg 1987.

Haustedt, Birgit: Die Kunst der Verführung. Zur Reflexion der Kunst im Motiv der Verführung bei Jean Paul, E. T. A. Hoffmann, Kierkegaard und Brentano, Stuttgart 1992.

Heartz, Daniel: Mozart's Operas, hg. und mit Essaybeiträgen von Thomas Baumann, Berkeley / Los Angeles / Oxford 1990.

Heinritz, Reinhard: »Philologie der Rede-Erfindungen«. Die Diskursanalyse im Spiegel ihrer E. T. A. Hoffmann-Texte, in: Mitteilungen der E. T. A. Hoffmann Gesellschaft 35 (1989), S. 49-57.

Henning, Andreas und Gregor J.M. Weber: »Der himmelnde Blick«: Zur Geschichte eines Bildmotivs von Raffael bis Rotari. Ausstellung im Semperbau 3. November 1998-10. Januar 1999, Emsdetten/Dresden 1998.

Henze-Döhring, Sabine: E. T. A. Hoffmann-»Kult« und »Don Giovanni«-Rezeption im Paris des 19. Jahrhunderts: Castil-Blazes »Don Juan« im Théâtre de l'Académie Royale de Musique am 10. März 1834, in: Mozart-Jahrbuch (1984/85), S. 39-51.

–: Opera Seria, Opera Buffa und Mozarts *Don Giovanni*. Zur Gattungskonvergenz in der italienischen Oper des 18. Jahrhunderts, Laaber 1986 (Analecta Musicologica. Veröffentlichungen der musikgeschichtlichen Abteilung des deutschen historischen Instituts in Rom 24).

Henzel, Christoph: Zwischen Hofoper und Nationaltheater. Aspekte der Gluckrezeption in Berlin um 1800, in: Archiv für Musikwissenschaft, Jahrgang L, Heft 3 (1993), S. 201-216.

Hildesheimer, Wolfgang: Mozart, Frankfurt am Main 1980 (suhrkamp taschenbuch 598).

Hillebrand, Bruno: Theorie des Romans. Erzählstrategien der Neuzeit. Dritte, erweiterte Auflage, Stuttgart/Weimar 1993.

Hinck, Walter: Das deutsche Lustspiel des 17. und 18. Jahrhunderts und die italienische Komödie. Commedia dell'arte und Théâtre italien, Stuttgart 1965.

Hoffmeister, Gerhart: Deutsche und europäische Romantik. 2. Auflage, Stuttgart 1990.

Hörisch, Jochen: Die andere Goethezeit. Poetische Mobilmachung des Subjekts um 1800, München 1992.

–: Vom Sinn zu den Sinnen. Zum Verhältnis von Literatur und neuen Medien, in: Merkur 55 (Februar 2001), S. 105-116.

Hoppe, Wilhelm: Das Bild Raffaels in der deutschen Literatur von der Klassik bis zum Ausgang des 19. Jahrhunderts. Eine stoffgeschichtliche Untersuchung, Frankfurt/M. 1935 (Frankfurter Quellen und Forschungen 8).

Huch, Ricarda: E. T. A. Hoffmann, in: Dies., Ausbreitung und Verfall der Romantik, Leipzig 1922, S. 194-215.

Jost, Walter: Von Ludwig Tieck zu E. T. A. Hoffmann. Studien zur Entwicklungsgeschichte des romantischen Subjektivismus, Frankfurt am Main 1921 (Deutsche Forschungen 4); reprint Darmstadt 1969.

Kahan, Gerald: Jacques Callot. Artist of the Theatre, Athens (Georgia) 1976.

Kairoff, Peter: Mozart's Musical Depiction in Don Giovanni, paper given at the International Society of Eighteenth-Century Studies, University of California, Los Angeles, 6. August 2003.

Kaiser, Gerhard R.: E. T. A. Hoffmann, Stuttgart 1988.

Kaiser, Gerhard R.: Hoffmanns *Prinzessin Brambilla* als Antwort auf Goethes *Römisches Carneval*. Eine Lektüre im Lichte Baudelaires, in: Klaus Manger (Hg.), Italienbeziehungen des klassischen Weimar, Tübingen 1997, S. 215-242.

Kaiser, Hartmut: Mozarts Don Giovanni und E. T. A. Hoffmanns Don Juan. Ein Beitrag zum Verständnis des »Fantasiestücks«, in: Mitteilungen der E. T. A. Hoffmann-Gesellschaft 21 (1975), S. 6-26.

Kanzog, Klaus: Erzählstrategie, Heidelberg 1976.

Karoli, Christa: Ideal und Krise enthusiastischen Künstlertums in der deutschen Romantik, Bonn 1968.

–: »Ritter Gluck«. Hoffmanns erstes Fantasiestück, in: Helmut Prang (Hg.), E. T. A. Hoffmann., Darmstadt 1974 (Wege der Forschung 486), S. 335-358.

Keil, Werner: Heinses Beitrag zur klassischen Musikästhetik, in: Gert Theile (Hg.), Das Maß des Bacchanten. Wilhelm Heinses Über-Lebenskunst, München 1998, S. 139-158.

Kennard, Joseph Spencer: Goldoni and the Venice of His Time, New York [2]1967.

Kindermann, Heinz: Theatergeschichte Europas, V. Band: Von der Aufklärung zur Romantik (2. Teil), Salzburg 1962.

Kleßmann, Eckard: E. T. A. Hoffmann oder die Tiefe zwischen Stern und Erde. Eine Biographie, Stuttgart 1988.

Klier, Melanie: Kunstsehen. E. T. A. Hoffmanns literarisches Gemälde *Doge und Dogaresse*, in: E. T. A. Hoffmann-Jahrbuch 7 (1999), S. 29-49.

–: *Kunstsehen* – Literarische Konstruktion und Reflexion von Gemälden in E. T. A. Hoffmanns *Serapions-Brüdern* mit Blick auf die Prosa Georg Heyms, Frankfurt am Main 2002 (Münchener Studien zur literarischen Kultur in Deutschland 35).

Kluckhohn, Paul: Das Ideengut der deutschen Romantik, Tübingen 1953.

Klüglich, Alexander: Aufstieg zu vollendetem Künstlertum. Ein Beitrag zur Kunstauffassung in E. T. A. Hoffmanns Erzählung *Don Juan*, in: E. T. A. Hoffmann-Jahrbuch 8 (2000), S. 13-36.

Knaus, Jakob (Hg.): Sprache, Dichtung, Musik. Texte zu ihrem gegenseitigen Verständnis von Richard Wagner bis Theodor W. Adorno, Tübingen 1973.

Köhn, Lothar: Vieldeutige Welt. Studien zur Struktur der Erzählungen E. T. A. Hoffmanns und zur Entwicklung seines Werkes, Tübingen 1966.

Köpp, Claus Friedrich: Realismus in E. T. A. Hoffmanns Erzählung *Prinzessin Brambilla*, in: Weimarer Beiträge 12 (1966), S. 57-80.

Kontje, Todd: Biography in Triplicate: E. T. A. Hoffmann's »Die Abenteuer der Silvester-Nacht«, in: The German Quarterly 58, 3 (1985), S. 348-360.

Kramer, Lawrence: Classical Music and Postmodern Knowledge, Berkely / Los Angeles / London 1995.

Kremer, Detlef: E. T. A. Hoffmann. Erzählungen und Romane, Berlin 1999 (Klassiker -Lektüren 1).

–: Literarischer Karneval. Groteske Motive in E. T. A. Hoffmanns *Prinzessin Brambilla*, in: E. T. A. Hoffmann-Jahrbuch 3 (1995), S. 15-30.

–: Prosa der Romantik, Stuttgart / Weimar 1996.

–: Romantische Metamorphosen. E. T. A. Hoffmanns Erzählungen, Stuttgart / Weimar 1993.

Kreutzer, Hans Joachim: Der Mozart der Dichter. Über Wechselwirkungen von Literatur und Musik im 19. Jahrhundert, in: Mozart-Jahrbuch (1980-83), S. 208-227.

–: Proteus Mozart. Die Opern Mozarts in der Auffassung des 19. Jahrhunderts, in: Deutsche Vierteljahrsschrift 60 (1986), S. 1-23.

Kristeva, Julia: Le mot, le dialogue et le roman, in: Dies., Sèméiôtikè. Recherches pour une sémanalyse, Paris 1970, S. 143-173.

Krömer, Wolfram: Die italienische Commedia dell'arte, Darmstadt 1976 (Erträge der Forschung, Bd. 62).

Kroll, Erwin: Über den Musiker E. T. A. Hoffmann, in: Helmut Prang (Hg.), E. T. A. Hoffmann, Darmstadt 1976, S. 89-121 (Wege der Forschung, Band CDLXXXVI).

Krones, Hartmut: Don Giovanni, Musikalische Bedeutungsfelder. Zur Tonartensymbolik und Aufführungspraxis, in: Herbert Zeman (Hg.), Wege zu Mozart. Don Giovanni, Wien 1987 (Herbert von Karajan-Stiftung. Ludwig Boltzmann-Institut für österreichische Literaturforschung 1), S. 26-38.

Kruse, Hans-Joachim: Anmerkungen, in: E. T. A. Hoffmann. Gesammelte Werke in Einzelausgaben, vol.1: Fantasiestücke, Berlin / Weimar 1976.

Kunze, Stefan: Don Giovanni vor Mozart. Die Tradition der Don-Giovanni-Opern im italienischen Buffa-Theater des 18. Jahrhunderts, München 1972.

–: Mozarts Opern, Stuttgart 1984.

Laußmann, Sabine: Das Gespräch der Zeichen. Studien zur Intertextualität im Werk E. T. A. Hoffmanns, München 1992.

Lee, Hyun-Sook: Die Bedeutung von Zeichnen und Malerei für die Erzählkunst E. T. A. Hoffmanns, Frankfurt am Main / Bern 1985.

Lenk, Carsten: Kultur als Text. Überlegungen zu einer Interpretationsfigur, in: Renate Glaser/Matthias Luserke (Hg.), Literaturwissenschaft – Kulturwissenschaft. Positionen, Themen, Perspektiven. Opladen 1996, S. 116-128.

Lewandowski, Rainer: Fiktion und Realität. E. T. A. Hoffmann und Bamberg. Über eine Beziehung zwischen Leben und Literatur, Bamberg 1995.

Lichtenhahn, Ernst: Zur Idee des goldenen Zeitalters in der Musikanschauung E. T. A. Hoffmanns, in: Richard Brinkmann (Hg.), Romantik in Deutschland. Ein interdisziplinäres Symposion, Stuttgart 1978 (Sonderband der »Deutschen Vierteljahrsschrift für Literaturwissenschaft und Geistesgeschichte«), S. 502-512.

Liebrand, Claudia: Aporie des Kunstmythos. Die Texte E. T. A. Hoffmanns, Freiburg 1996 (Rombach Wissenschaften. Reihe Litterae 42).

Loecker, Armand de: Zwischen Atlantis und Frankfurt. Märchendichtung und Goldenes Zeitalter bei E. T. A. Hoffmann, Frankfurt am Main 1983.

Lubkoll, Christine: »Basso ostinato« und »kontrapunktische Verschlingungen«. Bach und Beethoven als Leitfiguren in E. T. A. Hoffmanns *Kreisleriana*, in: Gabriele Brandstetter (Hg.), Ton – Sprache. Komponisten in der deutschen Literatur, Bern / Stuttgart / Wien 1995 (Facetten der Literatur. St. Galler Studien 5), S. 71-98.

–: Mythos Musik. Poetische Entwürfe des Musikalischen in der Literatur um 1800, Freiburg 1995.

Lüthi, Werner: Mozart und die Tonartencharakteristik, Baden-Baden 1974.

Magris, Claudio: Die andere Vernunft. E. T. A. Hoffmann, Königstein /Ts 1980.

Manheimer, Victor: Die balli von Jacques Callot. Ein Essay, Potsdam 1921.

Mahoney, Dennis F.: Der Roman der Goethezeit (1774-1829), Stuttgart 1988.

Mahr, Justus: Die Musik E. T. A. Hoffmanns im Spiegel seiner Novelle vom »Ritter Gluck«, in: Neue Zeitschrift für Musik 129 (1968), Heft 7/8, S. 339-345.

Mann, William: The Operas of Mozart, London 1977.

Margotton, Jean-Charles: *Don Juan* ou Mozart vu par Hoffmann, in: Jean-Louis Jam (Hg.), Mozart. Origines et transformations d'un mythe. Actes du colloque international organisé dans le cadre Bicentenaire de la mort de Mozart. Clermont-Ferrand, décembre 1991, Bern 1994, S. 171-183.

Matala de Mazza, Ethel: Erinnerungen, Wiederholungen, Löscharbeiten. Zur Nachtseite der Bilder in E. T. A. Hoffmanns *Abenteuern der Silvester-Nacht*, in: Gerhard Neumann (Hg.), ›Hoffmanneske Geschichte‹. Zu einer Literaturwissenschaft als Kulturwissenschaft, Würzburg 2005 (Stiftung der Romantikforschung XXXII), S. 153-178.

Matt, Peter von: Die Augen der Automaten. E. T. A. Hoffmanns Imaginationslehre als Prinzip seiner Erzählkunst, Tübingen 1971.

Max, Frank Rainer: E. T. A. Hoffmann parodiert Fouqué. Ein bislang unentdecktes Fouqué-Zitat in der »Prinzessin Brambilla«, in: Zeitschrift für deutsche Philologie 95 (1976), Sonderheft, S. 156-159.

Mayer, Hans: Die Wirklichkeit E. T. A. Hoffmanns, in: Ders., Das unglückliche Bewußtsein. Zur deutschen Literaturgeschichte von Lessing bis Heine, Frankfurt am Main, 1986, S. 469-511.

McGlathery, James: Mysticism and Sexuality: E. T. A. Hoffmann. Part One: Hoffmann and His Sources, Las Vegas / Bern / Frankfurt am Main 1982 (Europäische Hochschulschcriften 450).

–: Mysticism and Sexuality: E. T. A. Hoffmann. Part Two: Interpretation of the Tales, New York / Bern / Frankfurt am Main 1985 (Berner Beiträge zur deutschen Sprache und Literatur 5).

Meier, Albert: Fremdenloge und Wirtstafel. Zur poetischen Funktion des Realitätsschocks in E. T. A. Hoffmanns Fantasiestück *Don Juan*, in: Zeitschrift für deutsche Philologie 111 (1992), S. 516-531.

Meyer, Herman: The Poetics of Quotation in the European Novel, übersetzt von Theodore und Yetta Ziolkowski, Princeton 1968.

Miller, Jonathan (Hg.): The Don Giovanni Book. Myths of Seduction and Betrayal, London / Boston 1990.

Miller, Norbert: E. T. A. Hoffmanns doppelte Wirklichkeit. Zum Motiv der Schwellenüberschreitung in seinen Märchen, in: Helmut Arntzen u.a. (Hg.), Literaturwissenschaft als Geschichtsphilosophie. Festschrift für Wilhelm Emrich, Berlin / New York 1975, S. 357-372.

–: E. T. A. Hoffmann und die Musik, in: Akzente 24 (1977), S. 114-135.

–: Hoffmann und Spontini. Vorüberlegungen zu einer Ästhetik der romantischen *opera seria*, in: Alexander von Bormann (Hg.), Wissen aus Erfahrungen, Tübingen 1976, S. 402-426.

Mitsch, Erwin (Hg.): Die Rubenszeichnungen der Albertina. Zum 400. Geburtstag, Wien / München 1977.

Moberley, R. B.: Three Mozart Operas. Figaro. Don Giovanni. The Magic Flute, London 1967.

Moraldo, Sandro M. (Hg.): Das Land der Sehnsucht. E. T. A. Hoffmann und Italien, Heidelberg 2002 (Beiträge zur neueren Literaturgeschichte 186).

Mortrier, Roland: Diderot en Allemagne (1750-1850), Paris 1954 (Université Libre de Bruxelles. Travaux de la Faculté de Philosophie et Lettres).

Moser, Walter: L'écriture de la musique chez E. T. A. Hoffmann, in: Alain Montandon (Hg.), E. T. A. Hoffmann et la Musique. Actes du Colloque International de Clermont-Ferrand, Bern/Frankfurt a. M./ New York/Paris 1987, S. 35-53.

Momberger, Manfred: Sonne und Punsch. Die Dissemination des romantischen Kunstbegriffs bei E. T. A. Hoffmann, München 1986.

Mühlher, Robert: *Prinzessin Brambilla*. Ein Beitrag zum Verständnis der Dichtung, in: Mitteilungen der E. T. A. Hoffmann-Gesellschaft 5 (1958), S. 5-24.

Müller, Adam Heinrich: Italienisches Theater, Masken, Extemporieren, in: Ders., Kritische Ausgabe, hrsg. von Walter Schroeder / Werner Siebert, Bd. 1: Kritische/ästhetische und philosophische Schriften, Neuwied 1967, S. 274-284.

Müller, Hans von: Zwei Exkurse zum »Ritter Gluck«, in: Ders.: Gesammelte Aufsätze über E. T. A. Hoffmann, hrsg. v. Friedrich Schnapp, Hildesheim 1974, S. 457-474.

–: Zwölf Berlinische Geschichten aus den Jahren 1551-1816. Erzählt von E. T. A. Hoffmann. Zusammengestellt und kommentiert von Hans von Müller, München 1921.

Müller, Lothar: Zeit der Bastarde. Anmerkungen zu Literatur und Literaturkritik, in: Merkur 55 (Februar 2001), S. 93-104.

Müller-Sievers, Hartmut: Verstimmung. E. T. A. Hoffmann und die Trivialisierung der Musik, in: Deutsche Vierteljahrsschrift 63.1 (1989), S. 98-119.

Muschg, Walter: Hoffmann, der Dichter der Musik, in: Ders.: Gestalten und Figuren, Bern / München 1968, S. 47-86.

Nährlich-Slatewa, Elena: Das Leben gerät aus dem Gleis. E. T. A. Hoffmann im Kontext karnevalesker Überlieferungen, Frankfurt a. M. 1995.

Nagel, Ivan: Autonomie und Gnade. Über Mozarts Opern, München / Wien [2]1985 (edition Akzente).

Naumann, Barbara: Musikalisches Ideen-Instrument. Das Musikalische in Poetik und Sprachtheorie der Frühromantik, Stuttgart 1988.

Negus, Kenneth G.: E. T. A. Hoffmann's Other World, The Romantic Author and His »New Mythology«, Philadelphia 1965.

Nehring, Wolfgang: Die Versöhnung von Phantasie und Realität durch den Humor. Hoffmanns Capriccio *Prinzessin Brambilla*, in: Ders.: Spätromantiker. Eichendorff und E. T. A. Hoffmann, Göttingen 1997, S. 176-187.

Neumann, Gerhard: Anamorphose. E. T. A. Hoffmanns Poetik der Defiguration, in: Andreas Kablitz und Gerhard Neumann (Hg.), Mimesis und Simulation, Freiburg im Breisgau 1998 (Rombach Wissenschaften Reihe Litterae 52), S. 377-417.

–: E. T. A. Hoffmann: *Ritter Gluck*. Die Geburt der Literatur aus dem Geist der Musik, in: Gabriele Brandstetter (Hg.), Ton – Sprache. Komponisten in der deutschen Literatur, Bern/ Stuttgart/ Wien 1995 (Facetten der Literatur. St. Galler Studien 5), S. 39-70.

– (Hg.): ›Hoffmanneske Geschichte‹. Zu einer Literaturwissenschaft als Kulturwissenschaft, Würzburg 2005 (Stiftung der Romantikforschung XXXII).

–: Narration und Bildlichkeit. Zur Inszenierung eines romantischen Schicksalsmusters in E. T. A. Hoffmanns Novelle *Doge und Dogaresse,* in: Gerhard Neumann und Günter Oesterle (Hg.), Bild und Schrift in der Romantik, Würzburg 1999 (Stiftung für Romantikforschung VI), S. 107-142.

Neumann, Gerhard und Öhlschläger, Claudia (Hg.): Inszenierungen in Schrift und Bild, Bielefeld 2004.

Neumann, Gerhard und Oesterle, Günter (Hg.): Bild und Schrift in der Romantik, Würzburg 1999 (Stiftung für Romantikforschung VI).

Neumann, Gerhard und Oesterle, Günter: Einleitung, in: Gerhard Neumann und Günter Oesterle (Hg.), Bild und Schrift in der Romantik, Würzburg 1999 (Stiftung für Romantikforschung VI), S. 9-23.

Neureuter, Hans Peter: Das Spiegelmotiv bei Clemens Brentano. Studie zum romantischen Ich-Bewußtsein, Frankfurt am Main 1972 (Goethezeit, hg. von Bernhard Gajek, Gerhard Kaiser, Hans-Joachim Mähl, Karl Pestalozzi, Erich Trunz, Bd. 5).

Nicoll, Allardyce: The World of Harlequin. A Critical Study of the Commedia dell'Arte, Cambridge 1963.

Nietzsche, Friedrich: Über Musik und Wort (1871), in: Jakob Knaus (Hg.), Sprache, Dichtung, Musik. Texte zu ihrem gegenseitigen Verständnis von Richard Wagner bis Theodor W. Adorno, mit einem Vorwort, Tübingen 1973, S. 20-32.

Nipperdey, Thomas: Gesellschaft, Kultur, Theorie. Gesammelte Aufsätze zur neueren Geschichte, Göttingen 1976 (Kritische Studien zur Geschichtswissenschaft 18).

Ochsner, Karl: E. T. A. Hoffmann als Dichter des Unbewußten. Ein Beitrag zur Geistesgeschichte der Romantik, Frauenfeld / Leipzig 1936.

Oehl, Kurt Helmut: Die Don Giovanni-Übersetzung von Christian Gottlob Neefe, in: Mozart-Jahrbuch 1962/63, S. 248-255.

Oehlmann, Werner: Don Juan, Frankfur am Main / Berlin 1965.

Oertel, Robert: Die Vergänglichkeit der Künste. Ein Vanitas-Stilleben von Salvator Rosa, in: Münchner Jahrbuch der Bildenden Kunst, 3. Folge, Bd. XIV (1963), S. 105-120.

Oesterle, Günter: Dissonanz und Effekt in der romantischen Kunst. E. T. A. Hoffmanns »Ritter Gluck«, in: E. T. A. Hoffmann-Jahrbuch 1 (1992/93), S. 58-79.

–: Romantische Urbanität? Börse und Kunst in E. T. A. Hoffmanns *Der Artushof,* in: Gerhard Neumann (Hg.), ›Hoffmanneske Geschichte‹. Zu einer Literaturwissenschaft als Kulturwissenschaft, Würzburg 2005 (Stiftung der Romantikforschung XXXII), S. 243-258.

Ohl, Hubert: Der reisende Enthusiast. Studien zur Haltung des Erzählers in den »Fantasiestücken« E. T. A. Hoffmanns, Diss. Frankfurt am Main 1955.

Osthoff, Wolfgang: Turandots Auftritt. Gozzi, Schiller, Maffei und Giacomo Puccini, in: Bodo Guthmüller / Wolfgang Osthoff (Hg.), Carlo Gozzi. Letteratura e musica. Atti del convegno internazionale Centro tedesco di studi veneziani. Venezia, 11-12 ottobre 1995, Rom 1997 (La Fenice Dei Teatri 4. Collana a cura di Franca Angelini e Carmelo Alberti), S. 255-281.

Pabst, Rainer: Schicksal bei E. T. A. Hoffmann. Zur Erscheinungsform, Funktion und Entwicklung eines Interpretationsmusters, Köln und Wien 1989 (Kölner germanistische Studien 29).

Patzelt, Johanna: Erfüllte und verfehlte Künstlerliebe. Ein Versuch über das Menschenbild E. T. A. Hoffmanns in seinem Phantasiestück »Don Juan«, in: Jahrbuch des Wiener Goethe-Vereins 80 (1976), S. 118-148.

Paulin, Roger: Ludwig Tieck, Stuttgart 1987 (Sammlung Metzler. Realien zur Literatur 185).

Pautrot, Jean-Louis: Besprechung von Werner Wolf: *The Musicalization of Fiction. A Study in the Theory and History of Intermediality* (Internationale Forschungen zur Allgemeinen und Vergleichenden Literaturwissenschaft.35) Amsterdam / Atlanta, GA: Rodopi, 1999. XI-272 S., in: Poetica 33 (2001), S. 253-257.

Pethes, Nicolas: Intermedialitätsphilologie? Lichtenbergs Textmodell und der implizite Mediendiskurs der Literatur, in: Deutsche Vierteljahrsschrift 76.1 (2002), S. 86-104.

Petzoldt, Ruth: Albernheit mit Hintersinn. Intertextuelle Spiele in Ludwig Tiecks romantischen Komödien, Würzburg 2000 (Studien für Romantikforschung VII).

Pikulik, Lothar: Die Hieroglyphenschrift von Gebärde, Maske, Spiel. E. T. A. Hoffmann, Jacques Callot und die Commedia dell'arte, in: Sandro M. Moraldo (Hg.), Das Land der Sehnsucht. E. T. A. Hoffmann und Italien, Heidelberg 2002 (Beiträge zur neueren Literaturgeschichte 186), S. 145-157.

–: E. T. A. Hoffmann als Erzähler. Ein Kommentar zu den »Serapions-Brüdern«, Göttingen 1987.

Pix, Gunther: Der Variationskünstler E. T. A. Hoffmann und seine Erzählung *Der Artushof*, in: Mitteilungen der E. T. A. Hoffmann-Gesellschaft 35 (1989), S. 4-20.

Pfeiffer-Belli, Wolfgang: Mythos und Religion bei E. T. A. Hoffmann, in: Euphorion 34 (1933), S. 305-340.

Pfotenhauer, Helmut: Bild, Bildung, Einbildung. Zur visuellen Phantasie in E. T. A. Hoffmanns *Kater Murr*, in: E. T. A. Hoffmann-Jahrbuch 3 (1995), S. 48-69.

–: Fernow als Kunsttheoretiker in Kontinuität und Abgrenzung von Winkelmanns Klassizismus, in: Michael Knoche / Harald Tausch (Hg.), Von Rom nach Weimar. Beiträge des Kolloquiums der Stiftung Weimarer Klassik/Herzogin Anna Amalia Bibliothek vom 9. bis 10. Juli 1998 in Weimar, Tübingen 2000, S. 38-51.

Prawer, Siegbert: Die Farben des Jacques Callot. E. T. A. Hoffmanns »Entschuldigung« seiner Kunst, in: Alexander von Bormann et al. (Hg.), Wissen aus Erfahrungen. Werkbegriff und Interpretation heute. Festschrift für Herman Meyer zum 65. Geburtstag, Tübingen 1976, S. 392-401.

Preisendanz, Wolfgang: Humor als dichterische Einbildungskraft. Studien zur Erzählkunst des poetischen Realismus, München 1963.

–: Zur Poetik der deutschen Romantik I: Die Abkehr vom Grundsatz der Naturnachahmung, in: Die deutsche Romantik. Poetik, Formen und Motive, hg. von Hans Steffen, Göttingen 1967, S. 54-74.

Quack, Josef: Künstlerische Selbsterkenntnis. Versuch über E. T. A. Hoffmanns *Prinzessin Brambilla*, Würzburg 1993.

Reher, Stephan: Leuchtende Finsternis. Erzählen in Callots Manier, Köln 1997 (Kölner germanistische Studien 37).

Reifenscheid, Beate: Raffael im Almanach. Zur Raffaelrezeption in Almanachen und Taschenbüchern der Romantik und des Biedermeier,, Frankfurt am Main 1991 (Bochumer Schriften zur deutschen Literatur 24).

–: Raffael in den Bildmedien des 18. Jahrhunderts, in: Silvio Vietta (Hg.), Romantik und Renaissance. Die Rezeption der italienischen Renaissance in der deutschen Romantik, Stuttgart, Weimar 1994, S. 33-60.

Reuchlein, Georg: Bürgerliche Gesellschaft, Psychatrie und Literatur. Zur Entwicklung der Wahnsinnsthematik in der deutschen Literatur des späten 18. und frühen 19. Jahrhunderts, München 1986 (Münchner Universitäts-Schriften. Philosophische Fakultät. Münchner Germanistische Beiträge 35).

Ribbat, Ernst: Ludwig Tieck. Studien zur Konzeption und Praxis romantischer Poesie, Kronberg/Ts. 1978.

Richards, Kenneth / Richards, Laura: The Commedia dell'Arte. A Documentary History, Oxford 1990.

Riley, Helene M. Kastinger: Clemens Brentano, Stuttgart 1985 (Realien zur Literatur, Abt. D, Literaturgeschichte. M213).

Ringel, Stefan: Realität und Einbildungskraft im Werk E. T. A. Hoffmanns, Köln / Weimar / Wien 1997.

Röder, Birgit: A Study of the Major Novellas of E. T. A. Hoffmann, Rochester, NY 2003 (Studies in German Literature, Linguistics, and Culture).

Rohr, Judith: E. T. A. Hoffmanns Theorie des musikalischen Dramas. Untersuchungen zum musikalischen Romantikbegriff im Umkreis der Leipziger Allgemeinen Musikalischen Zeitung, Baden-Baden 1985 (Sammlung musikwissenschaftlicher Abhandlungen 71).

Rosenberg, Alfons: Don Giovanni. Mozarts Oper und Don Juans Gestalt, München 1968.

Rosenkranz, Karl: Ludwig Tieck und die romantische Schule (1838), in: Ludwig Tieck, hg. von Wulf Segebrecht, Darmstadt 1976 (Wege der Forschung, CCCLXXXVI), S. 1-44.

Rotermund, Erwin: Musikalische und dichterische Arabeske bei E. T. A. Hoffmann, in: Poetica 2 (1968), S. 48-69.

Roworth, Wendy Wassyng: »Pictor Succensor«. A Study of Salvator Rosa as Satirist, Cynic and Painter, New York and London 1978.

Rüdiger, Wolfgang: Musik und Wirklichkeit bei E. T. A. Hoffmann. Zur Entstehung einer Musikanschauung der Romantik, Pfaffenweiler 1989.

Rummenhöller, Peter: Romantik in der Musik. Analysen, Portraits, Reflexionen, München/Kassel 1989.

Rusack, Hedwig Hoffmann: Gozzi in Germany. A Survey of the Rise and Decline of the Gozzi Vogue in Germany and Austria with especial Reference to the German Romanticists, New York 1930.

Rushton, Julian: W.A. Mozart. Don Giovanni, Cambridge 1981.

Russell, Charles C.: Confusion in the Act I Finale of Mozart and Da Ponte's *Don Giovanni*, in: The Opera Quarterly 14.1 (1997), S. 25-44.

Russell, H. Diane et al. : Jacques Callot. Prints and Related Drawings, Washington 1975.

Sadoul, Georges: Jacques Callot. Miroir de son temps, Paris 1969.

Safranski, Rüdiger: E. T. A. Hoffmann. Das Leben eines skeptischen Phantasten, München / Wien 1984.

Salmen, Walter: Der Don Giovanni – ein opus absolutum. Zur musikgeschichtlichen Deutung der Mozart-Oper, in: Herbert Zeman (Hg.), Wege zu Mozart. Don Giovanni, Wien 1987 (Herbert von Karajan-Stiftung. Ludwig Boltzmann-Institut für österreichische Literaturforschung 1), S. 39-49.

Saße, Günter: Die Karnevalisierung der Wirklichkeit. Vom »chronischen Dualismus« zur »Duplizität des irdischen Seins« in Hoffmanns *Prinzessin Brambilla*, in: E. T. A. Hoffmann-Jahrbuch 9 (2001), S. 55-69.

Sauder, Gerhard: Vom Himmel der Empfindsamkeit in Proserpinas Hölle: Goethes *Triumph der Empfindsamkeit*, in: Euphorion 97 (2003), S. 141-162.

Saul, Nicholas: Aesthetic Humanism (1770-1830), in: Helen Watanabe-O'Kelly (Hg.), The Cambridge History of German Literature, Cambridge 1997, S. 202-271.

–: The Reception of German Romanticism in the Twentieth Century, in: Dennis Mahoney (Hg.), The Literature of German Romanticism, Rochester NY 2004 (The Camden House History of German Literature 8), S. 327-359.

Schaukal, Richard von: Jacques Callot und E. T. A. Hoffmann, in: Germanisch-romanische Monatsschrift 11 (1923), S. 156-165.

Scheffel, Michael: Die Geschichte eines Abenteuers oder das Abenteuer einer Geschichte? Poetische Autoreflexivität am Beispiel von E. T. A. Hoffmanns ›Prinzessin Brambilla‹, in: Heinz Ludwig Arnold (Hg.), E. T. A. Hoffmann. Text und Kritik, Sonderband, München 1992, S. 112-124.

–: Formen selbstreflexiven Erzählens. Eine Typologie und sechs exemplarische Analysen, Tübingen 1997.

Schenck, Ernst von: E. T. A. Hoffmann. Ein Kampf um das Bild des Menschen, Berlin 1939.

Scher, Steven Paul (Hg.): Literatur und Musik. Ein Handbuch zur Theorie und Praxis eines komparatistischen Grenzgebietes, Berlin 1984.

–: Essays on Literature and Music (1967-2004), hg. von Walter Bernhart und Werner Wolf, Amsterdam und New York, NY 2004.

–: Temporality and Mediation: W. H. Wackenroder and E. T. A. Hoffmann as Literary Historicists of Music (1976), in: Ders., Essays on Literature and Music (1967-2004), hg. von Walter Bernhart und Werner Wolf, Amsterdam und New York, NY 2004, S. 113-126.

–: E. T. A. Hoffmann: Der Dichter als Komponist (1987), in: Ders., Essays on Literature and Music (1967-2004), hg. von Walter Bernhart und Werner Wolf, Amsterdam und New York, NY 2004, S. 249-263.

–: Hoffmann, Weber, Wagner: The Birth of Romantic Opera from the Spirit of Literature? (1992), in: Ders., Essays on Literature and Music (1967-2004), hg. von Walter Bernhart und Werner Wolf, Amsterdam und New York, NY 2004, S. 367-385.

–: Der Opernkomponist Hoffmann und das europäische Musiktheater seiner Zeit (1993), in: Ders., Essays on Literature and Music (1967-2004), hg. von Walter Bernhart und Werner Wolf, Amsterdam und New York, NY 2004, S. 367-409.

–: Da Ponte und Mozart: Wort und Ton in *Don Giovanni* (1994), in: Ders., Essays on Literature and Music (1967-2004), hg. von Walter Bernhart und Werner Wolf, Amsterdam und New York, NY 2004, S. 411-432.

–: E. T. A. Hoffmanns »Der Dichter und der Komponist«: Manifest romantischer Librettologie oder melopoetische Erzählfiktion? (1998), in: Ders., Essays on Literature and Music (1967-2004), hg. von Walter Bernhart und Werner Wolf, Amsterdam und New York, NY 2004, S. 461-470.

–: Verbal Music in German Literature, New Haven und London 1968.

Schleucher, Kurt: Adelbert von Chamisso. Preußische Köpfe, Berlin 1988.

Schlink, Wilhelm: Heilsgeschichte in der Malerei der Nazarener, in: Aurora 61 (2001), S. 97-118.

Schmidt, Jochen: Die Geschichte des Genie-Gedankens in der deutschen Literatur, Philosophie und Politik. 1750-1945. Band 2: Von der Romantik bis zum Ende des Dritten Reichs, Darmstadt ²1988.

Schmidt, Olaf: »Die Wundernadel des Meisters« – Zum Bild-Text-Verhältnis in E. T. A. Hoffmanns Capriccio *Prinzessin Brambilla*, in: E. T. A. Hoffmann-Jahrbuch 7 (1999), S. 50-62.

–: »Callots fantastisch karikierte Blätter«. Intermediale Inszenierung und romantische Kunsttheorie im Werk E. T. A. Hoffmanns, Berlin 2003.

Schmidt, Ricarda: Ahnung des Göttlichen und affizierte Ganglien. Die kontrapunktische Erzähltechnik des *Kater Murr* auf der Schwelle von Romantik zu Moderne, in: Nicholas Saul u.a. (Hg.), Schwellen. Germanistische Erkundungen einer Metapher, Würzburg 1999, S. 138-151.

–: Biographie, Autobiographie, Fiktion: Die Funktion von Rousseaus »Confessions« für die Konstruktion von Identität in E. T. A. Hoffmanns »Kater Murr«, in: Sheila Dickson / Walter Pape (Hg.), Romantische Identitätskonstruktionen: Nation, Geschichte und (Auto-)Biographie. Glasgower Kolloquium der Internationalen Arnim-Gesellschaft, Tübingen 2003 (Schriften der Internationalen Arnim-Gesellschaft, Bd. 4), S. 193-216.

–: Der Dichter als Fledermaus bei der Schau des Wunderbaren. Die Poetologie des rechten dichterischen Sehens in Hoffmanns »Der Sandmann« und »Das öde Haus«, in: R.J. Kavanagh (Hg.), Mutual Exchanges. Sheffield-Münster Colloquium I, Frankfurt am Main 1999, S. 180-192.

–: Ein doppelter Kater? Christa Wolfs *Neue Lebensansichten eines Katers* und E. T. A. Hoffmanns *Lebens-Ansichten des Katers Murr,* in: E. T. A. Hoffmann-Jahrbuch 4 (1996), S. 41-53.

–: E. T. A. Hoffmanns Erzählung *Der Sandmann* – ein Beispiel für »écriture féminine«?, in: Annegret Pelz u.a. (Hg.), Frauen – Literatur – Politik, , Berlin 1988 (Argument-Sonderband 172/173), S. 75-93.

–: E. T. A. Hoffmann's »Der Sandmann«: An Early Example of Écriture Féminine? A Critique of Trends in Feminist Literary Criticism, in: Women in German Yearbook 4 (1988), S. 21-45.

–: Heroes and Villains in E. T. A. Hoffmann's »Ritter Gluck«, in: Bulletin of the John Rylands University Library of Manchester 84.3 (2002), S. 49-66.

–: Intertextuality: a Study of the Concept and its Application to the Relationship of Christa Wolf's »Neue Lebensansichten eines Katers« to E. T. A. Hoffmann's *Lebens-Ansichten des Katers Murr,* in: Arthur Williams / Stuart Parkes / Julian Preece (Hg.), Contemporary German Writers, Their Aesthetics and Their Language, Bern 1996, S. 9-34.

–: Karnevaleske Mesalliancen oder der Autor als Bauchredner der Sprache? Eine Analyse Bachtinscher Ansätze für die Interpretation des Traumes in Hoffmanns »Die Abenteuer der Sylvester-Nacht« im Lichte malerischer Intertexte, in: Sheila Dickson / Mark G. Ward (Hg.), Romantic Dreams. Proceedings of the Glasgow Conference, April 1997, Glasgow 1998, S. 77-97 (plus 12 pages of unnumbered illustrations).

–: Klassische, romantische und postmoderne musikästhetische Paradigmen in E. T. A. Hoffmanns Ritter Gluck, in: Werner Keil / Charis Goer (Hg.), Zur Musikanschauung E. T. A. Hoffmanns, Heinses und Wackenroders., Hildesheim 2000 (Diskordanzen 7), S. 11-61.

–: Male foibles, female critique and narrative capriciousness. On the function of gender in conceptions of art and subjectivity in E. T. A. Hoffmann, in: Mary Orr / Lesley Sharpe (Hg.), From Goethe to Gide: Feminism, Aesthetics and the French and German Literary Canon 1770-1930, Exeter 2005, S. 49-64.

–: Narration – Malerei – Musik. Mediale Interferenz am Beispiel E. T. A. Hoffmanns, in: KulturPoetik. Zeitschrift für kulturgeschichtliche Literaturwissenschaft, 1.2 (2001), S. 182-213.

–: Narrative Strukturen romantischer Subjektivität in E. T. A. Hoffmanns Die Elixiere des Teufels und Der Sandmann, in: Germanisch-Romanische Monatsschrift 49.2 (1999), S. 143-160.

–: Raphaels Schüler um 1800: Tradierung und Modernisierung eines frühromantischen Kunstdiskurses in E. T. A. Hoffmanns Die Jesuiterkirche in G., in: Christian Emden / David Midgley (Hg), Science, Technology and the German Cultural Imagination. Papers from the Conference »The Fragile Tradition«, Cambridge 2002, Bd. 3, Oxford/Bern 2005 (Cultural History and Literary Imagination 3), S. 211-230.

Schmitz-Emans, Monika: Der durchbrochene Rahmen. Überlegungen zu einem Strukturmodell des Phantastischen bei E. T. A. Hoffmann, in: Mitteilungen der E. T. A. Hoffmann-Gesellschaft 32 (1986), S. 74-88.

–: Naturspekulation als »Vorwand« poetischer Gestaltung. Über das Verhältnis E. T. A. Hoffmanns zu den Lehren G. H. Schuberts, in: Mitteilungen der E. T. A. Hoffmann-Gesellschaft 34 (1988), S. 67-83.

Schnaus, Peter: E. T. A. Hoffmann als Beethoven-Rezensent der Allgemeinen musikalischen Zeitung, München, Salzburg 1977.

Schneider, Karl Ludwig: Künstlerliebe und Philistertum im Werk E. T. A. Hoffmanns, in: Hans Steffen (Hg.), Die deutsche Romantik. Poetik, Formen und Motive, Göttingen 1967, S. 200-218.

Schneider, Sabine M.: Die Krise der Kunst und die Emphase der Kunsttheorie. Aporien der Autonomieästhetik bei Carl Ludwig Fernow und Friedrich Schiller, in: Michael Knoche / Harald Tausch (Hg.), Von Rom nach Weimar. Beiträge des Kolloquiums der Stiftung Weimarer Klassik/Herzogin Anna Amalia Bibliothek vom 9. bis 10. Juli 1998 in Weimar / Tübingen 2000, S. 52-68.

Schnell, Ralf: Die verkehrte Welt. Literarische Ironie im 19. Jahrhundert, Stuttgart 1989.

Schnitzler, Günter: Künste im Gespräch. Zu Bezügen zwischen Salvator Rosa, E. T. A. Hoffmann und Franz Liszt, in: P. Andraschke / E. Spaude (Hg.), Welttheater – die Künste im 19. Jahrhundert, Freiburg i. Br. 1992, S. 211-227.

Schöne, Albrecht: Interpretationen zur dichterischen Gestaltung des Wahnsinns in der deutschen Literatur, Diss. Münster 1951.

Schönherr, Ulrich: Social Differentiation and Romantic Art: E. T. A. Hoffmann's »The Sanctus« and the Problem of Aesthetic Positioning in Modernity, in: New German Critique 66 (Fall 1995), S. 3-16.

Schubert, Gotthilf Heinrich: Ansichten von der Nachtseite der Naturwissenschaft, reprint der Ausgabe von 1808, Eschborn 1992.

–: Die Symbolik des Traumes, reprint der Ausgabe von 1814, Eschborn 1992.

Schweitzer, Christoph E.: Bild, Struktur und Bedeutung: E. T. A. Hoffmanns »Die Fermate«, in: Steven Paul Scher (Hg.), Zu E. T. A. Hoffmann, Stuttgart 1981, S. 117-119.

Scott, Jonathan: Salvator Rosa. His Life and Times, New Haven und London 1995.

Scouenborg, Ulrik: E. T. A. Hoffmanns Idee der romantischen Oper und J.P.E. Hartmanns dänische Oper *Ravnen* (H.C. Andersen nach Gozzis *Corvo*), in: Bodo Guthmüller / Wolfgang Osthoff (Hg.), Carlo Gozzi. Letteratura e musica. Atti del convegno internazionale Centro tedesco di studi veneziani. Venezia, 11-12 ottobre 1995, Rom 1997 (La Fenice Dei Teatri 4. Collana a cura di Franca Angelini e Carmelo Alberti), S. 229-242.

Sdun, Winfried: E. T. A. Hoffmanns Prinzzessin Brambilla. Analyse und Interpretation einer erzählten Komödie, Diss. Freiburg i. Br. 1961.

Segebrecht, Wulf: Autobiographie und Dichtung. Eine Studie zum Werk E. T. A. Hoffmanns, Stuttgart 1967.

–: Heterogenität und Integration. Studien zu Leben, Werk und Wirkung E. T. A. Hoffmanns, Frankfurt am Main 1996.

–: Hoffmanns imaginäre Bibliothek italienischer Literatur, in: Sandro M. Moraldo (Hg.), Das Land der Sehnsucht. E. T. A. Hoffmann und Italien, Heidelberg 2002 (Beiträge zur neueren Literaturgeschichte 186), S. 9-23.

–: Krankheit und Gesellschaft. Zu E. T. A. Hoffmanns Rezeption der Bamberger Medizin, in: Richard Brinkmann (Hg.), Romantik in Deutschland. Ein interdisziplinäres Symposion. Sonderband der Deutschen Vierteljahrsschrift für Literaturwissenschaft und Geistesgeschichte, Stuttgart 1978, S. 267-290.

–: (Hg.): Ludwig Tieck, Darmstadt 1976 (Wege der Forschung CCCLXXXVI).

Siedhoff, Thomas: Auf der Suche nach der romantischen Oper. Carlo Gozzi und Richard Wagners Oper *Die Feen*, in: Bodo Guthmüller / Wolfgang Osthoff (Hg.), Carlo Gozzi. Letteratura e musica. Atti del convegno internazionale Centro tedesco di studi veneziani. Venezia, 11-12 ottobre 1995, Rom 1997 (La Fenice Dei Teatri 4. Collana a cura di Franca Angelini e Carmelo Alberti), S. 243-254.

Simpson, James: Canny Allusions: *Der Sandmann* as *Kontrafaktur*, in: Publications of the English Goethe Society 71 (2001), S. 37-49.

Slessarev, Helga: E. T. A. Hoffmanns *Prinzessin Brambilla*. A Romanticist's contribution to the Aesthetic Education of Man, in: Studies in Romanticism 9 (1970), S. 147-160.

Spiegelberg, Hartmut: Der RITTER GLUCK von NN (1809) als Wegweiser zum dichterischen Schaffen des Komponisten und bildenden Künstlers in Sprache E. T. A. Hoffmann, Diss. Marburg 1973.

Staiger, Emil: Ludwig Tieck und der Ursprung der deutschen Romantik (1960), in: Wulf Segebrecht (Hg.), Ludwig Tieck, Darmstadt 1976 (Wege der Forschung CCCLXXXVI), S. 322-351.

Starobinski, Jean: Ironie et Melancolie (I): Le théâtre de Carlo Gozzi, in: Critique (Paris) 227 (1966), S. 291-308.

–: Ironie et Melancolie (II). La »Princesse Brambilla« de E. T. A. Hoffmann, in: Critique (Paris) 228 (1966), S. 438-457.

Steigerwald, Jörn: Anschauung und Darstellung von Bildern. E. T. A. Hoffmanns *Die Jesuiterkirche in G.*, in: Gerhard Neumann / Günter Oesterle (Hg.), Bild und Schrift in der Romantik, , Würzburg 1999 (Stiftung für Romantikforschung VI), S. 329-355.

–: Die fantastische Bildlichkeit der Stadt. Zur Begründung der literarischen Fantastik im Werk E. T. A. Hoffmanns, Würzburg 2001 (Stiftung für Romantikforschung XIV).

Steinecke, Hartmut: E. T. A. Hoffmann, Stuttgart 1997.

Steinecke, Hartmut: »Ein Spiel zum Spiel«. E. T. A. Hoffmanns Annäherungen an die Commedia dell'arte, in: Sandro M. Moraldo (Hg.), Das Land der Sehnsucht. E. T. A. Hoffmann und Italien, Heidelberg 2002 (Beiträge zur neueren Literaturgeschichte 186), S. 127-143.

Steptoe, Andrew: The Mozart–Da Ponte Operas. The Cultural and Musical Background to *Le nozze di Figaro*, *Don Giovanni*, and *Così fan tutte*, Oxford 1988.

Stone, John: The Making of *Don Giovanni* and its Ethos, in: Mozart-Jahrbuch 1984/85, S. 130-134.

Stridbeck, Carl Gustaf: Bruegelstudien. Untersuchungen zu den ikonologischen Problemen bei Pieter Bruegel d. Ä. sowie dessen Beziehungen zum niederländischen Romanismus, Stockholm 1956.

Strohschneider-Kohrs, Ingrid: Zur Poetik der deutschen Romantik II: Die romantische Ironie, in: Hans Steffen (Hg.), Die deutsche Romantik. Poetik, Formen und Motive, Göttingen 1967, S. 75-97.

–: Die romantische Ironie in Theorie und Gestaltung. 2., durchgesehene und erweiterte Auflage, Tübingen 1977 (Hermaea Germanistische Forschungen Neue Folge. 6).

Tecchi, Bonaventura: E. T. A. Hoffmanns »Prinzessin Brambilla«, in: Benno Reifenberg / Emil Staiger (Hg.), Weltbewohner und Weimaraner. Ernst Beutler zugedacht, Zürich und Stuttgart 1960, S. 301-316.

Ternois, Daniel: L'Art de Jacques Callot, Paris 1962.

Terras, Viktor: E. T. A. Hoffmanns polyphone Erzählkunst, in: The German Quarterly 34 (1966), S. 549-569.

Turner, Jane (Hg.): Dictionary of Art, Bd. 21, London 1996.

Tunner, Erika: Besonnenheit und tolles Spiel. Zur Gestalt des Schauspielers Giglio Fava in E. T. A. Hoffmanns »Prinzessin Brambilla«, in: Adrien Finck / Gertrud Gréciano (Hg.), Germanistik aus interkultureller Perspektive, articles réunis et publiés en hommage à Gonthier-Louis Fink, , Straßburg 1988, S. 271-280 (Collection Recherches Germaniques 1).

Ullmann, Jacob: auf der kehrseite der medaille. grenzfall Mozart, in: Heinz Klaus Metzger / Rainer Riehn (Hg.), Musik-Konzepte Sonderband. Mozart. Die Da Ponte-Opern, München 1991, S. 129-139.

Wagner, Richard: Oper und Drama (1851). Dichtkunst und Tonkunst im Drama der Zukunft, in: Sprache, Dichtung, Musik. Texte zu ihrem gegenseitigen Verständnis von Richard Wagner bis Theodor W. Adorno, mit einem Vorwort hg. von Jakob Knaus, Tübingen 1973, S. 1-19.

Wandel, Gerhard: Mutmaßungen über das Urbild der Donna Anna in E. T. A. Hoffmanns Don Juan, in: Mitteilungen der E. T. A. Hoffmann-Gesellschaft 22 (1976), S. 25-26.

Watts, Pauline: Music: The Medium of the Metaphysical in E. T. A. Hoffmann, Amsterdam 1972.

Weinstein, Leo: The Metamorphoses of Don Juan, Stanford 1959.

Weisstein, Ulrich: Le neveu de Gluck?: E. T. A. Hoffmanns »Erinnerungen aus dem Jahre 1809« im Spiegel von Diderots Dialog, in: Joep Leerssen / Karl Ulrich Syndram (Hg.), Europa Provincia Mundi. Essays in Comparative Literature and European Studies Offered to Hugo Dyserinck on the Occasion of his Sixty-Fifth Birthday, Amsterdam/Atlanta, GA 1992, S. 495-518.

Webber, Andrew J.: The Doppelgänger: Double Visions in German Literature, Oxford 1996.

Weber-Bockholdt, Petra: Einige Beobachtungen zu Prokofjews Oper Die Liebe zu den drei Orangen nach Carlo Gozzi, in: Bodo Guthmüller / Wolfgang Osthoff (Hg.), Carlo Gozzi. Letteratura e musica. Atti del convegno internazionale Centro tedesco di studi veneziani. Venezia, 11-12 ottobre 1995, Rom 1997 (La Fenice Dei Teatri 4. Collana a cura di Franca Angelini e Carmelo Alberti), S. 283-299.

Wellbery, David E.: E. T. A. Hoffmann and Romantic Hermeneutics: An Interpretation of Hoffmann's Don Juan, in: Studies in Romanticism 19 (1980), S. 455-473.

–: Rites de passage: Zur Struktur des Erzählprozesses in E. T. A. Hoffmanns Prinzessin Brambilla, in: Gerhard Neumann (Hg.), ›Hoffmanneske Geschichte‹. Zu einer Literaturwissenschaft als Kulturwissenschaft, Würzburg 2005 (Stiftung der Romantikforschung XXXII), S. 317-335.

Werner, Hans-Georg: E. T. A. Hoffmann. Darstellung und Deutung der Wirklichkeit im dichterischen Werk, Berlin / Weimar 1962.

Werner-Jensen, Karin: Studien zur Don-Giovanni-Rezeption im 19. Jahrhundert (1800-1850), Tutzing 1980.

Wiesinger, Peter (Hg.): Akten des X. Internationalen Germanistenkongresses Wien 2000 »Zeiten-wende – Die Germanistik auf dem Weg vom 20. ins 21. Jahrhundert«, Bd. 9: Literaturwissen-schaft als Kulturwissenschaft: Interkulturalität und Alterität; Interdisziplinarität und Medialität; Konzeptualisierung und Mythographie, Bern / Berlin 2003 (Jahrbuch für Internationale Ger-manistik, Reihe A, Kongreßberichte 61).

Wille, Klaus: Die Signatur der Melancholie im Werk Clemens Brentanos, Bern 1970 (Europäische Hochschulschriften, Reihe I: Deutsche Literatur und Germanistik 36).

Willems, Gottfried: Anschaulichkeit. Zu Theorie und Geschichte der Wort-Bild-Beziehungen und des literarischen Darstellungsstils, Tübingen 1989 (Studien zur deutschen Literatur 103).

Williams, Bernard: Don Giovanni as an Idea, in: Julian Rushton, W. A. Mozart. Don Giovanni, Cambridge 1981, S. 81-91.

Wiora, Walter: Die Musik im Weltbild der deutschen Romantik, in: Walter Salmen (Hg.), Beiträge zur Geschichte der Musikanschauung im 19. Jahrhundert, Regensburg 1965, S. 11-50.

Wittkowski, Wolfgang: E. T. A. Hoffmanns musikalische Musikerdichtungen »Ritter Gluck«, »Don Juan«, »Rat Krespel«, in: Aurora 38 (1978), S. 54-74.

Wolf, Werner: Musicalized Fiction and Intermediality. Theoretical Aspects of Word and Music Studies, in: Walter Bernhart / Steven Paul Scher / Werner Wolf (Hg.), Word and Music Studies: Defining the Field, Amsterdam/Atlanta, GA 1999, S. 37-58.

Wörtche, Thomas: Hoffmanns Erzählungen von der Musik. Einige Distinktionen, in: Mitteilungen der E. T. A. Hoffmann-Gesellschaft 33 (1987), S. 13-33.

Zeman, Herbert (Hg.): Wege zu Mozart. Don Giovanni, Wien 1987 (Herbert von Karajan-Stiftung. Ludwig Boltzmann-Institut für österreichische Literaturforschung 1).

Zeman, Herbert: Don Giovanni, Menschenwürde und moralische Gerechtigkeit, in: Herbert Zeman (Hg.), Wege zu Mozart. Don Giovanni, Wien 1987 (Herbert von Karajan-Stiftung. Ludwig Boltzmann-Institut für österreichische Literaturforschung 1), S. 11-25.

Zima, Peter von (Hg.): Literatur Intermedial. Musik – Malerei – Photographie – Film, Darmstadt 1995.

Zimmermann, Hans Dieter: »Der junge Mann leidet an chronischem Dualismus«. Zu E. T. A. Hoffmanns Capriccio *Prinzessin Brambilla*, in: Heinz Ludwig Arnold (Hg.), E. T. A. Hoff-mann. Text und Kritik, Sonderband, München 1992, S. 97-111.

Sach- und Personenregister

Tafelteil

Verzeichnis der Abbildungen

Abb. 1: Frans van Mieris (der Ältere), *Die Liebesbotschaft,* Galerie alter Meister, Dresden

Abb.2: Frans van Mieris (der Ältere), *Die Musikstunde,* Galerie alter Meister, Dresden

Abb. 3: Jan Brueghel d. Ä., *Die Versuchung des heiligen Antonius,*
Staatliche Kunsthalle Karlsruhe

Abb. 4: Jacques Callot, *Superbia,* National Gallery of Art, Washington, DC

Abb. 5: Jacques Callot, *Pigritia,* National Gallery of Art, Washington, DC

Abb. 6: Jacques Callot, *Gula,* National Gallery of Art, Washington, DC

Abb. 7: Rembrandt, *Rembrandt und Saskia im Gleichnis vom verlorenen Sohn*,
Galerie alter Meister, Dresden

Abb. 8: Raffael, *Die Sixtinische Madonna*, Galerie alter Meister, Dresden

Abb. 9: Salvator Rosa, *Die Brücke,* Palazzo Pitti, Florenz

Abb. 10: Salvator Rosa, *Landschaft mit Soldaten und Jägern,* Musée du Louvre, Paris

Abb. 11: Salvator Rosa, *Vergänglichkeit (l'Umana Fragilita),*
Fitzwilliam Museum,Cambridge

Abb. 12: Salvator Rosa, *Fortuna*, Getty Museum, Los Angeles

Abb. 13: Jacques Callot, *Balli die Sfessania 1-3*,
Mackelvie Trust Collection, Auckland Art Gallery

Smaraolo cornuto. *Ratsa di Boio.*

Cicho *Sgarra.* *Collo Francisco.*

Gian *Fritello.* *Ciurlo.*

Abb. 14: Jacques Callot, *Balli die Sfessania 4-6,*
Mackelvie Trust Collection, Auckland Art Gallery

Den.

Razullo.   Cucurucu.

Den.

Pasquariello Truonno.   Meo   Squaquara

Den.

Sig.ᵃ Lucia.   Trastullo.

Abb. 15: Jacques Callot, *Balli die Sfessania 7-9,*
Mackelvie Trust Collection, Auckland Art Gallery

Cap. Cardoni.   *Maramao.*

Franca Trippa.   *Fritellino.*

Taglia Cantoni.   *Fracasso.*   24

Abb. 16: Jacques Callot, *Balli die Sfessania 10-12*,
Mackelvie Trust Collection, Auckland Art Gallery

Guatsetto.   Mestolino.

Riciulina.   Metzetin

Den.

Pullicimiello.   Sig.ª Lucretia

Abb. 17: Jacques Callot, *Balli die Sfessania 13-15*,
Mackelvie Trust Collection, Auckland Art Gallery

Cap. Spessa Monti.   BaGattino.

Scaramucia.   Fricasso.

Scapino.   Cap: Zerbino

Abb. 18: Jacques Callot, *Balli die Sfessania 16-18,*
Mackelvie Trust Collection, Auckland Art Gallery

Cap. Bonbardon.   Cap. Grillo

Cap. Csgangarato.   Cap.º Cocodrillo

Cap. Mala Gamba.   Cap. Bellauita.

Abb. 19: Jacques Callot, *Balli die Sfessania 19-21,*
Mackelvie Trust Collection, Auckland Art Gallery

Cap. Babeo.   Cucuba.

Fracischina.   Gian Farina.

Bello Sguardo.   Couiello.

Abb.20: Jacques Callot, *Balli die Sfessania 21-24,*
Mackelvie Trust Collection, Auckland Art Gallery

Abb. 21: Karl-Friedrich Thiele, *Illustration 1 zu Prinzessin Brambilla,*
Staatsbibliothek Bamberg

Abb. 22: Karl-Friedrich Thiele, *Illustration 2 zu Prinzessin Brambilla*,
Staatsbibliothek Bamberg

Abb. 23: Karl-Friedrich Thiele, *Illustration 3 zu Prinzessin Brambilla,*
Staatsbibliothek Bamberg

Abb. 24: Karl-Friedrich Thiele, *Illustration 4 zu Prinzessin Brambilla*,
Staatsbibliothek Bamberg

Abb. 25: Karl-Friedrich Thiele, *Illustration 5 zu Prinzessin Brambilla,*
Staatsbibliothek Bamberg

Abb. 26: Karl-Friedrich Thiele, *Illustration 6 zu Prinzessin Brambilla,*
Staatsbibliothek Bamberg

Abb. 27: Karl-Friedrich Thiele, *Illustration 7 zu Prinzessin Brambilla,*
Staatsbibliothek Bamberg

Abb. 28: Karl-Friedrich Thiele, *Illustration 8 zu Prinzessin Brambilla,*
Staatsbibliothek Bamberg

Abb. 29: Jacques Callot, *Les trois Pantalons. Le Pantalon ou Cassandre*,
Mackelvie Trust Collection, Auckland Art Gallery

Abb. 30: Jacques Callot, *Les trois Pantalons. Le Capitan ou l'Amoureux*,
Mackelvie Trust Collection, Auckland Art Gallery

Abb. 31: Jacques Callot, *Les trois Pantalons. Le Zani ou Scapin,*
Mackelvie Trust Collection, Auckland Art Gallery

Abb. 32: Jacques Callot, *Les deux Pantalons se tournant le dos,*
Mackelvie Trust Collection, Auckland Art Gallery